BIBLIOTHÈQUE DU VOYAGEUR

AFRIQUE DU SUD

Édition française

Traduite de l'anglais par :
Sophie Brun, Bruno Krebs, Sophie Paris

Bibliothèque du Voyageur

Gallimard Loisirs
5, rue Gaston-Gallimard
75007 Paris
tél. 01 49 54 42 00
Fax 01 45 44 39 45
biblio-voyage@gallimard-loisirs.fr
www.guides.gallimard.fr

Dépôt légal octobre 2018
Numéro d'édition 325598
ISBN 978-2-74-245096-1

Mise en page et adaptation Quercy Blanc
Carnet pratique Amélie Vignals
Photogravure Desk, Saint-Berthevin, France.
Impression et reliure Drukarnia Pozkal, Inowrocław, Pologne.

Aucun guide de voyage n'est parfait. Des erreurs, des coquilles se sont certainement glissées dans celui-ci, malgré toutes nos vérifications. Les informations pratiques, adresses, heures d'ouverture, peuvent avoir été modifiées ; certains établissements cités peuvent avoir disparu. Nous vous serions très reconnaissants de nous faire part de vos commentaires, de nous suggérer des corrections ou des compléments qui pourront être intégrés dans la prochaine édition.

LÉGENDES

PLANS DE VILLE

- Voie express, autoroute
- Route à double voie
- Route principale
- Route secondaire
- Rue piétonne
- Escalier
- Chemin piétonnier
- Voie de chemin de fer
- Funiculaire
- Téléphérique
- Tunnel
- Enceinte
- Édifice remarquable
- Zone urbanisée
- Zone non urbanisée
- Pôle, plateforme de correspondance
- Parc
- Zone pédestre
- Gare routière
- Office de tourisme
- Bureau de poste central
- Cathédrale, église
- Mosquée
- Synagogue
- Statue, monument
- Plage
- Aéroport

CARTES ROUTIÈRES

- Voie express, autoroute (avec point d'accès)
- Voie express, autoroute (en construction)
- Voie express avec sécurité centrale
- Route principale
- Route secondaire
- Autre route
- Piste
- Sentier pédestre
- Frontière internationale
- Frontière régionale, d'État
- Réserve, parc national
- Parc maritime
- Route maritime
- Marais
- Glacier
- Lac salin
- Aéroport, aérodrome
- Site archéologique
- Poste de contrôle
- Téléphérique
- Château, ruines
- Grotte
- Demeure, propriété
- Église, ruines
- Cratère, caldera
- Phare
- Sommet
- Site, curiosité
- Belvédère, point de vue

L' éblouissante et vertigineuse route du Sani Pass relie le Lesotho et l'Afrique du Sud en passant par le Drakensberg.

À PROPOS DE CE GUIDE

Cet ouvrage est une traduction-adaptation de la dernière édition de l'*Insight Guide: South Africa*, entièrement révisée en 2018.

Dans l'univers du guide de voyages des années 1970, les Insight Guides innovaient radicalement en alliant l'image au texte. Le lecteur bénéficiait ainsi d'une approche culturelle plus complète. Aujourd'hui, alors qu'Internet apporte une quantité inextinguible d'informations, nos ouvrages allient textes et images permettant d'affiner ces qualités incontournables: savoir et discernement. Grâce à l'expérience et aux connaissances de nos auteurs, correspondants et photographes, ces objectifs sont atteints.

Comment utiliser ce guide

Ce guide de voyage est conçu pour répondre à 3 objectifs : informer, guider et illustrer. Dans cette optique, l'ouvrage est divisé en 3 sections, identifiables grâce à leurs bandeaux de couleur placés en haut de page. Chacune d'elles vous permettra d'appréhender le pays et vous guidera dans le choix de vos visites, de votre hébergement, de vos activités culturelles et sportives :

La section **Histoire & Société**, repérable à son bandeau rose, relate l'histoire culturelle et environnementale du pays sous forme d'articles fouillés et de Zoom sur..., thématiques spécifiques à la Chine.

La section **Itinéraires**, signalée par différents bandeaux de couleur, livre sous forme de circuits une sélection de sites et de lieux incontournables à découvrir.

La section **Carnet pratique**, soulignée par un bandeau jaune, fournit, quant à elle, toutes les informations nécessaires pour préparer votre voyage, pour vous déplacer dans le pays, vous loger, vous restaurer...

Les contributeurs

La maison d'édition britannique APA, basée à Londres, a confié l'orchestration de cette nouvelle édition à son éditrice éditoriale **Helen Fanthorpe**.

Pour ce challenge, Helen a demandé à la journaliste spécialisée dans les voyages **Justyna Kosecka** de réviser l'intégralité de l'ouvrage.

Parmi les contributeurs des précédentes éditions figurent **Philip Briggs** – cet auteur de guides de voyages sud-africain, qui bourlingue à travers le continent noir depuis 1986, a contribué à d'autres Insight Guides, dont *Tanzanie & Zanzibar* et *Sénégal & Gambie* et il collabore régulièrement à différents magazines consacrés aux voyages et à la vie sauvage –, **David Bristow**, **Vincent Carruthers**, **Rodney Davenport**, **Stephen Gray**, **Ian Harris**, **Bridget Hilton-Barber**, **Ian MacDonald**, **Sabine Marschall**, **Jeff Peires**, **Gary Rathbone**, **David Smith**, **Christopher Till** et **Wendy Toerien**.

La majorité des photographies qui illustrent cet ouvrage sont signées Ariadne Van Zandbergen, photographe passionnée de vie sauvage et de voyages ; ses photos sont fréquemment publiées dans des magazines consacrés aux voyages et à l'environnement.

> Les sites sélectionnés dans les Itinéraires sont signalés dans les cartes par des puces noires (ex. ❶ ou Ⓐ).

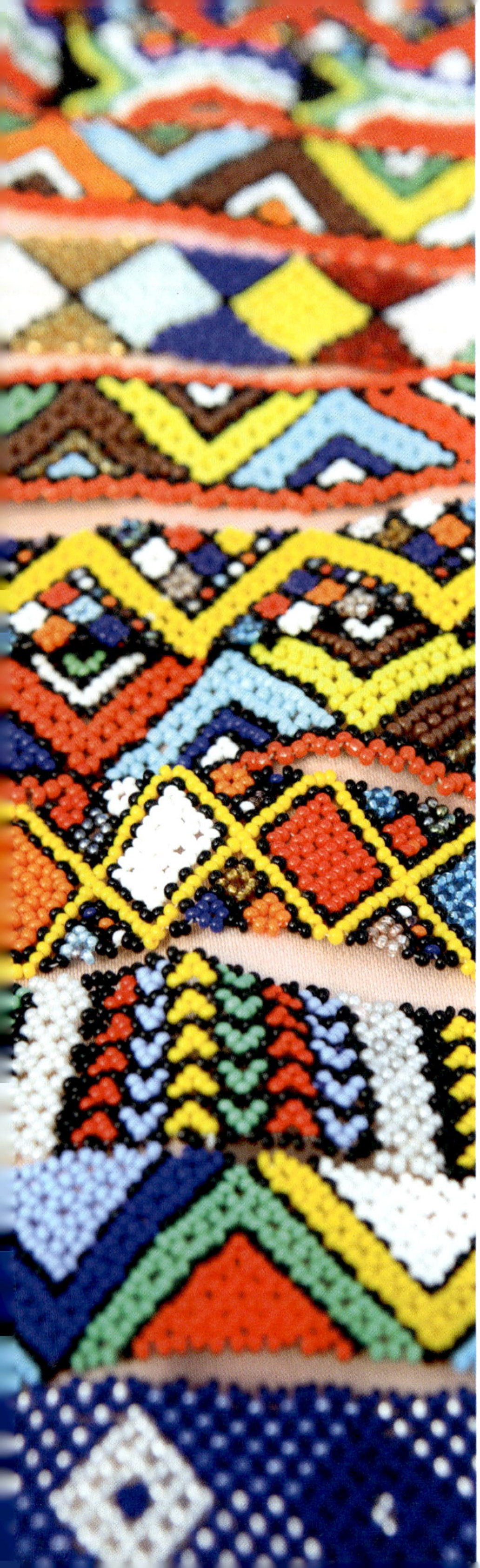

SOMMAIRE

EN BREF...

Les musts de l'Afrique du Sud 6
Rêvez l'Afrique du Sud 8
Cap sur Bonne-Espérance 17
La nation arc-en-ciel 21
- Les Zulu 26
- La religion traditionnelle 31

HISTOIRE & SOCIÉTÉ

Chronologie 34
Des origines à la colonisation 37
Richesse et embrasement 44
- Kruger et Rhodes 47

Union et résistance 49
- Gandhi 51

De l'apartheid à la démocratie 52
- "Vérité et Réconciliation" 58
- Nelson Mandela 61

En scène 65
Melting-pot musical 69
Une polyphonie noire 72
Un art millénaire 75
- Des artistes premiers 77

L'art noir d'aujourd'hui 78
Les lettres sud-africaines 80
- Gordimer, Coetzee et Brink 83

Architecture 85
Saveurs australes 91
Les vins du Cap 94
La passion du sport 97

FAUNE & FLORE

Mammifères 102
- Le clan des éléphants 117

Amphibiens et reptiles 118
Le paradis des oiseaux 120
- Insectes et arachnides 125

Au royaume des mille et une fleurs 127
Bilan écologique 131

ITINÉRAIRES

Introduction 147
Cape Town et la presqu'île du Cap 151
- Les townships 171

Le Western Cape 175

Les baleines 190
La Garden Route 193
Une flore spectaculaire 206
L'Eastern Cape 209
Le ciel austral 223
La côte du KwaZulu-Natal 227
Le Zululand 239
Le Drakensberg 253
Le Gauteng 261
Des rêves d'or 277
Le Mpumalanga et le Limpopo 279
Trois routes pour Cape Town 301
Les dorps assoupis 317
Le Swaziland et le Lesotho 321

CARNET PRATIQUE (INDEX COMPLET P. 317)

TRANSPORTS

Comment s'y rendre 332
Comment s'y déplacer 332

HÉBERGEMENT

Choisir un hôtel 335
Liste des hôtels 336
Cape Town et presqu'île du Cap 336
Western Cape 337
Garden Route 339
Eastern Cape 340
Durban et côte du KwaZulu-Natal 341
Zululand 342
Drakensberg 344
Gauteng 345
Mpumalanga et Limpopo 346
Du Gauteng à Cape Town 349
Swaziland et Lesotho 350

RESTAURANTS

Cuisines 351
Boissons 351
Liste des restaurants 352
Cape Town et presqu'île du Cap 352
Western Cape 354
Garden Route 355
Eastern Cape 356
Durban 357
Zululand et Drakensberg 357
Gauteng 357
Mpumalanga et Limpopo 358
Du Gauteng à Cape Town 358

CULTURE & LOISIRS

Fêtes & Festivals 359
Culture 359
Vie nocturne 361
Shopping 362
Spas 363
Sports & Loisirs 363
Avec vos enfants 369
Safaris 370

A-Z

Ambassades 370
Budget 371
Climat 372
Douanes 372
Enfants 372
Formalités 372
Horaires d'ouverture 373
Internet 373
Offices de tourisme 373
Poids & Mesures 374
Santé 374
Sécurité 374
Tarifs d'entrée 375
Tour operators 375
Urgences 375

POUR EN SAVOIR PLUS

À lire 376
À voir 376
À écouter 376

CARTES

Afrique du Sud 148
Cape Town : centre 152
Presqu'île du Cap 166
Western Cape 176
Garden Route 194
Eastern Cape 210
Durban 228
Côte du KwaZulu-Natal 233
Zululand et Drakensberg 240
Johannesburg 262
Gauteng 268
Pretoria 272
Mpumalanga et Limpopo 280
Kruger National Park 288
Trois routes pour Cape Town 302
Swaziland 322
Lesotho 328

2e de couverture : Afrique du Sud.
3e de couverture : Cape Town.

LÉGENDES

Zoom sur...
Grand angle

LES MUSTS DE L'AFRIQUE DU SUD

Que vous préfériez flâner sur les marchés de Cape Town ou randonner dans le massif du Drakensberg, goûter les crus gouleyants de la presqu'île du Cap ou observer les grands fauves du Kruger National Park au crépuscule, chacune de ces destinations est incontournable.

△ **Cape Town** Dominée par l'altière montagne de la Table, la "cité mère" est assurément la plus attrayante des villes d'Afrique subsaharienne avec sa trépidante vie nocturne, ses excellentes tables et sa flopée de boutiques et de marchés sur lesquels il fait bon flâner. *Voir p. 151*

▽ **Cradle of Humankind** Remontez le temps jusqu'à l'aube de l'Humanité : son "berceau", à l'ouest de Johannesburg, s'articule autour du passionnant centre d'interprétation de Maropeng et des grottes de Sterkfontein, qui ont livré un squelette d'hominidé vieux de 3,5 millions d'années. *Voir p. 272*

△ **Sun City/Pilanesberg Game Reserve** Après les grands fauves de Pilanesberg Game Reserve... approchez les machines à sous de Sun City, le Las Vegas sud-africain, et dormez dans son extravagant palace si la chance vous a souri. *Voir p. 276*

△ **Ukhahlamba-Drakensberg Park** Ce parc naturel protège la "Barrière de sagaies", la chaîne montagneuse la plus spectaculaire du pays. *Voir p. 256*

◁ **Panorama Route de Mpumalanga** Vestiges de la Ruée vers l'or, cascades romantiques et autres curiosités naturelles vous attendent dans l'Escarpment qui domine l'ouest du parc Kruger. *Voir p 282*

▷ **Table Mountain National Park** Gravissez Table Mountain en téléphérique rotatif, visitez le phare de Cape Point, point le plus méridional d'Afrique, et la colonie de manchots du Cap de Boulders. *Voir p. 165*

▽ **Hermanus** D'août à octobre, ne manquez pas d'aller saluer les baleines qui croisent au large de ce petit port plein de caractère de la presqu'île du Cap. *Voir p. 187*

△ **Les Winelands** Découvrez le patrimoine Cape Dutch de Stellenbosch et conjuguez plaisirs du palais et émotions esthétiques sur les routes des vins de la presqu'île du Cap : un cadre sublime, d'excellents crus et de bonnes tables vous y attendent. *Voir p. 180*

△ **Estuaire du Storms** Le pont suspendu sur l'embouchure de ce fleuve est l'un des points de vue les plus fréquentés du Garden Route National Park. *Voir p. 200*

▽ **Kruger National Park** Pour ses immensités vierges et sa concentration exceptionnelle d'animaux sauvages, dont les fameux Big Five (lions, éléphants, buffles, rhinocéros et léopards). *Voir p. 285*

RÊVEZ L'AFRIQUE DU SUD

Imaginez-vous nez à nez avec un rhinocéros ou pagayant au milieu des crocodiles, dormant dans une maison de pionniers ou assistant à des danses zulu, plongeant en compagnie de requins blancs ou crapahutant dans la montagne sur les traces des chercheurs d'or de jadis... Vous ne rêvez plus, vous êtes en Afrique du Sud !

Namaqualand.

SES SAFARIS MYTHIQUES

Sabi Sand & MalaMala Reserves Outre un hébergement de luxe, ces 2 réserves privées offrent à leurs hôtes les meilleures chances de pouvoir observer des léopards en liberté. *Voir p. 293*

Hluhluwe-iMfolozi La plus vaste réserve du pays zulu et le meilleur endroit où approcher des rhinocéros. *Voir p. 244*

Addo Elephant National Park Ce parc réputé pour ses éléphants présente une variété inégalée de paysages. *Voir p. 210*

Madikwe Game Reserve Outre les *Big Five*, des lycaons vous attendent dans cette réserve épargnée par le paludisme, à la frontière du Botswana. *Voir p. 276*

Kgalagadi Transfrontier Park Ce parc reculé, qui protège les dunes et les oueds du Kalahari, offre de bonnes conditions d'observation des félins. *Voir p. 311*

Madikwe Game Reserve.

SON PATRIMOINE CULTUREL

Drakensberg Les milliers de peintures et de gravures rupestres qui ornent les grottes et anfractuosités du massif en font l'une des plus grandes galeries d'art au monde. *Voir p. 256*

Robben Island C'est sur cet îlot que Mandela et d'autres militants de l'ANC purgèrent de longues peines de prison – il se visite sous la conduite d'anciens bagnards. *Voir p. 158*

National Art Festival, Grahamstown Fin juin-début juillet, entre les 2 sessions de sa célèbre université Rhodes, Grahamstown accueille 10 jours durant des concerts, pièces de théâtre et autres spectacles. *Voir p. 215*

Lesotho Explorez à cheval les montagnes reculées du "royaume dans le ciel" et découvrez le quotidien et les traditions des accueillantes communautés rurales basotho. *Voir p. 327*

Mapungubwe National Park Visitez les ruines de Mapungubwe, capitale d'un puissant royaume médiéval, et approchez les éléphants et autres animaux sauvages qui fréquentent la rive du Limpopo. *Voir p. 295*

Installation à Grahamstown.

SES ATTRACTIONS FAMILIALES

Lion & Safari Park Pour éviter à vos chères têtes blondes de perdre patience dans une réserve – où les "zanimaux" ne se bousculent pas toujours devant les objectifs – visitez plutôt en voiture (comme dans un safari) ce zoo de Johannesburg, où ils n'auront aucun mal à repérer lions, autruches et antilopes. *Voir p. 272*

Gold Reef City Ce parc à thème inauguré pour le centenaire de Johannesburg – une reconstitution de la cité minière à l'époque de la Ruée vers l'or – vous fera partager la rude vie des mineurs. *Voir p. 270*

Two Oceans Aquarium, Cape Town Pieuvres, poissons récifaux, squales et dauphins animent les bassins de ce magnifique aquarium – ne manquez pas ceux de Durban, d'East London et de Port Elizabeth. *Voir p. 160*

Monkeyland, Plettenberg Bay Les visites guidées de cet enclos verdoyant vous permettront d'observer des lémuriens et des singes du monde entier. *Voir p. 202*

uShaka Marine World, Durban Ce complexe réunit un gigantesque aquarium, un parc aquatique avec toboggans et vagues artificielles, un serpentarium. *Voir p. 228*

Fermes d'autruches Dans les fermes d'élevage d'Oudtshoorn et de ses environs, vous pourrez chevaucher le plus gros oiseau du monde, acheter un de ses œufs (évidé) et goûter à sa chair si le cœur vous en dit. *Voir p. 196*

Le fascinant Two Ocean's Aquarium (Cape Town).

SES SPORTS D'AVENTURE

Wilderness Trail, Imfolozi Pour une longue balade nocturne dans la Hluhluwe-Imfolozi Game Reserve. *Voir p. 244*

Mossel Bay Plongée en cage au milieu des grands requins blancs, avec des barreaux d'acier pour seule protection. *Voir p. 193*

Swaziland Les plus belles descentes en raft se font sur le Great Usutu, dans le sud du Swaziland. *Voir p. 322*

Bloukrans Bridge Pour le saut à l'élastique le plus haut du monde : 215 m. *Voir p. 204*

Otter Trail Le sentier de randonnée le plus célèbre d'Afrique du Sud vous fera suivre la splendide côte du Tsitsikama 5 jours durant. *Voir p. 204*

Saut à l'élastique du Bloukrans Bridge.

SA FLORE ET SON AVIFAUNE

De Hoop Nature Reserve Dans la plus vaste zone de fynbos de la presqu'île du Cap s'ébattent bonteboks et zèbres de montagne ; l'avifaune du secteur maritime de cette aire protégée est aussi très riche. *Voir p. 188*

Namaqualand Au printemps, le maigre couvert végétal des plaines arides de la côte ouest se mue en un immense tapis de fleurs. *Voir p. 315*

Barberspan Bird Sanctuary Ibis, flamants roses et autres oiseaux aquatiques fréquentent assidûment cette zone humide. *Voir p. 310*

Ndumo Game Reserve Toutes les réserves du KwaZulu-Natal possèdent une riche avifaune, mais celle-ci se distingue par la variété de ses espèces aquatiques tropicales et par ses mozambicains. *Voir p. 246*

Bird Island Nature Reserve Plus de 10 000 fous du Cap nichent sur cet îlot de Lambert's Bay, qu'une chaussée de pierre relie au continent. *Voir p. 178*

iSimangaliso Wetland Park Gravissez les hautes dunes boisées du parc, regardez les crocodiles et les hippos barboter dans le lac St Lucia, plongez sur les récifs au large et extasiez-vous sur l'extraordinaire avifaune de ce site classé par l'Unesco. *Voir p. 243*

Dans une ferme d'autruches.

Le quartier coloré de Bo-Kaap, à Cape Town.

122
120

Rhinocéros blanc, dans la Madikwe Game Reserve.

Sur la plage de Sea Point pour admirer le coucher du soleil.

Zèbre de montagne du Cap (Mountain Zebra National Park).

CAP SUR BONNE-ESPÉRANCE

L'Afrique du Sud offre aux visiteurs le spectacle d'une nation en plein renouveau et des paysages de toute beauté.

Cabines de plage à Muizenberg (Cap-Ouest).

Classée au 3e rang mondial en termes de biodiversité, l'Afrique du Sud abrite non seulement les animaux les plus emblématiques du continent, mais aussi près de 10 % de l'ensemble des espèces connues de la planète, et plus d'espèces endémiques que tout autre pays africain. Son patrimoine culturel témoigne d'une variété similaire : des métropoles modernes telles que Johannesburg et Le Cap (Cape Town) y côtoient des trésors immémoriaux comme les parois ornées de l'uKhahlamba-Drakensberg – un fantastique musée d'art préhistorique à ciel ouvert – et les hominidés fossiles dégagés des profondeurs du "Berceau de l'humanité", vieux de 3,5 millions d'années. Née d'un brassage unique de traditions européennes, asiatiques et africaines, la nation arc-en-ciel entend aujourd'hui faire de cette diversité culturelle une force.

PARCS ET PLAGES

Plusieurs réserves abritent des hôtes illustres : les Big Five – le lion, le léopard, le buffle, le rhinocéros et l'éléphant. Le Kruger National Park symbolise à lui seul le safari africain avec ses vastes savanes ponctuées d'acacias, ses immenses troupeaux d'éléphants et de buffles, ses familles de lions et de léopards. Ce parc presque aussi grand que la Bretagne protège près de 150 espèces de mammifères, dont plus de la moitié des derniers rhinocéros de la planète. Mais le Kruger n'est pas le seul sanctuaire faunique d'Afrique du Sud – tant s'en faut. Pour contempler le spectacle d'une nature presque inviolée, vous pouvez également vous rendre dans la Hluhluwe-iMfolozi Game Reserve, de dimensions plus modestes, ou mettre le cap sur les parcs et réserves du KwaZulu-Natal, tel le Greater St Lucia Wetland Park, un havre pour les crocodiles et les hippopotames.

Éland du Cap.

Bien d'autres splendeurs vous attendent en Afrique du Sud. Le littoral est frangé de plages et d'îles enchanteresses, de lagunes et de baies tranquilles peuplées de colonies de phoques et d'oiseaux marins au large desquelles nagent dauphins et baleines. Dans le nord-ouest du pays se dressent les dunes de sable rouge du Kgalagadi Transfrontier Park. Sur la côte sud-est se déploient de luxuriantes forêts tropicales humides... Vous tomberez sous le charme des vignobles du Cap-Ouest (Western Cape) et de la montagne de la Table (Table Mountain), qui domine Le Cap. Les étendues semi-désertiques du Grand (Great) Karoo et la floraison printanière du Namaqualand vous éblouiront, et vous serez durablement impressionné par les cirques du Drakensberg, massif pourvu d'une modeste station de ski...

Étal de masques du marché aux puces de Green Point, Cape Town.

UNE CULTURE PROTÉIFORME

L'Afrique du Sud possède une très longue histoire culturelle. En témoignent les trésors médiévaux de Mapungubwe Hill, dans la vallée du Limpopo, et les peintures et gravures rupestres – l'un des plus riches ensembles au monde – laissées par les San, dont certaines remontent à 20 000 ans. Des traditions séculaires se maintiennent dans de nombreuses zones rurales, tandis que Johannesburg, Le Cap et Durban ont récemment vu naître une culture urbaine métissée, dont la vitalité est bien supérieure à celle de ses composantes jadis antagonistes.

ET L'AVENIR ?

Les adversaires de l'ex-gouvernement de Jacob Zuma estiment que le népotisme et la corruption ont stoppé l'impulsion donnée par Nelson Mandela, le premier président démocratiquement élu du pays (1994-1999). Vrai ou faux, personne ne peut nier que l'Afrique du Sud demeure lourdement handicapée par des disparités économiques et culturelles criantes. Mais elle passe, à juste titre, pour un pays dynamique, ayant parcouru un chemin considérable en près de 25 ans. Si vous en doutez, allez jeter un coup d'œil à l'Apartheid Museum de Johannesburg, histoire de méditer sur sa devise : "L'apartheid a enfin trouvé sa place : au musée."

Artistes de rue du V&A Waterfront, Cape Town.

Mieux encore, prenez le bateau qui relie Le Cap à l'ancien pénitencier de Robben Island – désormais inscrit au Patrimoine mondial –, où Nelson Mandela fut incarcéré 18 ans durant. Là, les guides sont tous d'anciens prisonniers politiques.

En parlant avec ceux qui incarnèrent la lutte anti-apartheid, vous pourrez mesurer le gouffre qui sépare le régime actuel de l'ancien. D'ailleurs, l'Afrique du Sud accueille environ 10 millions de touristes par an, soit presque trois fois plus qu'en 1994, année où eurent lieu ses premières élections démocratiques. C'est ainsi qu'un écotourisme prospère contribue à la conservation du riche patrimoine naturel du pays, tout en assurant un revenu à des communautés rurales sous-développées et à des organismes de protection de l'environnement. Cette industrie en pleine croissance génère aujourd'hui près de 10 % du PIB et emploie directement plus de 500 000 personnes, issues pour la plupart de milieux défavorisés. #

Fillette dans le township d'Imizamo Yethu, à Hout Bay, dans la banlieue du Cap.

Si l'éducation des filles a considérablement progressé en Afrique du Sud…

LA NATION ARC-EN-CIEL

Le passage aux règles de la majorité n'a pas été simple pour les Sud-Africains. Mais la nation arc-en-ciel que le voyageur découvre aujourd'hui, fascinante mosaïque, puise sa force dans sa diversité et un projet commun.

Existe-t-il un Sud-Africain type ? La réponse est extrêmement complexe. Si certains pays évoquent instantanément leur lot de clichés, il n'en va pas de même pour l'Afrique du Sud, où la réalité diffère d'une ville à l'autre, voire de banlieue à banlieue.

Longtemps, l'Afrique a été associée par les Occidentaux au mythe du "bon sauvage", à des cultures et des peuples primitifs vivant en harmonie avec la nature. Sans oublier, bien entendu, le fameux poncif du "sens du rythme" dont les Africains seraient dotés.

L'Afrique du Sud présentait un stéréotype supplémentaire : celui de ses colons blancs, les inventeurs du système de l'apartheid, costauds, barbus, vêtus de kaki, le fusil toujours à la main pour tenir à distance le lion, le rhinocéros – et à l'occasion ces turbulents autochtones – rôdant aux alentours. C'est ainsi que la plupart des gens imaginent les Afrikaners et, plus généralement, tous les Sud-Africains blancs.

Ces quelques clichés n'ont bien entendu pas grand-chose à voir avec la réalité. Malgré le poids d'un passé douloureux, la nation sud-africaine arbore avec fierté et affiche désormais sa diversité culturelle.

UN ARC-EN-CIEL DE CULTURES

Diversité, voilà en effet le mot qui pourrait le mieux caractériser la jeune démocratie sud-africaine. En 1994, 19 partis – représentatifs de tous les horizons politiques, religieux et sociaux du pays – participaient aux premières élections démocratiques d'Afrique du Sud. Peu après, le gouvernement de l'ANC établissait comme officielles pas moins de 11 langues nationales : l'anglais, l'afrikaans, le zulu, le xhosa, le sotho, le venda, le tswana, le tsonga, le pedi, le shangaan et le ndebele. La pluralité linguistique du pays était ainsi reconnue.

... les progrès en faveur de l'indépendance des femmes et de l'égalité des sexes demanderaient à être accélérés.

Les nouvelles sont diffusées dans les 4 principales familles linguistiques – anglais, nguni (zulu et xhosa), afrikaans et sotho – à la télévision, et dans les 11 langues officielles à la radio. Les commentaires des matchs de football changent de langue tous les quarts d'heure, passant tour à tour du zulu au xhosa, de l'anglais au sotho, et ainsi de suite.

MELTING-POT OU SOCIÉTÉ DIVISÉE ?

Les 55 millions de Sud-Africains se partagent en 4 grands groupes. L'immense majorité d'entre eux (79,5 %) sont noirs, 9 % sont d'ascendance européenne, 9 % sont des métis, appelés *coloureds* ou *coloured people*. Enfin, une personne sur 40 se déclare d'origine asiatique.

La société noire se scinde entre 2 groupes linguistiques bantous : les Sotho (Sotho du Sud, Bapedi ou Sotho du Nord et Tswana) et les Nguni (Zulu, Xhosa et Swazi). Traditionnellement, l'habitat nguni est plutôt dispersé, et celui des Sotho regroupé. Mais des sociétés telles que celles des Shangaan-Tsonga et des Venda restent inclassables ; cette dernière regroupe 30 chefferies indépendantes, dont celle des Lemba, qui affirme être l'une des tribus perdues d'Israël.

Au sein de la communauté blanche, la langue détermine l'appartenance culturelle. L'anglais est parlé par les héritiers des 4 000 colons britanniques installés au Cap en 1820, l'afrikaans par les descendants des colons hollandais. Cette langue, qui a fait la synthèse du néerlandais archaïque des colons du Cap et d'emprunts à d'autres langues européennes, africaines et asiatiques, est considérée comme la plus jeune des langues germaniques. Il existe d'autres sous-groupes de population. La communauté juive (environ 75 000 personnes) a ainsi fortement marqué la vie culturelle et économique du pays. Certains de ses représentants – tels Barney Barnato et Alfred Beit – ont joué un rôle important dans l'essor de l'industrie minière. Après la Première Guerre mondiale, des réfugiés juifs originaires des pays Baltes s'investissent dans le commerce et l'industrie, contribuant à en faire l'un des secteurs les plus florissants de l'économie sud-africaine.

Dans les années 1960, le pays voit affluer des Libanais, des Italiens et des Chypriotes grecs ainsi que des Portugais de Madère, du Mozambique et d'Angola. L'invasion soviétique de la Hongrie (1956) et de la Tchécoslovaquie (1968) a aussi amené en Afrique du Sud son lot d'immigrés. Tous dynamiseront l'économie sud-africaine par l'apport de leurs compétences et par la création de nouveaux emplois.

Coquetterie et félicité pour cette Malaisienne du Cap.

Gardiens de parking, station balnéaire de Muizenberg.

EN VOIE D'EXTINCTION ?

Les dernières communautés san et khoikhoi d'Afrique du Sud ont été assimilées au groupe des métis *(coloureds)* par le régime de l'apartheid. Leurs membres sont si peu nombreux qu'elles ne représentent plus un groupe social distinct. Quelques groupes de chasseurs-cueilleurs san continuent à nomadiser dans le désert du Kalahari. Plusieurs communautés griqua (descendants métissés de colons européens et de Khoikhoi) se sont fixées près de Kimberley, dans la province du Cap-Nord. Les derniers Nama, un autre groupe khoikhoi, sont établis sur la côte nord-ouest, non loin de Steinkopf.

Sont appelés "coloureds" *les métis, qui parlent en général l'afrikaans, et d'autres sous-groupes, tels les 200 000 Malais du Cap, musulmans vivant dans le quartier de Bo-Kaap, à Cape Town.*

Enfin, la plupart des Sud-Africains d'origine asiatique (environ 1 million de personnes) sont les descendants des travailleurs sous contrat amenés d'Inde dans les années 1860 pour remplacer les esclaves dans les plantations de canne à sucre du KwaZulu-Natal ou des Chinois engagés dans les mines du Witwatersrand à partir de 1904.

Étudiants de l'université de Cape Town.

UN PAYS MODELÉ PAR LES CONFLITS

Les conflits armés – entre colons européens, Xhosa et Zulu, puis entre Britanniques et Boers – et le calvinisme des Boers, qui, se considérant comme le peuple élu, assimilaient les populations de couleur aux Cananéens de l'Ancien Testament, ont joué un rôle déterminant dans les relations entre les communautés noire et blanche. L'histoire tourmentée du pays, l'impact des lois foncières de 1913 et de 1936 visant à empêcher les Noirs d'acquérir des terres hors de leurs réserves et l'héritage de l'apartheid pèsent encore sur la société. Ainsi, la plupart des groupes sociolinguistiques étant traditionnellement associés à certains lieux, les maîtres d'œuvre de l'apartheid exploitèrent la situation en tentant de confiner 42 % de la population sur les 13 % du territoire alloués aux bantoustans. Actuellement, la grande majorité des Zulu vit dans la province du KwaZulu-Natal, tandis que les Xhosa se concentrent au Cap-Est et au Cap-Ouest. Le Cap-Nord, le Nord-Ouest et l'État libre sont le fief des Sotho et des Tswana. Les Venda, les Pedi, les Shangaan et les Ndebele vivent dans les provinces du Mpumalanga et du Limpopo.

À cette répartition née de l'apartheid vient se superposer celle des communautés non indigènes. L'afrikaans est largement parlé dans les provinces du Cap-Ouest, du Cap-Nord, du Nord-Ouest, de l'État libre, du Limpopo et du Mpumalanga. De nombreux métis se sont fixés dans le Cap-Ouest et le Cap-Nord. Le KwaZulu-Natal – où réside la plus grosse communauté indienne – conserve un aspect très *British*, tandis qu'au Cap-Est l'anglais est aussi courant que l'afrikaans.

Comment les différentes pièces de ce puzzle peuvent-elles donc s'emboîter ? L'expérience est, à vrai dire, assez récente, puisque le régime de l'apartheid, en vigueur jusqu'en 1991, entendait cantonner chacun strictement à son groupe ethnique.

Mais les nationalistes afrikaners avaient oublié un détail : les hommes sont faits pour vivre ensemble. L'avènement de la démocratie a favorisé l'ouverture à la mixité culturelle et laisse à penser que l'Afrique du Sud du IIIe millénaire ne se contente pas d'accepter son identité multiculturelle : elle s'en sert pour prospérer.

veaux langages. Ainsi, dans les townships du Gauteng s'est épanoui le tsotsi-taal (la langue des voyous), un jargon imagé qui conjugue des éléments d'afrikaans et de langues africaines avec l'argot expressif des gangsters américains et qu'a adopté la jeunesse marginale. Le tsotsi-taal abonde en mots et expressions codés. Les taxis minibus ont été baptisés "Zola Budd" parce qu'ils passent leur temps à entrer en collision avec d'autres véhicules (tout comme l'athlète sud-africaine Zola Budd avait heurté Mary Decker lors des Jeux olym-

Tenancier de bar, Cape Town.

MULTILINGUISME

La diversité linguistique démontre aussi que, dans ce pays, la couleur de la peau ne suffit pas à différencier les individus. Le xhosa est aussi différent du venda que l'allemand de l'espagnol. L'anglais a autant en commun avec l'afrikaans que l'italien avec le français.

Dans la vie de tous les jours, l'anglais domine et ne cesse de gagner du terrain, même si, d'après le recensement de 2011, le zulu est la langue maternelle de 22 % de la population, suivi par le xhosa (16 %) et l'afrikaans (13 %). Depuis le début du 21e siècle, les mines et autres industries attirent dans les grandes villes des populations venues de tout le pays, favorisant le développement de nou-

piques de Los Angeles). Les bouteilles d'alcool de 20 cl vendues dans les salles de spectacle, les stades et les débits de boissons illégaux ont été dénommées *"portables"* car, comme les téléphones mobiles, elles se glissent aisément dans la poche.

CHOC DES CULTURES

L'apartheid n'a pas disparu comme par enchantement en 1994. De profondes disparités – économiques, géographiques et culturelles – sclérosent encore l'Afrique du Sud. Assistez à un match de rugby, et vous côtoierez une grande majorité de Blancs, tandis que les matchs de football drainent généralement un public de couleur. Mais cette image tend à se nuancer. À Johannesburg, le public d'un théâtre de Sandton sera sans doute blanc pour l'essentiel, mais le très réputé Market Theatre du centre-ville accueillera plutôt des Noirs. Les préjugés raciaux n'ont pas disparu, même s'ils ne s'affichent plus aussi ouvertement qu'au temps de l'apartheid. Mais ils sont désormais unanimement dénoncés dans les milieux politiques, la société civile et les médias, tandis que la majorité silencieuse est surtout préoccupée par ses difficultés quotidiennes. On assiste désormais à un fascinant mélange de traditions africaines et européennes au sein de la société sud-africaine. Dans les banlieues, un propriétaire blanc demandera volontiers à un féticheur de préparer des grigris pour protéger sa maison, son système d'alarme sophistiqué étant en panne. Au stade, des supporteurs noirs et blancs encouragent un footballeur sponsorisé par Adidas qui s'est fait oindre d'un *muti* (onguent) secret par les guérisseurs attachés à son équipe. Certaines traditions ont la vie dure. Dans diverses communautés, les femmes sont encore victimes de discrimination sexuelle, et même s'ils ont obtenu le droit au mariage, les gays sont parfois confrontés à une homophobie radicale. Mais à Capetown et Johannesburg, notamment, la communauté gay se regroupe sans problème dans les clubs, les bars et lors de la Gay Pride annuelle.

La diversité de la société sud-africaine peut surprendre.

Dans le township Imizamo Yethu, Cape Town.

RELIGION

Près de 80 % des Sud-Africains professent le christianisme. Le pays compte aussi des communautés juive, musulmane, hindouiste et bouddhiste, ainsi qu'une petite minorité déclarant n'appartenir à aucune Église officielle. Au temps de l'apartheid, les membres de l'Église réformée néerlandaise (Dutch Reformed Church, DRC) citaient la Bible pour justifier la politique ségrégationniste du gouvernement – même si des voix contestataires se firent entendre en son sein. En 1986, la DRC renonça aux principes de l'apartheid et présenta officiellement des excuses aux Noirs d'Afrique du Sud.

La hiérarchie anglicane, quant à elle, a joué un rôle de premier plan dans la lutte contre l'apartheid. Le plus célèbre de ses dirigeants, Desmond Tutu, lauréat du prix Nobel de la paix en 1984, est devenu le premier Noir archevêque du Cap et chef de l'Église anglicane d'Afrique australe. L'Église catholique se montra également critique envers l'apartheid. La première croix catholique d'Afrique du Sud fut plantée en 1488, à Santa Cruz, par Bartolomeu Dias. Vasco de Gama l'imita à Mossel Bay en 1497.

LES ZULU

Aujourd'hui, pour les Zulu, la citoyenneté sud-africaine prime sur l'appartenance ethnique.

Selon le journaliste sud-africain Khaba Mkhize, il existerait 2 sortes de Zulu : les "vrais Zulu" et les

Célébration du National Heritage Day (Journée du patrimoine, le 24 septembre), à Durban.

Zulu de carte postale – gardiens de buffles ou guerriers assoiffés de sang, vêtus de peaux de léopard et agitant leurs lances. Dorénavant, la plupart des Zulu se considèrent d'abord comme des citoyens sud-africains plutôt que comme les membres d'une ethnie. Ils sont de plus en plus nombreux à s'installer en ville. Les coutumes cèdent rapidement le pas au mode de vie occidental, même si certaines pratiques ancestrales perdurent, tel le fait d'aller consulter les *inyanga* et les *sangoma* (guérisseurs et guérisseuses traditionnels, en langue nguni, *voir p. 31*) ou d'acquitter le *lobola*, don en espèces ou en bétail versé par le fiancé à son beau-père.

Les Zulu formaient jadis une grande puissance militaire. À la fin du 18e siècle et au 19e siècle, ils guerroient contre les peuples voisins, mais aussi contre les *Voortrekkers* et les régiments britanniques. La "Battlefield Route" (route des Champs de bataille, au KwaZulu-Natal) permet de revenir sur les traces de ces épisodes belliqueux *(voir p. 248)*. Le roi Shaka Zulu, qui règne au début du 19e siècle *(voir p. 42)*, reste le héros de nombreuses légendes ainsi que l'incarnation de la résistance à l'envahisseur et de l'honneur national. Cet héritage a été habilement exploité par l'Inkatha Freedom Party, parti conservateur fondé en 1975 par le prince zulu Mangosuthu Buthelezi, Premier ministre du KwaZulu de 1976 à 1994 et ministre de l'Intérieur d'Afrique du Sud de 1994 à 2004. Ce leader charismatique commence sa carrière politique au sein de l'ANC, mais il entretient par la suite des relations houleuses avec ses dirigeants et finit par rompre avec ce parti en 1980. Par la suite, l'Inkatha aura droit au soutien militaire et financier des forces de sécurité de l'apartheid.

Fondamentalement nationaliste, l'Inkatha recrute la plupart de ses partisans dans les zones rurales défavorisées du KwaZulu-Natal, où le culte du guerrier reste fort. Dans les années 1980 et 1990, des affrontements souvent sanglants l'opposent à l'UDF, composé majoritairement de Xhosa. Si certains commentateurs voient dans cette violence le dernier avatar d'une rivalité communautaire ancestrale, en réalité, ces hostilités proviennent souvent de désaccords concernant la politique locale. Les 2 mouvements noirs luttent alors pour le contrôle des townships, cherchant ainsi à asseoir leur légitimité en vue d'une redistribution du pouvoir. Leur rivalité a fait des milliers de victimes.

Aujourd'hui, la question de l'appartenance ethnique perd de son caractère explosif et les cultures indigènes connaissent un renouveau. Les traditions, de la musique au théâtre en passant par la pharmacopée, bénéficient de soutiens officiels. Des "villages culturels" se font la vitrine de l'artisanat et des coutumes ancestrales, tandis que des écrivains zulu comme Fred Khumalo *(Zulu Boy Gone Crazy)* abordent la question identitaire avec plus de décontraction. Cette mouvance aidant, le nationalisme zulu est en chute libre, comme en témoignent les scores réalisés par l'IFP (Parti inkatha de la liberté) dans le KwaZulu-Natal depuis la fin de l'apartheid. Le roi de la nation zulu Goodwill Zwelithini, figure politique majeure, s'est attiré des critiques lorsqu'il suggéra en 2015 que les étrangers vivant en Afrique du Sud n'étaient plus les bienvenus. #

L'islam, arrivé en Afrique du Sud en 1658, a longtemps été réprimé. La première mosquée du pays n'a été bâtie qu'en 1798, à Bo-Kaap.

Aujourd'hui, le pays compte près de 3 millions de catholiques. Les méthodistes, les baptistes, l'Armée du Salut et l'Église orthodoxe de Grèce sont également bien implantés. On recense, par ailleurs, quelque 4 000 Églises chrétiennes

Ce kappy *élaboré, coiffe traditionnelle hollandaise, se porte pour aller à l'église.*

noires regroupées sous la bannière de l'AIC (African Independent Churches) et revendiquant plus de 10 millions de fidèles. Ces congrégations, pour la plupart pentecôtistes ou évangéliques, se sont émancipées des courants missionnaires européens à partir des années 1880, et elles sont restées indépendantes depuis lors. La plus importante est la Zion Christian Church, fondée en 1914 et qui a son siège à Zion City Moria, près de Polokwane, dans la province du Limpopo.

Les AIC n'étant pas riches, leurs "temples" ne sont souvent qu'un cercle de pierres chaulées aménagé autour d'un arbre qui symbolise le clocher de l'église. Ces Églises syncrétistes pratiquent, notamment, les prières de guérison et le baptême par immersion complète. Elles proscrivent la consommation de tabac, d'alcool, de médicaments et de viande de porc. Leurs fidèles insistent sur le fait que, en tant que chrétiens, ils ne prêtent aucun pouvoir d'intercession à leurs ancêtres. Mais, comme les animistes, ils se méfient de la médecine officielle. Ils accordent un plus grand crédit à la prière et à leurs *umthandazi* (guérisseurs de la foi). Les *umthandazi* des grandes congrégations sont réputés, et leur cabinet de consultation ne désemplit pas. Ils administrent aux fidèles des traitements à base d'herbes médicinales, de café, de thé, et prônent une stricte hygiène de vie. Ils se déclarent chrétiens mais n'ont pas forcément reçu de formation théologique.

RÉDUIRE LA PAUVRETÉ

Au temps de l'apartheid, les différents groupes ethniques avaient des activités économiques et politiques, des Églises et des services sociaux séparés. La réorganisation de toutes ces structures, loin d'être achevée, se révèle une tâche d'ampleur comparable à celle à laquelle ont dû s'atteler les pays d'Europe de l'Est après la chute du mur de Berlin. L'Afrique du Sud a l'avantage sur ces derniers de posséder des marchés bien établis et une bonne infrastructure économique. Mais le pays doit aussi composer avec plusieurs handicaps majeurs : l'immense fossé qui sépare riches et pauvres, les retards considérables qui affectent l'éducation et le logement, les conséquences d'une urbanisation trop rapide et de l'afflux de main-d'œuvre immigrée sur le tissu social – les émeutes du printemps 2015 dans la banlieue de Johannesburg attestent le degré de tension entre communautés ouvrière sud-africaine et immigrée –, la prévalence très élevée du sida et la pénurie d'emplois (le taux de chômage atteignait 28 % en 2017) qui condamne plus de 50 % de la population à vivre sous le seuil de pauvreté.

Le gouvernement de l'ANC s'est efforcé de jongler avec les 2 objectifs – parfois contradictoires – que sont la croissance d'une économie libérale et la redistribution des richesses par l'État. Son programme phare, "Reconstruction et développement", s'est fixé des buts ambitieux en matière de création d'emplois, de construction de logements, d'extension du réseau d'électricité et de télécommunications, de redistribution des terres et d'amélioration de l'éducation de base, ainsi que des services de santé et sociaux. Le programme de Black Economic Empowerment (émancipation économique des minorités historiquement désavantagées) a fait avancer les choses, mais on lui a reproché de n'enrichir qu'une petite élite noire – prétendument liée à l'ANC.

C'est sur le plan social que le gouvernement a obtenu ses meilleurs résultats en améliorant la distribution d'eau et d'électricité – en 1996, seuls 58 % de la population avaient accès à l'électricité et 62 % à l'eau potable, contre respectivement 90 % et 84 % en 2016 –, en constante progression depuis la chute de l'apartheid, aux communautés défavorisées et en consolidant le réseau de dispensaires. Depuis son arrivée au pouvoir, l'ANC a financé la construction de plus de 3 millions de logements. En matière de lutte contre le sida, d'énormes investissements ont été consentis. Mais certaines manifestations violentes contre les carences des services publics trahissent colère et frustration face à la lenteur du changement – en 2017, près d'un quart des Sud-Africains vivent encore avec l'équivalent de 1 euro par jour.

Jeunes filles à l'école coranique.

RÉFORME AGRAIRE

Ainsi, la réforme agraire a pris du retard. Le gouvernement a d'abord tenu à faire savoir qu'il ne tolérerait pas que certains s'emparent de terres, comme cela s'est produit au Zimbabwe. Mais le processus de redistribution est long et difficile et, alors que le programme porte sur 30 % des terres destinées à l'agriculture commerciale et qu'il s'est achevé en 2014, seuls 10 % de ces terres ont été redistribués. Près des quatre cinquièmes des terres cultivables sont la propriété d'intérêts privés, sans pour autant qu'aucune statistique fiable n'atteste précisément qui en sont les propriétaires : fermiers, blancs et noirs, compagnies privées... L'ancien président Zuma, en 2017, annonce un virage radical de la politique de l'ANC en faveur d'une expropriation des terres, dénuée de toute compensation. Cette décision sera-t-elle entérinée par son successeur ?

Le bilan concernant l'éducation reste mitigé. Certes, la plupart des enfants sont scolarisés pendant 10 ans, voire plus, et plus de 1 million de Sud-Africains accèdent à l'enseignement supérieur, mais près de la moitié des élèves ne poursuivent pas leurs études au-delà du premier cycle. L'augmentation rapide des effectifs scolaires a fait grimper la part de l'éducation dans le budget de l'État, affectant la gestion et la qualité de l'enseignement. Celui des sciences et des mathématiques est particulièrement déficient, tandis que certaines écoles manquent encore de tout, ce qui fait de l'éducation un sujet de vif débat national.

LE DÉVELOPPEMENT ÉCONOMIQUE

Jadis, la richesse de l'Afrique du Sud fluctuait en fonction des cours de l'or, du diamant et d'autres minerais. En 1990, leur production représentait encore près de 70 % de son revenu à l'exportation. De nos jours, les autorités souhaitent voir l'industrie se développer, pour que l'économie nationale ne dépende plus uniquement des ressources minières. Depuis 1994, une croissance régulière du secteur manufacturier permet de soutenir les investissements industriels, qui progressent de près de 30 % par an. Un taux de change plus intéressant, une tendance favorable des marchés régionaux et mondiaux et des mesures d'incitation à la vente à l'étranger ont entraîné une forte progression des exportations.

L'économie sud-africaine a également été stimulée par le tourisme, le pays ayant troqué dans ce domaine son statut de paria contre celui de destination phare. Ce secteur, qui bénéficie

En Afrique du Sud, on associe méthodes traditionnelles et médecine occidentale pour soigner des maladies comme la tuberculose.

d'un taux de croissance exceptionnel (pour 8 étrangers qui se rendent en Afrique du Sud, un nouvel emploi est créé chaque année), a connu un boom sans précédent en 2010 grâce à l'organisation de la Coupe du monde de football. Il pourrait devenir une nouvelle mine d'or et profiter à tous les Sud-Africains.

En 1994, alors qu'il comptait adopter un ambitieux programme de reconstruction et de développement, le gouvernement de l'ANC a hérité d'une économie au bord de l'effondrement. Pour la redresser et la stabiliser, il lui a fallu mener une politique relativement conservatrice de contrôle des dépenses publiques et de réduction des déficits budgétaires. Violemment critiquée par les alliés communistes de l'ANC et les syndicats, cette stratégie a permis toutefois d'accroître les investissements internationaux, d'assurer au rand – auparavant très mal en point – une excellente tenue et de rééquilibrer progressivement la balance des paiements, qui avait atteint un niveau désastreux sous le régime de l'apartheid. Les progrès ont été tels qu'en 2011 le pays a été admis parmi les grandes puissances émergentes, ou Bric : Brésil, Russie, Inde et Chine. Indéniablement, l'Afrique du Sud a parcouru beaucoup de chemin depuis 1994, même si elle a dû renoncer à certaines de ses belles idées pour s'atteler à des projets moins exaltants, comme les réformes institutionnelles et l'équilibre budgétaire.

Les entreprises créées par des Noirs se révèlent déjà plus compétitives que leurs

Office religieux dans le township d'Imizamo Yethu, à Hout Bay (banlieue du Cap).

LES VOIES DE L'AFRIQUE

Depuis 1996, le gouvernement de l'ANC a renoncé à son vaste plan initial de nationalisations et mis quelque peu en sourdine ses idéaux socialistes, pour s'orienter vers une politique économique modérée axée sur la croissance. Désormais, la restructuration s'accompagne de nombreuses privatisations et de la réduction du nombre des fonctionnaires. La méthode qui a longtemps prévalu dans le reste de l'Afrique lors de la décolonisation, la "voie de l'Afrique", à savoir le remplacement d'un régime colonial de droite par un gouvernement de libération nationale de gauche, semble avoir été court-circuitée en Afrique du Sud.

concurrentes appartenant à des Blancs. Celles-ci, souvent vieillissantes, n'ont pas encore entrepris les restructurations nécessaires. Quels que soient les handicaps qui freinent son économie, l'Afrique du Sud, grâce à son PIB de 344 milliards de dollars en 2017, reste le pays le plus prospère d'Afrique subsaharienne. Si elle demeure l'État le plus industrialisé du continent, elle a manqué de peu de tomber en récession en 2014. Son économie a souffert de la baisse des cours du platine (le pays détient 80 % des réserves mondiales) et de l'or (5e producteur de la planète) depuis 2014.

Il s'ensuit que les scandales de corruption à répétition – qui ont abouti à la démission de Jacob Zuma en 2018 – et les difficultés économiques persistantes affectent le niveau de vie des Sud-Africains. Le nombre de pauvres ne cesse d'augmenter, pour atteindre en 2017 le chiffre de 30,4 millions de personnes, soit 55 % de la population. Enfin, la croissance stagne (+0,7% en 2017) et l'agence Standard & Poors a dégradé la note de la dette africaine en 2017.

Le développement de l'accès à l'eau et à l'électricité et la construction de logements restent une priorité d'État.

UNE SEULE NATION

Le 3 février 1997, 7 ans jour pour jour après que le président De Klerk eut annoncé son intention de mettre fin à l'apartheid, l'Afrique du Sud adoptait une Constitution considérée comme l'une des plus libérales du monde. Elle reconnaît à tous les Sud-Africains le droit à une citoyenneté identique, au sein d'un État souverain et démocratique où les hommes et les femmes de toutes races sont égaux et peuvent exercer leurs libertés et droits fondamentaux. Cette Constitution contient en outre une Charte garantissant à tous la liberté de mouvement, d'opinion, de culte et de croyance, ainsi que leur égalité devant la loi.

La rapidité avec laquelle le pays s'est transformé est remarquable. Il doit largement cet exploit au "Père de la nation", Nelson Mandela (1918-2013), dont le talent avec lequel il a su réconcilier Blancs et Noirs lui a valu un respect unanime et, en 1993, le prix Nobel de la paix. De plus, avec le recul, il ressort que la plupart des partisans du maintien de l'apartheid étaient moins motivés par leur adhésion à un système profondément injuste que par la crainte du sort qui leur serait réservé dans un pays gouverné par des Noirs. Aujourd'hui, cette perception a changé : l'immense majorité des Sud-Africains – quelle que soit la couleur de leur peau – a fait sienne, avec un remarquable enthousiasme, cette identité démocratique inédite. #

LA RELIGION TRADITIONNELLE

Les remèdes des guérisseurs, *inyanga* ou *sangoma*, sont désormais considérés comme une alternative crédible à la médecine occidentale.

Une minorité de Sud-Africains noirs continue de pratiquer la religion traditionnelle. Si la plupart d'entre eux vivent dans les zones rurales, on rencontre aussi des adeptes parmi les Noirs urbanisés et occidentalisés.

Cette religion traditionnelle repose sur une conception holiste de l'Univers. Ses pratiques visent à préserver et à renforcer l'harmonie des relations que chaque individu entretient avec lui-même, avec sa famille, avec la société et la nature, avec le royaume des esprits – qu'ils soient bons ou mauvais – et avec le divin. Il est donc primordial d'éloigner toute influence néfaste et d'améliorer toute relation devenue conflictuelle.

Les cérémonies et les rites sont empreints de la conviction animiste selon laquelle les éléments naturels comme les fleuves, les arbres ou le vent ont une âme. Mais c'est la croyance en un Être suprême, avec lequel les hommes peuvent communiquer par le truchement de leurs ancêtres, qui fonde la foi traditionnelle. Parce qu'ils se trouvent auprès de la divinité, les ancêtres sont vénérés comme des "morts-vivants" capables d'intercéder en faveur de leurs descendants. Ils sont sollicités à propos de questions importantes comme la pluie, la santé ou la fertilité. Il faut, au préalable, leur envoyer un signe. Autrefois, on sacrifiait un animal, que se partageait ensuite la communauté, les ancêtres ayant droit à leur quote-part. Le chef de famille, ou le chef du clan pour les affaires concernant l'ensemble de la communauté, faisait office de prêtre. Il tuait la vache ou la chèvre avec une lance réservée à cet usage et transmettait aux ancêtres les requêtes des vivants.

Devins et médiums ont toujours joué un rôle important dans les rituels animistes. Selon la croyance populaire, si quelqu'un tombe malade, c'est souvent parce qu'on lui a jeté un sort ou que ses ancêtres sont contrariés. Au cours des rituels, les guérisseurs donnent des instructions pour apaiser les ancêtres et garantir une bonne santé aux vivants. Ils prescrivent aussi des *muti* (remèdes).

Près de 300 000 d'entre eux pourvoient aux besoins physiques et spirituels de la communauté noire d'Afrique du Sud. On distingue les *inyanga* (herboristes en langue nguni, plutôt des hommes) des *sangoma* (sorciers, féticheurs – souvent des femmes –, qui identifient la cause de la maladie en communiquant avec les ancêtres du patient). Tous ces guérisseurs connaissent d'innombrables remèdes à base de plantes et les vertus curatives de nombreux végétaux utilisés par la pharmacopée moderne. Certains animaux leur fournissent également des matières premières. Leur arsenal thérapeutique comprend des cataplasmes, des lotions, des onguents, des infusions froides et chaudes et des poudres que l'on fait pénétrer dans le corps par des incisions. Les guérisseurs ont aussi recours à des saignées, à des émétiques et à des lavements pour purger l'organisme de ses impuretés.

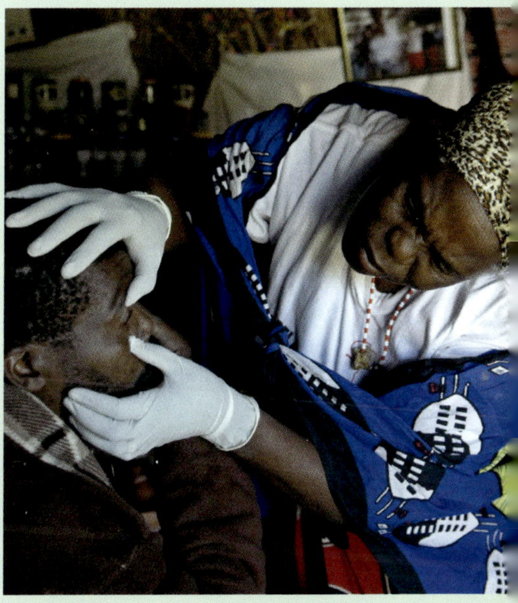

Consultation chez une sangoma *(sorcière).*

Reconnaissant la sagesse de l'approche holiste des guérisseurs, qui accordent au traitement une dimension psychologique, culturelle et spirituelle, la médecine conventionnelle porte un intérêt grandissant à leur pratique. Les médecins qualifiés manquant cruellement dans les campagnes, une grande partie de la population rurale confie sa santé aux guérisseurs et à leurs remèdes. Certaines universités d'Afrique du Sud ont de ce fait inscrit la médecine traditionnelle à leur programme, afin de permettre aux futurs médecins de l'utiliser. #

Campement Khoikhoi kraal (village) sur les rives de l'Orange River, v.1835-1840.

CHRONOLOGIE

Outils de l'âge de la pierre mis au jour à Thulamela.

Vers 8000 av. J.-C.
Des chasseurs-cueilleurs khoisan peuplent le sud-ouest de l'Afrique australe.

200 apr. J.-C.
Les Khoikhoi, semi-nomades, commencent à cultiver la terre.

À partir de 1100
Migration d'autres peuples africains vers le sud du continent.

1488
Le navigateur portugais Bartolomeu Dias débarque à Santa Cruz.

1498
Vasco de Gama, son compatriote, ouvre la route des Indes via le cap de Bonne-Espérance.

1652
Fondation de la colonie du Cap par la Compagnie hollandaise des Indes orientales.

1667
Arrivée des premiers esclaves malais.

1779
Escarmouches entre colons et Xhosa. Neuf guerres "cafres" suivront, jusqu'en 1877.

1795
Annexion du Cap par les Britanniques.

1803
Le Cap redevient hollandais.

1806
Réoccupation du Cap par la Couronne britannique.

1814
Cession officielle du Cap aux Britanniques par les Hollandais.

1816
Shaka fonde le royaume zulu.

1820
Des colons britanniques s'installent dans l'Eastern Cape.

1820-1828
Shaka poursuit son expansion territoriale, laissant, à sa mort, de vastes régions dépeuplées.

1834
Abolition de l'esclavage dans la colonie britannique du Cap.

1835-1854
Le Grand Trek : plus de 16 000 *Voortrekkers* (ou *Boer trekkers*) quittent Le Cap pour fuir la domination britannique. Ils s'établissent dans le Nord et dans l'actuel KwaZulu-Natal.

1838
Bataille de Blood River, au Natal : les *Voortrekkers* écrasent les Zulu de Dingane, demi-frère de Shaka.

1843
Le Natal devient une colonie britannique.

1852
Les Anglais reconnaissent la République sud-africaine (future République du Transvaal), boer.

1854
Les Britanniques reconnaissent l'autre république boer, l'État libre d'Orange.

1867
Découverte de diamants près de Kimberley.

1877
La République du Transvaal est annexée par Londres.

1879
Les Zulu sont écrasés à Ulundi.

1880-1881
Les Boers restaurent la République du Transvaal. Première guerre anglo-boer.

1883
Le Boer Paul Kruger devient le premier président du Transvaal.

1886
Découverte d'or au Transvaal. Fondation de Johannesburg.

1899-1902
Seconde guerre anglo-boer.

1910
Fondation de l'Union sud-africaine.

1912-1913
Formation du South African Native National Congress (ANC, African National

Congress, à partir de 1923), pour la défense des droits civiques des Noirs. Adoption du Natives Land Act, limitant l'accès des Noirs à la propriété foncière.

1925
L'afrikaans remplace le néerlandais comme deuxième langue du pays après l'anglais.

1948
Le Parti national de D. F. Malan gagne les élections. Mise en place du système d'apartheid.

1950-1953
L'apartheid est renforcé par le Group Areas Act (création de zones pour chaque race).

1952
L'ANC lance la *Defiance Campaign Against Injust Laws.*

1960
Le 21 mars, répression brutale d'une manifestation contre les Pass Laws à Shapeville (69 morts). L'ANC est interdit.

1961
L'Afrique du Sud devient une république et quitte le Commonwealth. L'ANC se lance dans la lutte armée.

1964
Le président de l'ANC, Nelson Mandela, est emprisonné à vie.

Jacob Zuma, président de 2009 à 2018.

1966
Hendrik Verwoerd, architecte de l'apartheid, est assassiné.

1975
L'Inkatha, mouvement culturel zulu, est relancé par le prince Mangosuthu Buthelezi, au Natal.

1984
L'évêque Desmond Tutu reçoit le prix Nobel de la paix.

1989
De Klerk succède à Botha à la présidence.

1990
De Klerk annonce le démantèlement de l'apartheid et libère Nelson Mandela.

1991
Les dernières lois d'apartheid en vigueur sont abrogées. Organisation de la Convention pour une Afrique du Sud démocratique (Codesa).

1993
De Klerk et Mandela reçoivent le prix Nobel de la paix.

1994
Premières élections générales démocratiques. Le 9 mai, Nelson Mandela devient le 1er président noir d'Afrique du Sud.

1995
Création de la commission Vérité et Réconciliation.

1996
De Klerk et le NP entrent dans l'opposition. Adoption de la nouvelle Constitution.

1998
La commission Vérité et Réconciliation dénonce l'apartheid comme un crime contre l'humanité.

1999
L'ANC remporte les élections. À Mandela succède son vice-président, Thabo Mbeki.

2004
Mbeki et l'ANC remportent 70 % des suffrages aux élections.

2008
Accusé d'avoir interféré dans une affaire de corruption concernant Jacob Zuma, Mbeki démissionne.

2009
L'ANC remporte le 4e scrutin démocratique. Zuma succède à Motlanthe à la présidence.

2010
L'Afrique du Sud accueille la première Coupe du monde de la FIFA organisée sur le continent.

2012
La police tue au moins 34 mineurs en grève à Marikana.

2013
À 95 ans, Nelson Mandela décède le 5 décembre. Des cérémonies commémoratives se déroulent dans tout le pays.

2014
L'ANC remporte les élections, offrant un second mandat à Zuma. Oscar Pistorius est condamné pour homicide volontaire.

2018
Impliqué dans plusieurs affaires de corruption, le président Jacob Zuma démissionne le 15 février. Le vice-président Cyril Ramaphosa, dauphin pressenti de Nelson Mandela, lui succède, concrétisant ainsi l'ambition de sa vie : diriger l'Afrique du Sud.

Tête en terre cuite (6e s.), trouvée sur un site de l'âge du fer près de Lydenburg, au Mpumalanga.

DES ORIGINES À LA COLONISATION

C'est en Afrique du Sud qu'ont été exhumés les restes des plus anciens hominidés connus, prouvant que le continent noir est le berceau de l'humanité. Différentes cultures ont prospéré pendant des millénaires en Afrique australe avant l'installation des Européens au 17e siècle.

En Afrique du Sud, les grottes de Sterkfontein, Swartkrans, Kromdraai et d'autres sites archéologiques des provinces du Gauteng et du Nord-Ouest ont livré plusieurs centaines de restes fossilisés d'hominidés, notamment d'*Australopithecus africanus*, vieux de 3,5 à 2,5 millions d'années, et de *Paranthropus robustus*, datant de 2,8 à 1 million d'années. On sait que, pendant plus d'un million d'années, ce dernier a coexisté avec *Homo habilis*, plus développé, avant de disparaître.

Le sous-sol sud-africain recèle également de nombreux fossiles de notre ancêtre direct, *Homo sapiens*, apparu il y a environ 300 000 ans, au Maroc, selon les dernières découvertes scientifiques effectuées en 2017 par l'équipe du paléoanthropologue J. J. Hublin qui ont fait reculer de 100 000 ans l'apparition de notre espèce. Des restes de notre ancêtre direct, *Homo sapiens*, ont été retrouvés à différents endroits sur un périmètre assez large en Afrique du Sud.

Crâne d'hominidé vieux de 2,5 millions d'années.

Le "Berceau de l'humanité" (Craddle of Humandkind), qui couvre 47 000 ha, regroupe 12 des principaux sites d'hominidés fossiles d'Afrique du Sud. Il a été inscrit au Patrimoine culturel mondial par l'Unesco en 1999.

Les chercheurs ont ainsi identifié des marqueurs génétiques dits négroïdes en comparaison des variantes dites mongoloïdes ou caucasiennes retrouvées ailleurs sur le continent africain. Ces récentes découvertes attestent donc qu'une population noire a vécu en Afrique du Sud pendant au moins 100 000 ans. À partir d'un génome identique, différents groupes se sont ensuite développés séparément. L'un de ces sous-groupes aurait ainsi vécu dans un relatif isolement dans une partie du sud-ouest du continent pendant environ 40 000 ans.

LE GROUPE KHOISAN

Il y a de 25 000 à 40 000 ans, des groupes de chasseurs-cueilleurs, originaires de la zone chaude et humide du Nord, s'installent par vagues successives en Afrique australe. Il s'agit des ancêtres des San, auteurs de peintures rupestres bien connues des préhistoriens. Peu à peu, ceux-ci sont refoulés par de nouveaux envahisseurs, les Khoikhoi, pasteurs originaires du nord de l'actuel Botswana, qui se consacrent à l'élevage bovin et s'installent au gré des points d'eau. Les San se voient confinés dans les régions désertiques de l'intérieur et doivent s'adapter à des conditions de vie particulièrement rudes, tandis que les Khoikhoi occupent plutôt les régions côtières. Leur extrême dépendance à l'égard du bétail les rend vulnérables à la moindre catastrophe naturelle. L'arrivée des colons européens va leur être fatale. En moins de 60 ans, ils seront réduits en esclavage, refoulés sur les terres les moins hospitalières ou décimés par les maladies importées. San et Khoikhoi parlent des langues apparentées, dites "à clics" (claquements de langue).

Peintures pariétales préhistoriques, monts Cederberg.

LE GROUPE BANTOU

Vers 400 s'installent sur les hauts plateaux du Nord-Est des populations noires probablement originaires du sud du bassin du Tchad, qui ont progressé vers le sud en traversant la grande forêt équatoriale et en essaimant dans les savanes d'Afrique orientale et méridionale. Ces peuples, qui cultivent le sorgho, vivent dans des villages, maîtrisent la céramique et la métallurgie, parlent des langues du groupe bantou.

Les Bantous arrivent en Afrique du Sud par vagues successives. Aujourd'hui, on parle les langues de la famille sotho-tswana (tswana, pedi, sotho) dans tout l'intérieur du pays, et les langues de la famille nguni (zulu, xhosa, swazi) sur la côte. Les habitants de la province du Limpopo, dans l'extrême nord-est du pays, communiquent aussi en venda, un dialecte apparenté au shona du Zimbabwe, ou en tsonga, idiome proche de langues parlées dans le sud du Mozambique.

Pour les sociologues, les divergences culturelles entre Sotho-Tswana et Nguni sont nées des environnements très différents dans lesquels ces 2 groupes ont évolué. Comme l'eau

LES "HOMMES DES HOMMES"

Il y a quelque 3 000 ans, un groupe khoisan vivant dans le nord de l'actuel Botswana acquiert du bétail, délaissant peu à peu la chasse pour l'élevage. Il se choisit le nom de Khoikhoi (les "Hommes des hommes") pour se distinguer des autres chasseurs-cueilleurs khoi, que l'on désigne aujourd'hui sous le nom de San. Les Hollandais surnommeront Hottentots (de *hotteren-totteren*, "bégayer") les éleveurs khoikhoi, et Bochimans (de *bosjemans*, hommes de la brousse) les chasseurs-cueilleurs san. De petite taille (1,55 m environ), San et Khoikhoi ont les yeux en amande et la peau plus claire que les Bantous.

manque à l'intérieur des terres, les Sotho-Tswana se sont rassemblés autour des sources, formant de gros villages aux habitations en pierre. Les côtes étant, en revanche, arrosées par de nombreux cours d'eau descendus des montagnes, les Nguni ont pu s'éparpiller et changer fréquemment de site.

L'influence de l'environnement sur les modes de vie transparaît aussi dans les pratiques attachées au mariage. Le bétail étant relativement rare chez les Sotho-Tswana, ceux-ci avaient tout intérêt à se marier entre cousins pour conserver les bêtes au sein du clan. Chez les Nguni, à l'inverse, les fermes étant dispersées, mieux valait conclure des alliances avec d'autres familles pour pouvoir échanger du bétail avec elles.

En l'absence de culture écrite permettant la transmission du savoir, des règles et des lois, la cohésion du groupe reposait très largement sur le respect des coutumes et des traditions.

LA COLONISATION DU CAP

En 1652, la Compagnie hollandaise des Indes orientales ouvre au cap de Bonne-Espérance une "station de rafraîchissement" : les navires qui contournent le continent sur la route des épices pourront ainsi s'avitailler en eau douce et en denrées fraîches. Le premier gouverneur en poste, Jan Van Riebeeck, se montre incapable de maintenir de bonnes relations avec les Khoikhoi de la région, qui commercent avec la station. La compagnie décide alors de libérer de leurs engagements ceux de ses employés qui acceptent de cultiver des terres. Les 9 premiers *vrijburghers* (citoyens libres) s'établissent en 1657.

Peu à peu, la petite colonie du Cap (Kapstad) se forme à la pointe sud du continent africain. Les Khoikhoi, privés de certains de leurs meilleurs pâturages, résistent, mais les armes à feu des Blancs ont tôt fait de les refouler vers le nord. Parallèlement, la compagnie fournit aux colons une main-d'œuvre servile déportée de Madagascar et des Indes hollandaises, en Asie du Sud-Est. La plupart de ces esclaves doivent abandonner leur culture pour adopter la langue et la religion de leurs maîtres. Mais les déportés

Jan Van Riebeeck, débarquant sur le cap de Bonne-Espérance.

L'arrivée de négociants hollandais au Cap, en 1652, marque un tournant décisif dans l'histoire de l'Afrique du Sud. Ceux-ci internent les chefs khoikhoi à Robben Island – là où Nelson Mandela sera incarcéré pendant 18 ans.

politiques malais ou javanais et certains artisans qualifiés bientôt affranchis vont conserver leurs coutumes et leur foi et fonder la communauté musulmane du Cap – ceux que l'on appelle les Malais du Cap *(Cape Malays)*, quelle que soit leur origine ethnique. Au fil du temps, des unions entre Blancs et femmes khoikhoi et des liaisons entre maîtres et esclaves naît une communauté métisse, que le régime de l'apartheid érigera en catégorie ethnique, les *coloureds*.

En 1688 débarquent au Cap des protestants français qui s'étaient réfugiés aux Provinces-Unies après la révocation de l'édit de Nantes. Ces huguenots apportent de précieux savoir-faire, notamment dans le domaine de la viticulture. Les noms de certains vignobles (La Motte, Cabrière, Mont Rochelle) de la région de Franschhoek (le "Coin français") évoquent les origines de leurs fondateurs. Les premiers colons européens cultivent le blé et la vigne sur des parcelles proches de la ville naissante. Mais au début du 18e siècle, refusant de se plier aux exigences de la Compagnie hollandaise des Indes orientales (imposition, service militaire, etc.), certains fermiers renoncent à l'agriculture pour l'élevage et s'en vont chercher des terres hors de la colonie, à bord de leurs chariots bâchés. La plupart de ces *burghers*, dorénavant appelés Boers, adoptent un mode de vie autarcique et semi-nomade dans les vastes étendues du Karoo. Repoussant peu à peu les Khoisan, ils atteignent avant 1780 les fleuves Orange au nord-est et Great Fish à l'est. Entretemps, ils ont fondé Stellenbosch, Swellendam et Graaff-Reinet.

Une famille boer avec ses domestiques khoisan.

Les Britanniques s'intéressent d'abord au Cap pour des raisons stratégiques. Vers la fin du 18e siècle, un nombre croissant de navires français, en route pour les Indes, y fait escale, ce qui inquiète Londres. Aussi, lorsque la Compagnie hollandaise des Indes orientales, acculée à la faillite, est dissoute en 1795, les Anglais en profitent pour occuper Le Cap en tant qu'alliés de Guillaume V d'Orange, détrôné par les armées révolutionnaires françaises. En 1802, ils rétrocèdent ce territoire à la République batave, pour le récupérer dès 1806, après la reprise des hostilités contre la France.

Les Britanniques se révèlent infiniment plus efficaces que leurs prédécesseurs. Ils s'emploient d'abord à sécuriser les frontières orientales de la colonie. Dans cette région, plusieurs chefs xhosa, entraînés par Ndlambe, un dirigeant rebelle, ont pénétré en territoire colonial et fait échouer toutes les tentatives hollandaises pour les en déloger. Ordre est donné au colonel John Graham de chasser ces "sauvages" de la colonie. Celui-ci s'acquitte de sa mission puis fonde, en 1812, la ville qui porte toujours son nom.

Londres souhaite ensuite faciliter l'émigration au Cap afin d'accélérer l'intégration de la région dans son empire. En 1819, près de 4 000 artisans et anciens militaires se voient octroyer des terres au Zuurveld, un territoire bordé par le cours du Great Fish. De 1820 à 1824, des colons débarquent de la mère patrie avec pour tout bagage des vivres, des tentes et de l'outillage agricole. Ces pionniers sont aussitôt envoyés vers de nouveaux territoires de colonisation.

Les Britanniques se montrent très actifs dans la mise en place d'un système éducatif et judiciaire, ainsi que dans la création d'une presse locale. Mais la vie sur la frontière n'est pas de tout repos. Les fermiers expérimentés sont rares parmi les nouveaux arrivants et nombre d'entre eux renoncent à la terre pour s'établir dans des villes comme Bathurst et Grahamstown. Ceux qui restent doivent supporter un climat difficile, des récoltes souvent mauvaises et les fréquentes razzias de bétail des Xhosa.

LE GRAND TREK

C'est en vain que les colons britanniques sollicitent la protection du gouvernement du Cap. Les autorités leur imposent même par décret d'utiliser leurs propres chevaux et leurs propres armes pour leurs expéditions punitives. Ils n'en sont pas pour autant dispensés de payer des impôts : la révolte gronde. Les Boers partagent la rancœur des nouveaux immigrants. Jusqu'alors, ils pouvaient s'arroger domaines et esclaves en toute liberté. Mais, à partir de 1822, une série de réformes touchant au système d'imposition, à l'attribution des terres et à la magistrature porte atteinte à leur mode de vie : la Charte hottentote de 1828 interdit le travail forcé et la discrimination entre Blancs et Noirs, et prépare l'abolition de l'esclavage, qui sera décrétée en 1834.

Les Boers comprennent le message ; ils tournent alors leur attention vers les terres situées au-delà du fleuve Orange, qui échappent encore au contrôle britannique. Les Griqua, un groupe khoikhoi rejoint par des aventuriers blancs et des métis décidés à se soustraire à la discrimination raciale, ont déjà fondé un État sur ces hautes terres. Dotés d'armes à feu et de chevaux, ils disposent d'une supériorité incontestée sur les tribus noires locales. À partir de 1834, certains dirigeants boers lancent des expéditions de reconnaissance dans ces nouveaux territoires. Connu sous le nom de Grand Trek, l'exode en masse des Boers vers le nord et l'est commence en 1835 : jusqu'en 1839, environ 16 000 *Voortrekkers* (ou *trekkers*) vont ainsi émigrer et guerroyer contre les chefferies noires.

LE MFECANE, "TEMPS DES TROUBLES"

À la même époque, d'autres événements secouent la région qui s'étend au nord du fleuve Tugela (l'actuel KwaZulu-Natal). Dans les années 1790, les conflits entre chefs zulu, de plus en plus violents, ont entraîné le développement d'associations militarisées de jeunes gens, les *amabutho* (mot zulu souvent traduit par "régiments"). Ce phénomène favorise l'abandon du système clanique au profit d'un État centralisé, qui va connaître son apogée sous le règne de Shaka kaSenzangakhona (1818-1828), fondateur du royaume de Zulu. Ce roi despotique rend le service militaire obligatoire pour tous ses sujets et constitue une armée de métier. Considérés comme les enfants de Shaka, les combattants doivent se tenir à son entière disposition. En 4 ans, Shaka va se tailler un territoire grand comme la France, semant la mort et la désolation sur son passage.

Jamais, dans l'histoire de l'Afrique du Sud, un roi n'avait exercé un pouvoir aussi autocratique. Même si certains récits sont sujets à caution, la cruauté de Shaka reste légendaire et sa fin, révélatrice : il est assassiné en 1828 par son demi-frère Dingane, avec le concours d'un autre de ses demi-frères, d'une tante paternelle et de l'un de ses propres hommes de confiance.

Le colonel John Graham.

UN ENNEMI CORIACE

Mieux organisés, mieux armés et nettement plus nombreux, les Xhosa vont se révéler des adversaires redoutables, plus coriaces que les Khoisan. La plupart d'entre eux résisteront même davantage aux virus européens. En Amérique du Nord et en Australie, les Blancs ne se contenteront pas de soumettre les populations autochtones ; ils prendront l'avantage numérique, les maladies importées involontairement, telles que la rougeole ou la tuberculose, décimant les peuples indigènes. Il n'en ira pas de même en Afrique du Sud, où la communauté noire forme toujours, et de loin, le principal groupe racial en nombre.

Surnommé le "Napoléon noir", le roi guerrier Shaka (v. 1787-1828), fondateur de l'empire zulu, est devenu une figure mythique et le héros de nombreux récits.

Sa méthode a cependant fait des adeptes, et plusieurs apprentis despotes s'approprient des territoires dans diverses régions d'Afrique australe, notamment au Mozambique, au Swaziland, au Zimbabwe, en Zambie, au Malawi et en Tanzanie. La terreur qu'ils font régner est contrebalancée par l'action de quelques chefs sages et tolérants qui offrent aide et protection aux réfugiés. Moshoeshoe, le fondateur du Lesotho, en est le meilleur exemple.

Bataille de Blood River.

En 1837, le chef *voortrekker* Piet Retief demande à Dingane, qui a succédé à Shaka, de lui céder des terres au Natal, au sud du fleuve Tugela. Le chef zulu fait mine d'accepter, mais, se méfiant des Boers, il fait massacrer Retief et ses compagnons juste après avoir signé l'acte de cession, le 6 février 1838. Les guerriers zulu attaquent les camps des *Voortrekkers* sur les contreforts du Drakensberg. Dès lors, les Boers unissent leurs forces sous le commandement d'Andries Pretorius, un riche fermier qui donnera son nom à la capitale administrative de l'Afrique du Sud. En décembre 1838, les Zulu sont écrasés à la bataille de Blood River, au Natal. Dans les années 1930, les historiens et les politiciens afrikaners transformeront les événements de 1838 en un mythe nationaliste et raciste : le meurtre de Retief deviendra un acte de sauvagerie primitive ; quant à la victoire "miraculeuse" de Pretorius sur les Zulu, elle sera la preuve que les *Voortrekkers* et leurs descendants sont le "peuple de Dieu", le seul détenteur légitime du pouvoir en Afrique du Sud.

NAISSANCE DES RÉPUBLIQUES BOERS

La victoire permet aux Boers d'établir une république au Natal. Mais cette Natalia fait long feu : les Anglais, qui ne sont pas prêts à renoncer à leur hégémonie sur l'Afrique australe, l'annexent en 1843. Un acte d'agression inacceptable pour les Boers, qui traversent de nouveau la chaîne du Drakensberg pour s'enfoncer à l'intérieur des terres, où ils fondent 2 nouvelles républiques indépendantes, l'État libre d'Orange *(Oranje Frystaat)* et la République sud-africaine *(Zuid Afrikaansche Republiek)*, future République du Transvaal.

Les Britanniques ne tardent pas à contester l'indépendance de ces républiques. Ils affirment que leur juridiction s'étend jusqu'au 26e parallèle et envoient, en 1848, leurs forces annexer la totalité du territoire situé entre le fleuve Orange et son affluent, la Vaal. Toutefois, à la faveur d'un changement de gouvernement, Londres reconnaît l'indépendance des Boers au nord de la Vaal en 1852, puis au sud en 1854. La souveraineté des républiques boers se trouve ainsi avalisée.

L'article 9 de la Constitution (1858) de l'un de ces 2 États, la République sud-africaine, est sans équivoque : "Le peuple n'est pas prêt à autoriser une quelconque égalité des non-Blancs avec les Blancs, au sein de l'Église comme de l'État." D'autres lois sont tout aussi révélatrices des objectifs poursuivis par les Boers. Ainsi, tout vétéran du Grand Trek a droit à 2 fermes, dont il fixe lui-même le domaine. Les chefferies noires vaincues doivent fournir de la main-d'œuvre à titre de tribut. La tradition du travail des enfants est maintenue, sous la forme d'un contrat appelé l'*inboekstelsel*, par référence au *boek*, le registre dans lequel est inscrit leur nom.

Pour ajouter à ces mesures, en 1870, la loi dite du *kaffer wet* est adoptée par la République du Transvaal. Elle stipule que tout fermier a le droit de faire travailler 5 familles noires vivant sur ses terres. Cette loi est à l'origine du système, dit de *labour tenancy*, permettant à un Noir de cultiver un lopin de terre appartenant à un fermier blanc en échange d'un certain nombre d'heures de travail hebdomadaires – un système de tenures qui, en dépit des réformes engagées depuis 1996, pose encore problème au gouvernement sud-africain.

UNE GUERRE DE 100 ANS

Pendant ce temps, au Cap, la Grande-Bretagne poursuit à sa frontière orientale ce que l'on appelle les "guerres cafres". Le terme cafre (*kaffer* en afrikaans, qui viendrait de l'arabe *kafir*, "infidèle", et qui est aussi péjoratif que "nègre") s'applique ici aux Xhosa.

Au nombre de 9, ces guerres de frontière entre colons blancs et Xhosa vont durer un siècle (1779-1877). Les 2 communautés vivent de l'élevage et ont besoin de disposer de pâturages suffisamment vastes pour leurs bêtes. Une série de sécheresses poussent les colons européens vers l'est, où ils empiètent sur les terres tribales. À leurs incursions répondent des attaques xhosa de plus en plus violentes.

Les colons, qui reprochent à l'administration britannique de ne pas les protéger suffisamment, décident de prendre leur destin en main. De 1819 à 1853 sont déclenchées 4 guerres cafres, qui provoquent des milliers de morts et vont affaiblir durablement la société xhosa.

En 1856 et 1857 se produit un événement connu sous le nom de "Massacre du bétail xhosa". À l'époque, les Xhosa désespèrent de pouvoir enrayer la désintégration de leur société : les colons s'arrogent leurs terres, et les missionnaires s'opposent à leurs coutumes. Un matin, Nongqawuse, une jeune prophétesse, annonce que des forces invisibles vont aider les Xhosa à chasser les Blancs et à recouvrer leur puissance. Mais, pour cela, il leur faut sacrifier auparavant tout leur bétail et détruire toutes leurs réserves de céréales. Les chefs xhosa hésitent à imposer un tel sacrifice. Enfin, après maintes tergiversations, une majorité vote l'abattage massif du cheptel. La famine qui s'ensuit est catastrophique. Un gouverneur anglais particulièrement dénué de scrupules, sir George Grey, se charge d'anéantir ce qu'il reste de pouvoir aux chefs. La faillite de la chefferie xhosa a pour effet indirect d'accroître la coopération entre les marchands colons et certains fermiers xhosa. Une classe paysanne africaine se forme, encouragée par les missionnaires britanniques, très actifs au Cap-Est. La législation de la colonie du Cap garantit l'absence de discrimination raciale, du moins pour qui jouit d'un niveau d'instruction élevé.

La situation est très différente dans la colonie britannique du Natal, nettement moins libérale. Les autorités y ont créé des plantations de

Colons boers, gravure (19e siècle).

canne à sucre très gourmandes en terrain et en main-d'œuvre. La ségrégation et des "réserves indigènes" sont instaurées avant même que l'on y songe dans les républiques boers. En outre, comme les bras manquent, les Britanniques font venir de la main-d'œuvre indienne sous contrat.

En 1867, l'Afrique du Sud n'a toujours rien d'un ensemble politique unifié. Quatre entités (Natal, Le Cap, Orange et Transvaal) à domination blanche et d'innombrables chefferies et royaumes noirs se partagent le territoire. La Grande-Bretagne est la puissance dominante, mais elle a des problèmes à régler dans d'autres parties du monde. C'est alors que l'on découvre des diamants et de l'or dans certaines régions d'Afrique du Sud. Du coup, tout va changer. #

RICHESSE ET EMBRASEMENT

La découverte de diamants et d'or permet à l'Afrique du Sud de s'enrichir et de s'urbaniser. Mais elle devient aussi un enjeu entre la Grande-Bretagne et les républiques boers.

Au milieu du 19e siècle, l'Afrique du Sud est encore faiblement peuplée. Elle dispose de richesses limitées et exporte surtout de la laine, de l'ivoire et des peaux. Jusqu'en 1848, le réseau routier reste embryonnaire ; le pays ne compte pas de grande banque avant 1860 et très peu de voies ferrées jusqu'en 1880. Les ports sont actifs, mais les autres villes sont de simples centres administratifs, telle Graaff-Reinet, ou bien servent de lieu de rassemblement au *nachtmaal* trimestriel de l'Église réformée néerlandaise.

DIAMANTS AUX CHAMPS

La découverte d'un premier diamant, au nord du fleuve Orange, en 1867, change totalement la mise. Du Cap et du Natal, les spéculateurs se précipitent sur les lieux. Ils sont rejoints par des fermiers afrikaners ainsi que par des Griqua (métis) et des Tlhaping (Tswana du Sud), bien décidés à tirer profit des dépôts alluvionnaires de la Vaal River et des gisements de l'immense champ de prospection bientôt aménagé à Kimberley. La région se révèle un enjeu stratégique pour Londres comme pour les républiques d'Orange et du Transvaal. La question est résolue, à l'issue d'interminables tractations, par une cour d'arbitrage : les champs diamantifères appartiennent à la colonie britannique de Griqualand West.

À la fin du 19e siècle, presque toutes les terres de l'Afrique australe appartiennent aux Blancs, que ce soit à des particuliers ou aux autorités coloniales.

Mine de diamants, Kimberley.

De 1870 à 1888, on assiste à une concentration de la production de diamants, imposée par les coûts de plus en plus élevés d'exploitation, les propriétaires des mines devant creuser de plus en plus profondément. La De Beers Consolidated Mines Ltd, dirigée par Cecil Rhodes, devient et restera la plus importante société propriétaire de mines de diamants du monde.

Les compagnies minières rémunèrent décemment leurs employés blancs mais sous-paient la main-d'œuvre noire. Celle-ci travaille sous contrat et est recrutée par des agents qui s'entendent avec les chefs tribaux, lesquels exigent notamment des armes à feu comme mode de paiement. Les mineurs noirs sont logés dans des baraquements surveillés et fouillés au corps à la sortie de la mine, contrairement aux Blancs, exemptés de cette procédure humiliante.

Ces pratiques discriminatoires deviennent la règle, au point de faire bientôt école dans les autres industries. L'exploitation des champs diamantifères de Kimberley, où se crée une ville, fait entrer l'Afrique du Sud dans l'ère industrielle. Elle impose la construction du chemin de fer et fournit des débouchés aux productions des fermiers locaux.

Gravure (1884) illustrant le travail des mineurs.

RUÉE VERS L'OR

L'année 1867 se révèle faste : de l'or est aussi trouvé à Tati, à la frontière entre le Transvaal et le Bechuanaland, puis dans différentes régions du Transvaal à partir de 1874. Mais il faut attendre la découverte du principal filon du Witwatersrand (ou Rand) en 1886 pour que l'Afrique du Sud s'impose comme un pays producteur d'or. Les entrepreneurs, le capital et les compétences viendront de Kimberley, dont l'expérience acquise avec les diamants sera mise à profit.

La Chambre des mines, créée en 1887, tente de réglementer la concurrence – faisant surtout en sorte que la main-d'œuvre reste extrêmement bon marché et soit logée dans des foyers pour en faciliter le contrôle. Mais, en 1890, elle entre en conflit ouvert avec les autorités du Transvaal pour des raisons d'ordre politique et économique : le gouvernement de Paul Kruger *(voir p. 47)* s'oppose à l'embauche de mineurs étrangers, les *uitlanders* (britanniques pour la plupart), surtout lorsque ceux-ci revendiquent des droits politiques ; de plus, sa fiscalité maladroite diminue fortement la rentabilité des gisements aurifères. Vers 1895, alors que les puissances européennes rivalisent de plus belle pour se partager le continent africain, il est désormais clair aux yeux de tous que le Transvaal est devenu un enjeu majeur. Quiconque le contrôlera se rendra maître de l'Afrique australe.

Le plus gros diamant jamais découvert (3 106 carats).

L'EMPIRE CONTRE-ATTAQUE

La colonisation de l'Afrique australe n'est pas seulement le fait de colons blancs qui désirent y installer des fermes ou en exploiter des gisements miniers. Dès le milieu du 19e siècle, elle est aussi l'objet d'une tension croissante entre la Grande-Bretagne, puissance dominante dans la région, et les républiques boers.

En 1868, Londres déclare officiellement son intention de fédérer l'Afrique du Sud en une seule entité, pour des raisons économiques et stratégiques. En 1875, le ministre des Colonies du gouvernement Disraeli s'attelle à la tâche. Mais il agit avec précipitation et n'obtient pas l'aval du gouvernement du Cap. Si, en 1877, par une manœuvre habile, il réussit à annexer le Transvaal, l'opération tourne vite au fiasco : la nouvelle administration se révèle incompétente et la rébellion organisée sous l'égide de Paul Kruger en 1880-1881 persuade le gouvernement Gladstone de retirer ses troupes. Les conventions de 1881 et 1884 mettent fin à la première guerre des Boers et restaurent l'indépendance du Transvaal selon des termes assez ambigus qui conservent à la Grande-Bretagne un vague droit d'ingérence.

Femmes et enfants boers internés dans des camps.

ÉCHEC DE L'"EXPÉDITION JAMESON"

Cecil Rhodes *(voir p. 47)*, Premier ministre de la colonie du Cap de 1890 à 1896, tente vainement d'intégrer le Transvaal à une Fédération sud-africaine. Puis il essaie d'encercler cette république en achetant Lourenço Marques (Maputo) aux Portugais.

En 1895, avec l'aval de Londres, il fomente un coup d'État au Transvaal. Il est prévu que les troupes de la British South Africa Chartered Company arriveront en renfort de l'autre côté de la frontière du Transvaal. Mais l'"expédition Jameson", du nom du commandant de ces renforts, se solde par un échec cuisant. Rhodes, discrédité, doit démissionner, tandis que Kruger se montre de plus en plus méfiant vis-à-vis de la puissance coloniale.

LA SECONDE GUERRE DES BOERS (1899-1902)

En 1899, Londres demande instamment à Paul Kruger d'accorder le droit de vote aux *uitlanders*. Or ceux-ci sont désormais si nombreux au Transvaal que cette mesure mettrait en péril la nation boer. C'en est trop pour Paul Kruger qui, devançant l'ultimatum britannique, envahit les colonies côtières du Cap et du Natal en octobre. La seconde guerre des Boers a commencé.

Les hostilités tournent d'abord à l'avantage des Boers. Mais d'importants renforts permettent aux Britanniques d'envahir les 2 républiques boers et d'occuper Bloemfontein et Pretoria en juin 1900. Les paysans boers opposent à l'ennemi une véritable guérilla.

À titre de représailles, le commandant en chef des forces britanniques, lord Kitchener, pratique la politique de la terre brûlée, abattant les troupeaux, brûlant récoltes et fermes et faisant interner leurs occupants – surtout des personnes âgées, des femmes et des enfants –, dans des camps dits de concentration. Près de 28 000 y meurent de famine ou de maladie. Acculées à la défaite en 1902, les 2 républiques boers passent, avec leurs mines, sous contrôle britannique. Vaincu, le président Paul Kruger s'exile en Suisse, où il mourra en 1904.

Le conflit marquera durablement les consciences politiques sud-africaines. Les Boers sont humiliés, ruinés et convaincus par l'expérience des camps d'internement que les Britanniques ont cherché à les exterminer. Ce ressentiment va favoriser l'essor du nationalisme afrikaner. Il s'agira de faire de l'Afrique du Sud un pays non plus britannique mais afrikaner.

La guerre n'a pas non plus été sans conséquence pour les Noirs, recrutés par les 2 camps – même si les Boers se sont montrés plus réticents que les Anglais à les armer. Ils ont péri en grand nombre lors des combats, des sièges, des raids sur les fermes et, pour plus de 14 000 d'entre eux, dans les camps de concentration. Mais leurs épreuves sont passées relativement inaperçues et, à la fin de la guerre, quand le traité de paix est signé, nul ne songe à leur offrir des compensations. #

KRUGER ET RHODES

Si le héros des Boers eut jamais une bête noire, c'est bien le magnat du diamant et ardent défenseur de l'impérialisme britannique en Afrique du Sud.

Avec son costume noir élimé, sa barbe broussailleuse et son énorme pipe, Paul Kruger était, pour la presse internationale, une caricature du rustique fermier boer du veld. Mais mieux valait ne pas s'y tromper : quiconque sous-estimait ses qualités politiques en était vite pour ses frais.

Né en 1825 dans une famille d'origine prussienne de la colonie du Cap, Paul Kruger ne passe que 3 mois à l'école et commence sa vie professionnelle comme chasseur de lions. Il participe au Grand Trek *(voir p. 41)* à partir de 1836, révélant son courage dans les combats contre les Ndebele. Il se sert ensuite de cette expérience pour entrer en politique. À 36 ans, il est nommé commandant en chef des armées de la République du Transvaal. Lors de la première tentative d'annexion du Transvaal par les Anglais (1877-1881), il prend la tête de la révolte boer et se rend par 2 fois à Londres pour tenter d'infléchir la politique du gouvernement britannique. En 1883, il devient président de la République du Transvaal, qui a reconquis son indépendance, et sera réélu 3 fois de suite.

Calviniste dévot, Kruger possède une forte personnalité. Ses adversaires, tant afrikaners que britanniques, décrient son obstination et son despotisme. Grand défenseur de la nature, il lutte contre la chasse commerciale et est à l'origine du parc national qui porte son nom.

Poussé à déclarer la guerre à la Grande-Bretagne en 1899, il aura le malheur de conduire son pays à la défaite. Il se rend en Europe en 1902, cherchant vainement à obtenir le soutien des Pays-Bas, de la France et de l'Allemagne, et ne peut empêcher la reddition des Boers. Refusant de se soumettre aux Britanniques, il demeure en exil jusqu'à sa mort, en 1904, en Suisse. Sa dépouille sera rapatriée en Afrique du Sud et inhumée à Pretoria.

Cecil Rhodes, l'ennemi juré de Paul Kruger, naît en Angleterre en 1853. Envoyé en 1870 soigner son asthme au Natal, chez son frère, il rejoint ce dernier sur les champs diamantifères de Kimberley, où il échafaude un plan ambitieux pour contrôler (presque) toute l'industrie du diamant. Mission accomplie pour sa compagnie minière, la De Beers, en 1889.

Convaincu que l'Empire britannique est investi d'une mission colonisatrice, Rhodes se montre aussi impitoyable en politique qu'en affaires. Nommé Premier ministre de la colonie du Cap en 1890, il s'empare par la ruse et la force des terres des Matabele et des Shona au nord du Limpopo. Il colonise la Rhodésie du Nord et la Rhodésie du Sud (la Zambie et le Zimbabwe actuels), paralysant toute tentative d'expansion de la République du Transvaal au-delà du Limpopo. Rhodes cherche à écarter Kruger du pouvoir et à s'emparer des mines d'or du Transvaal au nom de la Couronne britannique. En 1895, il tente de pousser un groupe d'*uitlanders* du Rand à renverser le régime boer avec l'aide d'une colonne de soldats de Sa Majesté. Mais le gouvernement Kruger évente le complot.

Paul Kruger (1825-1904), héros du Grand Trek et de la cause boer.

Ce fiasco met fin à la carrière politique de Rhodes et concourt à diviser durablement Afrikaners et Britanniques en Afrique du Sud. Il meurt à Muizenberg en 1902 sans avoir pu réaliser son rêve de construire une voie de chemin de fer reliant Le Cap au Caire, mais le puissant empire financier qu'il a bâti avec la De Beers jouera jusqu'à nos jours un rôle essentiel dans l'économie sud-africaine. #

L’Union Express, fierté d’un pays récemment uni, assurait la liaison Le Cap-Johannesburg.

UNION ET RÉSISTANCE

Au début du 20e siècle, malgré l'écrasante supériorité numérique des Africains, les colons blancs d'origine européenne sont les maîtres de l'Afrique du Sud.

En 1902, le traité de Vereeniging entérine la victoire des Britanniques sur les Boers. Le 20e siècle verra le retour au pouvoir des Afrikaners – comme on appellera désormais les Boers –, puis, après 90 ans de domination blanche sur le pays, le début d'une véritable renaissance noire. La Grande-Bretagne annexe les anciennes républiques boers en 1902, tout en leur laissant la possibilité de reconquérir leur autonomie. Les principaux artisans de cette reconquête sont 2 anciens généraux boers, Louis Botha et Jan Smuts, qui vont donner la priorité à la réconciliation entre Blancs, repoussant aux calendes grecques la question du sort des Noirs. En 1908 et 1909, avec l'accord de Londres, les délégués des 4 provinces (Le Cap, Natal, Transvaal et Orange) élaborent le cadre constitutionnel qui servira de fondement à une Afrique du Sud unie – un processus dont les Noirs restent exclus.

La Grande-Bretagne souhaite remettre l'économie sur pied. Il s'agit de relancer la production minière, de rendre leurs terres à ceux que la guerre en a chassé et de convaincre les Afrikaners de rentrer dans le giron impérial. La main-d'œuvre noire sera évidemment mise à contribution, mais le gouvernement britannique se garde bien d'octroyer le droit de vote aux Noirs afin de ne pas compromettre la réconciliation entre Blancs. Les tensions au sein de la minorité blanche s'apaisent en effet. En tant que dominion de l'Empire, l'Union sud-africaine participera aux 2 guerres mondiales. De 1917 à 1934, elle jouera aussi un rôle de poids dans l'évolution vers l'autonomie des colonies britanniques.

En 1910, l'Union sud-africaine, regroupant les 4 provinces du Cap, du Natal, du Transvaal et de l'État libre d'Orange, est encore un État à l'industrie embryonnaire. Si elle exporte des

La colonie sud-africaine tire profit de la richesse exceptionnelle de son sous-sol.

minerais (principalement de l'or) et quelques denrées agricoles, les biens qu'elle fabrique sont surtout destinés au marché intérieur. Les villes s'agrandissent ; cependant, Blancs et Noirs s'urbanisent séparément.

REGAIN DU POUVOIR AFRIKANER

Le républicanisme afrikaner renaît aussitôt après la création de l'Union. L'opposition à la domination impériale se manifeste dès 1915 par une révolte contre l'occupation du Sud-Ouest africain allemand (la Namibie actuelle), décidée par les Alliés. Par ailleurs se constituent des associations déterminées à défendre les intérêts économiques, la langue et la culture afrikaners, tel le très secret Broederbond, en 1918.

Les années 1920 se caractérisent par une accentuation des lois racistes : l'Afrikaderdom pose comme principe la supériorité des Blancs de langue afrikaner. Les Afrikaners trouvent un porte-parole en la personne du général James B. Hertzog, Premier ministre de l'Union de 1924 à 1939. Celui-ci s'allie d'abord avec le Labour Party, puis, en 1934, avec le général Smuts pour fonder l'United Party. Ce Parti uni se déchirera quand Hertzog prônera la neutralité de l'Union pendant la Seconde Guerre mondiale. Le nationalisme de "Barry" Hertzog se fait moins virulent lorsque

Le général et homme d'État afrikaner Jan Smuts (1870-1950).

celui-ci comprend que son pays peut demeurer au sein du Commonwealth sans menacer les droits des Afrikaners. Ce n'est pas l'avis du National Party, le parti nationaliste "épuré" qui naît en 1934 sous l'égide de Daniel François Malan. Il ne recrute pas seulement parmi les Afrikaners défavorisés. Il séduit aussi des entrepreneurs, des fermiers et des fonctionnaires. Les anglophones, peu politisés, continuent toutefois à dominer le pays sur le plan économique.

MIGRATION VERS LES VILLES

Mais le principal facteur de changement reste la forte augmentation de la population noire et son inexorable migration vers les villes. En dépit de l'obligation faite aux Noirs de se

Interdiction de participer à la vie politique et syndicale, liberté de circuler entravée par les Pass Laws *: l'oppression des Noirs existait bien avant l'instauration de l'apartheid.*

tenir à distance des agglomérations blanches, une petite minorité d'entre eux s'est installée à la périphérie des villes dès la création de l'Union sud-africaine. Cette minorité a rapidement grossi et, vers le milieu du 20e siècle, les Noirs sont devenus majoritaires dans presque tous les centres urbains du pays.

La loi leur interdit toute activité politique et syndicale, et, leurs déplacements à l'intérieur du pays étant contrôlés par les *Pass Laws*, les ruraux ne peuvent donc pas quitter les fermes appartenant aux Blancs sur lesquelles ils sont employés pour émigrer en ville. En outre, la plupart d'entre eux sont confinés dans des réserves tribales, et les lois sur la propriété foncière votées en 1913 et 1936 les empêchent d'acquérir des terres en dehors de celles-ci. Ces entraves à leurs libertés constituent un rempart efficace contre toute tentative d'organisation politique ou économique.

Pendant la Seconde Guerre mondiale, sous la pression de la charte de l'Atlantique, l'Union relâche quelque peu sa politique ségrégationniste. Le gouvernement de Jan Smuts tente d'améliorer les conditions de vie des Noirs urbanisés : il construit des écoles secondaires et crée des systèmes de retraite et d'allocation handicapés à leur intention, suspend temporairement l'application des *Pass Laws* et affiche son hostilité aux principes de la discrimination raciale.

Mais, lors des campagnes électorales de 1943 et 1948, Smuts se heurte à la propagande virulente du National Party. Il ne peut non plus éviter la confrontation avec l'African Mine Workers' Union : des mineurs sont tués lors des affrontements de 1946 et Smuts perd la confiance des Noirs. Ses ébauches de changement, à la veille des élections de 1948, ne sont ni assez radicales pour obtenir leur soutien, ni assez prudentes pour éviter que les Blancs ne votent en masse en faveur de Malan. Le National Party remporte le scrutin. Il restera au pouvoir jusqu'aux premières élections démocratiques, en avril 1994. #

GANDHI

C'est la ségrégation raciale en Afrique du Sud qui conduit Gandhi à échafauder sa philosophie de résistance passive à l'oppression.

Dans les années 1860, le développement de l'industrie sucrière dans l'actuel KwaZulu-Natal contraint les autorités coloniales à faire venir en masse des travailleurs indiens embauchés sous contrat pour cultiver la canne. Une fois leurs engagements honorés, bon nombre d'entre eux restent en Afrique du Sud pour y monter de petits commerces. Les liens avec l'Inde s'affermissent et le port de Durban devient la ville la plus cosmopolite du pays.

En 1893, un avocat de 24 ans répondant au nom de Mohandas Karamchand Gandhi se rend en Afrique du Sud pour défendre les intérêts d'un de ces commerçants indiens. Ayant débarqué à Durban, il prend le train pour Pretoria, où doit se tenir le procès. Il achète un billet de première classe, mais se voit intimer l'ordre de s'installer dans un wagon de troisième classe : un passager blanc refuse de voyager dans le même compartiment que lui. Ignorant tout des préjugés raciaux qui sévissent en Afrique du Sud, Gandhi proteste avec vigueur. Il est expulsé du train et passe la nuit en gare de Pietermaritzburg. Cet épisode aura été le déclencheur de son engagement politique, confiera-t-il plus tard.

Gandhi s'implique si bien dans le combat pour les droits civiques de la communauté indienne d'Afrique du Sud qu'il reste 21 ans dans le pays. Il y conçoit sa célèbre théorie du *satyagraha*. *Satyagraha* signifie "étreinte de la vérité". La mise en pratique de cette philosophie liée à la notion de non-violence *(ahimsa)* implique de s'opposer à l'injustice en faisant appel au pouvoir supérieur de l'amour et de la force spirituelle. Politiquement, cela se traduit par des actes de résistance passive, qui s'avéreront un puissant levier contre l'occupant britannique lors du mouvement pour l'indépendance de l'Inde.

PROTESTATION PASSIVE

En Afrique du Sud, les commerçants indiens forment une communauté florissante, mais honnie des marchands blancs, qui lui reprochent des pratiques concurrentielles déloyales et s'attachent à entraver son activité par tous les moyens. Gandhi ne tarde pas à devenir un des leaders les plus influents de sa communauté. Il fonde le Natal Indian Congress en 1894. En 1913, lors de la vague de protestation suscitée par une loi sur l'immigration qui limite l'établissement des Indiens au Transvaal, il organise une campagne de résistance passive qui remporte un grand succès. Les grèves déclenchées dans les mines de charbon du nord du Natal s'étendent rapidement aux plantations de canne. Le 1er novembre, plus de 2 000 *satyagrahi* entament une marche vers le Transvaal. Les autorités arrêtent en masse les manifestants, dont la défection perturbe le travail dans les plantations. Gandhi est condamné à 9 mois de prison. Ce mouvement de résistance passive entraîne l'adoption de l'Indians' Relief Act de 1914 : la taxe de 3 livres liée à leur contrat d'embauche est abrogée et l'interdiction qui était faite jusqu'alors aux Indiens de se marier selon leurs coutumes est levée. Toutefois, leur communauté se voit encore refuser toute représentation politique.

Gandhi, apôtre de la non-violence, a commencé sa carrière politique en Afrique du Sud.

Gandhi s'en retourne en Inde et se consacre à la lutte pour l'indépendance de son pays. Son rêve se réalise en août 1947. Mais il est assassiné en janvier 1948 par un fanatique hindou. #

DE L'APARTHEID À LA DÉMOCRATIE

Les mesures ségrégationnistes des années 1950 enferment le pays dans un système qui le maintiendra à l'écart du reste du monde pendant un demi-siècle.

Le National Party de Daniel François Malan, un ancien pasteur et journaliste, remporte les élections de 1948 à une courte majorité. Son électorat est surtout constitué de Blancs récemment urbanisés, qu'inquiètent la concurrence des Noirs sur le marché du travail et la récente montée en puissance de l'African National Congress (ANC) et de l'African Mine Workers' Union (syndicat de mineurs noirs).

Le nouveau gouvernement s'empresse d'élaborer une législation pérennisant la domination blanche, et donc afrikaner, sur le pays. Toute sa politique se fonde sur les principes de l'apartheid ("séparation", en afrikaans). Sont d'abord interdits les mariages mixtes – et bientôt les relations sexuelles interraciales. En 1950, les citoyens sud-africains sont classés en 4 groupes raciaux, auxquels sont imposées des zones résidentielles séparées. De nombreux Noirs et Asiatiques doivent déménager, alors que la mesure n'affecte guère les citoyens blancs, qui se voient attribuer de vastes zones urbaines. D'autres dispositions viennent saper toute possibilité de résistance politique, restreindre les libertés des individus et des organisations (le Parti communiste est interdit), y compris le droit d'en appeler aux tribunaux. Mais la loi considérée comme la plus révoltante reste le *Black Laws Amendment Act* (1952), qui impose à tous les Noirs de plus de 16 ans de porter sur eux un laissez-passer indiquant leur race, leur lieu de résidence et le nom de leur employeur et entravant leur libre circulation dans le pays. À partir de 1953, la ségrégation raciale est officialisée dans tous les lieux et services publics. De plus, le *Bantu Education Act*, adopté la même année, réserve aux Noirs une éducation de piètre qualité. La ségrégation sera étendue en 1956 aux universités.

Hendrik Verwoerd (1901-1966), "grand architecte" de l'apartheid.

RÉSISTANCE PASSIVE

Hendrik Frensch Verwoerd, l'un des principaux artisans de l'apartheid, est nommé Premier ministre en 1958. Son gouvernement accorde une assez grande autonomie aux 10 bantoustans, ou "foyers nationaux" attribués aux différentes ethnies noires en 1954, un prétexte pour priver les populations noires de droits politiques dans le reste du pays et un moyen de rendre les Blancs majoritaires en Afrique du Sud. Les industries sont délocalisées des bantoustans, mais Verwoerd tente d'en installer à leur périphérie pour permettre à leurs habitants de travailler dans l'Afrique du Sud "blanche". Ces mesures discriminatoires vont gonfler les rangs de l'ANC, l'African National Congress, qui incarne les aspirations politiques des Noirs depuis 50 ans. Ce parti, le plus ancien du pays, est né en 1912 (sous le nom de Native National Congress, NNC) à Bloemfontein, lors d'une réunion de délégués des principales organisations africaines du territoire national. Mais le gouvernement de la toute jeune Union sud-africaine, fondée 2 ans plus tôt, ignore totalement les revendications du NNC, qui représente pourtant la majorité des habitants du pays.

L'ANC consacre les premières années de son existence à tenter de faire corriger les erreurs historiques dont les Noirs ont été victimes. Mais ses détracteurs l'accusent d'être une assemblée de vieillards cherchant à conserver leurs privilèges de petits-bourgeois. Des militants bien plus radicaux intègrent les rangs des syndicats noirs naissants.

En 1943, Anton Lembede, Oliver Tambo, Walter Sisulu et Nelson Mandela forment la Ligue de la jeunesse de l'ANC. Ils gagnent bientôt assez d'ascendant au sein du parti pour en prendre la direction et faire élire leur candidat, James Moroka, à sa présidence. L'ANC change alors de statégie, adoptant celle de la confrontation directe mais pacifique avec l'adversaire.

Mandela et les 156 autres militants de l'ANC emprisonnés pour "trahison" au lendemain du Congrès du peuple de Klipfontein *(voir encadré p. 55)* seront acquittés en 1961, mais, entretemps, une scission s'est opérée au sein du parti. Les "africanistes" s'inquiètent de l'ascendant pris par les communistes au sein de l'ANC. Pour leur chef, Robert Sobukwe, la seule carte à jouer face à un gouvernement raciste est celle du nationalisme noir. En 1959, les africanistes fondent le Pan-Africanist Congress (PAC, Congrès panafricain), anticommuniste et hostile à la participation de Blancs au mouvement de libération.

En 1960, à Sharpeville, la police abat 69 manifestants.

En 1962, la police piège et arrête le leader de l'ANC, Nelson Mandela. Après un procès de 8 mois, il est accusé d'avoir quitté le pays sans autorisation et écope de 5 ans de détention dans la prison de Robben Island.

Lorsqu'en 1960 le gouvernement prépare un référendum sur la transformation du pays en république et sur sa sortie du Commonwealth, l'ANC et le PAC sont à couteaux tirés. Cela ne les empêche pas d'organiser des manifestations géantes pour demander des augmentations de salaire et la suppression des *Pass Laws*. Quelque

30 000 non-Blancs défilent pacifiquement devant le Parlement, au Cap.

Le 21 mars, à Sharpeville, un township de Vereeniging, au Transvaal, la police ouvre le feu sur les manifestants, en tuant 69 et en blessant plus de 150 autres. Le mouvement de colère et la grève générale qui s'ensuivent amènent le gouvernement à interdire le PAC et l'ANC, poussant leurs dirigeants à la clandestinité. Le monde entier condamne le massacre de Sharpeville. C'est le début de l'isolement international de l'Afrique du Sud.

Jeunes Noirs de Soweto face à la police lors des événements du 16 juin 1976.

LA MONTÉE DE LA VIOLENCE

Au référendum, organisé pour les seuls électeurs blancs, Verwoerd obtient une légère majorité en faveur de la république. Le pays quitte le Commonwealth. Le massacre de Sharpeville a montré les limites de la résistance passive et entraîné les mouvements d'opposition noirs sur la voie de la violence. En août 1962, la police arrête les dirigeants clandestins de l'ANC, dont Nelson Mandela et Walter Sisulu. À l'issue d'un procès-fleuve de 9 mois, les 8 hommes sont condamnés à la réclusion à perpétuité à Robben Island, au large du Cap.

L'ANC et le PAC montent des bureaux à Lusaka (Zambie), Dar es-Salaam (Tanzanie) et Londres, mais leur éloignement de l'Afrique du Sud limite leur influence, tant sur place qu'à l'étranger. Pendant près de 10 ans, le gouvernement de Pretoria bridera l'activité politique des Noirs. Des militants seront constamment arrêtés puis incarcérés sans procès.

En septembre 1966, Hendrik Verwoerd est poignardé à mort par un huissier métis du Parlement. Son successeur, Balthazar Johannes Vorster, excelle autant que lui dans l'art de museler toute opposition. Quand les capitaux internationaux commencent à revenir en Afrique du Sud, il essaie de relancer l'apartheid sur le plan socio-économique. Il encourage les investissements en faveur de l'emploi dans les bantoustans, tout en prenant des mesures pour empêcher les Noirs de créer des activités en territoire blanc, de s'y installer, d'y construire des logements et des écoles.

La création d'emplois dans les bantoustans, rebaptisés *homelands*, est loin d'être suffisante pour faire vivre la population de ces "foyers" privés des meilleures terres et dénués, pour la plupart, d'autres ressources naturelles. En 1970, le *Bantu Homelands Citizenship Act* oblige tous les Noirs d'Afrique du Sud à prendre la citoyenneté d'un des 10 bantoustans, leur retirant ainsi tous leurs droits civiques en dehors de ces territoires. Le processus d'"indépendance" des bantoustans est engagé en 1976 avec celle du Transkei. L'objectif est de priver tous leurs ressortissants de la nationalité sud-africaine.

LA ROUE TOURNE

Un matin d'hiver, le 16 juin 1976, à Soweto, vaste township de la banlieue de Johannesburg, des lycéens et des étudiants se rassemblent pour protester pacifiquement contre la décision du gouvernement de rendre obligatoire l'enseignement en afrikaans. L'instigateur de la manifestation est le Mouvement de la conscience noire, dirigé par Steve Biko, un militant du Cap-Est. La police tire pour disperser les manifestants, faisant officiellement 23 morts et 220 blessés. Les émeutes qui s'ensuivent s'étendent bientôt à tous les townships et à des zones résidentielles métisses et indiennes. Pendant 18 mois, des bâtiments publics, des débits de boissons et des voitures sont incendiés. L'état d'urgence est déclaré et la répression une nouvelle fois terrible. Le 18 août 1977, Steve Biko est arrêté. Il meurt 26 jours plus tard en détention des suites de blessures à la tête infligées pendant ses interrogatoires.

Mais rien ne peut plus endiguer la prise de conscience politique des Noirs : elle se manifeste sous d'autres formes, reliant les aspirations africanistes à l'idéal socialiste. Nombreux sont les jeunes militants qui fuient le pays pour rallier l'ANC en exil. Cet apport de sang neuf galvanise le mouvement. Dirigé par Oliver Tambo, il redouble ses attaques contre le gouvernement sur les fronts militaire et diplomatique. Il sabote – avec un succès mitigé – des installations stratégiques et tente d'isoler le régime en appelant la communauté internationale à prendre des mesures fortes – sanctions économiques, embargo sur les armes et boycott des rencontres culturelles et sportives.

À l'intérieur du pays, l'opposition noire refait surface en 1985 avec la formation du United Democratic Front (UDF), une fédération de mouvements anti-apartheid idéologiquement proches de l'ANC. Une nouvelle génération de dirigeants noirs, née avec les événements de 1976, monte au créneau. Quand elle est muselée, les syndicats prennent le relais, bravant les interdictions. C'est ainsi que voit le jour une vaste organisation de représentation des travailleurs noirs, le Congress of South African Trade Unions (Cosatu).

Cortège funèbre accompagnant la dépouille de Steve Biko, King William's Town, 1977.

DÉSOBÉISSANCE CIVILE

En 1952, l'ANC et le South African Indian Congress orchestrent la *Defiance Campaign Against Injust Laws*. Ce mouvement de résistance passive aux lois de l'apartheid, en particulier aux *Pass Laws*, se veut une réponse aux fêtes du tricentenaire de la colonisation blanche du Cap, célébrées cette année-là. En 1953, les manifestations et rassemblements politiques sont interdits. En 1955, le Congrès du peuple organisé par l'ANC et différents mouvements anti-apartheid à Klipfontein, près de Johannesburg, adopte une Charte de la liberté *(Freedom Charter)* réclamant l'égalité des droits de tous les Sud-Africains.

Les hommes d'Église noirs prennent la parole au nom des leurs et se font l'écho de leurs aspirations. Le monde entier entend parler du révérend Allan Boesak et de l'archevêque Desmond Tutu. En 1984, ce dernier est le second Sud-Africain à recevoir le prix Nobel de la paix pour son combat contre l'apartheid (après Albert Luthuli, président de l'ANC de 1951 à 1958, lauréat en 1960).

L'ISOLEMENT INTERNATIONAL

Le gouvernement de B. J. Vorster (1966-1967) a réussi à s'aliéner l'opinion mondiale en refusant de soutenir les sanctions internationales contre les dirigeants blancs de Rhodésie et de se retirer du Sud-Ouest africain (l'actuelle Namibie), en dépit des pressions exercées depuis 1946 par les Nations unies. Un scandale financier lié à ses activités de propagande pousse Vorster à la démission. Lui succède le ministre de la Défense, Pieter Willem Botha. Loin d'essayer d'abolir l'apartheid, celui-ci tente, au contraire, de le rendre irréversible. En 1983, il obtient par référendum l'appui des Blancs en faveur d'une nouvelle Constitution. Le poste de Premier ministre est supprimé au profit d'un régime présidentiel – alors que la fonction de président était, depuis sa création en 1961, purement honorifique – et le Parlement sera désormais composé de 3 Chambres : une pour les Blancs, une autre pour les métis et une troisième pour les Indiens. Seuls les Noirs, pourtant majoritaires, ne disposent toujours pas du droit de vote.

Les organisations noires ont acquis une grande efficacité dans la mobilisation politique, et les ouvriers et les militants de la lutte contre

Des militants de l'ANC font campagne pour des élections démocratiques et non raciales.

l'apartheid ont appris à mener des actions concertées. Les émeutes se multiplient dans les townships. L'ANC a décidé de renforcer ses liens avec la communauté internationale : il crée des représentations dans les nombreux pays où le gouvernement sud-africain ne possède pas de diplomates. Il parvient même à obtenir la reconnaissance de certaines d'entre elles.

Propulsé à la présidence de la République en 1984, Botha tente de relever l'économie, plongée dans une grave récession depuis 1982 par une sécheresse prolongée et la chute spectaculaire du cours de l'or. L'embargo économique et financier qui frappe le pays n'arrange rien.

Pendant ce temps, la corruption et les conflits internes minent les bantoustans. Au Natal, des

NOIRS CONTRE NOIRS

Les années 1980 et le début de la décennie suivante voient des conflits éclater entre les diverses communautés noires du KwaZulu-Natal et du Gauteng. L'Inkatha Freedom Party (porte-parole du nationalisme zulu soutenu secrètement par le gouvernement) et le United Democratic Front (UDF, parti à prédominance xhosa, proche de l'ANC alors interdit) s'affrontent violemment. Cette opposition fera 10 000 morts durant la décennie précédant l'accession au pouvoir de Nelson Mandela. Les mouvements pour les droits civiques, appuyés par l'UDF, s'efforcent de discréditer les conseillers de l'Inkatha, les accusant d'être des collaborateurs du régime d'apartheid.

affrontements éclatent entre les partisans du mouvement nationaliste zulu Inkatha – qui s'est pourtant opposé à l'indépendance des bantoustans – et ceux de l'ANC. Chaque partie cherche à gagner des électeurs en vue d'un éventuel changement politique.

Paralysé par son incapacité à maintenir le statu quo et par la montée en puissance de l'extrême droite afrikaner, Botha est poussé à la démission par une fronde gouvernementale en 1989. La confusion règne à la direction du National Party. Le système parlementaire mis en place par la Constitution de 1983 se révèle ingérable. Face à un blocage provoqué par la Chambre des métis, le gouvernement n'a pas d'autre choix que de convoquer des élections générales.

MACHINE ARRIÈRE

À la Chambre blanche, le National Party remporte ces élections face à ses opposants de droite comme de gauche. Frederik Willem De Klerk, leader du parti au Transvaal, accède à la présidence de la République. Il a fait campagne sur un programme de réformes très vague. Cultivé, sûr de lui, De Klerk incarne la génération d'Afrikaners qui est arrivée à l'âge adulte après l'instauration de l'apartheid et qui remet en question les fondements mêmes du système dont elle a hérité. Connu pour son soutien à des groupes de pression peu représentatifs, De Klerk suscite le doute quant à sa réelle volonté de changement. Mais le pays n'a tout simplement plus les moyens de maintenir l'apartheid dans un monde qui lui est de plus en plus hostile. Son économie chancelle et la guerre qu'il mène contre la Swapo (South-West African People's Organisation), à la frontière du Sud-Ouest africain, se révèle ruineuse. Dès l'automne 1989, De Klerk autorise la création de zones résidentielles multiraciales dans les provinces du Cap, au Natal et au Transvaal.

À l'ouverture de la session parlementaire de 1990, le président déclare que le gouvernement souhaite négocier en vue de l'élaboration d'une nouvelle Constitution démocratique, qui garantirait à tous les mêmes droits civiques. L'interdiction des mouvements d'opposition politique est levée, et leurs leaders sont relâchés ou autorisés à rentrer d'exil. De Klerk a tout préparé avec soin, en consultant plusieurs fois les représentants de l'ANC. Le 11 février 1990, il libère sans condition le dernier prisonnier politique de l'ANC, Nelson Mandela, après 26 ans de captivité. Six semaines plus tard, De Klerk envoie un nouveau message fort à la communauté

Cette femme, qui vote pour la première fois de sa vie, brandit fièrement la preuve de ses nouveaux droits civiques.

"VÉRITÉ ET RÉCONCILIATION"

Alors que certaines victimes de l'apartheid criaient vengeance, l'Afrique du Sud de Nelson Mandela et de Desmond Tutu opta pour le pardon.

La TRC a enquêté dans tout le pays sur les violations des droits de l'homme.

La ligne de démarcation entre les criminels et leurs victimes n'a pas toujours été claire en Afrique du Sud. En 1994, il semblait presque impossible de cicatriser les plaies ouvertes par 40 années d'apartheid. C'est pourtant ce que le nouveau gouvernement tenta alors de faire en mettant sur pied, l'année suivante, la commission Vérité et Réconciliation (Truth and Reconciliation Commission, TRC). Placée sous la présidence de Mgr Desmond Tutu, archevêque du Cap et prix Nobel de la paix, la TRC était chargée de faire la lumière sur les violations des droits de l'homme commises entre le 1er mars 1960 et le 10 mai 1994 au nom du gouvernement sud-africain comme en celui des mouvements de libération nationale. Elle devait aussi émettre des recommandations sur les compensations à accorder aux victimes.

JUSTICE ET PARDON

La première audition de la TRC a lieu le 15 avril 1996. Les audiences télévisées révèlent peu à peu certaines des atrocités commises par les hauts responsables du National Party, de la police et des forces de sécurité, par des membres de l'Inkatha Freedom Party, de l'ANC et du PAC, ainsi que d'autres mouvements de lutte contre l'apartheid.

Fait remarquable, la TRC ne cherche pas à punir les coupables : elle leur accorde au contraire l'amnistie s'ils se confessent publiquement et qu'ils parviennent à démontrer qu'ils pensaient servir un objectif politique. Quant aux victimes, elles peuvent parler librement des injustices qu'elles ont subies et ainsi se libérer quelque peu du poids du passé.

Pour Desmond Tutu, la mission de la commission est primordiale. Il s'agit moins d'apporter un épilogue judiciaire aux années de plomb que de permettre à tous les Sud-Africains d'accepter leur passé dans un esprit de réconciliation. Pour certaines victimes de l'apartheid, qui préféreraient que justice leur soit rendue, le principe est choquant.

En 1998, la commission remet son rapport final. Si elle déplore l'absence de remords de certains hauts responsables comme des pires bourreaux, tout le monde s'accorde à reconnaître qu'un premier pas décisif a été accompli vers une nouvelle moralité nationale. Comme le note le *Star* : "L'Afrique du Sud ne peut aborder sereinement son avenir sans avoir fait un effort constructif pour accepter son passé. Cet effort, c'est la TRC."

Alex Boraine, le militant des droits de l'homme chargé de donner corps à la commission, aura consacré plusieurs années à ce travail. Ayant analysé 15 institutions similaires dans le monde, notamment en Amérique latine, il en est arrivé à la conclusion que, dans la plupart des cas, les pires coupables des violations des droits de l'homme – les militaires de haut rang – échappent aux poursuites. Par ailleurs, souligne Boraine, "chaque commission était censée aider les victimes d'un régime injuste à entamer leur guérison. Aucune n'y est parvenue et personne n'a obtenu la moindre réparation des torts subis".

La TRC, qui a publié un rapport de 3 500 pages en octobre 1998, a peut-être trouvé l'amorce d'une solution. Comme l'a souligné Desmond Tutu, "c'était la seule alternative à Nuremberg d'un côté ou à l'amnésie de l'autre". Toutefois, les inégalités raciales et sociales trahissent encore l'héritage de l'apartheid. La cicatrisation sera longue. #

internationale : il participe aux fêtes de l'indépendance du Sud-Ouest africain, qui devient la Namibie, au terme d'un conflit de 40 ans.

DRÔLE DE COUPLE

Les dernières lois d'apartheid sont abrogées en juin 1991, et la communauté blanche approuve les réformes par référendum en mars 1992, mais le climat de violence qui perdure en Afrique du Sud laisse craindre à beaucoup d'observateurs que le processus de transition engagé ne se grippe. Tous les espoirs se focalisent sur De Klerk et Mandela, à qui le prix Nobel de la paix est décerné conjointement en 1993.

Après de longues négociations multipartites, les premières élections démocratiques ont lieu en avril 1994. Pour un des responsables de la consultation, le "chaos est sans nom" : de nombreux bulletins se perdent, des rumeurs de fraude circulent. Pourtant, des millions de Sud-Africains attendent des heures durant, sous un soleil de plomb, de pouvoir accomplir leur devoir électoral pour la première fois de leur vie. Desmond Tutu esquisse quelques pas de danse devant les caméras après avoir voté au Cap, une radio de Johannesburg diffuse la chanson de Louis Amstrong *What a Wonderful World...* Le pays a mis fin à 342 ans et 23 jours de domination blanche.

Malgré les allégations de fraude, les élections sont déclarées "libres et justes". L'ANC obtient 62 % des voix. Le 9 mai 1994, Nelson Mandela, l'ex-matricule 466/64 de Robben Island, est élu président. Frederik Willem De Klerk est l'un des 2 vice-présidents. L'"idylle" entre Mandela et De Klerk dure jusqu'en 1996, année où le National Party se retire de la coalition et entre dans l'opposition. Mandela, demeuré aux commandes du pays, est reçu officiellement en Grande-Bretagne et reste un héros pour la communauté internationale. Sur place, le tableau est plus nuancé : l'ANC est accusé de corruption et d'autoritarisme. La majorité noire se demande combien de temps elle devra encore patienter pour voir ses conditions de vie s'améliorer.

Mandela et De Klerk, les architectes de la révolution.

LA TRANSITION DÉMOCRATIQUE

Mandela doit admettre que les progrès sont lents. Du moins sont-ils réels – De Klerk avait jugé ses promesses utopiques –, et le transfert des pouvoirs à la majorité noire s'est effectué sans le bain de sang annoncé.

L'ANC remporte les élections de 1999, mais Mandela, désormais octogénaire, se retire et laisse la place à son vice-président, Thabo Mbeki. Si ce dernier est salué pour sa politique libérale – qui assure une croissance de 5 à 6 %

par an à l'économie nationale–, et pour son active politique de médiation dans plusieurs conflits africains, ses adversaires lui reprochent une hausse du chômage et de la criminalité, une aggravation des inégalités, une politique raciale défavorable aux Blancs, une diplomatie trop "placide" à l'égard de l'autocratique régime zimbabwéen, mais surtout son déni face à la pandémie du sida qui, selon une étude de Harvard, aurait coûté la vie à 300 000 Sud-Africains.

Pour couronner le tout, la députée Patricia De Lille présente au Parlement en septembre 1999 un dossier contenant des allégations de pots-de-vin liés à un contrat de vente d'armes du groupe français Thales de plus de 4 milliards d'euros. Ces accusations, connues sous le nom de "dossier De Lille", se révéleront le prélude à 2 décennies de corruption et de clientélisme qui affecteront de nombreuses personnalités des gouvernements successifs.

Funérailles de Mandela, Soweto, décembre 2013.

En avril 2004, la démocratie sud-africaine fête ses 10 ans et l'ANC remporte les élections générales avec 70 % des voix. Mais en 2005, quand il congédie son vice-président, Jacob Zuma, impliqué dans le dossier De Lille, Mbeki s'attire les foudres d'une partie de l'ANC. En 2008, le tribunal chargé de juger les affaires de corruption impliquant Zuma prononce un non-lieu et accuse le président de la République d'interférence politique. Mbeki, qui vient de perdre les élections à la présidence de l'ANC face à Zuma, est poussé à la démission. Kgalema Motlanthe, vice-président de l'ANC, assure l'intérim à la tête de l'État jusqu'aux élections de 2009, remportées par Jacob Zuma.

L'APRÈS-COUPE DU MONDE

Premier président zulu, l'autodidacte Jacob Zuma est une figure de la lutte anti-apartheid, membre de l'aile gauche de l'ANC. Son arrivée au pouvoir coïncide avec l'effervescence populaire engendrée par l'organisation de la Coupe du monde de football 2010 – la toute première jamais orchestrée sur le continent africain.

Cette "bulle de bonheur" explose un mois plus tard sous l'effet d'une grève généralisée illimitée du secteur public, qui réclame une hausse de salaire. Dès lors, les grèves se multiplient, entraînant des confrontations avec les forces de l'ordre, dont la violence atteint son paroxysme en août 2012, avec le massacre de 34 mineurs à Marikana.

Parallèlement, la présidence de Zuma est également entachée par l'ascension de Julius Malema, l'un de ses anciens partisans et le leader de la Ligue de la jeunesse de l'ANC, condamné à 2 reprises pour prêcher la haine raciale, puis exclu de l'ANC en 2012.

La très vive émotion suscitée par le décès de Nelson Mandela, le 5 décembre 2013, démontre de façon éclatante le manque de carrure des dirigeants actuels de l'ANC. Les Sud-Africains de toute race et de tout bord pleurent sa disparition et rendent hommage à son action. Leur peine s'accompagne aussi de colère, comme en témoignent les huées d'une partie de la foule contre Zuma lors des funérailles officielles de Mandela, auxquelles assistent tous les grands de ce monde ou presque. L'ANC remporte néanmoins les élections de 2014. Une victoire attendue. Mais, cette fois-ci, Zuma va devoir rendre compte de ses actions passées. Empêtré dans une litanie de scandales –dont les 783 chefs d'accusation dans le cadre du dossier De Lille–, il sera contraint par son propre parti de démissionner le 14 février 2018. Dès le lendemain matin, le Parlement sud-africain élit à la présidence Cyril Ramaphosa. Cet ancien syndicaliste et homme d'affaires à succès était le dauphin pressenti de Nelson Mendela, mais à l'époque les caciques du parti lui avaient préféré Thabo Mbeki. Un rêve de jeunesse enfin réalisé. #

NELSON MANDELA

Respecté dans le monde entier, le premier Président noir d'Afrique du Sud a lutté sa vie durant contre la discrimination raciale.

Fils d'un chef xhosa du Transkei (l'actuel Cap-Est) et membre de la famille royale Thembu, Nelson Rolihlahla Mandela – Madiba, de son nom de clan – naît le 18 juillet 1918. C'est lors de ses années d'études à l'université de Fort Hare qu'il entre en politique. Là, il rencontre Oliver Tambo, qui deviendra, des années plus tard, le premier président en exil de l'ANC, l'African National Congress.

Renvoyés de l'université pour avoir participé à une grève étudiante, Nelson Mandela et Oliver Tambo s'installent à Johannesburg, où ils se lient avec Walter Sisulu. Les 3 jeunes gens créent, en 1944, la Ligue de la jeunesse de l'ANC. La Ligue encourage la radicalisation politique du parti et organise la *Defiance Campaign* de 1952 *(voir encadré p. 55)*, action largement fondée sur les principes de non-violence prônés par Gandhi *(voir p. 51)*. En 1951, Mandela s'associe avec Tambo pour ouvrir, à Johannesburg, le premier cabinet d'avocats noirs du pays. En 1958, il épouse Winnie Madikizela, une assistante sociale qui lui donnera 2 filles.

Déclaré hors-la-loi en 1960, l'ANC renonce à la lutte pacifique. Tambo quitte le pays pour recréer l'ANC en exil, tandis que Mandela entre dans la clandestinité et fonde l'*Umkhonto we Sziwe* (le Fer de lance de la nation, communément abrégé en MK), pour organiser la lutte armée.

Mandela s'entraîne d'abord à la guérilla en Algérie, puis se rend en Grande-Bretagne et dans de nombreux pays africains en quête d'appuis pour le MK. Il semble toujours posséder une longueur d'avance sur ses poursuivants. La police finit par découvrir des preuves de son implication dans le MK : le 12 juin 1964, il est condamné, avec 8 camarades – dont son vieil ami Sisulu –, à la réclusion à perpétuité pour complot contre l'État. Il est écroué à Robben Island, et passera 26 ans en prison. Durant toutes ces années d'incarcération, la stature internationale et la popularité de Nelson Mandela en tant que symbole du combat pour les droits de l'homme et contre l'apartheid ne cessent de grandir. Elles se révéleront une aide précieuse pour les dirigeants de l'ANC en exil qui luttent pour la survie de l'organisation.

Après sa libération, en 1990, Mandela joue un rôle de premier plan dans les négociations multipartites visant à transformer le pays en une démocratie. Celles-ci vont durer 4 longues années et les embûches seront nombreuses. Mais le pays organise ses premières élections démocratiques en avril 1994. Le 10 mai, Mandela prend ses fonctions de premier Président noir d'Afrique du Sud. Il les exercera jusqu'en 1999. En 1996, il divorce de sa femme Winnie, qui s'est toujours montrée loyale envers l'ANC, mais dont la réputation est entachée par plusieurs scandales. Deux ans plus tard, il épouse Graça Machel, la veuve de l'ancien président du Mozambique, et prépare sa retraite à Qunu, le village de son enfance. En 2009, l'Assemblée générale des Nations unies fait du 18 juillet la "Journée internationale Nelson-Mandela". Même après son départ du pouvoir, il va continuer d'incarner les aspirations et les valeurs nouvelles de l'Afrique du Sud post-apartheid. Depuis sa disparition, à l'âge de 95 ans, des suites d'une infection respiratoire, il reste dans les mémoires comme le plus grand pacificateur de l'Histoire, souvent tumultueuse, de l'Afrique du Sud. #

Première statue de Nelson Mandela, Johannesburg.

Ambiance jazzy à Mama Africa, lieu incontournable dans Long Street, Cape Town.

Le compositeur d'opéra Bongani Ndodana-Breen.

EN SCÈNE

À la recherche de nouvelles sources d'inspiration, mais moins subventionnée que par le passé, la scène sud-africaine connaît une phase de renouveau.

Pendant toute la période d'apartheid, les très dures réalités politiques du pays favorisèrent l'essor d'un théâtre indigène contestataire. Les années 1980, en particulier, ont vu fleurir des pièces dénonçant les effets destructeurs sur la société de ce système de discrimination. Plusieurs salles, tel le Market Theatre de Johannesburg, se firent alors connaître par des productions d'avant-garde dénonçant l'apartheid. Malgré le poids de la censure, certaines de ces pièces ont pu s'exporter.

Ainsi, on doit à Athol Fugard des succès internationaux comme *La Leçon des aloès* (1978). *Sizwe Banzi est mort* (1972) et *L'Île* (1973), 2 de ses pièces coécrites avec John Kani et Winston Ntshona, ont été montées à Londres, New York et Paris et récompensées d'un Tony Award – la plus prestigieuse distinction théâtrale aux États-Unis. Zakes Mokae, acteur expatrié, s'est vu décerner la même récompense pour son interprétation du rôle de maître Harold dans *Master Harold and the Boys*.

Le metteur en scène, auteur dramatique et comédien Athol Fugard (à gauche) en scène avec l'acteur Zakes Mokae.

"THÉÂTRE DES TOWNSHIPS"

Gibson Kente, considéré comme le père du théâtre noir, a donné l'occasion à de jeunes acteurs de faire leurs preuves sur les planches de son "théâtre des townships". Il a également encouragé Mbongeni Ngema, Barney Simon et Percy Mtwa à présenter leur pièce satirique *Woza Albert !* à travers le monde. Les œuvres de Mbongeni Ngema ont été jouées partout. *Asinamali*, montée à Broadway en 1987, a valu à son metteur en scène une nomination aux Tony Awards. En 1988, sa comédie musicale sur les émeutes étudiantes de Soweto, *Sarafina !*, s'est donnée pendant 11 mois à guichets fermés à New York. La pièce a été adaptée au cinéma par Darrell Roodt en 1992, avec la star américaine Whoopie Goldberg dans le rôle principal.

CHANGEMENTS DE DÉCOR

Dans les années 1990, l'ouverture du pays et l'abolition du boycott international ont stimulé les échanges artistiques avec le reste du monde. Mais la priorité donnée par le gouvernement de l'ANC aux politiques de logement, d'éducation, de redistribution des terres, de santé et d'amélioration des conditions de vie des plus démunis s'est traduite par des coupes claires dans les subventions accordées aux établissements culturels.

L'État continue toutefois à encourager l'opéra, le théâtre et la danse en subventionnant de grandes salles comme l'Artscape Theatre Centre du Cap et le State Theatre de Pretoria. Mais le South African Ballet Theatre, qui assure des programmes éducatifs dans des townships comme Soweto et Alexandra, doit continuellement batailler pour trouver des financements.

La danse contemporaine a apporté sa pierre à l'édifice de la lutte anti-apartheid. Fondée en 1978, la compagnie Moving into Dance Mophatong a longtemps assimilé danse et résistance et axe son travail sur le concept d'intégration. Ses spectacles en salle ou en plein air associent danses, musiques et rituels africains à des formes européennes modernes. Étoile incontestée de la danse contemporaine, Dada Masilo, native de Soweto, a chorégraphié et dansé des versions radicales de *Carmen, Roméo et Juliette* et du *Lac des cygnes*.

DE NOUVELLES PERSPECTIVES

Depuis l'avènement de la démocratie en Afrique du Sud, le Market Theatre s'est réinventé une mission : adapter à la scène des textes écrits par et sur les Sud-Africains – Mémoires sur les townships, sketchs, satires politiques, arts circassiens. Ainsi programme-t-il régulièrement

Scène de Mon nom est Tsotsi, *une émouvante histoire d'espoir et de rédemption*

L'AFRIQUE DU SUD SUR GRAND ÉCRAN

Mon nom est Tsotsi, réalisé en 2005 par Gavin Hood, d'après un roman d'Athol Fugard, jetait un pont entre 2 groupes apparemment inconciliables – les banlieusards de la classe moyenne et les voyous *(tsotsi)* des townships. Ce drame a reçu l'oscar du meilleur film étranger en 2006. La pandémie de sida a donné matière à de nombreux opus, à commencer par *Yesterday* (2004), de Darrell Roodt : ce portrait des effets effroyables de la maladie a probablement plus contribué à sa prévention que les dizaines de clips sanitaires produits par le gouvernement. Quant au thriller *District 9*, de Neill Blomkamp (2009), parabole violente mais drôle sur l'apartheid, il aura marqué le genre de la science-fiction. Attestant l'intérêt de la communauté internationale pour le cinéma sud-africain, *Joe Bullet* (1972) de Tonie Van der Merwe, cinéaste afrikaner, ressortait en 2014 dans une version restaurée à l'occasion du Festival de Durban, avant d'être projeté aux USA, à Carthage et à Berlin. De même que *Zulu* (2013), film policier franco-sud-africain, réalisé par Jérôme Salle, et *Die Windpomp* (2014), d'Étienne Fourie, tourné en afrikaans. Quant au film *Inxeba (Les Initiés)*, de John Trengour (2017), il a provoqué un véritable scandale en Afrique du Sud en dévoilant un rite ancestral xhosa et déclenché les foudres de cette communauté. Il sera couronné à Carthage en 2017.

Nothing but the Truth, un spectacle conçu et interprété par John Kani qui traite de l'héritage légué par l'apartheid et la commission Vérité et Réconciliation.

QUESTIONS IDENTITAIRES

Une nouvelle génération de dramaturges noirs explore les questions identitaires – comment avoir grandi dans un township, mais aspirer à porter des vêtements de marque et à vivre dans une banlieue bourgeoise. Dans ses pièces *Cards* et *Foreplay*, Mpumelelo Paul Grootboom s'attaque explicitement à des problèmes comme la prostitution et le sida.

Le National Arts Festival de Grahamstown est le plus important festival artistique du continent.

Les productions d'Athol Fugard, aujourd'hui installé en Californie, suscitent toujours autant d'intérêt. Dans sa pièce *Valley Song*, il s'intéressait davantage à l'individu qu'aux questions politiques et sociales. Certaines de ses œuvres plus récentes, comme *Victory*, ont reçu un accueil mitigé, mais la pièce *The Train Driver*, mise en scène en 2010 par Fugard lui-même, a été créée par le nouveau théâtre qui porte son nom (dans le quartier historique de District Six, au Cap) avant d'être jouée à Londres.

Le Fugard Theatre a brièvement hébergé la compagnie noire Isango Portobello, issue d'un township et couronnée pour ses adaptations de *La Flûte enchantée (Impempe Yomlingo)* de Mozart et de mystères médiévaux *(Yiimimangaliso)*, acclamées à Londres. La comédie musicale *Africa Umoja*, qui relate l'histoire mouvementée de l'Afrique du Sud à travers les souvenirs d'un vieux musicien espiègle, a également connu une belle carrière internationale.

FESTIVALS À LA FÊTE

L'abondance des festivals est un autre signe du renouveau et du dynamisme de la vie culturelle sud-africaine. Le plus réputé d'entre eux est le National Arts Festival, qui se tient chaque année fin juin et début juillet à Grahamstown, dans la province du Cap-Est. Pendant plus d'une semaine, la ville vit au rythme des spectacles de danse, de théâtre, de musique, d'opéra, de cinéma, de cabaret et de jazz donnés un peu partout. Le festival a, bien sûr, son off et il attire artisans, vendeurs ambulants et bateleurs en tout genre.

D'autres festivals, plus modestes, sont organisés tout au long de l'année à travers le pays. Ainsi, le Klein Karoo Nasionale Kunstefees d'Oudtshoorn offre depuis 1994 un programme réjouissant de concerts, pièces, spectacles de danse et récitals de poésie donnés en plein air. Citons également le North West Cultural Calabash, qui célèbre en septembre la culture africaine dans le paisible village de Taung. Les visiteurs y affluent pour applaudir les jeunes artistes amateurs et semi-professionnels de la province, qui interprètent d'étonnantes danses tswana, tsonga et zulu. Au programme figurent aussi pièces de théâtre et concerts de jazz ou de gospel. #

ART LYRIQUE

Depuis les années 1990, de jeunes talents ont permis à l'art lyrique de prendre son envol en Afrique du Sud. Le compositeur Bongani Ndodana-Breen réussit admirablement à marier les traditions musicales occidentales et africaines. Son opéra-oratorio *Uhambo*, créé en 1998, met en scène un *imbongi* (griot) aux côtés d'un orchestre de chambre et de solistes. Michael Williams n'hésite pas à puiser dans les cultures xhosa, kenyane et amérindiennes pour écrire ses livrets d'opéra. Quant aux opéras de chambre composés par Roelof Temmingh, ils ont reçu une multitude de prix tant en Afrique du Sud qu'à l'étranger.

Musique dans tous ses états lors des nombreux festivals de Cape Town.

MELTING-POT MUSICAL

Marabi, *kwela*, flûte venda, chants malais, jazz, rock... l'Afrique du Sud est un fascinant vivier musical, où se mêlent sons traditionnels et courants world.

L'Afrique du Sud bénéficie d'une histoire musicale extrêmement féconde, grâce au métissage des traditions locales et d'apports européens et asiatiques. Une palette de styles particulièrement riche – *maskanda* zulu, gospel, *kwaito* des townships, afro-beat, pop *bubblegum*, etc. – alimente aujourd'hui l'industrie du disque la plus dynamique du continent.

MUSIQUE TRADITIONNELLE

Premiers musiciens d'Afrique australe, les chasseurs-cueilleurs san et les éleveurs khoikhoi ont élaboré toute une panoplie d'instruments : flûtes en roseau et autres aérophones en corne, *goma* (tambour) en tronc d'aloès et peau de bœuf, cordophones en tendons...

Au début du 17e siècle, la majeure partie des terres de l'actuelle Afrique du Sud était occupée par des populations bantoues. Dans ces sociétés agraires, chacune des grandes étapes de la vie, chaque événement marquant – de l'initiation des adolescents aux séances d'exorcisme, en passant par les fêtes agricoles – s'accompagnait de musique, de chants et de danses. La structure musicale, toujours la même, était fondée sur la relation entre 2 phrases mélodiques, ou davantage, répétées à l'infini en contrepoint. On retrouvera cette structure polyphonique, évoquant un jeu de questions et de réponses, dans de nombreux styles de musique afro-américaine, comme le blues, le gospel et la soul.

APPORTS EXTÉRIEURS

Plus que la musique classique occidentale, ce sont les chants de marins et les musiques populaires européennes et nord-américaines, mais surtout les chorales d'église, importées par les missionnaires à partir du 19e siècle, qui auront influencé le répertoire local, l'exode rural accélérant le phénomène de fusion.

En Afrique du Sud, la musique ne cesse de se réinventer.

UN OPÉRA JAZZ

En 1959, l'Occident découvre, ébahi, la musique des townships avec *King Kong*. Sur une partition de Todd Matshikiza, cette comédie musicale conte la carrière fulgurante du boxeur Ezekiel Dhlamini, surnommé "King Kong". Cette tranche de vie des ghettos fait salle comble en Afrique du Sud, mais aussi à Londres et à New York. Elle consacre le talent du trompettiste **Hugh Masekela**, du pianiste **Abdullah Ibrahim**, du saxophoniste **Kippie Moeketsi** et de la chanteuse **Miriam Makeba**. La plupart des membres de la troupe profiteront de leur prestation londonienne pour demander l'asile politique et échapper ainsi à l'apartheid.

Le piano, le concertina, le tambour militaire et la guitare vinrent de la sorte rejoindre les instruments traditionnels.

LE *GOEMA* DE CAPE TOWN

On doit aux Malais du Cap *(voir p. 41)* le Minstrel Carnival, qui anime les rues de la ville le 2 janvier. Au 19e siècle, les clubs sportifs *(klopse)* de cette minorité musulmane prirent l'habitude de défiler en ville pour le Nouvel An en costume militaire d'opérette, et de se retrouver sur la plage pour chanter et danser. Ce carnaval offre

Jazzman, à Cape Town.

En 1497, Vasco de Gama eut la surprise d'être accueilli à Mossel Bay par des flûtistes khoikhoi. Il est probable que l'explorateur entendit une mélodie à 4 notes jouées par 4 pipeaux différents.

encore un spectacle plein de panache – les participants sont grimés, arborent des costumes flamboyants, portent des parasols, comme les *minstrels* américains des années 1820, et leurs orchestres (banjos, mandolines, contrebasses et tambourins) obéissent aux rythmes lancinants du tambour *goma*.

DU *MARABI* AU *MBAQANGA*

Dès la fin du 19e siècle, les musiques d'église africanisées et les spectacles de music-hall donnés par des troupes afro-américaines en tournée enflamment le public noir du Cap et de Johannesburg. Dans les années 1920, le *marabi* (gangster en sotho) embrase les *shebeens*, ces bars dansants clandestins des townships nés autour des métropoles industrielles.

Cette musique répétitive, qui fusionne chants chorals bantous, dixieland et ragtime, est chantée par un soliste accompagné d'un orgue ou d'une guitare et rythmée par des percussions improvisées. Elle est bientôt adoptée par les grands orchestres de jazz locaux, et Willard "Zuluboy" Cele, leader des Jazz Maniacs, modernise son instrumentation. Zakes Nkosi et d'autres lui donnent une pulsation swing. Plus tard, le *marabi* prendra une tonalité be-bop, notamment grâce au saxophoniste Kippie Moeketsi.

Le premier style sud-africain à obtenir une reconnaissance internationale est le *kwela* ("monte" ou "debout" en zulu), à l'origine une musique de rue improvisée au *pennywhistle* (flageolet en métal emprunté aux fanfares écossaises) et popularisée par *Ace Blues* de Spokes Mashiyane en 1954. C'est l'époque où Miriam Makeba fait ses débuts au sein des Manhattan Brothers, un groupe de jazz vocal qui marie ragtime, *doo-wop* et harmonies zulu.

Les Jazz Epistles (Kippie Moeketsi, Hugh Masekela, Jonas Gwangwa et Abdullah Ibrahim) sont le premier groupe de be-bop à enregistrer un disque, en 1959. Au début des années 1960, Chris McGregor fonde les Blue Notes avec Dudu Pukwana, Nikele Moyake, Louis Moholo, Johnny Dyani et Mongezi Feza. Alors que nombre de jazzmen s'exilent pour fuir l'apartheid, ceux qui restent intègrent à leurs compositions des influences rock. Le Cape Jazz naît d'une synthèse originale de sons latinos et de la musique des Malais du Cap. À la même époque, la fusion du *marabi* et du *kwela* donne naissance au *mbaqanga*, un style alors dédaigné des puristes, mais qui conservera une influence durable sur la musique nationale et que l'Occident découvrira dans les années 1980 avec le groupe Mahlathini & the Mahotella Queens.

***KWAITO, BUBBLEGUM* ET GOSPEL**

En 1994, dans l'Afrique du Sud post-apartheid s'impose un style de pop radical qui utilise

Vivez la musique aux premières loges à la Bassline de Johannesburg, au BAT Centre de Durban, et à The Assembly ou au Zula Bar du Cap. Infos générales sur www.jhblive.com.

l'argot des townships : le *kwaito* (chaud), qui mêle *mbaqanga*, disco, house, hip-hop et R&B. Brenda Fassie, la star pop du moment, s'empare

Le Green Dolphin, une grande scène de jazz de Cape Town.

de la *bubblegum* (électropop sud-africaine des années 1980) et l'associe avec des éléments de *kwaito* pour créer un style bien à elle. Boom Shaka, précurseur du genre, manifestait des tendances plutôt gospel et R&B, tandis que les Brothers of Peace, plus récemment, ont intégré le jazz dans leur fusion rap-*kwaito*.

Le *maskanda* (ou *maskandi*), musique populaire originaire du KwaZulu-Natal, retrouve également le chemin de la scène grâce aux interprètes Busi Mhlongo, Phuzekhemisi, Bhekumuzi Luthuli et d'autres.

À la fin des années 1990, Rebecca Malope domine la scène gospel, rencontrant un succès énorme à travers toute l'Afrique. *Joyous Celebration*, une superproduction itinérante de gospel, a enregistré plus de 10 albums et rendu célèbres des interprètes comme Jabu Hlongane.

Chris McGregor & the Brotherhood of Breath, exilés à Londres dans les années 1970, ont bousculé le jazz européen avec leurs arrangements avant-gardistes. La musique traditionnelle sud-africaine a chamboulé la pop lorsque Paul Simon s'est associé avec Ladysmith Black Mambazo pour son album *Graceland* en 1986. Le groupe de rap-rave Die Antwoord, formé en 2008, a su utiliser la Toile pour diffuser le vocabulaire électro et l'argot afrikaans et xhosa des prisons repris par la contre-culture sud-africaine. Le succès de la vidéo de son single *Evil Boy* auprès des internautes lui a permis de décrocher un contrat avec la major américaine Interscope.

Les diverses composantes de la musique sud-africaine se sont associées pour créer un genre nouveau, néanmoins riche de traditions. Les rythmes ancestraux ont parcouru le monde avant de rentrer au pays, des siècles plus tard, pour se fondre dans un style 100 % sud-africain, dont les 2 meilleurs ambassadeurs sont Spoek Mathambo – originaire de Johannesburg – et son hip-hop futuriste façon *dubstep*, ainsi que le citadin zulu Thandiswa Mazwai et sa pop "afropolitaine" inventive. #

BLACK RHYTHM

Soutenue par une industrie du disque en pleine expansion, la musique noire explose dans toute sa créativité et sa profusion de styles.

Précurseur de la world music, le compositeur et trompettiste **Hugh Masekela** (1939-2018, à droite) était l'une des figures tutélaires de la musique sud-africaine. Il s'est fait connaître aux États-Unis en 1968 avec *Grazing in the Grass*, titre vendu à des millions d'exemplaires – et il a coproduit le légendaire concert *Rumble in the Jungle* de Kinshasa, pour le non moins légendaire combat de boxe remporté par Mohamed Ali contre George Foreman en 1974. En 1987, son morceau *Bring Him Back Home* devient l'hymne du mouvement pour la libération de Nelson Mandela.

Le succès planétaire de *Patha Patha* a fait de **Miriam Makeba** (1932-2008) la plus grande star sud-africaine de tous les temps. Elle a enregistré des disques avec Harry Belafonte, Paul Simon, Dizzy Gillespie et Nina Simone, et son activisme politique lui a valu le surnom de "Mama Africa". À 2 reprises, la chanteuse sollicita de l'Onu un soutien dans la lutte anti-apartheid, et tous les mouvements de libération africains ont salué son rôle d'ambassadrice des droits de l'homme.

Avant sa conversion à l'islam, le pianiste virtuose **Abdullah Ibrahim**, Adolphe Johannes Brand de son vrai nom, était surnommé Dollar Brand : adolescent, il achetait pour un dollar pièce des disques aux marins de passage au Cap. En 1963, alors qu'il s'est exilé en Europe, sa future épouse, Sathima, le présente à Duke Ellington. C'est le début d'une grande carrière internationale. Sa composition jazz-rock *Mannenberg* (1974) devient un hymne anti-apartheid dans les années 1980. Plus récemment, il a collaboré avec plusieurs orchestres européens. Avec plus de 60 albums, c'est l'un des artistes les plus prolifiques de sa génération.

Brenda Fassie (1964-2004), la "Madonna des townships", a fait craquer tout un continent. À sa mort, elle était l'artiste sud-africaine la plus vendue de tous les temps.

Hugh Masekela, compositeur et trompettiste, véritable sta[r] en Afrique du Sud.

Le groupe Freshlyground (ici la chanteuse Zolani Mahola) a composé l'hymne officiel pour la Coupe du monde de footb[all] en 2010, en collaboration avec la star Shakira.

Miriam Makeba a contribué à diffuser la musique sud-africaine sur toute la planète.

COLLECTOR

- *Mannenberg*, d'Abdullah Ibrahim (The Sun Records, 1974).
Ce grand classique sud-africain est rapidement devenu un hymne anti-apartheid.
- *Miriam Makeba*, de Miriam Makeba (RCA, 1960).
Incluant le hit international *The Click Song* (*Qongqothwane* en xhosa), le premier album solo de Makeba, produit par Harry Belafonte – et l'un des tout premiers albums de world music diffusé sur tous les continents.
- *King Kwela*, de Spokes Mashiyane (Celluloid, 1981).
Réédition d'un classique de Mashiyane sorti en 1958 – cocktail bien secoué.
- *The Lion Roars*, de Mahlathini & the Mahotella Queens (Shanachie, 1991). Compil des glorieuses années 1960 et 1970, avec la participation de Simon Nkabinde, roi du *mbaqanga*.
- *Verse One*, des Jazz Epistles (Celluloid), avec Dollar Brand, Hugh Masekela, Kippie Moeketsi et Jonas Gwangwa.

Surnommé "le Zulu blanc", Johnny Clegg a longtemps incarné l'artiste cross-over *sud-africain ; fans blancs et noirs vénèrent tout autant ses chansons, comme* Impi. *Entre sa carrière solo et celles de ses 2 groupes, Juluka puis Savuka, Clegg a sorti une vingtaine d'albums et continue à se produire.*

Le groupe vocal Ladysmith Black Mambazo a enregistré avec Stevie Wonder, Paul Simon, Ben Harper et Josh Groban... Il a fêté ses 50 ans de carrière en 2010 et enregistré 50 albums et DVD.

Die Antwoord (La Réponse), le premier groupe sud-africain révélé par YouTube, et à vitesse supersonique. Leur premier single, Enter the Ninja, *est l'un des clips les plus visionnés sur le Net. Mais son leader, Watkin Tudor Jones, dit Waddy, puis Ninja, s'est cherché et réinventé pendant des décennies avant de trouver le succès.*

Mosaïque au Guga S'thebe Art and Cultural Centre de Langa, un des townships du Cap.

UN ART MILLÉNAIRE

La fin du boycott culturel a enfin permis de révéler au reste de l'Afrique et du monde toute la richesse des talents sud-africains.

Selon certains historiens, l'Afrique du Sud détiendrait le plus vieux patrimoine artistique de l'humanité. Dès le Paléolithique, les San ont peint ou gravé dans la roche des représentations anthropomorphes et zoomorphes, un art qu'ils ont perpétué jusqu'à l'extinction de leur culture, dans la seconde moitié du 19e siècle *(voir p. 77)*. On a répertorié plus de 15 000 abris ornés à travers tout le pays. Ils se concentrent dans le massif du Drakensberg et au-delà, du Cap-Est au Lesotho et au Swaziland, ainsi que dans les montagnes de la province du Limpopo et sur les hauts plateaux situés entre l'Orange et son affluent, la Vaal.

LES INFLUENCES OCCIDENTALES

Les Britanniques Thomas Baines (1820-1875), Frederick Timson I'Ons (1802-1887) et Thomas Bowler (1812-1869) figurent parmi les premiers Européens à peindre les paysages sud-africains.

Artiste à l'œuvre.

C'est son activité de pasteur qui amena Jackson Hlungwani à la sculpture, en 1946. Ses œuvres, qui mêlent les traditions tsonga et chrétienne, sont aujourd'hui recherchées des collectionneurs du monde entier.

Frans Oerder (1867-1944) et Pieter Wenning (1873-1921) introduisent et font triompher la tradition hollandaise. Ils encouragent le travail de paysagistes afrikaners comme J. E. A. Volschenk (1853-1936) et Hugo Naude (1869-1941), ou encore Robert Gwelo Goodman (1871-1938), dont la palette lumineuse reflète l'influence des impressionnistes.

Anton Van Wouw (1862-1945), arrivé des Pays-Bas en 1890, est considéré comme le père de la sculpture sud-africaine moderne, d'influence occidentale. Son œuvre, qui s'inscrit dans la tradition réaliste, se compose essentiellement de bronzes et de statues en fonte. Pour leur part, Moses Kottler (1896-1977), Lippy Lipshitz (1903-1980), Elsa Dziomba (1902-1970) et Lucas Sithole (1931-1994) se consacrent surtout à la sculpture sur bois.

ÉMERGENCE DES ARTISTES NOIRS

Dans les années 1920, Irma Stern (1904-1966), dont l'œuvre domine la peinture sud-africaine de la première moitié du 20e siècle, et Maggie Laubscher (1886-1973), qui ont étudié en Allemagne, diffusent l'expressionnisme. En 1938, Gregoire Boonzaier (1909-2005), Terence McCaw

(1913-1976) et Walter Battiss (1906-1982) fondent le New Group, collectif qui se donne pour mission d'explorer des idéaux progressistes. Ils sont influencés par le surréalisme et s'inspirent quelque peu de l'art *bushman*.

Les années 1940 voient émerger des artistes noirs comme Gerard Sekoto (1913-1993), qui s'exile à Paris en 1947, Ernest Mancoba (1904-2002) et George Pemba (1912-2001), qui se fait connaître avec ses scènes de villages colorées à Port Elizabeth. Dès 1960, les galeries officielles exposeront ses toiles.

Le street art des townships.

L'ART DES TOWNSHIPS

La fièvre de l'abstraction qui s'est emparée de l'Europe et des États-Unis se propage en Afrique du Sud après la guerre. À la même époque, un nombre croissant d'artistes noirs puisent leur inspiration dans la vie quotidienne, montrant des townships surpeuplés et des personnages aux corps distordus. Les plus célèbres représentants de cet "art des townships" sont Mslaba Dumile (1939-1991) et Ephraim Ngatane (1938-1971). Avec les sculpteurs Sydney Khumalo (1935-1988) et Michael Zondi (1926-2008), Dumile est l'un des premiers artistes sud-africains noirs exposés à l'étranger.

Dans les années 1960, les plasticiens s'efforcent de conjuguer approche européenne et symbolisme africain, comme en témoignent les travaux d'Edoardo Villa (1920-2011), de Giuseppe Cattaneo (1929-2015) et de Cecil Skotnes (1926-2009). Puis, dans les années 1970, advient un art contestataire. Malgré l'isolement grandissant de l'Afrique du Sud, des artistes noirs comme Leonard Matsoso (né en 1949) et Ezrom Legae (1938-1999) sont reconnus à l'étranger. Ils essaient d'inscrire les réalités sociopolitiques du pays dans leurs œuvres et d'éveiller la conscience sociale.

Une nouvelle génération d'artistes figuratifs inspirés par l'actualité, tels William Kentridge (né en 1955), Penny Siopis (née en 1953) et Keith Dietrich (né en 1950), se fait connaître au milieu des années 1980. Karel Nel (né en 1955) s'engage dans une recherche plus personnelle. La décennie voit aussi s'imposer des artistes noirs autodidactes issus des milieux ruraux. L'exposition *Tributaries*, organisée par BMW en 1985, marque le début de cette reconnaissance, qui permettra à des sculpteurs venda de la province du Limpopo de découvrir l'art urbain. L'un des artistes les plus originaux de cette mouvance est le sculpteur Jackson Hlungwani (1923-2010), dont les statues monumentales expriment le choc des cultures tsonga et chrétienne.

ART DU PEUPLE

Dans les années 1980, au plus fort de la lutte contre l'apartheid, des collectifs d'artistes tentent de promouvoir l'art dans les townships en y apportant formation et matériel. Dans les espaces publics s'exprime alors un art populaire spontané. On appellera *"people's parks"* ces sculptures constituées de matériaux de récupération – outils, cartes de l'Afrique, armes en bois, etc.

Le régime post-apartheid s'est doté d'un ministère des Arts et de la Culture. Le pays compte aujourd'hui près de 5 500 artistes (à temps plein ou partiel), et Riason Naidoo est devenu en 2009 le premier "non-Blanc" à diriger la South African National Gallery. Les grandes villes hébergent une belle brochette de galeries d'art, telle Arts on the Main, qui participe à la régénération du centre-ville de Durban. Les connaisseurs guettent les performances visuelles de Lerato Shadi et vantent le travail de Mary Sibande, dont les affiches géantes ont transformé le centre de Johannesburg en un gigantesque musée en plein air. #

DES ARTISTES PREMIERS

Les peintures et gravures rupestres des San témoignent de pratiques chamaniques.

L'Afrique du Sud possède le plus riche ensemble mondial d'art pariétal. On y a, en effet, répertorié plus de 15 000 gravures et peintures rupestres exécutées par les chasseurs-cueilleurs nomades san, dont la présence remonte au moins à 40 000 ans en Afrique australe.

Cet art essentiellement animalier témoigne d'une forte identification au bestiaire qu'il figure. Les recherches ont montré qu'il ne s'agit pas tant pour les San de s'assurer de fructueuses chasses que de se concilier les esprits des animaux représentés. L'éland du Cap, la plus grande des antilopes africaines, occupe une place prépondérante dans cet art rupestre. Les San prêtaient, semble-t-il, à cet ongulé des pouvoirs surnaturels et un rôle d'intercesseur auprès de la divinité.

Cet art pariétal a pour autre thème courant la danse rituelle qui permet au chaman du clan d'entrer en communication avec les puissances de l'Au-delà. Il est dépeint comme un être mi-homme mi-bête (l'esprit auxiliaire puissant qui le visite), tandis que les femmes frappent dans leurs mains et que les hommes dansent devant lui.

LE MONDE DES ESPRITS

Au cours de son voyage surnaturel, le chaman subit toute une série d'hallucinations. Cet état de transe est décrit à l'aide de métaphores comme l'immersion sous l'eau ou la mort. Dans ce dernier cas, le chaman san ressemble curieusement à un éland du Cap agonisant. On les voit tous deux saignant du nez et l'écume aux lèvres, dans une séquence d'images où ils titubent avant de s'effondrer, inconscients.

Une fois dans le monde des esprits, le chaman est à même de soigner les malades, de résoudre les conflits sociaux, de contrôler les déplacements du gibier. Il peut aussi invoquer un mystérieux animal qui a le pouvoir d'apporter la pluie.

Les chamans se servaient des peintures et gravures représentant ces transes rituelles et les forces surnaturelles pour décrire leur voyage spirituel aux autres membres du clan.

Les datations au carbone 14 font remonter cet art à près de 20 000 ans, mais il s'est perpétué jusqu'à la période moderne. Certaines peintures montrent des guerriers et du bétail nguni, les troupeaux de moutons des Khoikhoi, des navires et des soldats européens aux uniformes minutieusement rendus ainsi que des cavaliers tirant sur de petits hommes qui courent.

De fait, la civilisation san n'a pas survécu à l'arrivée des Blancs. Ces chasseurs-cueilleurs, qui avaient vécu en harmonie avec leur environnement pendant des millénaires, ont vu les colons décimer le gibier et, quand ils ont tenté de s'y opposer avec leurs arcs et

Un des témoignages artistiques légués par les chasseurs-cueilleurs san.

leurs flèches, ils se sont fait chasser sans merci de leurs terres et ont été pratiquement exterminés. Ces peintures rupestres constituent, avec quelques pièces d'artisanat, les seuls vestiges de leur culture.

Les abris ornés sont souvent difficiles d'accès. Certains des plus beaux se trouvent dans le massif du Drakensberg. La réserve de Giant's Castle renferme 2 sites intéressants. Deux autres, faciles d'accès, se cachent non loin de Cathedral Peak.

D'autres vous attendent près de Queenstown et de Barkly East (Cap-Est). Ainsi, sur le domaine de la ferme Denorbin, entre Elliott et Barkly East, vous pourrez admirer la plus longue paroi ornée (32 m) du pays. Enfin, Driekopseiland, près de Kimberley, est l'un des sites les plus riches, avec plus de 3 500 pétroglyphes vieux de 1 000 à 2 500 ans. #

UNE EXPRESSION EN PLEIN RENOUVEAU

Les artistes et artisans noirs d'aujourd'hui puisent leur inspiration aux sources les plus éclectiques, en fusionnant traditions tribales et influences occidentales.

Au plus fort de la lutte contre l'apartheid, dans les années 1980, bien des artistes – dramaturges, écrivains, musiciens – donnèrent une dimension politique à leurs créations. Les images et les slogans provocateurs, peints sur les murs, clamés sur scène par des acteurs et des musiciens ou imprimés sur des tee-shirts et des badges restent les symboles les plus marquants de cette période où il s'agissait de faire connaître au plus grand nombre les souffrances infligées à la population noire.

QUAND L'ART DEVIENT UNE ARME

C'est en sortant des galeries et des revues prestigieuses auxquelles il était cantonné, afin de toucher un public bien plus large, que l'art se révéla un formidable outil de communication. Murs, tasses, sets de table et même conteneurs, tous les supports étaient bons pour diffuser les messages anti-apartheid. Des collectifs se formèrent alors pour fournir à tous des moyens d'expression artistique, les plus connus étant le Community Arts Project du Cap et le Thupelo Art Project à Johannesburg. Tout comme l'ELC Art and Craft Centre de Rorke's Drift, au KwaZulu-Natal, ces associations sont devenues depuis les pierres angulaires d'un artisanat indépendant en plein essor. Du marché artisanal de Rosebank, à Johannesburg, aux communautés de potiers et de brodeurs de perles de l'arrière-pays, s'exprime un art populaire dont le répertoire ne cesse de s'enrichir et qu'anime le génie du recyclage.

La boutique Tribal Trends de Long Street, au cœur du quartier touristique de Cape Town, commercialise d'originaux objets décoratifs d'inspiration ethnique.

Ces délicates vanneries en fil de téléphone s'inspirent de la tradition zulu.

Dans l'atelier d'Ethno Bongo, une boutique de Hout Bay réputée pour ses bijoux et accessoires faits main.

La South African National Gallery, à Cape Town.

GALERIES ET MUSÉES

Si vous souhaitez découvrir le travail d'artistes noirs de talent, voici quelques bonnes adresses :

- **Everard Read Gallery** à Rosebank, Johannesburg (tél. 011-788 4805, www.everard-read.co.za). Cette prestigieuse galerie, qui a fêté son centenaire en 2013, présente régulièrement le travail de George Velaphi Mzimba, un artiste natif de Soweto qui s'est fait connaître dans les années 1980 en Afrique du Sud et à l'étranger.
- **Gallery MOMO** à Johannesburg (52 7th Avenue, Parktown North, tél. 011-327 3247, www.gallerymomo.com). Cette galerie d'art contemporain a exposé les œuvres de Rodney Place, Ayana Jackson, Dumile Feni, Lyndi Sales, Mary Sibande et Ransome Stanley.
- **De Beers Centenary Art Gallery**, Centre for Cultural Studies, université de Fort Hare (Alice, Eastern Cape, tél. 040-602 2269, www.ufh.ac.za). La collection de ce musée, qui fait la part belle au réalisme social, comprend des œuvres d'artistes noirs de renom, tels le pionnier George Pemba (1912-2001) et Sydney Khumalo (1935-1988).
- **South African National Gallery**, au Cap (Company's Garden, tél. 021-467 4660, www.iziko.org.za). Depuis 1990, ce musée ne cesse d'enrichir sa collection d'art contemporain. Sa politique d'acquisition s'efforce aussi d'étoffer la section présentant les traditions artistiques des différentes ethnies nationales.

elief du Guga S'thebe Cultural Centre, l'une des belles urprises que réserve la visite du township de Langa rovince de Cape Town).

L'artiste Sam Nhlengethwa devant l'une de ses œuvres, Aardklop Arts Festival, Potchefstroom.

Andy Warhol n'aurait pu faire mieux ! Les boutiques de souvenirs du Victoria & Alfred Waterfront (Cape Town) regorgent d'objets divers à l'effigie de Nelson Mandela.

LETTRES SUD-AFRICAINES

Pays de conquêtes et d'aventures, d'oppression et de conflits raciaux, l'Afrique du Sud a inspiré et vu naître de nombreux écrivains, dont deux Prix Nobel.

L'Afrique du Sud fait son entrée en littérature au 16e siècle, sous la plume du Portugais Luís Var de Camões. Le poète consacre une large partie de son épopée *Les Lusiades* (1572) aux exploits des premiers navigateurs portugais qui sont parvenus à doubler le redoutable cap des Tempêtes. Dans cette œuvre, le continent africain, personnifié, est un géant qui porte le nom mythologique d'Adamastor et terrorise tous ses habitants, à l'exception de quelques aventuriers chrétiens. Table Mountain, présentée comme une partie de son corps, commande l'accès aux terres de l'intérieur.

Les journaux tenus par les pionniers néerlandais installés au Cap à partir de 1652 fournissent l'essentiel des informations dont nous disposons sur les débuts de la colonie. Au 18e siècle, la petite enclave est considérée en Europe comme un paradis pour les botanistes, et plusieurs voyageurs décrivent à leur retour sa société coloniale esclavagiste. L'intérieur des terres, au-delà des frontières de la colonie, offre un terrain d'aventures extraordinaire aux explorateurs. L'un d'eux, le Français François Le Vaillant, publie en 1790-1794 le récit magnifié de ses exploits. Son *Voyage dans l'intérieur de l'Afrique par le cap de Bonne-Espérance* a le mérite de livrer des détails piquants sur la vie et les coutumes indigènes, et de relater de palpitantes chasses au gros gibier.

À partir des années 1820, la colonisation britannique de l'Afrique australe favorise le développement de la presse et d'une production littéraire locale. Le premier journal en langue xhosa paraît à la frontière orientale dans les années 1840, à l'époque de l'émancipation des esclaves. Les missionnaires, très actifs, traduisent la Bible en langues africaines et consignent les premières légendes orales

Olive Schreiner, qui rédigea La Nuit africaine.

xhosa, zulu, tswana et sotho. Le philologue allemand Wilhelm Bleek (1827-1875) accomplit en ce domaine un travail remarquable. Il est le premier à transcrire et à traduire la poésie et le folklore bantous. Les spécialistes n'ont pas fini d'exploiter ce fonds, conservé à la South African Library, au Cap. Les récits historiques et mythologiques des San et des Khoikhoi –peuples aujourd'hui en voie d'extinction– révèlent leur regard sur l'envahisseur européen.

SATIRE ET ROMANTISME

Dans la partie du pays contrôlée par les Britanniques se développent 2 genres littéraires dont la tradition perdurera jusqu'à nos jours. D'une part, une satire populaire d'une grande liberté de langage. Ainsi Andrew Geddes Bain (1797-1864) utilise-t-il des mots d'afrikaans, la langue dérivée du néerlandais que parlent les colons boers, ainsi que des vocables empruntés à l'anglais, au français, à l'allemand, au malais et à différentes langues africaines. D'autre part, une poésie romantique et raffinée, proche des modèles européens et incarnée principalement par Thomas Pringle (1789-1834).

La Nuit africaine, paru en 1883, est le premier grand roman anglophone surgi des lointaines colonies. La mère patrie lui réserve un accueil surpris et critique, car jamais la vie quotidienne dans une ferme africaine, au sein d'une société coloniale intolérante, n'avait été décrite d'une manière aussi réaliste et crédible. Son auteure, Olive Schreiner (1855-1920), est la fille d'un missionnaire allemand et d'une Anglaise. Mais elle se considère comme un écrivain sud-africain qu'inspire cette nation naissante.

LE ROMAN D'AVENTURES

La fin du 19e siècle voit fleurir le roman d'aventures, un genre qui séduit nombre d'auteurs et de lecteurs. L'impérialisme britannique a le vent en poupe et l'exotisme ses adeptes. L'un des romanciers les plus inventifs de l'époque, Henry Rider Haggard (1856-1925), écrit l'un des premiers best-sellers des temps modernes, *Les Mines du roi Salomon* (1885). Ce livre sera adapté au moins 5 fois au cinéma. Allan Quatermain, le narrateur, est un chasseur professionnel installé à Durban et toujours prêt à guider les visiteurs à l'intérieur des terres africaines. Rappelons le contexte : David Livingstone a quitté depuis peu le Cap-Nord pour partir à la recherche des marais de l'Okavango, au Botswana, puis des Grands Lacs d'Afrique. Burton et Speke viennent également de découvrir les sources du Nil. S'inspirant des exploits de ces aventuriers, Haggard met son talent au service des conquêtes impériales et fait rêver les lecteurs de Grande-Bretagne et d'ailleurs.

Si nombre d'auteurs abordent les thèmes liés aux tensions raciales et politiques, ces questions restent secondaires dans l'œuvre de Laurens Van der Post (1906-1996). Celui-ci s'intéresse surtout à la culture des peuples indigènes (en particulier les San) et aux mystères des grands espaces dans lesquels ils vivent. En 1958, il publie *Le Monde perdu du Kalahari*, un récit d'exploration d'où sera tiré un documentaire. On lui doit aussi des récits d'aventures, dont *Plume de flamant* (1955), *Une histoire semblable au vent* (1972) et sa suite, *A Far-off Place* (1974).

L'EXPÉRIENCE NOIRE

Les écrivains de couleur ne sont pas en reste. La métisse Bessie Head (1937-1986) s'inscrit dans la lignée de Sol T. Plaatjie. Institutrice au Botswana, elle y recueille des témoignages oraux sur la condition des Noirs qui inspireront ses nouvelles, telle *La femme qui collectionnait les trésors* (1977).

Henry Rider Haggard, maître du roman d'aventures.

Sol T. Plaatjie (1876-1932) est le premier Sud-Africain noir à publier en anglais. Dans Mhudi *(1916), il relate l'histoire de son peuple, si souvent sous-estimée, voire ignorée par les romanciers blancs.*

Certains romanciers blancs vont bientôt partager les préoccupations sociopolitiques de leurs confrères de couleur. Tout au long du 20e siècle, les relations interraciales vont, en effet, constituer le thème principal de la littérature de fiction. *Pleure, ô pays bien-aimé*, d'Alan Paton (1948), le livre sud-africain le plus lu de tous les temps, en est une excellente illustration.

LA LITTÉRATURE EN AFRIKAANS

La poésie est l'un des domaines où la littérature sud-africaine moderne excelle. C'est elle qui a permis à l'afrikaans d'acquérir son statut de langue écrite. Eugene N. Marais (1871-1936), l'un des pionniers du genre, est un avocat et brillant naturaliste dont les œuvres (tel *Die Siel van die Mier,* 1925) élèvent l'observation zoologique au rang d'un art poétique. C. Louis Leipoldt (1880-1947) compose aussi des poèmes en afrikaans. Ce fils d'un missionnaire allemand s'attache notamment à décrire les missions rhénanes du Cap-Ouest et laissera une œuvre abondante rédigée en plusieurs langues. Les poèmes de N. P. Van Wyk Louw et de Dirk Opperman sont, quant à eux, ouvertement engagés. Parmi les *Sestigers*, l'avant-garde des années 1960, figurent Breyten Breytenbach, André Brink et Étienne Leroux, dont l'œuvre s'éloigne tout aussi radicalement des conventions de la littérature en afrikaans. Breytenbach, poète, écrivain et dramaturge, dénonce farouchement l'apartheid dans son premier roman, *La Gangrène* (1969). Emprisonné de 1975 à 1982, il s'exile en France et ne retournera en Afrique du Sud qu'en 1993.

Le romancier Zakes Mda.

L'apartheid a ainsi poussé de nombreux artistes à s'installer en Europe ou aux États-Unis, et l'autobiographie est devenue le genre littéraire favori des écrivains noirs en exil. Publiée en 1954, *Je ne suis pas un homme libre*, de Peter Abrahams, est la première d'une longue série. En 1959, dans *Au bas de la 2e Avenue*, Es'kia Mphahlele raconte comment sa passion pour les études lui a permis d'échapper à la pauvreté pour devenir écrivain. L'autobiographie de Nelson Mandela, *Un long chemin vers la liberté*, est un best-seller mondial depuis sa publication, en 1995.

L'oppressant et douloureux passé de l'Afrique du Sud reste le thème de prédilection de nombreux romanciers. Dans *L'Odeur des pommes* (1993), Mark Behr décrit l'enfance d'un Afrikaner lors des années de répression militaire (1960-1970). Mais les formidables bouleversements sociopolitiques que connaît le pays depuis 1994 commencent aussi à alimenter la production littéraire. À l'avant-garde de la génération post-apartheid figure le poète, écrivain et dramaturge Zakes Mda. À travers l'histoire d'un pleureur professionnel, *Le Pleureur* (1997) donne le point de vue actuel d'un Sud-Africain noir sur la culture traditionnelle. Ce thème se retrouve dans ses romans *Au pays de l'ocre rouge* (2000) et *La Madone d'Excelsior* (2002), tandis que *Black Diamond* (2009) offre une charge ironique contre les poncifs sud-africains, de même que 2 de ses derniers ouvrages, *Our Lady of Benoni* (2012) ou *Rachel's Blue* (2014).

Les écrivains montrent un intérêt croissant pour ce qui se passe à l'étranger. Ainsi, ses voyages à travers le monde ont inspiré à Damon Galgut *In a Strange Room* (2010), remarqué en Grande-Bretagne, tandis que dans *Last Summer* (2010) Craig Higginson met en scène des comédiens de Stratford-upon-Avon, en Angleterre. Parmi les grands romans parus ces dernières années figurent également *Time of Angels* (2003), de Patricia Schonstein, dont l'action se passe au Cap, et *The Restless Supermaket* (2002), d'Ivan Vladislavic, qui relate la transformation de Hillbrow, une banlieue plutôt "Mitteleuropa" et chic de Johannesburg, en un melting-pot de réfugiés venus de l'Afrique entière.

Des prix littéraires prestigieux sont venus couronner l'œuvre d'auteurs comme Nadine Gordimer et J. M. Coetzee *(voir ci-contre)*. Ces 2 écrivains engagés dans la lutte contre l'apartheid ont reçu le prix Nobel de littérature, la première en 1991, le second en 2003. #

GORDIMER, COETZEE ET BRINK

Nadine Gordimer, J. M. Coetzee et André Brink sont sans doute les écrivains les plus emblématiques de la littérature de l'apartheid.

Le prix Nobel décerné à Nadine Gordimer (1923-2014) en 1991 est venu récompenser l'œuvre de toute une vie : à la fois celle de l'écrivain et de la militante anti-apartheid.

Née dans la petite ville minière de Springs, à l'est de Johannesburg, dans une famille d'immigrés juifs, elle a pour père un horloger originaire de Lituanie et pour mère une Anglaise. Prétextant un souffle au cœur, celle-ci la retire de l'école à 11 ans et confie son éducation à des professeurs particuliers jusqu'à l'âge de 16 ans. C'est ainsi que la petite Nadine se prend très tôt de passion pour la lecture et l'écriture. Elle publie sa première nouvelle à 13 ans et son premier roman autobiographique, *The Lying Days*, en 1953.

Parallèlement à sa carrière d'écrivain, dont la réputation grandit de jour en jour, elle se fait connaître en tant que partisane acharnée de la libre expression en Afrique du Sud. Dès 1961, elle reçoit le W. H. Smith Literary Award pour *Friday's Footprint* (1960). Elle se voit également décerner la Benson Medal de la Royal Society of Literature et le Booker Prize en 1974, pour *Le Conservateur.* Alors qu'elle jouit d'une immense notoriété à l'étranger, Nadine Gordimer ne bénéficie pas de la reconnaissance qu'elle mérite dans son pays. Certains critiques noirs lui reprochent son refus d'alourdir sa prose de slogans révolutionnaires, et son choix de ne pas s'exiler, dans les années 1960 et 1970, contrairement à d'autres intellectuels. Mais, si elle a souvent abordé le thème de l'engagement politique, elle s'estime avant tout romancière plutôt que militante ou historienne.

Témoin de son temps, Nadine Gordimer a, dès le début de sa carrière d'écrivain, mis en évidence l'impasse dans laquelle la domination des Blancs a enfermé la société sud-africaine. Après la fin de l'apartheid, elle reste un commentateur vigilant des turbulences que traverse le pays, notamment des difficultés posées par la transition démocratique. Son roman *Vivre à présent* (2012) relate sans complaisance la vie d'un couple mixte dans l'Afrique du Sud post-apartheid. Les étrangers sont souvent étonnés de constater que Nadine Gordimer n'est guère populaire auprès de ses compatriotes blancs. Nombreux sont ceux qui trouvent ses livres plutôt indigestes et dérangeants, lui préférant les sagas de Wilbur Smith, qui mêlent habilement aventures, amour et grivoiserie.

L'œuvre de Nadine Gordimer est pourtant plus accessible que la prose dense et ascétique de J. M. Coetzee, l'énigmatique lauréat sud-africain du prix Nobel de littérature de 2003. Les premiers romans de ce natif du Cap (1940) dénoncent eux aussi le racisme et les injustices du régime de l'apartheid, mais sur un mode allégorique qui fuit la grandiloquence politique. *Michael K, sa vie, son temps*, qui lui vaut en 1983 son premier Booker Prize et le prix Femina étranger, est peut-être son roman le plus abouti. Il reçoit son second prix Booker en 1999 pour *Disgrâce*. *L'Éducation de Jésus* (2016) sera salué par la critique.

Nadine Gordimer, prix Nobel de littérature 1991.

Si vous appréciez ces 2 romanciers, ne manquez pas de lire André Brink (1935-2015), sagace et prolifique auteur d'expression afrikaans et anglaise. Dans ses meilleurs romans (*Un turbulent silence, Au plus noir de la nuit, Une saison blanche et sèche*), Brink sonde l'âme sud-africaine mieux qu'aucun autre écrivain. #

Le manoir de Groot Constantia affiche fièrement le style Cape Dutch, Cape Town.

ARCHITECTURE

Le patrimoine bâti de l'Afrique du Sud témoigne de sa diversité culturelle et géographique comme des grandes disparités économiques qui affectent sa population.

Édifié en 1666 au Cap, le Castle of Good Hope est le plus ancien bâtiment intact du pays. Mais les fouilles archéologiques menées dans les provinces du Limpopo et du Mpumalanga ont mis au jour d'importants vestiges bien antérieurs à l'arrivée des colons européens. L'un de ces sites, celui de Mapungubwe Hill, inscrit au Patrimoine mondial par l'Unesco, protège le confluent de la Shashi et du Limpopo, dans le nord du pays. Fondée vers l'an 950, Mapungubwe fut la capitale du puissant royaume des Shona, un peuple bantou qui devait sa richesse à l'extraction de l'or et à ses échanges commerciaux avec des ports de la côte swahilie. La construction de la ville de Great Zimbabwe (au Zimbabwe actuel), vers 1300, marque l'apogée de ce royaume.

La statue de la reine Victoria trône sur Market Square, Port Elizabeth.

LE STYLE CAPE DUTCH

Au 17e siècle, les colons du Cap adaptent le style hollandais traditionnel aux conditions climatiques et aux matériaux offerts par leur nouveau pays. Leurs maisons arborent des toits de chaume pointus, un pignon décoratif, des murs chaulés et des façades symétriques percées de fenêtres rectangulaires à volets. Initialement en forme de T, les maisons de style Cape Dutch adoptent par la suite un plan en H, se faisant ainsi plus spacieuses.

Construite en 1685 pour le gouverneur Simon Van der Stel, la propriété viticole de Groot Constantia, près du Cap, illustre à merveille ce style colonial. Son fronton, qui date de 1778, est l'œuvre du sculpteur allemand Anton Anreith.

Le patrimoine hollandais du Cap inclut également le Tuynhuys, édifié en 1700 – qui héberge aujourd'hui les bureaux et la résidence du chef de l'État –, l'Old Slave Lodge, converti en un musée consacré à l'histoire et à la culture africaines, ainsi que l'Old Town House, l'ancien hôtel de ville donnant sur Greenmarket Square et la South African Library.

En 1736, après un incendie dévastateur, Le Cap renonce à ses toits de chaume et opte pour un nouveau type de maison au toit plat, parfois orné d'un garde-fou ondulé. Le quartier malais de Bo-Kaap en conserve les exemples les plus anciens. Ces habitations simples, de plain-pied, abritaient les commerçants, les pêcheurs et les ouvriers malais déportés au Cap en tant qu'esclaves. Le quartier possède aussi la première mosquée officielle du pays, l'Auwal (1798). Seuls certains de ses murs sont d'origine.

Les colons qui migrent vers le nord adaptent le style Cape Dutch au climat aride de l'intérieur des terres. Ainsi la maison type du Karoo arbore-t-elle un toit plat agrémenté d'un fronton et un *stoep* (porche), puis, plus tard, une véranda. Au Northern Cape, la rareté du bois encourage les colons boers du début du 18e siècle à construire des habitations en pierre à encorbellement. Certaines sont encore visibles à Williston et à Carnarvon.

INFLUENCE BRITANNIQUE

Dans les années 1820, des colons britanniques s'installent dans l'Eastern Cape, une région

Le Voortrekkers Monument (entrée sud de Pretoria).

jusqu'alors peuplée de fermiers boers. À Grahamstown et dans ses environs, ces nouveaux venus créent une architecture qui mêle leurs traditions au style Cape Dutch. Les murs sont de pierre apparente – un matériau moins rare qu'au Cap – au lieu d'être crépis. Les toits se composent d'ardoise ou de schiste, et certaines maisons présentent un treillage décoratif. À Port Elizabeth, l'influence britannique se manifeste dans les élégants alignements de maisons de ville agrémentées de vérandas de style georgien ou Colonial Regency.

ÉCLECTISME AU KWAZULU-NATAL

Même si le KwaZulu-Natal a été colonisé avant 1839 par les *Voortrekkers*, l'architecture de Durban et de Pietermaritzburg affiche un caractère britannique indéniable. Le bois, combustible abondant dans cette région subtropicale, y facilita la production de briques. C'est pourquoi Pietermaritzburg se distingue par ses nombreux bâtiments aux façades de brique saumon, couronnés de toits en tôle ondulée et ornés de vérandas ouvragées.

À la fin du 19e siècle, l'essor de l'industrie minière favorise un boom immobilier. Le témoignage le plus imposant de cette période est l'ancien hôtel de ville de Durban, édifié en 1884 par Philip Dudgeon dans le style néoclassique.

La population asiatique de Durban a apporté une touche exotique au patrimoine architectural de la ville. Ses quartiers indiens abritent des temples hindous bien conservés, et une immense mosquée se dresse en plein centre-ville, dans Dr Yusuf Dadoo Street.

MODERNISME AU GAUTENG

La province très urbanisée du Gauteng affiche elle aussi une couleur architecturale particulière. Elle a pour cœur la cosmopolite Johannesburg, née de l'industrie minière, et sa voisine, Pretoria, moins étendue et plus provinciale, que dominent les majestueux Union Buildings, dessinés par Herbert Baker (1912).

Ces 2 villes possèdent quelques beaux bâtiments de style international. Dans les années 1930, sous la houlette de Rex Martienssen, le département d'architecture de l'université du Witwatersrand, à Johannesburg, joua un rôle déterminant dans l'introduction du mouvement moderne. À Pretoria, des architectes comme Norman Eaton ont largement contribué

DÉFI ARCHITECTURAL

Au plus fort de l'apartheid, des années 1960 aux années 1980, une fièvre architecturale s'empare du pays, comme un défi à l'isolement auquel le confine la communauté internationale. Toute grande ville se doit alors de bâtir son quartier d'affaires, une collection de gratte-ciel austères dont l'exemple le plus imposant est la tour de Diagonal Street, à Johannesburg, conçue par l'Allemand Helmut Jahn (1982).

L'Église réformée néerlandaise met, quant à elle, un point d'honneur à bâtir, dans la moindre petite ville de province, une église de brique et de métal dont la flèche se dresse fièrement dans le ciel.

à l'élaboration d'une école régionale en adaptant les principes du style international aux conditions géographiques locales.

L'ARCHITECTURE BANTOUE

L'habitat traditionnel des Zulu – des cases en forme de ruche composées de plusieurs couches de chaume maintenues par des branchages entrelacés – a disparu des campagnes du KwaZulu-Natal. Les cases sont dépourvues de cheminée, afin que la fumée stagnant à l'intérieur puisse chasser les insectes.

Dans les zones les plus reculées subsistent des constructions similaires, constituées d'un clayonnage rempli de torchis et coiffé d'un dôme. L'habitat zulu aujourd'hui le plus répandu est une maison ronde au toit conique (souvent en matériaux modernes, comme la tôle), ou une simple structure rectangulaire à l'occidentale.

La maison sotho traditionnelle est encore répandue dans les campagnes de l'État libre. Son plan rectangulaire et son toit pentu trahissent une influence occidentale, mais sa structure (des murs de clayonnage comblé de torchis et de pierres) et sa décoration respectent la tradition.

L'architecture vernaculaire la plus haute en couleur est incontestablement celle des Ndebele. Les bâtiments en torchis, coiffés d'un toit de chaume, s'ordonnent autour de cours et d'avant-cours qui reflètent la hiérarchie familiale et communautaire. Si la construction des maisons est assurée par les hommes, leur décoration est réservée aux femmes. Selon une tradition qui s'est forgée dans la résistance aux Boers, celles-ci tapissent les façades de motifs géométriques, dont la portée symbolique s'est estompée au fil du temps. Aux colorants naturels se sont substituées des peintures industrielles qui donnent à ce décor polychrome toute sa vivacité. #

Leur bâti de chaume en forme de ruche assure à ces cases traditionnelles zulu une fraîcheur agréable l'été.

STADES ULTIMES

La Coupe du monde de football 2010 aura suscité la construction ou la rénovation de 10 stades à travers le pays, de Rustenburg et Polokwane à Durban et Port Elizabeth. Réhabilité, le plus grand d'entre eux (94 700 places), le FNB Stadium de Soweto, se love désormais dans une calebasse géante, tandis que l'anneau futuriste du Cape Town Stadium (64 100 places) a surgi de terre à côté du vieux Green Point Stadium, entre Signal Hill et l'océan. Certains rappelleront que, dans un pays qui compte des millions de mal-logés, ces stades auront coûté la bagatelle de 40 milliards de rands au contribuable sud-africain.

Les fruits de mer sont l'une des spécialités nationales.

Mets bantous traditionnels.

SAVEURS AUSTRALES

Les consistantes recettes néerlandaises, imprégnées de subtiles influences malaises et indonésiennes, les currys indiens et les ragoûts chers aux populations autochtones ont doté la cuisine sud-africaine de spécialités aussi variées que savoureuses.

La colonie sud-africaine n'est-elle pas née sous les auspices du vin et de la bonne chère ? Au milieu du 17e siècle, la Compagnie hollandaise des Indes orientales ouvre au Cap une "station de rafraîchissement" *(voir p. 39)* destinée à approvisionner les nombreux navires y faisant halte sur la route des épices. Après 3 mois de mer, les équipages trouvent à Table Bay, chez le gouverneur Jan Van Riebeeck, une halte agréable où remplir leurs barriques d'eau douce et se ravitailler en vin et en nourriture. Le potager planté par le gouverneur, aujourd'hui transformé en jardin botanique, se visite dans Adderley Street.

À mesure que la petite station s'urbanise, la cuisine hollandaise – consistante – s'enrichit de nouvelles saveurs, en particulier celles venues d'Indonésie. Les clous de girofle, la cannelle, le piment, le curcuma, l'anis et le tamarin parfument désormais les ragoûts, les conserves et les desserts. Le riz ne tarde pas à accompagner les plats de résistance – dans la tradition de la *rijsttafel* indonésienne –, tout comme les pickles et autres condiments d'origine asiatique. Ces ingrédients occupent une place prépondérante dans les préparations *boerekos* (celles des fermiers boers), l'une des 2 traditions culinaires afrikaners avec la *Cape Dutch*. Mais les apports asiatiques ne se limitent pas au riz et aux épices. Les esclaves, les artisans et les exilés politiques originaires des Indes orientales adaptent les vieilles recettes hollandaises à leurs propres traditions culinaires, qu'elles viennent du Bengale, de Java, de Malabar, de Ceylan ou de Malaisie. Résultat amusant de ce mariage : la banane se dit *piesang* en afrikaans comme en malais, et les brochettes de viande sont généralement préparées façon *sosatie*, une déformation du mot indonésien *sate*. Le *bobotie*, originaire de Java, est un délicieux plat

La cuisine sud-africaine fait grand usage des épices.

de viande hachée aromatisée au curry doux et relevée d'un peu de jus de citron. Il se déguste avec un chutney aux fruits *(blatjang)*. Ragoût de mouton aux légumes, le *bredie* s'accompagne parfois de *waterblommetjie (voir encadré p. 92)*, ingrédient spécifique au peuple khoi.

SAVEURS ÉPICÉES

Les calvinistes français qui s'installent dans la Franschhoek Valley en 1688 introduisent la technique du confit, qui permet de conserver les aliments par cuisson lente. Le mot afrikaans *konfyt*, donné aux fruits au sirop, en dérive. On retrouve aussi l'héritage huguenot dans la confection des biscuits, des tartes, des plats en sauce, des pâtisseries et des *mosbolletjies*.

Ces petits pains locaux, dans la préparation desquels le vin bourru remplace la levure, sont servis dans tout le pays au petit déjeuner, préalablement découpés en tranches et passés au four.

Abondamment employé par la communauté asiatique, le curry est devenu l'une des grandes spécialités nationales. Tandis que les currys doux des Malais du Cap conviennent parfaitement aux fruits de mer, ceux du KwaZulu-Natal, plus relevés, se marient mieux avec les plats de poulet, d'agneau ou de légumes.

Étals de biltong *– l'en-cas national.*

HARICOTS SUCRÉS

Plat préféré de Madiba, l'*umngqusho* est un mets à base de maïs séché, de haricots sucrés, de beurre, d'oignons, de pommes de terre, de piment et de citrons, qui mijote longtemps : les ingrédients doivent être bien tendres. La spécialité du Cap-Ouest est le *waterblommetjie bredi*. Ce ragoût de mouton ou d'agneau se prépare avec du *waterblommetjie*, une variété de lotus indigène qui pousse dans les marais et les lacs de barrage. En juillet et en août, quand les fleurs sont bien charnues, le plat est délicieux. Employez plutôt le terme afrikaans et non sa traduction anglaise *(waterlily stew)* lorsque vous le commandez.

Pour calmer une petite faim, rien de tel que le biltong*, des lanières de viande marinée dans un vinaigre épicé, puis séchée – le plus souvent du bœuf ou de l'autruche, mais les gourmets préfèrent le gibier (koudou et antilope).*

LA CUISINE INDIGÈNE

Avant la colonisation, les populations noires se nourrissaient essentiellement de céréales (à commencer par le sorgho), de lait fermenté et de viande grillée ou bouillie, avec une prédilection pour le bœuf. Depuis lors, le maïs – une céréale américaine introduite par les Européens – est devenu l'aliment de base des familles bantoues. Les plats les plus prisés sont le porridge de maïs *(mealie pap* ou *sadza)* et le gruau de maïs *(samp)*, servis avec une sauce épicée à base de tomate, d'oignon et de piment. Le sorgho entre dans la composition d'un porridge fermenté *(ting)* et de bière. Les populations bantoues raffolent également du *maas*, un lait caillé consommé nature ou mélangé au *phutu pap* (porridge grumeleux).

De nos jours, la viande occupe une place centrale dans les repas, et si le bœuf demeure la plus recherchée, le poulet et le porc ont récemment fait leur apparition sur les tables, en plus du poisson. En accompagnement sont servis une variété locale de citrouille – avec ses fleurs en beignet et ses graines grillées –, des haricots, du riz, des pommes de terre, voire du chou. L'arachide vient rehausser la saveur de plats comme le *morogo*, ragoût d'épinards ou autres légumes-feuilles.

Dans les communautés rurales traditionnelles, l'abattage du bétail (bœufs, moutons et chèvres) est réservé aux grandes occasions, et c'est le plus souvent le produit de la chasse qui prend place sur les tables familiales. Les insectes, notamment les fourmis volantes et les chenilles du mopane (arbre connu sous le nom de *butterfly tree*), séchés et grillés, constituent une autre source de protéines animales. Ils se consomment tels quels ou mélangés à du porridge et, croquants et un peu poivrés, se révèlent excellents !

À LA FORTUNE DES MERS

Le long des côtes sud et est abondent poissons à la chair fine, sardines, calmars, moules, huîtres et crabes. La pêche donne ses meilleurs résultats de novembre à avril. C'est d'ailleurs la haute saison pour le homard du Cap, plus petit, plus rare et à la chair moins délicate que son cousin européen. Appelé *crayfish* (écrevisse) sur place, il est servi grillé, thermidor, ou froid avec de la mayonnaise.

L'été, vous pourrez aussi vous régaler des poissons pélagiques pêchés dans l'océan Indien. Si les pêcheurs aiment se mesurer aux barracudas, aux sérioles chinchards, aux bonites à dos rayé et aux aloses, leur proie préférée reste l'escolier *(Thyrsites atun)*. Baptisé *snoek* par les colons hollandais, du nom d'un cousin d'eau douce, ce long poisson (1 m) argenté possède une chair ferme et succulente. Il est généralement frit et accompagné du traditionnel *korrelkonfyt*, une confiture onctueuse à base de raisin muscat et de miel. Dans la recette du *snoeksmoor* entre de l'escolier braisé avec des oignons et des pommes de terre, parfois des tomates, et accompagné de riz et d'un *sambal* (chutney acide).

Les Sud-Africains ont conservé le goût de leurs ancêtres pour la chasse. S'ils ne s'en prennent plus au gros gibier, désormais protégé, ils aiment se retrouver autour d'un barbecue. Dans les jardins, les familles organisent souvent le week-end un *braaivleis* (en afrikaans, *braai* signifie "griller" et *vleis* "viande"), incontournable cérémonial identitaire chez les Afrikaners. Et toute aire de pique-nique, tout emplacement de camping ou bungalow d'un parc national dispose en principe d'un "coin barbecue". Si vous êtes convié à l'une de ces festivités, vous vous régalerez de côtelettes d'agneau ou de brochettes marinées dans une sauce saté *(sosaties)* et d'épis de maïs fraîchement cueillis, ou encore de filet de bœuf, de brochettes de gazelle, de viande de koudou, de phacochère, d'éland du Cap ou d'impala. Ne manquez pas de goûter la *boerewors*, "saucisse paysanne" de bœuf ou de porc épicée. Autre mets apprécié dans les campagnes, le *potjiekos* (ragoût de viande et légumes) se mijote à feu doux dans la petite marmite noire *(potjie)* qui lui a donné son nom.

Escapade culinaire italienne avec, en prime, les pieds dans l'eau sur les quais de Knysna.

Et si vous préférez les fruits à la viande, vous pourrez vous régaler. La presqu'île du Cap croule sous les fruits des régions tempérées, comme le raisin, les pommes et les poires, tandis que le KwaZulu-Natal et le Mpumalanga produisent des fruits tropicaux tels que la papaye, l'avocat, la mangue, le litchi, l'ananas, la banane et bien d'autres encore. Savourez leur jus pressé, ou emportez-les sous forme de *rolls* – pulpe de fruits séchée en fines couches –, l'idéal pour les longs trajets en voiture. #

AMANDLA ! (SANTÉ !)

Vieux de plus de 3 siècles, les vins sud-africains ne cessent de s'améliorer et l'œnotourisme est en plein essor dans la presqu'île du Cap.

Dans la presqu'île du Cap, qui bénéficie d'un climat de type méditerranéen, la viticulture remonte aux débuts de la colonisation hollandaise. Elle doit même son premier millésime (1659) au "père" de la colonie, Jan Van Riebeeck, dont le successeur, le gouverneur Simon Van der Stel, prit naturellement le relais, fondant en 1685 le domaine de Constantia. Mais il fallut attendre l'arrivée de huguenots, en 1688, pour que le "vin de Constance" passât du stade de piquette à celui de nectar – un blanc liquoreux apprécié de Frédéric le Grand, puis de Napoléon comme de Jane Austen.

Stellenbosch, Franschhoek et Paarl, les localités les plus anciennes de la presqu'île, ont conservé leur vocation viticole, et les domaines de ces appellations (tels Boschendal, Vergelegen, Nederberg, Meerlust, etc.) ont encore la réputation de produire les meilleurs vins du pays. Toutefois, depuis les années 1990, la viticulture s'est installée dans des vallées plus reculées, comme celles de la Breede, de l'Olifants et du fleuve Orange, avec des résultats plus qu'honorables.

L'Afrique du Sud arrive au 9e rang des producteurs mondiaux en volume, avec environ 10 Mhl (la France est le 1er producteur mondial avec 50 Mhl). Les exportations ont quadruplé en une petite dizaine d'années, le Royaume-Uni demeurant le plus gros importateur. Et si cette croissance marque aujourd'hui un net recul, c'est que les Sud-Africains ont préféré investir sur la qualité pour mieux lutter sur un marché global à la fois très concurrentiel et fragilisé. Et les résultats sont au rendez-vous : les œnologues plébiscitent dorénavant la production nationale.

Crus de Groot Constantia.

Avec son élégante demeure de style Cape Dutch, le domaine de Buitenverwachting (littéralement, "Au-delà de toute attente") est l'une des plus belles propriétés de l'appellation Constantia.

La plupart des domaines des environs de Cape Town proposent des dégustations, mais à moins d'utiliser le crachoir, mieux vaut opter pour un circuit organisé que de prendre le volant.

Le muscat à petits grains, une variété produite par mutation du cépage réalisée par Groot Constantia.

DU BLANC AU ROUGE

En dépit de ses racines huguenotes, la viticulture sud-africaine est restée attachée aux méthodes de vinification germaniques jusque dans les années 1970. Aussi est-ce surtout pour ses blancs qu'on la connaissait. Mais la situation a évolué depuis, et les viticulteurs ont beaucoup investi en savoir-faire, en temps et en matériel pour satisfaire la demande croissante en rouges liée au développement des exportations. De nos jours, les cépages rouges représentent près de 50 % des surfaces plantées, chiffre qui devrait croître encore dans la mesure où 80 % des nouveaux cépages sont rouges. Le cabernet sauvignon, cépage roi dans la région du Cap, donne généralement des rouges puissants, qui accompagnent à merveille la viande rouge. La syrah et le merlot gagnent du terrain, tandis que le pinotage, cultivar autochtone obtenu par croisement du pinot noir et du cinsault, produit un vin souple et fruité, à la robe violette, assez peu coté sur place mais potentiellement intéressant. Pour ce qui est des blancs, les cépages dominants sont le chenin et le colombard – encore que ce dernier soit plutôt utilisé pour les assemblages. Les amateurs avertis préfèrent le chardonnay, plus onéreux, et progressivement supplanté par le sauvignon blanc, dont les arômes acidulés mettent en valeur les fruits de mer locaux.

aviste réputé de Franschhoek, Le Cotte propose égulièrement des dégustations comparatives vins de différents domaines.

Ce panneau vous deviendra vite familier sur les routes des vins de la région du Cap.

Afin d'obtenir un pinotage de caractère (minéralité, terroir), il est désormais élevé en fût de chêne avec beaucoup de finesse.

L'équipe sud-africaine de rugby, double championne du monde.

LA PASSION DU SPORT

Depuis la fin de l'apartheid, les athlètes sud-africains se sont hissés aux rangs mondiaux les plus élevés et le sport connaît un nouvel engouement dans le pays.

Paradis des sportifs, l'Afrique du Sud a pour elle un climat agréable qui se prête bien à la pratique des activités de plein air. Amateurs de golf, de sports nautiques en tout genre ou de randonnée, vous n'aurez que l'embarras du choix. Dans ce pays qui voue une passion au sport, vous pourrez de plus assister aux performances d'athlètes de niveau international dans des stades prestigieux comme Ellis Park, à Johannesburg, ou Newlands, au Cap.

Depuis la fin de l'apartheid, les sportifs sud-africains ont, en effet, considérablement progressé. En 1995, les Springboks, l'équipe nationale de rugby, s'illustraient à Ellis Park en vainquant les favoris néo-zélandais lors de la finale de la Coupe du monde. L'impact de ce triomphe sur le processus de réconciliation nationale, à peine un an après les premières élections démocratiques en Afrique du Sud, a été immortalisé par Clint Eastwood dans son film *Invictus* (2009), avec Morgan Freeman dans le rôle de Nelson Mandela et Matt Damon dans celui de François Pienaar, le capitaine des Springboks. L'Afrique du Sud devait réitérer cet exploit en France en 2007, battant cette fois l'Angleterre lors de la finale de la Coupe du monde de rugby.

En 1996, l'équipe nationale de football des Bafana Bafana (les Garçons, les Garçons, en zulu) défie tous les pronostics en raflant le trophée de la Coupe d'Afrique des nations, qu'elle organise en 2013. En 1998 et 2002, elle se qualifie pour la Coupe du monde, que le pays accueille en 2010.

Toujours en 1996, lors des Jeux olympiques d'Atlanta, la nageuse sud-africaine Penny Heyns raflait 2 médailles d'or (100 m et 200 m brasse), et le marathonien Josiah Thugwane décrochait l'or. Lors de l'épreuve du 800 m, Hezekiel Sepeng, star de la piste cendrée, remporta in extremis la médaille d'argent. Depuis lors, les athlètes sud-africains ont connu des hauts et des bas, décrochant 5 médailles aux Jeux olympiques de Sydney en 2000, et 6 à ceux d'Athènes en 2004. En 2008, ses athlètes sont rentrés de Pékin avec une seule médaille en poche. Londres leur a mieux réussi, en 2012 ; ils ont rapporté 6 médailles, dont une d'or et une d'argent pour le nageur Chad Le Clos. À Rio en 2016, l'équipe a raflé 10 médailles, dont l'or pour les coureurs Wayde Van Niekerk pour les hommes aux 400 m et Caster Semenya pour les femmes aux 800 m.

Camps Bay, l'un des excellents spots de surf sud-africains.

Depuis quelques années, l'Afrique du Sud brille aux Jeux paralympiques, notamment à ceux de Pékin (2008), où elle s'est classée 6e avec 23 médailles d'or. La nageuse Natalie Du Toit caracole en tête de ce peloton, collectionnant 13 médailles d'or aux Jeux de 2004, 2008 et 2012 et 17 médailles dont 7 en or aux Jeux olympiques de Rio.

Le pays se distingue également sur les parcours de golf. Au légendaire Gary Player a succédé Ernie Els, qui a remporté l'US Open en 1994, un exploit réitéré en 1997. Fin 2013, il se classait toujours parmi les 30 meilleurs golfeurs mondiaux, et 2 joueurs prometteurs sud-africains l'ont rejoint : Louis Oosthuizen, vainqueur surprise du British Open en 2010, et Charl Schwartzel, troisième Sud-Africain à remporter l'US Masters en 2011.

Parmi les sportifs sud-africains de premier plan figurent aussi l'ancien champion de boxe junior (poids plume) Vuyani Bungu, qui a obtenu le titre IBF World, et le boxeur junior (poids mouche) Baby Jake Matlala, tenant des titres mondiaux WBO et IBF dans sa catégorie. En 2004, la joueuse de tennis vétéran Wayne Ferreira réussit à battre le record de 54 participations consécutives aux tournois du grand chelem, jusqu'alors détenu par Stefan Edberg.

Mais c'est bien à domicile que l'Afrique du Sud doit relever son plus grand défi, en favorisant l'intégration raciale dans des sports jadis dominés par les Blancs. Le cricket en offre un bon exemple, le programme mis sur pied dans les années 1990 par l'United Cricket Board ayant permis d'élargir de façon spectaculaire son panel de joueurs et de spectateurs.

Aujourd'hui retraité, le lanceur Makhaya Ntini, premier joueur noir sélectionné en équipe nationale (1988), aura totalisé 390 guichets en test-match au cours de sa carrière, un score qui le propulsa un temps à la 2e place du classement mondial IIC. Constamment brillante, l'équipe nationale de cricket n'a toujours pas remporté à ce jour une Coupe du monde versions abrégées ODI et T20, mais elle n'a pratiquement pas quitté le deuxième rang mondial avec pour capitaine Hashim Amla.

Tous en piste pour le Comrades Marathon.

SPORT À LA CHAÎNE

Si vous aimez le sport – surtout pour le pratiquer confortablement installé devant le petit écran –, vous serez comblé par la télévision. Football, tennis, golf, cricket et rugby... ses chaînes diffusent, en direct, de très nombreuses manifestations sportives nationales et étrangères.

Et si vous vous trouvez dans ce pays alors que votre équipe favorite dispute une compétition cruciale à domicile, il y a de fortes chances pour que vous puissiez la suivre sur une chaîne locale. Sachez enfin que les grandes villes regorgent de bars sportifs, où vous pourrez suivre les retransmissions de matchs au milieu d'une foule de supporteurs.

UN SPORT POPULAIRE

Le football a toujours eu la faveur de la communauté noire, dont les supporteurs, comme partout ailleurs dans le monde, se montrent passionnément attachés à leur équipe favorite. Le championnat national (Premier Soccer League) se dispute du mois d'août au mois de mai, chacune des 16 équipes rencontrant l'autre à 2 reprises, la plus faible étant reléguée en fin de saison. Les équipes de la province du Gauteng – les Mamelodi Sundowns, les Kaizer Chiefs, les Moroko Swallows et les Orlando Pirates – ont tendance à dominer le classement, toutes ayant remporté une fois au moins 12 des 14 dernières éditions, mais l'Ajax et les Santos de Cape Town, comme les AmaZulu et les Golden Arrows de Durban leur disputent ardemment cette suprématie.

Jadis perçu comme un sport exclusivement noir, le football s'appuie aujourd'hui sur une base de supporteurs nettement plus diversifiée, et l'ambiance des grands matchs – au Cape Town Stadium, au FNB Stadium de Soweto ou au Moses Madhiba Stadium de Durban – ne manque pas de chaleur. Les spectateurs de la Coupe du monde, assourdis par le bourdonnement incessant de milliers de *vuvuzelas*, ces trompettes censées ponctuer les moments cruciaux des rencontres, ont pu le constater par eux-mêmes...

L'une des principales difficultés que rencontre l'équipe nationale des Bafana Bafana tient à son incapacité à sélectionner régulièrement des joueurs clés engagés par de grands clubs européens. Malgré tout, quelques belles performances ont contribué à faire du football le sport numéro 1 en Afrique du Sud, suscitant l'engouement de nombreux jeunes.

AUTRES COMPÉTITIONS PHARES

Hormis les compétitions internationales qu'elle accueille régulièrement (football, cricket, rugby, athlétisme), l'Afrique du Sud organise le 16 juin de chaque année le Comrades Marathon, épreuve considérée comme l'un des grands "ultramarathons" du monde. Quelque 14 000 participants parcourent à cette occasion les 90 km qui séparent Durban de Pietermaritzburg, la capitale du KwaZulu-Natal. D'une année sur l'autre, le départ a lieu soit à Durban, soit à Pietermaritzburg. Le Comrades a son recordman – Bruce Fordyce, spécialiste incontesté de l'ultradistance, qui a remporté l'épreuve 9 fois entre 1981 et 1990.

Enfin, doté d'un long littoral, de nombreux lacs et cours d'eau, le pays se prête aux compétitions de canoë de haut niveau. La plus difficile, le Berg River Marathon, se déroule en juillet entre Paarl et Veldrif (228 km). Pendant 4 jours, les concurrents affrontent nombre de rapides. #

Le terrain de golf de Sun City accueille en décembre le Nedbank Golf Challenge, tournoi de golf professionnel particulièrement bien doté.

PARCOURS D'OBSTACLES

L'Afrique du Sud compte environ 500 terrains de golf, dont celui de Sun City, dessiné en pleine brousse par Gary Player. En décembre, le Nedbank Golf Challenge y invite 12 des meilleurs joueurs mondiaux à disputer l'un des trophées les plus richement dotés du circuit. Le Durban Country Club se classe parmi les 100 meilleurs parcours mondiaux, tandis que les clubs de Rondebosch et de Durbanfontein font la fierté de Cape Town. Quant au Hans Merensky Golf Club de Phalaborwa, sa situation en lisière du Kruger Park en fait un parcours unique : il n'est pas rare d'y croiser un éléphant ou un hippopotame égaré.

Élands, dans la Kwandwe Game Reserve, province du Cap-Est.

MAMMIFÈRES

De la minuscule musaraigne à l'imposant éléphant, la faune de l'extrémité sud du continent est tout simplement extraordinaire.

La richesse de la faune sauvage d'Afrique du Sud – plus de 270 espèces de mammifères, dont 43 marins – reflète la diversité des milieux écologiques, qui comptent 6 grands biotopes terrestres, du désert à la forêt de montagne. Dans la savane du Nord-Est, les amateurs de safaris pourront approcher des animaux mythiques comme les "Big Five" : l'éléphant, le lion, le léopard, le buffle et le rhinocéros. Le Kruger National Park (Kruger NP) et les réserves limitrophes (qui font désormais partie du Great Limpopo Transfrontier Park) sont la destination phare des amoureux de la nature qui souhaitent pouvoir observer de près la faune locale. Mais des centaines de réserves plus petites les attendent à travers tout le pays.

La liste qui suit répertorie une cinquantaine de grands carnivores et herbivores répandus en Afrique du Sud ainsi que quelques espèces moins spectaculaires, mais qui représentent plus de 60 % des mammifères du pays. Ceux-ci comprennent plus d'une vingtaine d'espèces de taupes, de lapins et de lièvres, 75 variétés de chauves-souris – observables dans les champs au crépuscule – ainsi que l'étonnant rat à trompe, reconnaissable à son groin allongé en mouvement. Pour plus d'informations, procurez-vous un guide spécialisé récent *(voir À lire, p. 376)*.

LION *(PANTHERA LEO)*

Pelage brun ou fauve, crinière allant de l'or au noir chez le mâle, le lion est le plus grand et le plus sociable des 3 grands félins d'Afrique. Il vit en groupe : de 6 à 12 femelles et leur progéniture, et au moins un mâle dominant. Ce sont les femelles qui chassent, seules ou en groupe, au crépuscule ou de nuit, les mâles se contentant de manger les premiers les proies qu'elles attrapent. Si certaines chassent le buffle ou la girafe, la plupart dévorent impalas, zèbres ou gnous, qu'elles tuent en les mordant au cou.

LÉOPARD *(PANTHERA PARDUS)*

Plus grand que les autres félins tachetés, l'élégant léopard se reconnaît aux ocelles sombres disposés sur sa fourrure, dont la couleur hésite entre le blanc cassé et le brun-roux. Ce solitaire est un chasseur nocturne et opportuniste. Il emporte souvent sa victime – impala ou babouin – dans un arbre, hors d'atteinte d'autres carnassiers moins lestes.

GUÉPARD *(ACINONYX JUBATUS)*
Moins grand que le léopard, le guépard est un félin élancé aux longues pattes dotées de griffes non rétractiles et à la fourrure mouchetée de sombre. Sa tête, assez petite, arbore une tache noire en forme de larme sous chaque œil. Il vit de préférence dans la savane ouverte, seul, en couple ou par petits groupes constitués d'une femelle et de sa progéniture. Sa vitesse impressionnante (100 km/h sur courte distance) en fait un redoutable prédateur, notamment d'impalas et de gazelles. Il chasse en général de jour, au petit matin.

SERVAL *(FELIS SERVAL)*
Plus petit que le guépard mais de morphologie similaire, avec de longues pattes et une queue courte, le serval présente des taches noires sur fond doré s'étirant en rayures sur le cou et la tête. Il vit le plus souvent en solitaire, mais se rencontre parfois en couple ou en petit groupe familial. Il chasse – petits mammifères, oiseaux et reptiles – surtout la nuit. Bien que ce félin soit assez commun, son habitat favori – les herbes hautes et les roseaux – et ses manières furtives ne permettent de l'apercevoir que très rarement.

CARACAL *(FELIS CARACAL)*
Proche du lynx en apparence, le caracal est un félin de taille moyenne dont le pelage va du fauve clair au marron foncé et dont les oreilles pointues se prolongent par un pinceau de poils. Chasseur solitaire, il attaque aussi bien des souris, des oiseaux, des reptiles que de petites antilopes. Ses puissantes pattes arrière lui permettent de bondir jusqu'à 3 m pour attraper un oiseau en plein vol. Bien qu'il soit répandu dans les régions les plus sèches d'Afrique, ses mœurs essentiellement nocturnes le rendent difficile à observer.

CHAT SAUVAGE D'AFRIQUE *(FELIS LYBICA)*
Ancêtre du chat domestique (avec lequel il se reproduit souvent à proximité des villages), ce petit carnassier se reconnaît à sa fourrure gris-chamois, à ses pattes tigrées et à sa courte queue ainsi qu'à son poil brun-roux derrière les oreilles. Chasseur nocturne et solitaire, il se nourrit de petits mammifères et d'oiseaux. On le rencontre partout en Afrique du Sud, tandis que le **chat à pattes noires** *(Felis nigripes)*, un cousin plus petit, et endémique dans le sud-ouest aride de l'Afrique, ne vit que dans l'ouest du pays.

LYCAON *(LYCAON PICTUS)*
Avec ses longues pattes, ses immenses oreilles, sa queue fournie, ponctuée de blanc, et son corps semé de taches noires, blanches et feu, ce chien sauvage se distingue aisément des autres canidés. Chasseur hors pair, le lycaon opère en général par meutes de 10 à 15 bêtes capables de poursuivre une traque sur plusieurs kilomètres et d'avoir le dessus sur une grande antilope. Il est aujourd'hui en voie d'extinction. Le Kruger NP abrite l'un des plus grands groupes sauvages subsistants.

CHACAL À CHABRAQUE *(CANIS MESOMELAS)*
Cet omnivore de taille moyenne possède un pelage roussâtre marqué d'une bande noire à reflets argentés sur le dos. Il se déplace seul ou en couple, contrairement à la plupart des canidés, et se nourrit de rongeurs, de charognes ou de fruits. Il chasse surtout la nuit, mais, dans les parcs nationaux, on le voit facilement de jour. Son cri est un hurlement suivi de 3 ou 4 petits aboiements. Dans le Nord-Est, le **chacal rayé** *(Canis adustus)*, plus petit et plus clair, se reconnaît à la ligne blanche qui court le long de ses flancs.

OTOCYON *(OTOCYON MEGALOTIS)*
Petit insectivore à la queue fournie, à la face claire, au museau noir pointu et aux immenses oreilles, l'otocyon ressemble à un renard. Sa proie principale est le termite, qu'il peut repérer jusqu'à 30 cm sous terre grâce à son ouïe directionnelle ultraprécise. Très répandu dans le désert du Kalahari, il vit en couple dans des terriers abandonnés ou qu'il creuse lui-même. Il y passe les heures les plus chaudes, sortant de préférence la nuit ou au crépuscule, et occasionnellement les jours d'hiver.

RENARD DU CAP *(VULPES CHAMA)*
Le seul véritable renard d'Afrique du Sud est une espèce endémique de la partie australe du continent : il vit exclusivement dans les zones arides ou semi-arides qui s'étendent entre le Cap-Ouest et le sud de l'Angola. Le plus petit canidé du pays se différencie du chacal par son dos gris moucheté, son ventre roux et sa queue touffue. Il chasse de nuit des invertébrés et de petits rongeurs. Il est assez commun en Afrique du Sud, mais on a du mal à l'observer du fait de ses mœurs nocturnes.

HYÈNE TACHETÉE *(CROCUTA CROCUTA)*

Croupe basse, pelage grossier et tacheté, tête ronde et large museau noir, la hyène tachetée se reconnaît facilement. Ce charognard opportuniste est également un redoutable chasseur d'antilopes, de zèbres ou de buffles. On a longtemps cru l'animal hermaphrodite à cause des curieux organes génitaux de la femelle. Vivant en clans d'une dizaine à une centaine d'individus guidés par une femelle dominante, les hyènes sont surtout actives la nuit. On entend alors leur signe de ralliement, un ricanement démoniaque.

HYÈNE BRUNE *(HYAENA BRUNNEA)*

Ce charognard nocturne est presque endémique de l'ouest semi-aride de l'Afrique australe, mais on le rencontre jusqu'au nord du Kruger National Park. La hyène brune glousse et ricane de façon aussi sinistre que sa cousine tachetée, mais, plus petite et secrète, elle s'en distingue par un pelage plus fourni et par la crinière crème qu'elle porte en collerette. Le **protèle** *(Proteles cristata)* est un petit hyénidé rayé qui se cantonne aux endroits où ses termites préférés prolifèrent.

GENETTE TIGRINE *(GENETTA TIGRINA)*

Les genettes sont d'habiles viverridés aux pattes courtes et à la longue queue. La genette tigrine a le bout de la queue noir et une fourrure aux marbrures foncées. Celles de la **genette commune** *(Genetta genetta)* sont plus petites et sa queue se termine par des poils blancs. Les 2 espèces chassent les invertébrés et les petits mammifères, et fouinent dans les poubelles aux abords des lodges à la nuit tombée. En Afrique du Sud, l'espèce tigrine vit sur la côte orientale et la genette commune, dans le Centre et l'Ouest.

CIVETTE D'AFRIQUE *(CIVETTICTIS CIVETTA)*

De la taille d'un chien moyen, la civette est un omnivore au pelage gris tacheté de sombre et à la tête masquée de noir. Elle est de mœurs nocturnes et solitaires, mais on la rencontre parfois en début de soirée, trottant la tête basse, en quête d'insectes, de rongeurs, de reptiles, d'oiseaux ou de charognes. Elle se nourrit également de fruits et peut même digérer des plantes vénéneuses. Elle n'est pas arboricole, contrairement à sa cousine, la **nandinie** *(Nandinia binotata)*, qui touche rarement le sol.

RATEL OU ZORILLE DU CAP
(MELLIVORA CAPENSIS)
Mustélidé puissant et court sur pattes (30 cm au garrot) au pelage noir marqué d'une bande gris argent, le ratel s'introduit dans les ruches pour en manger les rayons de miel et les larves. Ce chasseur nocturne et souvent solitaire utilise ses gigantesques griffes pour déterrer scorpions, rongeurs et autres animaux fouisseurs. On le voit aussi fouiller dans les ordures à proximité des campements, et il peut attaquer l'homme s'il se sent menacé.

MANGOUSTE À QUEUE BLANCHE
(ICHNEUMIA ALBICAUDA)
Facilement identifiable grâce à sa queue blanche touffue, c'est la plus grosse des 10 espèces de mangoustes d'Afrique du Sud. Comme ses cousines africaines, c'est une solitaire nocturne qui se nourrit surtout d'invertébrés, de petits mammifères et de fruits. Résidente du Kruger NP, elle rôde la nuit dans les réserves privées des environs. La **mangouste rouge** *(Galerella sanguinea)*, solitaire mais diurne, est encore plus courante dans cette région.

MANGOUSTE RAYÉE *(MUNGOS MUNGO)*
La mangouste rayée est un omnivore diurne gris-brun reconnaissable aux rayures noires qui strient sa croupe. Très sociable, elle vit en groupes de 5 à 50 individus, se nourrit d'invertébrés, de rongeurs, d'oiseaux, d'œufs, de fruits et de baies. La **mangouste naine** *(Helogale parvula)* est l'un des plus petits carnivores africains (32 cm de longueur tout compris). On peut observer des bandes de 10 à 20 individus rôder près des anciennes termitières qui leur tiennent lieu de tanière. Elles sont nombreuses dans le Kruger NP.

SURICATE *(SURICATA SURICATTA)*
Le suricate est une mangouste gris clair qui se distingue par la posture de sentinelle qu'elle adopte pour veiller sur les siens. Il colonise en bandes les terriers abandonnés par les écureuils terrestres. Endémique des terres arides situées entre Le Cap et le sud de l'Angola, il se confine à l'ouest du pays, où l'on peut observer des groupes de 20 à 30 individus au bord des routes. La **mangouste jaune** *(Cynictis pencillata)* se différencie du suricate par sa fourrure plus fournie et le bout blanc de sa queue.

ÉLÉPHANT DE SAVANE D'AFRIQUE
(LOXODONTA AFRICANA)

Plus gros mammifère terrestre, cet éléphant peut atteindre 3,40 m au garrot et peser plus de 6 t. Les femelles vivent en troupeaux familiaux, la doyenne servant de matriarche. Les mâles quittent le clan vers l'âge de 12 ans pour former des groupes de célibataires, vagabonder seuls ou errer d'un troupeau de femelles à l'autre. Actifs de 16 à 20 heures par jour, ils peuvent ingurgiter jusqu'à 150 kg de végétation en 24 heures. Pour plus de détails, *voir p. 117.*

HIPPOPOTAME
(HIPPOPOTAMUS AMPHIBIUS)

Cet imposant mammifère (pesant jusqu'à 2 t) est un familier des cours d'eau du Kruger NP et du Zululand et il a été réintroduit dans la Rondevlei Nature Reserve du Cap. Dépourvu de glandes sudoripares, il risque la déshydratation, aussi passe-t-il la journée dans l'eau. Vous pourrez le voir sur la terre ferme au crépuscule, sur les pistes qui mènent à ses pâturages nocturnes. Les troupeaux, de 10 individus ou plus, sont dirigés par un mâle dominant.

RHINOCÉROS BLANC
(CERATOTHERIUM SIMUM)

Une erreur de traduction a valu son nom à ce paisible herbivore gris. Les Boers l'appelaient *wijd* (gueule carrée), les Anglais ont entendu *white*, et le voilà blanc. Son absence d'incisives lui permet de brouter aisément. Alors qu'il figurait sur la liste rouge des animaux menacés de disparition de l'UICN, son sauvetage est l'une des plus grandes réussites de la politique de préservation des espèces. Sa population est ainsi remontée à près de 20 000 individus.

RHINOCÉROS NOIR *(DICEROS BICORNIS)*

Il se distingue du précédent par sa lèvre supérieure préhensile qui lui permet de brouter herbes, feuilles et branches. Plus petit, il a aussi plus mauvais caractère et peut charger sans prévenir. Chassés pour leurs cornes de kératine, auxquelles les Asiatiques prêtent des vertus aphrodisiaques, les rhinocéros noirs ont été décimés dans les années 1970-1980, mais restent courants dans de nombreuses réserves sud-africaines. Solitaires de nature, ils forment des troupeaux temporaires autour des points d'eau.

GIRAFE *(GIRAFFA CAMELOPARDALIS)*
C'est le plus grand animal du monde : le mâle peut mesurer jusqu'à 5,80 m, la femelle étant un peu plus petite. La girafe n'a pas de territoire défini, mais elle préfère les espaces ouverts à la forêt, même si elle est friande de feuilles, notamment celles des acacias, qu'elle attrape avec son incroyable langue longue de 45 cm. Les girafes se déplacent en troupeaux, ceux-ci pouvant compter jusqu'à 15 individus des 2 sexes. L'espèce sud-africaine, la **girafe du Cap** *(G. c. giraffa)*, se reconnaît à sa robe claire, aux taches peu marquées.

ZÈBRE DES PLAINES OU ZÈBRE DE BURCHELL *(EQUUS QUAGGA OU BURCHELLI)*
Les rayures du zèbre, aussi individualisées que nos empreintes digitales, servent à troubler la perception de sa silhouette, leurrant ainsi les prédateurs. Un troupeau type comprend un étalon et plusieurs femelles avec leurs petits. Pouvant brouter des herbes longues et dures, le zèbre est souvent le premier à débroussailler la savane. Courant dans le Kruger National Park, il se distingue de ses cousins du Nord et de montagne par ses zébrures claires.

ZÈBRE DE MONTAGNE *(EQUUS ZEBRA)*
Endémique en Afrique australe, le zèbre de montagne (2 espèces) arbore un museau foncé. Le **zèbre de montagne de Hartmann** *(E. z. hartmannae)* vit surtout en Namibie, mais se rencontre aussi dans la province du Cap-Nord. Un tiers de la population des 750 **zèbres de montagne du Cap** *(E. z. zebra)* réside dans le Mountain Zebra National Park, fondé dans les années 1950, où a pu être sauvé son cousin des plaines, le **quagga** (décimé par les colons européens), alors qu'il n'en restait que 10 individus.

BUFFLE AFRICAIN *(SYNCERUS CAFFER)*
Seul bovidé sauvage d'Afrique, le buffle est d'une morphologie massive (jusqu'à 1,50 m au garrot), avec des pattes assez courtes. Ses grandes oreilles pendent sous d'imposantes cornes recourbées qui se rejoignent en une bosse centrale. Les buffles vivent en troupeaux de quelques dizaines à plusieurs milliers de têtes, mais on peut rencontrer des individus solitaires (souvent dangereux). Ils broutent la nuit et boivent au petit matin ou en fin d'après-midi, passant le reste de la journée à ruminer ou à se reposer.

GNOU BLEU *(CONNOCHAETES TAURINUS)*
Espèce d'antilope la plus commune d'Afrique, le gnou bleu se caractérise par une livrée gris-brun, une crinière hirsute et de petites cornes courbes. Les gnous vivent en troupeaux d'une trentaine d'individus, mais d'immenses concentrations peuvent se créer dans le Kruger National Park, autour de Satara Rest Camp. Le **gnou noir** *(Connochaetes gnou)* est plus petit, plus foncé et possède une queue blanche. La population des réserves et ranchs privés de l'État libre compte quelque 10 000 têtes.

SASSABI *(DAMALISCUS LUNATUS)*
Appelée aussi *tsessebe*, cette antilope du genre damalisque a le garrot (1,25 m) plus haut que la croupe, une livrée brune lustrée et des marques foncées sur le haut des pattes. Mâles et femelles sont pourvus de solides cornes striées en forme de lyre. Cet herbivore grégaire, peu courant en Afrique du Sud, s'observe dans les réserves d'Itala et Pilanesberg et dans le nord-est du Kruger National Park. C'est l'antilope la plus rapide au monde, ce qui lui permet de distancer ses prédateurs à la course.

BUBALE *(ALCELAPHUS BUSELAPHUS)*
Semblable au sassabi, le bubale s'en distingue par une tête plus longue, un pelage plus clair et des cornes dont la forme de lyre varie beaucoup selon la demi-douzaine d'espèces africaines. Le **bubale roux** *(A. b. caama)*, d'un brun plus foncé que ses cousins, est courant dans le Kalahari Gemsbok, ainsi que dans d'autres réserves de l'ouest du pays. Le **bubale de Lichtenstein** *(A. b. lichtensteinii)*, au pelage plus jaune, avait disparu d'Afrique du Sud en 1954. Il a été réintroduit dans le Kruger National Park en 1985.

BONTEBOK
(DAMALISCUS PYGARGUS PYGARGUS)
Antilope endémique du *fynbos*, le bontebok arbore une livrée brune lustrée qui contraste avec les taches blanches de son poitrail, de ses pattes et de son museau. Mâles et femelles ont des cornes droites assez longues. Le bontebok vit dans le parc national du même nom, près du cap de Bonne-Espérance. Son cousin le **blesbok** *(D. d. phillipsi)* est une espèce endémique protégée dans des réserves et fermes privées de l'État libre et du Drakensberg.

HIPPOTRAGUE NOIR *(HIPPOTRAGUS NIGER)*
Impossible de confondre le mâle et la femelle de cette antilope : s'ils ont tous deux de splendides cornes courbées vers l'arrière (très longues chez le mâle) et la tête noir et blanc, la livrée du mâle est noire comme du jais, celle de la femelle châtain. Herbivore, l'hippotrague préfère les bois clairsemés des régions de Pretoriuskop et Letaba, dans le Kruger NP, où il vit en hardes de 10 à 30 individus dominées par un mâle. Il a été introduit dans plusieurs réserves sud-africaines situées hors de son territoire traditionnel.

ANTILOPE ROUANNE
(HIPPOTRAGUS EQUINUS)
Deuxième antilope africaine par la taille (1,50 m au garrot), elle évoque les équidés avec son encolure courte et sa crinière dressée. Les 2 sexes arborent des cornes striées recourbées vers l'arrière, et des marques noires et blanches sur le museau. Ces herbivores vivent en troupeaux de 6 à 12 individus défendus par un mâle mais dirigés par une femelle. Endémique dans le nord du Kruger NP, l'antilope rouanne a été introduite dans plusieurs autres réserves.

ORYX GAZELLE OU GEMSBOK
(ORYX GAZELLA)
Répandue dans le Kalahari Gemsbok et la province du Cap-Nord, l'oryx gazelle, ou gemsbok, est une antilope à la robe beige, à la tête noir et blanc et aux longues cornes en forme de V (plus écartées chez les mâles). Comme l'oryx à oreilles frangées et l'oryx beisa, 2 espèces d'Afrique de l'Est, l'oryx gazelle peut survivre des mois dans un milieu désertique sans aucun point d'eau. Les hardes, de 5 à 40 femelles, se déplacent sous la protection d'un mâle.

COB À CROISSANT *(KOBUS ELLIPSIPRYMNUS)*
Cette grande antilope (jusqu'à 1,35 m au garrot) au pelage gris-brun hirsute doit son nom au curieux anneau blanc dessiné sur sa croupe, autour de sa queue. Le mâle possède des cornes en forme de lyre légèrement incurvées, et, comme la femelle, émet une odeur musquée censée faire fuir les prédateurs. Cet herbivore vit d'ordinaire en petits troupeaux familiaux dans les milieux herbus, à proximité des points d'eau. Il est répandu dans le Kruger National Park et certaines réserves du Zululand.

ÉLAND (*TAUROTRAGUS ORYX*)
La plus imposante des antilopes (jusqu'à 1,80 m au garrot), l'éland, arbore un grand fanon et des cornes en spirale relativement petites. Sa livrée fauve est parfois marquée de fines rayures blanches sur les flancs. Le Drakensberg, les prairies du pays et certaines régions plus arides concentrent de nombreux troupeaux de 20 têtes et plus. Aussi bien nocturne que diurne, l'éland passe davantage de temps à se nourrir la nuit pendant les mois les plus chauds. Sauteur hors pair, il peut bondir jusqu'à 2 m... sans élan.

GRAND KOUDOU (*TRAGELAPHUS STREPSICEROS*)
Cette grande antilope élancée arbore de larges oreilles et une livrée gris-brun striée de 6 à 10 raies blanches sur les flancs. Le mâle adulte possède de magnifiques cornes torsadées. Les hardes de femelles accompagnées de leurs petits comme les groupes de célibataires se nourrissent de graines, de pousses et de cosses, éventuellement d'herbe dans les bois ou les fourrés. Courant dans le Kruger NP, le grand koudou vit aussi dans les zones protégées du nord du pays.

GUIB HARNACHÉ (*TRAGELAPHUS SCRIPTUS*)
Cette antilope de taille moyenne a le poil le plus souvent brun sombre pour le mâle, noisette pour la femelle. Tous deux présentent parfois des taches et/ou des raies blanches, mais avec de nombreuses variantes. Le mâle possède de petites cornes étroites. De mœurs essentiellement nocturnes, le guib peut toutefois se nourrir tôt le matin. Il a une prédilection pour la forêt et les buissons épais, à proximité des points d'eau. Certains individus sont visibles près de camps comme Letaba, dans le Kruger NP.

NYALA (*TRAGELAPHUS ANGASII*)
Endémique en Afrique du Sud, le nyala affectionne les aires buissonneuses et les forêts riveraines du Zululand et du nord du Kruger NP. Le mâle possède de grandes cornes en forme de lyre, une crinière hirsute sur l'échine et le dos ainsi que des pattes jaunes au-dessous des jarrets. Sa robe est brun foncé, celle de la femelle plus rousse, mais toutes deux sont striées d'une dizaine de rayures verticales blanches. Les mâles sont beaucoup plus massifs, une constante de la famille des *Tragelaphus*.

IMPALA ***(AEPYCEROS MELAMPUS)***
Très présente dans le Kruger NP, cette élégante antilope au pelage roux se reconnaît à son arrière-train blanc bordé de lignes noires. Les mâles arborent d'impressionnantes cornes en forme de lyre. L'impala préfère la savane boisée, où il se nourrit de fruits, de gousses et parfois d'herbe. Il vit en deux sortes de groupes : hardes de célibataires (formées uniquement de mâles) et "harems" de femelles et de petits. En période de rut, les mâles tentent de conquérir un harem, puis de le préserver contre leurs rivaux.

SPRINGBOK
(ANTIDORCAS MARSUPIALIS)
Cousin de la gazelle de Thomson d'Afrique orientale, le springbok se caractérise par un dos chamois séparé de son ventre blanc par une large rayure sombre. Il possède de petites cornes verticales légèrement incurvées et, lorsqu'il se sent menacé, bondit, les pattes tendues. Les immenses hardes migrant par centaines, voire par milliers de têtes, décrites par les premiers colons ont désormais disparu, mais il reste de nombreux petits troupeaux dans le nord-ouest aride de l'Afrique du Sud.

COB DES ROSEAUX ***(REDUNCA ARUNDINUM)***
Cette antilope fauve, dont le mâle est doté de cornes recourbées vers l'avant, se reconnaît aussi à sa zone de peau glabre derrière les oreilles. Les cobs vivent en couples ou en petits groupes familiaux dans les prairies humides, notamment près du lac St Lucia. Le **cob des montagnes** *(Redunca fulvorufula)*, plus foncé et aux poils plus longs, arbore une marque noire derrière les oreilles. On l'observe parfois en compagnie du **péléa** *(Pelea capreolus)*, antilope dont les oreilles allongées rappellent celles du lièvre.

OURÉBI ***(OUREBIA OUREBI)***
Cette gracieuse antilope fauve présente un cou allongé, une queue à bout noir, des taches glandulaires noires sous les oreilles et, pour ce qui est du mâle, des cornes courtes et droites. Herbivore, l'ourébi vit en petits groupes formés d'un mâle dominant et de ses femelles (jusqu'à 3). On le rencontre dans les grandes prairies situées entre le KwaZulu Natal et le Cap-Est. Lorsqu'il est dérangé, il émet un sifflement et s'enfuit en sautant, pattes tendues, mais il lui arrive aussi de se tapir dans les herbes hautes.

RAPHICÈRE CHAMPÊTRE
(RAPHICERUS CAMPESTRIS)
L'antilope la plus commune d'Afrique du Sud (sauf dans le nord-ouest du pays où elle demeure inconnue) ressemble à un petit ourébi dénué de taches glandulaires et doté de cornes plus courtes. Courants dans le Kruger NP, les individus et les couples se figent dès qu'on les dérange, puis s'enfuient. Il existe une espèce endémique de la région du Cap *(R. melanotus)*, tandis que le territoire du **raphicère de Sharpe** *(R. sharpei)* s'étend jusqu'au Kruger NP.

ORÉOTRAGUE *(OREOTRAGUS OREOTRAGUS)*
Cette antilope nerveuse présente une toison épaisse, gris moucheté, se prolongeant par des taches évoquant une traînée de larmes. Son apparence robuste contraste avec l'exceptionnelle agilité qu'elle déploie dans les falaises. Le *klipspringer* ("saute-rochers" en afrikaans), comme on l'appelle aussi, ne vit que dans les régions montagneuses. On l'observe, presque toujours en couple, dans le Drakensberg, près des chutes d'Augrabies et sur les falaises proches du camp d'Olifants, dans le Kruger NP.

CÉPHALOPHE DE GRIMM
(SYLVICAPRA GRIMMIA)
Représentant le plus commun de tous les céphalophes, cette petite antilope gris-jaune, qu'on appelle aussi "biche-cochon", se reconnaît à la touffe de poils noirs qui pointe entre ses oreilles. Les mâles ont de petites cornes pointues. L'espèce se rencontre dans la savane arbustive, souvent à proximité d'habitations. Elle se nourrit aussi bien de jeunes pousses, de tubercules et de racines – qu'elle déterre avec ses sabots antérieurs – que de fruits, voire de termites.

CÉPHALOPHE ROUGE
(CEPHALOPHUS RUBIDUS)
Cousin du précédent, il vit dans la forêt qui enserre la zone montagneuse du sud de Durban. Cette petite antilope brun-roux est dotée de courtes cornes séparées par une touffe de poils sombres. Bien qu'elle soit solitaire et farouche, on peut l'apercevoir dans les camps riverains du lac St Lucia. Le **céphalophe bleu** *(C. monticola)*, la plus petite antilope de la région (30 cm au garrot), à la robe gris bleuté, vit dans les forêts de l'Est et du littoral sud, près de Knysna.

BABOUIN *(PAPIO CYNOCEPHALUS ANUBIS)*
Présent dans tout le pays, ce grand singe possède un pelage gris-brun. Il se reconnaît à son museau noir et à sa queue constamment dressée à la base. Essentiellement diurnes et terrestres, les babouins grimpent aux arbres pour y cueillir des fruits, échapper à leurs prédateurs et dormir la nuit. Le reste du temps, ils vivent au sol en groupes sociaux complexes pouvant compter jusqu'à 100 membres. Ils se nourrissent de toutes sortes de plantes, y compris cultivées, ainsi que d'insectes, d'œufs et de petits mammifères.

GRIVET *(CERCOPITHECUS AETHIOPS)*
Courant en Afrique du Sud, le grivet est menu et il possède une fourrure gris-vert, un ventre blanc, une longue queue, une face et des mains noires et glabres. Ce singe vit dans la savane et en lisière des zones boisées, en groupes d'une trentaine d'individus. Très agile dans les arbres, dont il consomme les fruits, les feuilles et les fleurs, il est également à l'aise sur le sol, où il glane graines et insectes. Très sociable, il use de toute une gamme de cris, de gestes et de mimiques pour communiquer.

SINGE BLEU *(CERCOPITHECUS MITIS)*
Plus massif que le grivet, ce primate arbore un dos gris-bleu et un ventre jaune-brun. Présent sur tout le continent, il se cantonne en Afrique du Sud aux forêts littorales, dont celles du KwaZulu-Natal. Diurnes, les singes bleus colonisent les arbres en bandes d'une trentaine d'individus, se nourrissant de fruits, de feuilles, de graines, d'écorce et de sève, sans dédaigner les insectes ni les oiseaux. Ils déploient une large gamme de cris, dont un aboiement très puissant en cas de danger.

GRAND GALAGO *(GALAGO CRASSICAUDATUS)*
Les galagos sont de lointains cousins des lémuriens de Madagascar. Ce spécimen est le plus grand de la famille (80 cm). Il possède une fourrure gris-brun argentée, une queue sombre et touffue et de grandes oreilles dépourvues de poils. Omnivore, il raffole des fruits, notamment des figues. Son cri strident ressemble aux pleurs d'un bébé. Plus petit, le **galago du Sénégal** *(G. senegalensis)* est le plus commun des galagos. Il a des yeux et des oreilles immenses, et part en quête de sève et d'insectes la nuit, en général seul.

PHACOCHÈRE *(PHACOCHOERUS AETHIOPICUS)*
Seul cochon sauvage d'Afrique facilement visible de jour, le phacochère présente un corps gris couvert de poils hérissés, une crinière sombre, des défenses courbes et des excroissances ressemblant à des verrues sur la face (4 chez le mâle, 2 chez la femelle). Il aime toutes sortes d'herbes et, à la saison sèche, déterre également des racines et des tubercules à l'aide de ses défenses. Vivant en groupes familiaux de plusieurs femelles et un mâle dominant, il dort et se protège des prédateurs dans un terrier.

POTAMOCHÈRE *(POTAMOCHOERUS PORCUS)*
Ce cochon, dont le pelage va du gris au brun-roux, se distingue par une crête de poils le long de sa colonne vertébrale, des oreilles poilues et une "barbe". Le mâle peut atteindre 1,70 m de longueur. Aussi commun que le phacochère en Afrique du Sud, mais bien plus difficile à observer du fait de sa prédilection pour la végétation dense et de ses mœurs nocturnes, il se nourrit de racines, de fruits et de champignons. Proie favorite des léopards et des hyènes tachetées, il est aussi chassé par l'homme, qui en apprécie la chair.

ORYCTÉROPE *(ORYCTEROPUS AFER)*
Facilement reconnaissable, l'oryctérope ressemble vaguement à un cochon, mais qui aurait une longue queue, un museau allongé et d'immenses oreilles. Grâce à ses puissantes pattes antérieures armées de griffes impressionnantes, il creuse de vastes terriers où il se cache pendant la journée. Il ne sort que la nuit, parcourant alors des kilomètres en quête de termites, de fourmis et de larves. Lorsqu'il en trouve une colonie, il fouit vigoureusement le sol et lape les insectes avec sa langue gluante.

DAMAN DU CAP *(PROCAVIA CAPENSIS)*
Bruns, ronds et trapus, les damans du Cap, ou damans des rochers, ressemblent à des marmottes, mais sont en fait apparentés aux éléphants. Ces ongulés vivent en petites colonies sur les versants rocheux, où on les voit prendre le soleil tôt le matin. Ils se nourrissent de feuilles, de fleurs et de fruits et s'éloignent peu de leur abri. Ils s'habituent facilement à la présence humaine, notamment aux abords des lodges. Les **damans des arbres** *(Dendrohyrax arboreus)* sont des plantigrades sylvestres au cri suraigu.

LIÈVRE SAUTEUR ***(PEDETES CAPENSIS)***
Malgré les apparences, il ne s'agit ni d'un lapin ni d'un kangourou. Ce rongeur d'environ 80 cm de longueur, à la fourrure fauve sur le dessus, plus pâle sur le dessous, se distingue par de grandes oreilles et de grands yeux, une longue queue fournie et d'imposantes pattes postérieures. Ces dernières lui servent à se déplacer par bonds – il n'utilise ses petites pattes antérieures que pour creuser le sol et s'alimenter. Essentiellement nocturne, il vit seul dans son terrier et se nourrit de racines, d'herbes et de végétaux divers.

PORC-ÉPIC ***(HYSTRIX CRISTATA)***
Facilement reconnaissable à ses longs piquants noir et blanc, le porc-épic peut atteindre 1 m de longueur. L'Afrique du Sud en abrite 2 espèces, à l'apparence et aux mœurs fort semblables. Vivant dans un terrier (plusieurs individus occupant souvent le même réseau), il s'adapte à tous les types d'écosystème, à l'exception de la forêt dense, et ne sort que la nuit en quête de racines, de tubercules et d'écorces. Il emprunte les mêmes pistes, que l'on peut suivre en repérant les piquants qu'il a perdus en route.

ÉCUREUIL TERRESTRE ***(XERUS INAURIS)***
Ce charmant résident des plaines situées à l'ouest et au nord du Drakensberg est un animal sociable vivant en colonies souterraines d'une trentaine d'individus. Exclusivement terrestre, il se reconnaît à son pelage gris-brun clair et à la raie marquant son flanc. Il est particulièrement répandu dans le Kalahari, où des colonies se laissent observer de près dans les camps du parc national, surtout à l'heure des repas. Plus au nord vivent plusieurs espèces d'écureuils arboricoles, plus roux.

CHAUVE-SOURIS (ORDRE DES CHIROPTÈRES)
L'Afrique du Sud n'abrite que 75 des quelque 1 000 espèces de chauves-souris recensées dans le monde. La plupart sont des microchiroptères : des insectivores de petite taille qui utilisent l'écholocalisation pour se déplacer et chasser dans l'obscurité. Les grandes chauves-souris frugivores – qui s'orientent et détectent leur nourriture à la vue et à l'odorat – vivent en forêt, un milieu limité en Afrique du Sud. Les chauves-souris jouent un rôle crucial en contrôlant la population des insectes volants.

LE CLAN DES ÉLÉPHANTS

Strictement matriarcaux, les troupeaux d'éléphants de savane d'Afrique comptent jusqu'à 30 femelles et leurs petits.

Grégaires, les éléphants de savane d'Afrique vivent en groupes familiaux dirigés, selon un schéma matriarcal, par leur doyenne – révérée pour sa connaissance des points d'eau et pour sa sagesse – et sa progéniture (environ 4 individus). Ce groupe noyau comprend les sœurs de la matriarche et leur descendance, soit une dizaine de membres, mais des liens solides l'unissent aux autres groupes de la famille élargie et ils passent ensemble près de la moitié de leur temps. On appelle "clans" les grands troupeaux formés par des ensembles de 5 à 15 groupes familiaux, et "sous-population" les éléphants qui ne sont pas liés à un groupe, mais vivent sur le même territoire.

À la saison humide, les éléphants peuvent former des rassemblements de plus de 500 têtes. Les retrouvailles donnent lieu à de grandes manifestations d'émotion : barrissements, grognements, défécation, miction... Les trompes s'enlacent, on se touche, on se caresse pour montrer que l'on se reconnaît. Quand l'eau se fait rare, les groupes se séparent de nouveau, mais restent en contact. Les éléphants peuvent en effet communiquer entre eux sur de longues distances (jusqu'à 10 km) grâce à des infrasons inaudibles pour l'homme. Des grondements tout juste audibles leur servent à établir un contact du type : "Bonjour, où êtes-vous ?" Les barrissements qu'ils émettent avec leur trompe traduisent colère ou joie.

La tendresse dont les éléphants entourent leurs petits est particulièrement touchante. À sa naissance, l'éléphanteau pèse environ 100 kg, mais jusqu'à 6 mois il peut trouver refuge sous le ventre de sa mère, qui se sert de sa trompe et de ses pattes pour le protéger du soleil ou l'inviter à téter. Elle lui tient la queue pour le guider, le soulève, toujours de sa trompe, pour l'aider dans les passages difficiles, et l'arrose pour le rafraîchir. Quand l'éléphanteau a grandi, ses sœurs aînées prennent le relais de sa mère – se préparant ainsi à la maternité.

Lorsqu'un petit est en danger, sa famille proche l'encercle pour le protéger. De même, quand l'un des leurs est blessé, les pachydermes usent de leurs défenses pour le soutenir ou le soulever. Et, quand un éléphant meurt, les membres de sa famille font montre de chagrin. Il arrive qu'ils recouvrent le corps du défunt de branchages.

Chassés du groupe quand ils deviennent trop turbulents, les adolescents mâles forment des hardes de célibataires comptant au maximum 20 individus. Ils peuvent passer ensemble une journée, une semaine, voire une saison, mais ces bandes restent informelles, les mâles ayant tendance à vivre seuls.

Le troupeau tout entier veille sur les éléphanteaux.

À la saison humide, qui est aussi celle des amours, quand les troupeaux matriarcaux se rassemblent, ils sont rejoints par des mâles en rut – état qui se manifeste par de copieuses et très odorantes sécrétions de la glande temporale, par des mictions intempestives et des poussées d'agressivité. La période de rut des jeunes adultes ne dure que quelques jours, celle des mâles en pleine maturité sexuelle de 4 à 5 mois. La femelle n'est fécondable que pendant 2 à 6 jours, tous les 3 à 5 ans. Lors de l'accouplement, le mâle pose sa trompe sur son dos, puis se dresse sur ses 2 pattes arrière et la pénètre pendant... 45 secondes tout au plus. Juste après l'acte sexuel, la femelle pousse un cri, son groupe familial se rassemble autour d'elle et barrit, semblant ainsi proclamer son approbation. #

AMPHIBIENS ET REPTILES

Les gents amphibie et reptilienne se révèlent d'une incroyable diversité en Afrique du Sud. Bon nombre des batraciens, lézards, tortues et serpents que l'on peut y observer sont endémiques.

La richesse de la faune amphibie et reptilienne locale tient à la diversité des écosystèmes qui cohabitent en Afrique australe. À ce jour, ont été répertoriées quelque 130 espèces d'amphibiens en Afrique du Sud, souvent endémiques, mais les mœurs nocturnes de la plupart d'entre elles rendent leur observation difficile.

BATRACIENS

Crapauds et grenouilles se montrent particulièrement en verve au printemps et au début de l'été, aussi pourrez-vous profiter de leurs concerts nocturnes à cette période de l'année. Si vous avez l'oreille musicale, vous ferez peut-être le distinguo entre le coassement puissant du crapaud buffle africain, les ronflements gutturaux du crapaud guttural *(Amietophrynus gutturalis)*, les sonneries des grenouilles des roseaux ou encore les vagissements rauques, ressemblant aux pleurs d'un bébé, du crapaud du Karoo.

Parmi les lézards les plus répandus en Afrique du Sud figurent 3 cordyles : le lézard d'Armadille (qui se roule en boule en cas de danger), Pseudocordylus melatonus *et* Platysaurus intermedius, *à la livrée chamarrée.*

Vous n'aurez sans doute pas le plaisir d'entendre l'une des espèces indigènes les plus courantes, car elle vit, se nourrit et s'accouple sous l'eau. Il s'agit du xénope *(Xenopus laevis)*, ou dactylère du Cap, batracien dépourvu de langue qui utilise les petites serres de ses pattes arrière palmées pour dépecer ses proies (poissons ou autres petits animaux), puis ses doigts agiles pour en porter les morceaux à sa bouche.

L'Afrique du Sud abrite quelques serpents venimeux, mais la plupart des espèces endémiques sont inoffensives.

À l'inverse, *Breviceps adspersus* – petite grenouille brune dont le nom en afrikaans, *blaasop*, évoque la capacité à enfler démesurément lorsqu'elle se sent menacée ou qu'elle doit flotter sur l'eau (elle ne sait ni nager ni sauter), affectionne les milieux chauds et secs, dont le Kalahari. Elle hiberne et pond ses œufs sous la terre. Il en existe 11 espèces en Afrique du Sud.

SAURIENS ET TORTUES

Le terrifiant crocodile du Nil – le plus grand reptile de la planète – est aujourd'hui largement confiné aux réserves et aux élevages. Attention, toutefois, à ne pas sous-estimer le danger que représentent ces animaux en liberté. L'Afrique australe abrite pas moins de 10 espèces de tor-

La tortue à carapace géométrique, qui vit dans le canton de Cape Flats, est actuellement le reptile le plus menacé du pays.

tues aquatiques endémiques. On y rencontre aussi quelques colonies de tortues de Floride, une espèce d'origine américaine dont les individus ont été importés par des animaleries, puis abandonnés par leurs propriétaires. L'Afrique du Sud abrite, avec un total de 12 espèces, la plus grande diversité de tortues terrestres au monde. La plus petite d'entre elles ne dépasse pas 10 cm de longueur à maturité.

Espèce menacée d'extinction, la minuscule Hyperolius pickersgilli *(22 mm) vit essentiellement au KwaZulu-Natal.*

LÉZARDS ET SERPENTS

Les geckos sont les lézards les plus répandus. La plupart sont nocturnes. Leurs doigts, munis de petites ventouses, leur permettent de grimper aux murs et même de se promener au plafond. Leur présence dans une maison est en général appréciée : un individu adulte peut gober une demi-douzaine de moustiques à la minute. Au Kruger National Park, la nuit tombée, vous apercevrez sûrement des geckos collés aux murs des maisons, à proximité des éclairages.

Le pays compte 16 espèces de caméléons, dont 14 endémiques. Ce reptile extraordinaire, aux yeux particulièrement mobiles, à la démarche chaloupée et à la tête garnie de cornes ou d'une crête, peut changer de couleur en fonction de son environnement et déployer sa très longue langue visqueuse en une fraction de seconde pour attraper sa proie. Les cordyles et les gerrhosaures sont des lézards endémiques d'Afrique. Avec un peu de chance, votre chemin croisera celui d'un varan du Nil ou *leguan* (le plus grand lézard d'Afrique du Sud), qui aime se promener au bord de l'eau. Seules 14 des quelque 130 espèces de serpents répertoriées en Afrique australe sont venimeuses.

L'exploitation commerciale dont font l'objet certains reptiles, comme la vipère de Schneider, les couleuvres du genre *Dasypeltis* (qui se nourrissent exclusivement d'œufs) et plusieurs variétés de cobras est désormais très contrôlée, et leur exportation illégale. Les morsures, rares, résultent souvent de manipulations maladroites. Le venin de la vipère heurtante et de celle de Berg peut être mortel, mais, comme il agit lentement, il est possible d'intervenir à temps. La mortalité par morsure a, en outre, fortement diminué grâce aux progrès de la qualité des sérums. #

LE PARADIS DES OISEAUX

Sa situation, aux confins d'un vaste continent, fait de l'Afrique du Sud l'habitat d'une remarquable avifaune endémique et la villégiature de nombreux migrateurs.

Des savanes du Nord-Est, où les oiseaux de proie planent au-dessus des grands fauves, à l'intérieur aride, qui a exigé des espèces une véritable faculté d'adaptation, en passant par le Cap-Ouest, dont les innombrables plantes à fleurs attirent tant d'oiseaux, les amateurs d'ornithologie seront comblés.

La situation du pays, à l'extrémité d'un des continents les plus vastes du monde, a favorisé l'évolution, sur ce territoire, d'une avifaune extraordinairement variée. On y recense de nombreuses familles endémiques et espèces subsahariennes, dont l'ombrette africaine, le messager sagittaire, le touraco, l'irrisor, le promerops ou la veuve dominicaine. Certaines d'entre elles ont colonisé d'autres continents.

LE *LOWVELD* DU NORD-EST

La savane, ou *bushveld*, couvre près de 60 % du continent africain, et se caractérise par de vastes étendues herbeuses parsemées d'arbres et de buissons épineux. On peut y observer la plupart des espèces indigènes : oiseaux de proie, outardes kori – le plus gros oiseau capable de voler –, martins-pêcheurs, guêpiers, rolliers au plumage étincelant, calaos et gauchos, notamment. La savane occupe également la majeure partie du Kruger National Park. Plus de 500 espèces y ont élu domicile, ce qui en fait l'un des plus beaux lieux d'observation ornithologique au monde.

L'avifaune de l'ensemble des parcs nationaux d'Afrique du Sud est d'une époustouflante diversité, et le World of Birds Park (voir p. 169), près du Cap, abrite près de 3 000 espèces indigènes.

Le calao à bec jaune vit dans le nord du KwaZulu-Natal et dans le Cap-Nord.

OISEAUX DE PROIE

En une seule journée de voiture à travers le parc, vous pourrez observer nombre d'oiseaux de proie endémiques du *lowveld* (moins de 900 m d'altitude).

Vous reconnaîtrez sans difficulté le pittoresque bateleur des savanes, un aigle serpentaire au corps noir dont les ailes sont rehaussées de blanc, tandis que le bec et les serres arborent un beau rouge vif. Vous verrez le plus connu des charognards, le vautour, planer haut dans le ciel au-dessus des savanes en quête de carcasses ou de gibier moribond.

Autre rapace d'envergure, l'aigle ravisseur fréquente généralement les plaines. Quant à l'aigle fascié, plus petit, il préfère les zones boisées qui bordent les cours d'eau.

OISEAUX FRUGIVORES

Les figuiers géants qui poussent au bord de ceux-ci attirent des oiseaux frugivores comme le colombar à front nu et différentes variétés de touracos, de calaos, de barbus et de bulbuls. Perchés au sommet des buissons, d'arbres dénudés (ou sur des fils électriques), les gracieux guêpiers aux couleurs chatoyantes attirent le regard. Vous n'aurez aucun mal à les photographier de votre voiture.

Paradoxalement, la plupart des martins-pêcheurs africains sont forestiers. Le martin-pêcheur géant et le martin-pêcheur pie vivent en milieu ouvert, à proximité des cours d'eau, mais dans les zones boisées vous pourrez observer au moins 5 autres espèces, dont le martin-chasseur à tête grise et le très discret martin-pêcheur pygmée. Les rolliers et les calaos sont eux aussi des oiseaux typiquement africains. Les 5 espèces de rolliers d'Afrique du Sud, que l'on reconnaît à leurs ailes bleu vif, se rencontrent dans le Kruger National Park. Comme les guêpiers, ils aiment se poser sur des perchoirs voyants. Le rollier à longs brins, à la gorge lilas et aux plumes multicolores, est l'un des plus extraordinaires habitants du parc.

Les calaos, en particulier les variétés à bec jaune et à bec rouge, passent difficilement inaperçus dans le Kruger National Park. L'un des plus curieux représentants de cette espèce est le bucorve du Sud *(Bucorvus cafer)*, un grand oiseau noir aux ailes blanches et au bec souligné d'une caroncule rouge vif qui lui donne un air comique. En général, il vit avec de 5 à 10 congénères et se nourrit d'insectes, de reptiles et de petits mammifères.

Dans les camps de brousse, les choucadors tournent fréquemment autour des visiteurs, roulant leurs yeux jaunes pour quémander de la nourriture. Au printemps et en été résonne le chant du coucou solitaire, appelé aussi *piet-my-vrou*.

Le messager sagittaire, ou secrétaire, peut tuer ses proies d'un seul coup de patte.

LE *HIGHVELD*

La savane ouverte, qui couvre la plus grande partie des plateaux *(highveld)* du Mpumalanga et de l'État libre, est le domaine de la splendide outarde plombée, assez rare dans le reste de l'Afrique. Sa chair, comme celle de l'outarde kori, est recherchée des chasseurs.

L'euplecte à longue queue, ou *sakabula*, est un très bel oiseau. On le voit parcourir les prairies en compagnie du héron garde-bœuf. Cet échassier aime se mêler aux troupeaux qui paissent, profitant de l'occasion pour dévorer leurs parasites et les petits vertébrés dérangés par le bétail.

Le messager sagittaire arbore, à l'arrière de la tête, un panache de longues plumes noires du plus bel effet. Avec un peu de chance, vous assisterez au combat homérique opposant l'un de ces rapaces diurnes à un serpent. Vous le verrez s'acharner avec la dernière énergie sur son adversaire, le piétinant de ses longues pattes.

Parade nuptiale de grues de paradis.

SELF-SERVICE

À Giant's Castle Game Reserve, dans les montagnes du Drakensberg, un "restaurant de vautours" fournit en hiver des carcasses au vautour barbu, une espèce menacée d'extinction.

Les repas sont déposés sur un escarpement, pour éviter que les rapaces n'aillent dévorer la viande empoisonnée destinée à débarrasser la réserve des chacals. Vous pourrez les photographier à partir d'un abri confortable équipé de verre Argus et d'ouvertures pour les téléobjectifs. Il ne reste que près de 200 couples de vautours barbus dans toute l'Afrique du Sud, ne manquez pas ce point d'observation ! *(Voir p. 256.)*

Les oiseaux du *highveld* peuplent aussi les montagnes de l'est du pays et le Grand Karoo, à l'ouest. Plusieurs variétés de traquets s'y sont installées, comme le pic laboureur, un étrange oiseau qui ne se perche jamais dans les arbres et se nourrit de fourmis. Il niche dans un terrier creusé dans une rive ou un talus.

Les versants orientaux du massif du Drakensberg, ainsi que les forêts denses et les profondes vallées qui le traversent, prêtent leur cadre à une avifaune aussi variée qu'abondante. Les forêts abritent des souimangas, des gobemouches, ainsi que le timide lioptile à calotte noire, une espèce qui ne s'éloigne guère des torrents des vallées boisées. Le chétopse doré et le serin du Drakensberg sont endémiques des montagnes de l'Est, dont les prairies hébergent également des francolins à ailes grises, des sentinelles à gorge orange et des cisticoles. Si vous traversez un maquis à protées, vous apercevrez peut-être un promerops de Gurney, ou entendrez son cri perçant briser le silence de la montagne. Le tisserin bicolore, le coucou foliotocol et le touraco louri fréquentent aussi cette région et le Garden Route National Park.

L'oiseau national, la grue de paradis, pond sur les éperons herbeux 2 œufs mouchetés à même le sol. Haut dans le ciel, le gypaète barbu, l'aigle noir et le vautour chassefiente décrivent des cercles en quête de nourriture. Si vous avez la chance d'observer une buse couronnée en action, vous n'oublierez pas ce spectacle. Embusquée dans un arbre, elle fond sur sa proie sans crier gare, avant de battre de ses ailes puissantes pour s'envoler, sa proie entre les serres.

OISEAUX AQUATIQUES

Les plaines agricoles du KwaZulu-Natal constituent des sites d'observation privilégiés, dont Game Valley, près de Pietermaritzburg, est l'un des plus réputés. S'y abritent plus de 200 espèces d'oiseaux, aquatiques – martins-pêcheurs, calandrites et ombrettes –, fréquentant les espaces ouverts – sentinelles, cisticoles et pintades – ou forestiers – trogons, miros et gauchos.

Dans le nord de la région, la végétation et l'avifaune du *bushveld* rappellent celles du Kruger National Park. Les réserves de la côte nord sont des refuges pour le gibier d'eau, les pélicans, les flamants et le majestueux pygargue vocifer.

À la frontière du Mozambique, la Ndumo Game Reserve héberge des souimangas bifasciés, des bulbuls nicators et des chouettes-pêcheuses de Pel. Vous y observerez aussi des espèces tropicales comme le grébifoulque d'Afrique, ainsi que des cigognes, des hérons et des blongios. Si vous aimez les oiseaux, faites une halte dans les aires protégées de Hluhluwe-Imfolozi, Mkuze et iSimangaliso.

TERRES ARIDES

Le Grand Karoo et les régions arides de l'ouest du pays constituent également un terrain d'observation exceptionnel pour les ornithologues. L'outarde de Ludwig et celle de Vigors en sont les hôtes les plus remarquables. En vous arrêtant au bord de la route, vous devriez apercevoir le prinia à joues rousses, le parisome de Layard ou encore le gobe-mouches traquet. Plus à l'ouest, vous surprendrez peut-être certaines alouettes endémiques, comme l'alouette de Sclater (du côté de Vanwyksvlei et de Brand-vlei) et l'alouette ferrugineuse (dans les dunes de sable rouge près de Kenhardt et Aggenys).

Dans le Karoo National Park, près de Beaufort West, vous serez parfois accueilli à la sortie de votre bungalow par un coliou à dos blanc, un agrobate de Karoo ou l'élégant *bokmakierie*, membre de la famille endémique des pies-grièches. La région abrite une résidente célèbre : l'autruche, le plus gros oiseau du monde. Les mâles mesurent jusqu'à 2,50 m de hauteur et peuvent peser jusqu'à 135 kg. Les autruches sont en général paisibles, mais le mâle, que l'on distingue à son plumage noir, peut se montrer agressif à la saison des amours. S'il se sent menacé, sa peau vire au rose vif ; il émet alors un son proche du rugissement. Gardez vos distances, il est capable de vous décocher un coup de patte violent avec une précision remarquable.

Le plus rapide des oiseaux terrestres peut se propulser à 70 km/h, et les courses d'autruches comptent parmi les divertissements favoris des habitants de la région d'Oudtshoorn. Du reste, l'économie locale dépend largement de l'élevage de l'autruche : sa peau est utilisée en maroquinerie (divers accessoires, sacs, chaussures...), ses plumes servent à confectionner des plumeaux, sa chair est consommée sous forme de *biltong* séché et ses énormes œufs sont vendus comme souvenirs.

Sur le plateau du Kalahari, parsemé d'arbrisseaux et d'acacias, prospèrent des mammifères de toutes sortes et de toutes tailles, qui attirent à leur tour de nombreux rapaces.

Dans cette région, les nids coniques des tisserins sociaux offrent un spectacle des plus extraordinaires. Ces structures communautaires perchées dans les acacias peuvent atteindre 4 m de diamètre et héberger toute l'année jusqu'à 200 de ces passereaux, qui s'y reproduisent si les pluies ont été suffisantes. C'est aussi au Kalahari qu'a élu domicile le plus petit rapace du continent, le fauconnet africain. Il arrive qu'un couple de fauconnets s'installe dans une "chambre" du nid de tisserins sans que cela pose un problème de cohabitation. Ces nids, secs et bien ventilés, sont régulièrement visités par serpents et ratels.

Les élevages d'autruches ont essaimé dans tout le pays.

Si vous vous postez près d'un point d'eau à l'aube, vous verrez des gangas aller s'y abreuver par centaines, sinon par milliers. Le ganga a la particularité d'apporter à ses petits de l'eau stockée dans les plumes de son ventre, celles-ci pouvant en retenir une grande quantité, à la manière d'une éponge. Les mâles laissent leurs plumes s'imbiber en s'enfonçant dans l'eau, puis, après avoir fait le plein, s'envolent vers le nid pour abreuver les oisillons.

DANS LE *FYNBOS*

Les collines et les montagnes de l'extrême sud-ouest du pays sont tapissées d'une végétation arbustive de type méditerranéen que l'on nomme *fynbos*. Les oiseaux, attirés par les fleurs et le nectar des protées et des bruyères, jouent le rôle d'agents pollinisateurs. C'est le cas du promerops du Cap et du souimanga orangé. Parmi les autres espèces endémiques,

Promerops du Cap.

citons le serin bifascié (granivore) et la bouscarle de Victorin (insectivore). Un peu plus au nord, au Namaqualand (dont les fleurs se parent de couleurs éclatantes au printemps), le *fynbos* devient plus aride. Vous pourrez y admirer, surtout dans les collines rocheuses, le camaroptère cannelle et la féerique moucherolle.

OISEAUX MARINS

Riche en nutriments, le courant de Benguela, qui longe les côtes sud et sud-ouest du pays, attire les poissons – et donc leurs prédateurs, les oiseaux marins. Vous pourrez observer des colonies de cormorans, posés sur les rochers ou volant en formation en V pour guetter les bancs. Soudain, la colonie plonge dans l'eau et

Le pluvier grand gravelot parcourt chaque année plus de 10 000 km pour migrer de Sibérie jusqu'au Cap-Ouest.

en extrait ses proies. C'est aussi le royaume des mouettes volubiles et d'un autre laridé, le goéland dominicain. Pour se nourrir, ce gros oiseau jette de très haut des coquillages qui, en se fracassant sur les rochers, libèrent les mollusques à déguster.

Des colonies entières de fous du Cap nichent à Lambert's Bay et sur des îlots comme Bird Island et Malgas. Vous verrez ce magnifique oiseau noir et blanc, à tête orangée, plonger en piqué dans les vagues pour pêcher. La région héberge aussi les sternes arctiques lors de leur migration annuelle entre les 2 pôles.

OISEAUX MIGRATEURS

Chaque été, plus de 100 espèces d'oiseaux migrent de l'hémisphère Nord vers les côtes sud-africaines. Les bécasseaux sont les plus répandus, mais des oiseaux de tailles et de familles différentes, des hérons aux pies-grièches, y prennent aussi leurs quartiers d'été.

Il faut de 5 à 7 semaines à un petit oiseau pour effectuer le trajet Europe-Afrique du Sud. Volant à une vitesse moyenne de 40 à 75 km/h, il peut parcourir 100 km d'une traite au-dessus de régions inhospitalières comme le désert ou l'océan. Les oiseaux de petite taille doivent constamment battre des ailes, à la différence des cigognes et des aigles, qui peuvent planer. La morphologie de ces derniers ne leur permet pas de stocker de graisse : ils doivent donc se ménager, car un vol long-courrier peut faire perdre à un volatile jusqu'à 40 % de sa masse corporelle.

Les grands oiseaux voyagent de jour, la chaleur du soleil générant des vents thermiques qu'ils utilisent pour s'élever dans le ciel. Les oiseaux de moindre envergure migrent de nuit, volant quant à eux à moins de 2 000 m d'altitude. Le soleil et les étoiles, la direction des vents, l'odeur et divers repères au sol leur permettent de se diriger. Les vols migratoires restent l'un des grands mystères de la nature : les jeunes oiseaux arrivent à suivre instinctivement le bon itinéraire, même en l'absence d'adultes expérimentés. #

LES INSECTES ET LES ARACHNIDES

Quelque 80 000 espèces d'insectes ont élu domicile en Afrique du Sud, faisant de ce pays l'eldorado des entomologistes et des photographes spécialisés.

C'est dans la savane subtropicale de l'extrême nord du pays que l'on rencontre les insectes les plus variés, du termite géant aux phasmes, papillons, tiques et pucerons, en passant par l'imposante mygale africaine *(Citharischius crawshayi)*. Vous pourrez observer dans cette région des cohortes de bousiers chatoyants s'arc-bouter sur leurs pattes arrière pour pousser leur pelote et des régiments de fourmis légionnaires faire des descentes dans des termitières avant d'être attaqués par des mouches prédatrices.

La côte de la province tropicale du KwaZulu-Natal possède une riche faune endémique : araignées lanceuses de toile, hannetons multicolores et papillons majestueux. Plus au sud, le royaume floral du Cap est lui aussi peuplé d'insectes fascinants. Les montagnes abritent plusieurs espèces de scarabées dépourvues d'ailes et très rares pour certaines d'entre elles. La protée, fleur nationale, héberge toute une variété de hannetons. Les forêts sont peuplées de péripates, arthropodes vermiformes qui n'ont pratiquement pas évolué depuis 400 millions d'années.

Le Namaqualand, dont le climat aride plaît aux insectes et aux arthropodes, est surtout connu pour le scarabée du rince-bouteille, particulièrement coloré. On recense dans le pays plus de 100 espèces de moustiques, notamment des anophèles, vecteurs du paludisme dans l'extrême nord du Cap-Est, au KwaZulu-Natal et dans le *lowveld*. Jadis vénérée par les San – elle a toujours fasciné les hommes par sa beauté et ses mœurs étranges –, la mante religieuse est aussi très répandue dans le pays.

PRÉDATEURS ARACHNIDES

Les arachnides, que leurs 8 pattes distinguent des insectes – qui n'en ont que 6 –, constituent une classe d'invertébrés essentiellement terrestres et prédateurs regroupant, notamment, les araignées, les scorpions et les acariens. Les araignées sont particulièrement bien représentées en Afrique du Sud, avec quelque 3 000 espèces identifiées à ce jour, telle la spectaculaire néphile dorée *(Nephila inaurata)* dont les immenses toiles se rencontrent souvent dans les réserves du *lowveld*, et l'affreuse – mais pratiquement inoffensive – tarantule, qui s'invite parfois dans les jardins de banlieue. Si ces grosses araignées font plus de peur que de mal, en revanche, il convient d'éviter soigneusement toute araignée petite, au corps noir, rond et luisant, au cas où elle appartiendrait au genre *Latrodectus*, la famille des veuves noires, au venin très toxique, dont

Les solifuges, qui se nourrissent de termites, peuvent atteindre 7 cm d'envergure.

6 espèces vivent en Afrique du Sud. Reconnaissable à la petite marque rouge qui orne son abdomen noir (tache qui diminue à chaque mue jusqu'à disparaître), *Latrodectus indistinctus*, l'une des plus répandues, fréquente surtout les champs de blé du Cap-Ouest.

Plusieurs sortes de tiques (celle du chien ainsi qu'une espèce à pattes rouges) peuvent provoquer la maladie de Lyme. Évitez d'exposer votre peau à d'éventuelles morsures les soirs d'été dans les zones herbeuses et boisées.

Craints pour leur piqûre douloureuse et parfois très venimeuse, les scorpions se cantonnent essentiellement aux régions les plus sèches du pays, et il faut vraiment retourner une pierre ou une branche morte pour en surprendre un. #

Le kokerboom (arbre à carquois) est un aloès indigène.

AU ROYAUME DES MILLE ET UNE FLEURS

L'une des flores les plus abondantes, les plus variées et les plus fragiles du monde s'épanouit aux confins méridionaux de l'immense continent africain.

Les espèces les plus répandues de la flore sud-africaine – le tritoma (ou tison de Satan), le strélizia (oiseau de paradis), l'arum, la protée, le glaïeul, l'agapanthe et l'odorant freesia – ont été introduites dans les jardins botaniques européens au 18e siècle. Depuis peu, des plantes comme la gazanie, aux couleurs éclatantes, ou la timide marguerite du Cap – qui ne s'ouvre que quand le soleil brille – parfument et embellissent les jardins du monde entier.

Le fynbos *tapisse les pentes de la montagne de la Table.*

LE "ROYAUME FLORAL" DU CAP

À l'extrémité sud-ouest du continent, la région du Cap est considérée par les botanistes comme l'un des 6 "royaumes floraux" de la planète en raison de la diversité exceptionnelle de ses plantes à fleurs, comparable à celle de bien des forêts tropicales. Le *Cape Floral Kingdom* couvre 70 000 km^2, soit l'équivalent du territoire de l'Irlande, et abrite 8 600 espèces de plantes à fleurs. Sur la presqu'île du Cap, les spécialistes ont recensé 2 600 variétés indigènes, plus que n'en comptent des pays bien plus vastes. Appartenant, pour la plupart, à la famille des protées et des bruyères, elles forment un maquis de type méditerranéen appelé *fynbos* ("joli buisson" en afrikaans). La presqu'île abrite aussi la célèbre *Disa uniflora*, orchidée rouge baptisée la "fierté de Table Mountain". C'est durant l'hiver austral, d'avril à octobre, que cette région reçoit l'essentiel de ses précipitations.

LES RÉGIONS SEMI-DÉSERTIQUES

Au nord de ce périmètre, le Namaqualand se déploie parallèlement à la côte ouest du Cap jusqu'à la vallée du fleuve Orange. Cette région aride ne reçoit que de 50 à 150 mm de précipitations par an. Les plantes grasses, notamment les arbustes à feuilles charnues, règnent sur une végétation clairsemée, tout comme les mésembryanthèmes (*vygies* en afrikaans) qui y prolifèrent. Les plantes-cailloux *(Lithops)*, d'autres succulentes comme les *Conophytum* et maintes variétés de marguerites se sont adaptées à cet environnement aride. Elles fleurissent soudainement, juste après les généreuses pluies de printemps, en une débauche de violet, de jaune, de blanc et d'orange.

Les arbres sont rares dans cette région, mais plusieurs variétés d'aloès, telle la corne-de-cerf *(Aloe arborescens)*, prospèrent dans le nord du Namaqualand. Le Karoo National Botanical Garden, au pied des monts Brandwacht, près de Worcester, vous fournira une excellente introduction à la flore de cette région semi-désertique.

Plus au nord, le Grand Karoo *(Great Karoo)* est un semi-désert couvrant plus de 400 000 km² qui s'étend entre 450 et 750 m au-dessus du niveau de la mer dans les provinces du Cap-Nord, de l'État libre et au-delà. Les précipitations annuelles varient de 125 mm à 375 mm, et la végétation, basse et clairsemée, est dominée par les arbustes de la famille des dicotylédones, comme le camélia, les amarantacées et le quassia. Les grandes plumes argentées des stipes et des *Cladoraphis spinosa* (*ostrich grass*, "herbe à autruche" en anglais) prolifèrent dans cette région. En été, le cirse doux pare les vallées de sa superbe floraison jaune vif.

Les aloès et autres succulentes abondent en Afrique du Sud.

À NOS BALCONS

Une grande partie des plantes les plus courantes qui poussent dans les jardins d'Europe et d'Amérique du Nord sont originaires d'Afrique du Sud. Elles ont été introduites dans l'hémisphère Nord par les explorateurs et botanistes, pour la plupart des Hollandais, qui, aux 17e et 18e siècles, sillonnèrent la presqu'île du Cap et les terres inconnues qui s'étendaient au-delà en quête de plantes exotiques capables de s'adapter à des climats plus froids.

Le pélargonium (communément confondu avec le géranium), qui orne tant de fenêtres et de balcons sous nos latitudes tempérées, compte parmi ces trésors.

LA SAVANE

Couvrant 959 000 km², du bassin du Kalahari à la côte est, avec une étroite bande qui descend jusqu'au sud de la presqu'île du Cap, la savane constitue la plus vaste zone florale d'Afrique australe. Les précipitations, majoritairement estivales, y avoisinent 250 mm par an. Sa végétation mixte se compose d'un tapis de broussailles épineuses bien adaptées à la sécheresse, semé d'arbres et d'arbustes. Çà et là, des concentrations arbustives façonnent de vastes forêts claires, ou *bushveld*, formation végétale principale du Kruger National Park.

Les acacias épineux, reconnaissables à leur frondaison en ombrelle, sont courants dans les parties arides de la savane. Tout au nord poussent l'insolite baobab, dont le tronc puissant peut mesurer plusieurs mètres de diamètre, le marula, l'arbre à fièvre *(Acacia xanthophloea)* et le mopane, très répandu.

À la saison sèche, les graminées prennent des teintes jaunes ou rougeâtres qui métamorphosent le paysage. Chaque année, des incendies ravagent des hectares et des hectares de savane. Toutefois, dès la venue de la saison des pluies, une nuit suffit à retapisser les étendues noircies de fleurs printanières et de pousses vertes. Le Pretoria National Botanical Garden, créé dans une zone de transition entre savane et prairie, donne un bon aperçu de la richesse floristique de ces 2 milieux naturels. Il abrite également plus de la moitié des essences du pays.

LA PRAIRIE

Autre écosystème caractéristique de l'Afrique australe, la prairie, qui s'étend sur près de 343 000 km², occupant le Lesotho, l'ouest du Swaziland, ainsi qu'une grande partie des provinces de l'État libre et du Cap-Nord.

Dans ces espaces immenses, où il ne pleut qu'en été et où, en hiver, il gèle presque toutes les nuits, poussent 1 000 des 12 000 espèces de poacées (ou graminées) recensées dans le monde. La partie occidentale, qui reçoit moins de 660 mm de pluie par an, abrite des plantes fourragères qualifiées de "douces" ou "blanches", tandis que dans sa partie orientale, mieux arrosée, prospèrent des herbes "aigres" ou "violettes".

LA FORÊT

Les forêts sont rares en Afrique du Sud. Aussi celles qui n'ont pas été détruites par l'homme sont-elles désormais protégées. Les derniers grands massifs forestiers s'observent dans la province du Cap-Sud, près de George, tandis que de petites zones boisées sont disséminées sur la côte orientale, du Cap jusqu'au Mozambique.

C'est ainsi que se trouvent des vestiges épars de la mangrove sur le littoral du KwaZulu-Natal, tandis qu'à l'intérieur des terres subsistent quelques pans de forêt où poussent des arbres sempervirents comme *Alstonia*, l'ébénier et différentes variétés de bananiers sauvages.

Le parc de l'uKhahlamba-Drakensberg, dans les provinces du Cap-Ouest et du Limpopo, protège les vestiges d'une vaste forêt à feuillage persistant, réduite à des poches de végétation dans les gorges du Limpopo et sur les pentes les plus humides et les plus abritées du Drakensberg.

Y dominent des conifères comme *Podocarpus latifolius*, arbre national de l'Afrique du Sud, dont le tronc massif peut atteindre 40 m de hauteur. On y trouve également des lauracées, telle *Ocotea bullata*, qui dégage une odeur désagréable lorsqu'on vient de la couper. Son bois est apprécié en ébénisterie dans la région de Knysna.

LE DÉSERT

L'immensité désolée du Namib, un authentique désert, s'étend au-delà des frontières septentrionales de l'Afrique du Sud, le long du littoral namibien. Dans cette région, presque entièrement privée de précipitations, la végétation est rare, voire inexistante. Mais quand, par miracle, il pleut, la terre reprend soudainement vie : les herbes dont les graines patientaient dans le sol depuis des années se remettent aussitôt à pousser.

Une espèce végétale des plus insolites croît dans le désert du Namib : il s'agit de la welwitschia *(Welwitschia mirabilis)*, dont les 2 grandes feuilles, semblables à du cuir, se divisent indéfiniment. Cette plante à croissance lente peut vivre pendant plus d'un millier d'années, dans un environnement hostile, dominé par des vents violents qui érodent ses feuilles, leur donnant leur aspect étrange. #

La protée, plante emblématique du fynbos, *est aussi celle du pays.*

Le fynbos *prospère à l'état naturel dans le parc national de Table Mountain et le jardin botanique national de Kirstenbosch (Cape Town).*

Le parc national d'Addo Elephant abrite près de 500 pachydermes.

BILAN ÉCOLOGIQUE

La protection de la nature est depuis longtemps une priorité nationale, mais la pression démographique sur l'environnement se fait de plus en plus lourde.

Selon une étude récente, 9 touristes étrangers sur 10 se rendent en Afrique du Sud pour découvrir sa vie sauvage et ses grands espaces. Ce chiffre n'est pas surprenant : la faune, la flore et les écosystèmes locaux offrent une diversité extraordinaire. La vie sauvage joue donc un rôle clé dans la croissance du tourisme sud-africain, mais sa sauvegarde ne doit pas dépendre uniquement de cette nouvelle donne économique.

UN RÉSERVOIR PLANÉTAIRE

L'Afrique du Sud occupe le 3e rang mondial en matière de biodiversité. Couvrant environ 2 % des terres de la planète, elle hébergerait près de 10 % de ses espèces végétales et 7% de ses vertébrés terrestres. À cette exceptionnelle diversité s'ajoute une richesse en espèces indigènes unique au monde : environ 80 % des plantes, 30 % des reptiles et 15% des mammifères d'Afrique du Sud sont endémiques, comme 6 % des 600 espèces d'oiseaux qui s'y reproduisent.

La pointe méridionale du continent africain possède une flore si singulière qu'elle constitue à elle seule l'un des 6 "royaumes floraux" (grandes zones de répartition des espèces végétales) du monde. Ce périmètre de 46 000 km^2 seulement égalerait ainsi le royaume boréal, qui englobe l'Europe, l'Amérique du Nord et l'Asie septentrionale – soit quelque 53 millions de km^2. Compte tenu de sa richesse, la préservation de la flore endémique de l'Afrique du Sud est aussi vitale, à l'échelle de la planète, que celle de zones de forêt tropicale humide gravement menacées comme le Bassin amazonien. Les Sud-Africains ont pris conscience qu'il était donc indispensable de protéger ce fabuleux réservoir de biodiversité et de gérer au mieux ces ressources naturelles pour le bien-être de l'humanité. Et ils ont beaucoup fait en ce domaine, au moins depuis quelques années.

Dans la réserve d'Entabeni, au nord de Johannesburg.

LA GESTION DE LA FAUNE

En Afrique du Sud sont particulièrement bien représentés les antilopes et autres herbivores, ainsi que leurs prédateurs, les grands fauves. Des hardes d'antilopes pâturaient jadis dans tout le pays, de la vallée du Limpopo, à sa frontière nord, jusqu'à la presqu'île du Cap. Décimées par les colons européens aux 17e et 18e siècles, ces bandes d'ongulés sauvages firent progressivement place à des troupeaux d'ovins et de bovins. Les relations entre les fauves – lions, guépards et lycaons *(Lycaon pictus)* –, les hyènes et les éleveurs devinrent de plus en plus conflictuelles et les animaux sauvages se retrouvèrent vite cantonnés aux régions les moins peuplées du pays.

De tous les félins, seul l'astucieux léopard est parvenu à se maintenir de façon significative en dehors des principaux parcs nationaux et des réserves naturelles, essentiellement dans les zones montagneuses du pays. De nos jours, les grands carnassiers, ainsi que les éléphants, les rhinocéros et les vastes hardes d'antilopes sauvages ne vivent pratiquement plus que dans d'immenses espaces protégés, notamment dans les savanes du Nord.

Le plus fameux de tous est le Kruger National Park, intégré depuis 2002 au Great Limpopo Transfrontier Park. Ce parc de 35 000 km² relie le Kruger au Limpopo National Park du Mozambique et au Gonarezhou National Park du Zimbabwe. Le Kruger National Park, le plus ancien des parcs africains, est considéré depuis longtemps comme un modèle mondial en matière de gestion de la vie sauvage. À condition de bien préparer votre circuit, vous pourrez passer des jours entiers à explorer le Kruger et ses différents écosystèmes. On y dénombre près de 150 espèces indigènes de mammifères, plus de 500 espèces d'oiseaux, plus de 100 espèces de reptiles et près de 1 800 espèces végétales, dont environ 350 arbres et arbustes. Que vous soyez motorisé ou que vous participiez à une randonnée pédestre escortée par un garde-chasse armé, vous assisterez à un spectacle pratiquement inégalé en Afrique.

Les gardes patrouillent à vélo dans les parcs pour lutter contre le braconnage.

DISPARUS À JAMAIS

Les gigantesques troupeaux de springboks qui vagabondaient jadis dans les immensités du Karoo ont été décimés en quelques décennies seulement par les colons européens, souvent pour le seul plaisir de la chasse.

Une autre antilope, l'hippotrague bleu, ou *bluebuck*, et une sous-espèce du zèbre des plaines, le quagga, ont pour leur part été purement et simplement exterminés. Mais ce sont les 2 seuls vertébrés connus endémiques de l'Afrique du Sud qui aient disparu. Depuis lors s'est fait jour la nécessité de protéger l'environnement, et les Sud-Africains sont devenus de fervents écologistes.

KGALAGADI TRANSFRONTIER PARK

Ce parc constitue la première participation du pays à l'expérience "Parcs pour la paix" organisée par l'Union internationale de conservation de la nature (UICN). Situé dans la province du Cap-Nord, il réunit le Kalahari Gemsbok National Park (9 600 km²) et le Botswana Gemsbok National Park (24 800 km²), que sépare la Nossob, rivière à sec la plupart du temps.

Avec ses dunes de sable rouge piquetées d'arbustes épineux et, les bonnes années de pluie, couvertes d'un ondoyant manteau d'herbes blanchies par le soleil, cette zone semi-désertique est d'une beauté austère et envoûtante. Le majestueux gemsbok *(Oryx gazella)*, le bubale *(Alcelaphus buselaphus)* et le springbok *(Antidorcas marsupialis)* cohabitent dans ce milieu aride. Les représentants les plus caractéristiques de la faune aviaire sont sans doute les fascinants tisserins sociaux *(Philetarius socius)*, qui accueillent dans leurs énormes nids toutes sortes de squatteurs, dont le minuscule fauconnet d'Afrique *(Polihierax semitorquatus)*.

Les hauts acacias qui poussent dans le lit asséché des rivières hébergent les grands rapaces de la savane. Rares sont les endroits en Afrique où vous pourrez observer une telle concentration d'aigles, de vautours, de faucons, de buses et de chouettes. Vous croiserez fréquemment des familles d'autruches progressant lentement dans les dunes ou courant le long d'une cuvette miroitante. Dans la chaleur sèche de la mi-journée, la vie semble se pétrifier au cœur de ces savanes silencieuses.

Parfois, une outarde kori *(Ardeotis kori)*, le plus grand oiseau volant d'Afrique, surgit des dunes environnantes pour se poser, pantelante, à l'ombre d'un vieil alhagi des Maures *(Alhagi maurorum)* au tronc noueux.

Les mammifères prédateurs se repèrent facilement dans la végétation clairsemée qui signale le lit des rivières. Seul grand carnivore endémique de l'Afrique du Sud, la hyène brune *(Hyena brunnea)* en a fait son royaume. C'est sans doute l'un des meilleurs endroits d'Afrique pour observer le guépard en train de chasser.

LES SAVANES DE L'EST

Dans l'est du pays ont été aménagées plusieurs petites réserves de savane, dont la plus ancienne réserve faunique d'Afrique, Phongolo, inaugurée en 1894, 12 ans après la fondation, aux États-Unis, du Yellowstone, le premier parc au monde. En 1895 s'ouvraient les réserves voisines de Hluhluwe et d'iMfolozi, destinées à protéger les dernières populations de rhinocéros du Natal. Leur succès a largement dépassé les espérances de leurs fondateurs. Au début du 20e siècle, les naturalistes ne recensaient que 20 rhinocéros blancs *(Cerathoterium simum)* dans la réserve d'iMfolozi. Grâce à des mesures strictes de protection et au développement de méthodes de capture et de transport de ces géants, le KZN Wildlife, qui administre ces réserves, a ramené la population mondiale de cette espèce à près de 20 000 individus. C'est ainsi que le rhinocéros blanc a pu être rayé de la liste rouge de l'UICN des espèces en danger pour être reclassé dans celle des espèces vulnérables. Des milliers d'individus ont été capturés et transplantés avec succès dans d'autres zones protégées du continent. Les 7 000 rhinocéros blancs qui peuplent actuellement le Kruger descendent tous de pensionnaires d'iMfolozi "délocalisés" dans les années 1960.

Le rhinocéros noir, menacé d'extinction en Afrique, a désormais besoin de son principal prédateur, l'homme, pour survivre.

SEUIL NATUREL

On a pu dire que le degré de civilisation d'une nation se juge, notamment, à l'attention qu'elle accorde à la préservation de son patrimoine naturel. Les autorités sud-africaines administrent plus de 580 réserves et parcs nationaux ou provinciaux.

Ces espaces naturels protégés, dont la superficie totale dépasse 73 000 km^2, représentent près de 6 % du territoire national, un pourcentage en apparence satisfaisant, mais dans les faits largement en deçà du seuil recommandé par l'Union internationale de conservation de la nature (UICN) puisque, selon cet organisme, tout pays devrait protéger au moins 10 % de son territoire.

Ces 2 réserves du KwaZulu-Natal ont aussi joué un rôle significatif dans la protection du rhinocéros noir *(Diceros bicornis)*, une espèce en danger critique d'extinction – elle a été déclarée éteinte en Afrique de l'Ouest en 2011. Le braconnage a, en effet, réduit ses effectifs à 4 000 individus dans toute l'Afrique, si bien que la population sud-africaine de rhinocéros noirs, au départ insignifiante, représente aujourd'hui près de 40 % du total.

On assiste à une recrudescence du braconnage commercial en Afrique du Sud et, en 2016, plus de 1 000 rhinocéros ont été abattus pour leurs cornes contre seulement 13 en 2007 et 300 en 2010. Pour l'instant, cette crise n'a pas l'ampleur de celle qui frappa l'Afrique orientale dans les années 1980, car elle ne représente qu'une perte d'environ 3 % d'une population nationale de 20 000 individus (dont le taux de natalité dépasse 6 %). Mais, dans un pays qui héberge 80% de la population mondiale de rhinocéros, cette soudaine escalade du braconnage depuis le milieu des années 2000 n'en inquiète pas moins les défenseurs de l'environnement.

Les rhinocéros ne sont pas les seules vedettes des réserves orientales du pays. Y prolifèrent d'autres mammifères, comme le nyala *(Tragelaphus angasii)*, la plus élégante des antilopes africaines, qui ne fréquente que les formations boisées des plaines du Sud-Est. L'avifaune est d'une variété stupéfiante, et, à la saison sèche, vous passerez des heures inoubliables à l'observer, à couvert près d'une mare. Les affûts de la Mkhuze Game Reserve voisine sont réputés.

Nyala (Tragelaphus angassii) *mâle, aisément identifiable à ses cornes en forme de lyre.*

Les efforts héroïques que les tortues marines doivent fournir pour se reproduire mettent en lumière encore plus crûment le caractère arbitraire et destructeur de l'exploitation de la nature par l'homme.

LE MAPUTALAND

La plaine qui s'étend sur la côte nord-est du Maputaland abrite plusieurs réserves. Le lac St Lucia, dans l'iSimangaliso Wetland Park, classé au Patrimoine mondial par l'Unesco, possède la plus importante population d'hippopotames et de crocodiles du Nil *(Crocodylus niloticus)* du pays. Ce plan d'eau immense (36 000 ha) et peu profond héberge une myriade d'oiseaux aquatiques, des colonies de pélicans blancs *(Pelecanus onocrotalus)* à l'éblouissante sterne caspienne *(Hydroprogne caspia)*. Lorsque le niveau des eaux baisse, apparaissent des colonies de flamants.

Au sud du lac, la Mapelaan Nature Reserve protège des dunes boisées réputées les plus hautes au monde. Au nord de l'estuaire, l'iSimangaliso, qui assure la protection du littoral jusqu'à la frontière mozambicaine, se double d'une réserve marine. Baignant des plages dorées et frangées de forêts dunaires, les eaux chaudes du courant du Mozambique ont favorisé la naissance de récifs coralliens que fréquentent une myriade de poissons tropicaux. Chaque été, des centaines de tortues luths et carets se hissent sur ces plages protégées pour y enfouir leurs grappes d'œufs. Grâce au travail de l'Ezemvelo KZN Wildlife, qui veille sur la ponte de ces tortues depuis plus de 25 ans, leurs populations sont en plein essor.

Si la chance se présente à vous d'observer, de nuit, une énorme tortue s'extraire des vagues, puis se traîner sur la plage, sa carapace mouillée scintillant sous les rayons de la lune, pour se livrer à ce rite millénaire de la reproduction, ne la laissez pas passer. Cette expérience inoubliable vous convaincra, s'il en était encore besoin, de l'importance de préserver la biodiversité de notre planète.

L'iSimangaliso Wetland Park englobe également les lacs côtiers de Sibaya et de Kosi Bay. Plus à l'intérieur des terres, la Ndumo Game Reserve et la Tembe Elephant Reserve font désormais partie de la Lubombo Transfrontier Conservation Area, tout comme la Maputo Special Reserve, située en territoire mozambicain. La Ndumo Game Reserve, riveraine du Great Usutu (frontière naturelle avec le Mozambique), est la plus tropicale des réserves du KwaZulu-Natal, et sans doute aussi la plus belle réserve ornithologique de toute l'Afrique du Sud. Ses cuvettes bordées d'arbres à fièvre *(Acacia xantophloea)* accueillent quantité d'oiseaux aquatiques et offrent un refuge idéal aux hippopotames et aux crocodiles. Les forêts de ficus qui poussent aux abords des rivières et des cuvettes et la végétation buissonneuse du reste de cette aire protégée de 110 km² hébergent plus de 400 espèces d'oiseaux et, à la saison humide, pendant l'été austral (de novembre à mars), lorsque les migrateurs y font étape, on peut facilement y identifier jusqu'à 200 espèces différentes en quelques jours. Autre avantage, la Ndumo est presque entièrement accessible à pied, et vous serez accompagné d'un garde-chasse lors de votre visite. Ces hommes connaissent en général très bien le terrain et

Équiper les tortues marines d'une balise Argos/GPS fait partie du programme de préservation de l'espèce.

vous aideront à détecter des oiseaux ou des mammifères souvent camouflés dans les bosquets denses de la réserve.

Les zones de hautes prairies ne possèdent pas moins d'atouts. Également inscrit au Patrimoine mondial par l'Unesco, le parc montagneux de l'uKhahlamba-Drakensberg suit sur 180 km (243 000 ha) la frontière entre le KwaZulu-Natal et le royaume montagneux du Lesotho. Vous y découvrirez des paysages somptueux : d'immenses cirques dominant des pentes herbeuses, d'innombrables torrents de montagne dévalant de paisibles gorges boisées pour se muer en chutes vaporeuses. La flore de ces montagnes et prairies attire des oiseaux endémiques comme le pipit jaunâtre *(Anthus lutescens)* et le serin du Drakensberg *(Serinus symonsi)*. Le majestueux gypaète barbu *(Gypaetus barbatus)* y trouve aussi un refuge sûr.

L'INTÉRIEUR ARIDE

Plus à l'ouest, les parcs nationaux de Mountain Zebra, de Camdeboo et du Karoo ainsi que plusieurs réserves provinciales vous donneront un aperçu de l'écosystème semi-aride du Karoo, une région aujourd'hui essentiellement consacrée à l'élevage ovin. Le Karoo est sans doute le plus original des écosystèmes sud-africains. Si vous appréciez les horizons sans limites et les paysages semi-désertiques, n'hésitez pas : un séjour dans le Karoo National Park vous comblera.

La majeure partie de sa flore et de sa faune est endémique. Si vous traversez cette région juste après d'abondantes pluies, vous assisterez à une activité biologique bien plus intense que dans tout autre écosystème d'Afrique du Sud. Soudain verdoyantes et émaillées de fleurs multicolores, les prairies se couvrent de colonies d'insectes et d'oiseaux. Le spectacle est

La végétation semi-désertique du Karoo National Botanical Garden.

UN CAP BIEN PROTÉGÉ

Le Table Mountain National Park s'étend sur 2 500 ha, soit la majeure partie de la presqu'île du Cap (y compris la montagne de la Table, qui se dresse derrière Cape Town). Incluant Boulder Beach, le cap de Bonne-Espérance et la Silvermine Nature Reserve, il protège des échantillons représentatifs de la flore régionale de l'emprise de l'agriculture, de l'urbanisation, des risques d'incendie et de l'intrusion de végétaux étrangers. Vous pourrez profiter des sentiers de randonnée qui grimpent à l'assaut de Table Mountain (l'itinéraire le plus facile part du Kirstenbosch National Botanical Garden) ou gagner son sommet en téléphérique.

Les scientifiques estiment que près de 2 000 espèces végétales d'Afrique du Sud sont menacées de disparition si l'on ne freine pas rapidement la destruction de leur habitat.

féerique. Paradoxalement, alors que, dans la plupart des autres pays d'Afrique, les écosystèmes semi-arides sont les mieux préservés, ils ne bénéficient pas d'une protection efficace en Afrique du Sud. Mais la situation est en train de s'améliorer, grâce à l'ouverture du Namaqualand National Park dans le voisinage de Kamieskroon, région réputée pour son éblouissante floraison printanière, et du Richtersveld National Park, dans l'aride région montagneuse qui borde le cours du fleuve Orange et la frontière namibienne. En amont du fleuve, l'Augrabies Falls National Park, plus ancien et plus petit, vaut la visite pour ses paysages spectaculaires comme pour la richesse de sa faune et de sa flore semi-désertiques de l'Ouest.

FORÊTS, LACS ET *FYNBOS*

Plus au sud s'étirent les bandes littorales du Cap-Est et du Cap-Ouest. Bien arrosées, ces 2 provinces abritent les plus vastes forêts persistantes du pays. Le secteur de Tsitsikamma, dans le Garden Route National Park, permet à ses visiteurs de se promener dans de profondes forêts tempérées. Leurs immenses *Podocarpus latifolius* (conifères appelés *yellowwoods* sur place), aux cimes souvent festonnées de vigne blanche *(Clematis vitalba)* et leur sol tapissé de mousses font oublier l'aridité du Karoo, seulement à quelques heures de voiture de là. Ce parc côtier est traversé par un formidable sentier de randonnée, l'Otter Hiking Trail, du nom de la loutre du Cap, qui se laisse parfois surprendre le long de la côte. Une piste sous-marine a également été aménagée pour le plus grand bonheur des plongeurs, avec ou sans bouteilles. La lagune de Knysna et les Wilderness Lakes, qui font aussi partie du Garden Route National Park, s'inscrivent dans l'écrin verdoyant des belles et grandes forêts tempérées du Cap-Ouest.

Les eaux qui baignent les côtes sud-africaines hébergent nombre de mammifères marins, dont l'otarie à fourrure du Cap, plusieurs espèces de dauphins *(voir encadré p. 201)* et des baleines franches australes. Ces dernières se reproduisent au large de la côte méridionale, arrivant généralement en juin pour repartir en décembre. Hermanus et False Bay offrent d'exceptionnelles plateformes d'observation *(voir p. 190)*.

PERSPECTIVES

Vues du sommet de Table Mountain, les banlieues de Cape Town semblent s'étendre à perte de vue, ce qui ne manque pas de susciter l'inquiétude quant à l'avenir de la nature sud-africaine. Il a suffi de quelques décennies pour que Cape Flats, une plaine qui se déploie entre la presqu'île du Cap et les monts Hottentots-Holland à l'est, se retrouve submergée par une vague de béton. Ce milieu humide doté d'une exceptionnelle flore sauvage a laissé place à des zones industrielles, des banlieues résidentielles et de petites exploitations agricoles.

L'expansion urbaine menace les écosystèmes.

Sur les derniers arpents de terres non cultivées, les acacias importés d'Australie étouffent peu à peu la végétation indigène. Un grand nombre de plantes et d'animaux de la région et de sa voisine, la presqu'île du Cap, sont aujourd'hui menacés de disparition. Dans la seule presqu'île, 39 espèces végétales, dont 15 endémiques, ont déjà disparu.

La croissance rapide de la population nationale (passée d'environ 18,3 millions de personnes en 1960 à 57 millions en 2017) exerce une lourde pression sur les écosystèmes. Il est impératif que les organisations de défense de l'environnement se voient allouer les crédits nécessaires à la protection des ressources naturelles du pays – pour le bien de sa population actuelle et à venir.

Si vous avez pris plaisir à explorer cette terre généreuse et ses magnifiques parcs nationaux, et que vous souhaitez agir de façon constructive pour préserver leur faune et leur flore, pourquoi ne pas adhérer à l'une des nombreuses associations qui collaborent étroitement avec les programmes locaux de sauvegarde de la nature ? La plus ancienne et la plus importante de ces associations, la Wildlife and Environment Society of South Africa (**wessa.org.za**), est née à l'occasion de la campagne de fondation du Kruger National Park, il y a plus d'un siècle. Aujourd'hui, elle compte plus de 15 000 membres et gère des programmes ambitieux.

NOUVELLE DONNE

La protection de l'environnement figurait parmi les priorités du gouvernement nommé après les élections de 1994. Dans la nouvelle Constitution nationale, une clause garantit les "droits environnementaux" de chaque citoyen : droit à bénéficier d'un environnement propre et sain, et droit des générations actuelles et futures à disposer d'un milieu naturel sauvegardé et entretenu.

Une fois réintégrée au sein de la communauté internationale, l'Afrique du Sud a ratifié plusieurs de ses conventions, la plus importante d'entre elles sur le plan environnemental étant la Convention sur la diversité biologique des Nations unies. Le gouvernement ne s'est d'ailleurs pas arrêté en si bon chemin. Il a mis en œuvre un vaste programme d'application locale des principes de la convention, et publié un livre blanc sur le sujet. Autre traité majeur récemment ratifié, la Convention du patrimoine mondial devrait permettre à l'Afrique du Sud de voir 8 sites nationaux inscrits par l'Unesco au Patrimoine naturel mondial.

Lors de la période de transition, plusieurs initiatives, longtemps retardées, ont vu le jour : en 1998, Pretoria a pris les mesures nécessaires pour faire de Table Mountain et des dernières zones naturelles de la presqu'île du Cap un parc national, alors que ce projet avait été évoqué dès les années 1920. De même, après d'interminables débats, le gouvernement a renoncé à l'établissement d'une exploitation minière sur

Le programme Working for Water a permis de protéger de précieuses réserves hydriques.

les dunes de la rive orientale du lac St Lucia. Depuis 1994, d'autres parcs nationaux ont vu le jour et plusieurs parcs transfrontaliers sont en cours d'aménagement. Les 2 premiers – et les plus importants – à avoir été créés sont ceux de **Kgalagadi** (englobant le Kalahari Gemsbok National Park) et du **Grand Limpopo** (englobant le Kruger National Park).

Néanmoins, certaines politiques récentes n'ont pas eu que des effets positifs. Ainsi, les coupes claires qui ont revu à la baisse les effectifs de la fonction publique ont privé bien des agences provinciales de défense de l'environnement de la plupart de leurs employés qualifiés.

LA PROTECTION DE L'EAU

Le plus grand succès de la nouvelle Afrique du Sud en matière d'environnement est probablement le programme Working for Water, une campagne nationale pour la protection de l'eau. Lancé sous l'égide visionnaire de l'ancien ministre des Eaux et Forêts (www.dwaf.gov.za), le Pr Kadal Asmal, cet immense projet a pour but d'éradiquer tous les arbres "introduits" (les acacias, notamment) des bassins hydrographiques de montagne, afin de résoudre l'un des plus graves problèmes écologiques qui se posent au pays. Quantité d'organismes se sont mobilisés en faveur de cette campagne qui a employé 20 000 chômeurs, des femmes pour la plupart, depuis 1995. Ce programme, qui concerne aujourd'hui plus de 300 projets à travers tout le pays, a bénéficié aux cours d'eau ainsi qu'à la flore et à la faune indigènes menacées par la prolifération des plantes étrangères. Enfin, Working for Water incarne à bien des égards l'approche souhaitée par l'État en matière d'écologie : sauvegarder l'environnement, tout en tenant compte des besoins réels des Sud-Africains les plus défavorisés. #

Girafe dans le Kruger National Park.

POUR EN SAVOIR PLUS

Le WWF (www.wwf.org.za) est le principal acteur et mécène dans la lutte pour la protection de l'environnement en Afrique du Sud. Autres sources d'information : www.sanparks.org (le site du South African National Parks Board), www.kznwildlife.com (celui d'Ezemvelo KZN Wildlife, qui gère les aires protégées du KwaZulu-Natal) et www.capenature.co.za (Cape Nature Conservation).

Si vous souhaitez effectuer une mission bénévole sur place, vous pouvez joindre Projects Abroad (www.volunteer-conservation-south-africa.org), African Conservation Experience (www.conservationafrica.net) ou Aviva (www.aviva-sa.com).

Dans l'uKhahlamba-Drakensberg Park.

Statue de Jan Hendrik Hofmeyr devant l'hôtel de ville, Church Square, Cape Town.

Cape Town et Table Mountain au crépuscule.

Cape of Good Hope Nature Reserve (réserve naturelle du cap de Bonne-Espérance).

ITINÉRAIRES

Ces pages vous proposent une visite détaillée du pays à travers ses grandes villes et ses régions. Sur les cartes, des repères en chiffres et en lettres vous permettent de localiser facilement les principaux sites.

Rue de Port Elizabeth.

Un ensoleillement régulier, 3 000 km de côtes ourlées de plages de sable, un grand escarpement montagneux sillonné par des sentiers de randonnée et plus de 500 réserves et parcs naturels : l'Afrique du Sud a de solides atouts pour séduire les amoureux de la nature. De surcroît, elle dispose d'équipements et de services plus modernes et plus efficaces que bien d'autres pays du continent. Les infrastructures routières sont excellentes, de la presqu'île du Cap au Gauteng, province dont les mines d'or et de diamants ont largement contribué à la prospérité nationale. Et, 25 ans après l'abolition de l'apartheid, la richesse culturelle du pays, autrefois clivante, est devenue une source d'inspiration pour le monde entier.

L'Afrique du Sud couvre un territoire plus de 2 fois grand comme la France – il faudrait plusieurs mois pour l'explorer de part en part. Et, même si le réseau de transports en commun ne cesse de s'améliorer, il demeure limité. Aussi vaut-il mieux louer une voiture si vous voulez profiter pleinement de votre séjour. Pour vous aider à préparer votre circuit – surtout s'il s'agit de votre premier voyage –, les pages qui suivent vous proposent une série d'itinéraires classiques : moins une liste imposée de sites et d'étapes qu'un axe de découverte qui laisse le champ libre à l'improvisation et à l'inspiration du moment.

Éléphant dans le Pilanesberg National Park.

Parmi les incontournables figurent le Kruger National Park, l'un des conservatoires fauniques les plus attrayants d'Afrique, la pétulante Cape Town (Le Cap) et sa féerique presqu'île. Mais gardez un peu de temps pour sortir des sentiers battus : explorez par exemple la province du Limpopo et ses lacs sacrés, les majestueux escarpements de l'uKhahlamba-Drakensberg et leurs grottes ornées, ou les immensités désertiques du Karoo et du Kalahari. Quels que soient vos goûts et vos attentes, l'Afrique du Sud saura assurément vous combler. #

Usakos
Karibib
Okahandja
Windhoek
Gobabis
Dordabis
Tropique du Capricorne
Rehoboth
Solitaire
NAMIBIE
Aranos
Sesriem
Stampriet
Mariental
Maltahöhe
Fish
Kgalagadi Transfrontier Park
Helmeringhausen
Bethanie
Lüderitz
Keetmanshoop
Kolmanskop
Aus
Goageb
Aroab
Seeheim
Kurum
Grünau
Rosh Pinah
Karasburg
N 10
N 14
Upington
Postmasburg
Oranjemund
Richtersveld N.P.
Augrabies Falls N.P.
Alexander Bay
Noordoewer
Alheit
Groblershoop
Orange
N 14
Steinkopf
Port Nolloth
Nababeep
Springbok
Northern Cape
Prieska
Namaqualand
AFRIQU
Namaqua N.P.
Kamieskroon
Brandvlei
Garies
Brits
Carnarvon
N 7
OCÉAN
ATLANTIQUE
Calvinia
Strandfontein
Klawer
Fraserburg
Great Karoo
Lamberts Bay
Clanwilliam
Karoo N.P.
Cederberg W.A.
Sutherland
Beaufo West
Citrusdal
Paternoster
Vredenburg
Western Cape
N 1
N 12
Saldanha
Langebaan
Tulbagh
Matjiesfontein
West Coast N.P.
Ceres
Prince Albert
Malmesbury
Touwsriver
Oudtshoorn
Wellington
Worcester
Little Karoo
Avontou
Paarl
Robertson
George
Cape Town
Stellenbosch
Swellendam
Wilderness
Somerset West
N 2
Riversdale
Mossel Bay
Caledon
Cape of Good Hope (Cap de Bonne-Espérance)
Hermanus
Bredasdorp
Cape Agulhas

ZIMBABWE
BOTSWANA
MOZAMBIQUE
Tropique du Capricorne
Limpopo
Serowe
Palapye
Mahalapye
Mapungubwe N.P.
Musina
Musina N.P.
Thohoyandou
Louis Trichardt (Makhado)
Ellisras
Polokwane
Tzaneen
Kruger
National
Park
Phalaborwa
Limpopo
Mokopane
Olifants
Hoedspruit
Molepolole
Gaborone
Mosopo
Kanye
Madikwe G.R.
Thabazimbi
Modimolle
Pilanesberg G.R.
Bela Bela
Blyde River Canyon N.R.
Mashishing (Lydenburg)
Sabie
Mbombela (Nelspruit)
Temba
Rustenburg
Mmabatho
Mahikeng
Pretoria (Tshwane)
Gauteng
Middelburg
eMakhazeni (Belfast)
Mpumalanga
Lichtenburg
Johannesburg
Soweto
eMalahleni (Witbank)
Carolina
Maputo
Mbabane
Manzini
SWAZILAND
North West
Potchefstroom
Klerksdorp
Bethal
Heidelberg
Ermelo
Vereeniging
Villiers
Standerton
Piet Retief
Vaal Dam
Vaal
Volksrust
Ndumo G.R.
Bloemhof
Kroonstadt
Ithala Nature Reserve
Newcastle
Vryheid
Welkom
iSimangaliso Wetland Park
Bethlehem
Golden Gate Highlands N.P.
Harrismith
Dundee
KwaZulu-Natal
Hluhluwe & Imfolozi Game Reserves
Kimberley
Free State
Clarens
Royal Natal Park
Ladysmith
St Lucia
Ficksburg
Bloemfontein
Hlotse
Oxbow
Monks Cowl N.R.
Estcourt
Empangeni
Richard's Bay
Katse-Dam
Thaba Ntlenyana 3482
Giant's Castle G.R.
Greytown
Maseru
Howick
KwaDukuza
LESOTHO
uKhahlamba Drakensberg Park
Tongaat
DRAKENSBERG
Pietermaritzburg
Durban
SUD
Isipingo
Orange
Bethulie
Amanzimtoti
Colesberg
Kokstad
Umzinto
Aliwal North
Witteberg
Karoo
Port Shepstone
Port Edward
Middelburg
Eastern Cape
Mthatha
Port St John's
Queenstown
Cradock
OCÉAN
Graaff-Reinet
Mountain Zebra N.P.
Fort Beaufort
Bisho
INDIEN
Somerset East
East London
Great Fish
King William's Town
Mdantsane
Grahamstown
Addo Elephant N.P.
Port Alfred
Uitenhage
Port Elizabeth
St Francis Bay
N
Afrique du Sud
0
200 km

Cape Town s'étale au pied de la célèbre Table Mountain.

CAPE TOWN ET LA PRESQU'ÎLE DU CAP

Festonné de longues plages paisibles baignées par 2 océans, Atlantique et Indien, ce plateau montagneux possède une végétation unique au monde.

En 1580, lorsqu'il entra dans Table Bay (la baie de la Table) à bord du *Golden Hind*, le navigateur et corsaire occasionnel Francis Drake pensa découvrir "le plus beau cap... de toute la circonférence de la Terre". Dénommé de maintes manières au fil des siècles, le site devint le cap de Bonne-Espérance pour les Européens qui avaient survécu à un long voyage et entraient enfin dans les eaux calmes de False Bay; la "Taverne des mers" pour les équipages qui y faisaient le plein de vivres avant de poursuivre leur éprouvante navigation vers les Indes; ou encore le "cap des Tempêtes" pour les soldats portugais qui parvinrent les premiers à doubler ses côtes traîtresses.

Depuis 4 siècles, les paysages du Cap n'ont rien perdu de leur splendeur et ils font la fierté de tous les Sud-Africains. Postée à la pointe nord de sa grandiose presqu'île, Cape Town, la plus ancienne cité d'Afrique du Sud, peut se targuer d'être l'une des plus belles villes de la planète.

MOTHER CITY

Cape Town (Le Cap) ❶, c'est d'abord un site naturel et une position géographique uniques au monde. S'étageant au-dessus de la baie, son **City Bowl** (centre-ville) s'inscrit dans un amphithéâtre naturel dominé de plus de 1 000 m par la mythique Table Mountain (montagne de la Table). Et le spectacle qu'offre la presqu'île du Cap est encore plus grandiose : une côte aux saisissantes perspectives sur l'Océan, aux plages merveilleuses et aux petits ports de pêche endormis, prolongée par de fertiles vallées plantées de vignes, le tout placé sous la garde d'un massif qui étire ses crêtes déchiquetées sur 60 km, de Cape Town à Cape Point, isolant la région du reste du pays. La presqu'île jouit presque toute l'année d'une météo qui hésite entre l'agréable et le paradisiaque. Elle bénéficie, en effet, d'un

NE MANQUEZ PAS

Bo-Kaap *p. 158*
Boulders Beach *p. 167*
Cape Point *p. 168*
Chapman's Peak Drive *p. 168*
Groot Constantia *p. 164*
Kirstenbosch National Botanical Gardens *p. 163*
Robben Island *p. 158*
Table Mountain *p. 161*
V&A Waterfront *p. 159*

Plan p. 152 et carte p. 166

La Clock Tower, sur le V&A Waterfront.

Statue de Jan Smuts, dans Company's Garden.

climat de type méditerranéen, marqué par des étés longs et chauds, des hivers tempérés et des vents agités. Ici, on appelle le vent de sud-est "Cape Doctor" : ses rafales hurlantes balaient tout sur leur passage, nettoyant la ville de ses déchets, poussières et pollutions, pour le plus grand bonheur de ses habitants.

Baptisée "Mother City", Cape Town est la plus ancienne colonie européenne du pays, et la ville la plus cosmopolite de toute l'Afrique australe. L'histoire officielle du Cap débute en 1652 avec l'arrivée de Jan Van Riebeeck, envoyé par la Compagnie hollandaise des Indes orientales installer un comptoir d'avitaillement pour ses navires, sur un site qui a conservé le nom de Company's Garden. Mais les navigateurs portugais connurent la presqu'île dès 1488. Et, bien sûr, les pasteurs khoikhoi et les chasseurs-cueilleurs san peuplaient l'extrémité méridionale du continent africain depuis des millénaires – les traces d'activités humaines y remontent à 40 000 ans environ.

De nos jours, comme dans toutes les agglomérations d'Afrique du Sud, l'Occident, l'Afrique et l'Asie, la richesse et la pauvreté se côtoient à Cape Town. Les élégantes demeures georgiennes, victoriennes et Art déco du centre-ville évoquent les quartiers chic de Londres, tandis que ses grands centres commerciaux, tel le V&A Waterfront, ne dépareraient pas la côte ouest des États-Unis. Ajoutez-y les vastes townships typiquement africains qui s'étendent à l'est du

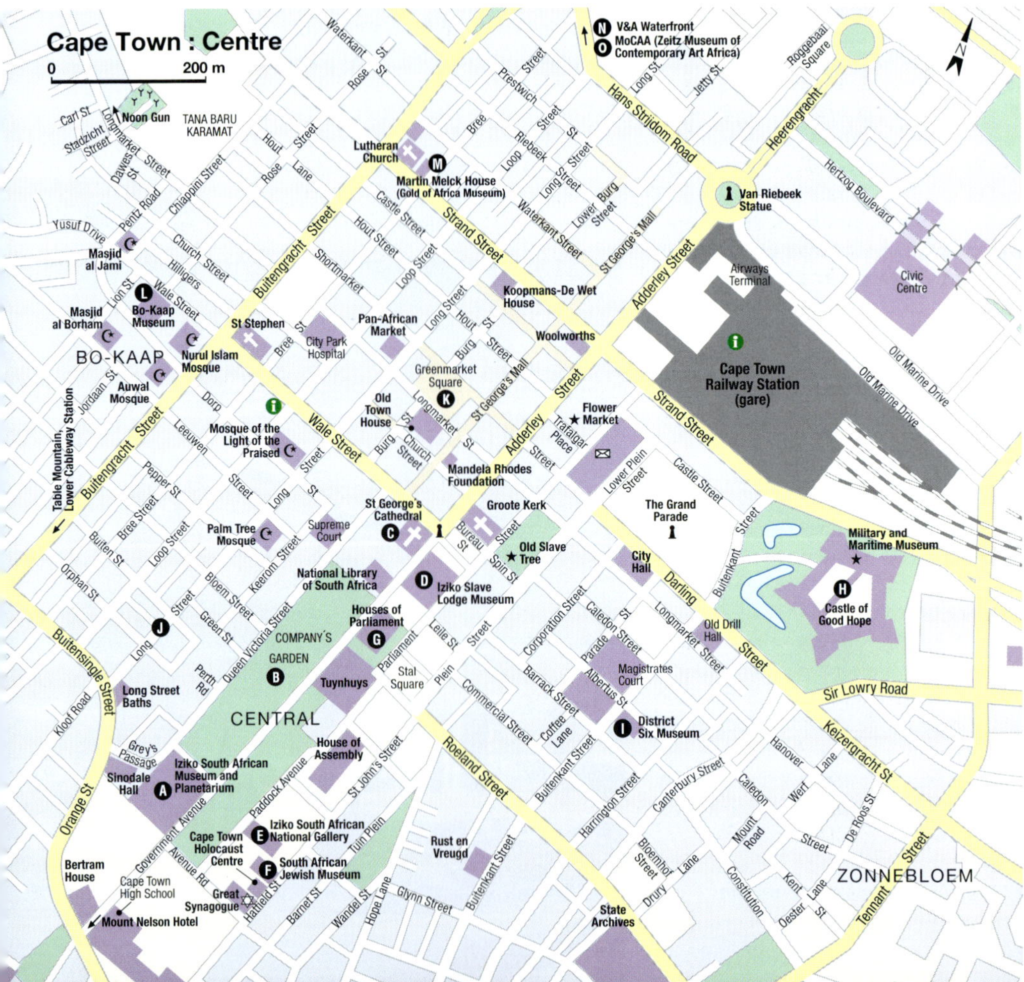

centre-ville, les enclaves musulmanes des Malais du Cap, telle la pittoresque Bo-Kaap, et enfin et surtout Long Street, la plus jolie rue du centre-ville, où styles afro et *boho-chic* se télescopent sans complexe.

AUTOUR DU COMPANY'S GARDEN

IZIKO SOUTH AFRICAN MUSEUM

Pour tenter de dénouer l'écheveau racial et culturel que constitue la nation arc-en-ciel, poussez la porte du plus ancien musée d'Afrique du Sud, l'**Iziko South African Museum and Planetarium** Ⓐ (25 Queen Victoria Street, www.iziko.org.za ; ouv. tlj. 10h-17h ; entrée payante), fondé en 1825 et transplanté sur son site actuel, dans le sud du Company's Garden, en 1897. Consacré à l'histoire naturelle et culturelle du pays – notamment les Khoikhoi et les San –, ce musée présente une magnifique collection d'art rupestre ainsi qu'un ensemble de céramiques vieilles de 2500 ans, mises au jour dans la province du Mpumalanga. Ne manquez pas l'extraordinaire **Whale Well** (puits de la Baleine), installation multimédia rendant hommage à ce géant des mers, dans laquelle résonnent des chants enregistrés de ces mammifères marins.

Ce musée donne sur le verdoyant **Company's Garden** Ⓑ (ouv. tlj. : mai-sept. 7h30-20h30, oct.-avr. 7h-19h ; entrée libre), reste du potager aménagé en 1652 par Van Riebeeck pour avitailler les navires de la Compagnie des Indes sur la route des épices. En sa qualité de médecin, le gouverneur connaissait les vertus du vin et du cognac pour combattre le scorbut, fléau des marins de l'époque. Aussi, outre des choux, des pommes de terre, des navets et des céréales, fit-il planter de la vigne. Devenu un jardin botanique, ce domaine déploie ses ombrages rafraîchissants en plein centre-ville, notamment ceux d'un podocarpe à feuilles de laurier-rose *(Podocarpus falcatus)* géant planté au 17e siècle, tandis que son aloès haut de 17 m serait le plus grand du pays. Vous pourrez y admirer des végétaux du monde entier, parmi lesquels frangipaniers, rosiers, tulipiers du Gabon...

Les ancêtres des écureuils gris qui se promènent dans les branches ont été importés d'Amérique par Cecil Rhodes, dont la statue trône au cœur du jardin.

ST GEORGE'S CATHEDRAL

À l'extrémité nord du Company's Garden se dresse **St George's Cathedral** Ⓒ (www.sgcathedral.co.za ; ouv. lun.-ven. 8h30-17h). Cette église de style néogothique, construite par Herbert Baker et consacrée en 1901, joua un rôle politique dans les années 1980, quand l'archevêque Desmond Tutu y prêchait courageusement contre l'apartheid. Près du portail principal, une petite exposition bien conçue évoque le rôle de l'Église anglicane dans la lutte anti-apartheid.

Au nord du Parlement, l'**Iziko Slave Lodge Museum** Ⓓ (angle d'Adderley et de Wale Streets ; www.iziko.org.za ; ouv. lun.-sam. 10h-17h ; entrée payante) occupe le deuxième édifice de Cape Town par l'ancienneté (1679), à deux

À SAVOIR

S'il pleut, réfugiez-vous à l'Iziko Planetarium (www.iziko.org.za, ouv. tlj. 10h-17h ; entrée payante), attenant au South African Museum. Différents spectacles d'astronomie y sont programmés chaque jour, et le ciel austral y est présenté le samedi et le dimanche à 13h.

Squelette de baleine à l'Iziko South African Museum.

Le retable de Keiskamma, exposé à l'Iziko Slave Lodge, célèbre le regain d'espoir apporté par les antirétroviraux à tous les malades du sida dans le monde.

pas du marché aux esclaves qui se tenait dans Spin Street. Au 18e siècle, on entassait par centaines dans ses dortoirs insalubres les esclaves en provenance d'Inde, de Madagascar, de Ceylan, de Malaisie et d'Indonésie et destinés à la vente – un quart d'entre eux y mourait chaque année.

Consacré à l'histoire locale et globale de l'esclavage, ce musée modèle met en lumière l'influence des esclaves sur l'évolution du pays, qu'il s'agisse de ses langues, de sa gastronomie, de ses religions ou de son architecture. Les pierres tombales du fondateur de la ville, Jan Van Riebeeck, et de son épouse sont conservées dans la cour intérieure. En 2003, des ossements anciens d'esclaves ont été exhumés et rassemblés dans un ossuaire sur le site.

Au sud-est du jardin botanique, l'**Iziko South African National Gallery** Ⓔ (Paddock Avenue ; www.iziko.org.za ; ouv. tlj. 10h-17h ; entrée payante), première galerie d'art nationale du pays – elle remonte à l'époque hollandaise –, s'est constitué une vaste collection d'art, essentiellement européen – avec des œuvres de Gainsborough, Reynolds et Rodin, entre autres créations flamandes, anglaises et françaises. La politique actuelle d'acquisitions est en revanche axée sur les arts indigènes, complètement ignorés du temps de l'apartheid. De remarquables expositions temporaires de créations contemporaines (sculpture, travail des perles, tissage, tapisserie...) témoignent de la vitalité de la vie artistique en Afrique du Sud. La boutique du musée vous donnera peut-être des idées de cadeaux.

À proximité, les riches collections du **South African Jewish Museum** Ⓕ (88 Hatfield Street, www.sajewishmuseum.co.za ; ouv. dim.-jeu. 10h-17h, ven. 10h-14h ; entrée payante) illustrent brillamment l'histoire de la communauté juive de Cape Town et d'autres villes de la région. Vous pourrez visiter l'Old Synagogue (1862), magistralement restaurée, et la Great Synagogue de 1904, toujours affectée au culte.

Dans le même complexe, à l'étage, le **Cape Town Holocaust Centre** (www.holocaust.org.za ; ouv. dim.-jeu. 10h-17h, ven. 10h-14h ; entrée libre) évoque la Shoah, mais aussi la ségrégation

L'Iziko South African Museum.

raciale dont furent victimes maints Sud-Africains, et leur combat pour la liberté.

En remontant Paddock Avenue, vous longerez l'élégante façade Colonial Regency du **Tuynhuys**, la résidence officielle des gouverneurs de la colonie puis des présidents de la République sud-africaine depuis 1961. Un peu plus loin, les **Houses of Parliament** G (Parliament Street ; www.parliament.gov.za ; visites guidées gratuites sur rdv uniquement) dominent le quartier de leur architecture victorienne. Leur construction remonte à 1864.

Plusieurs monuments s'élèvent à proximité du Company's Garden, tel le **Mount Nelson**, le palace le plus réputé de la ville, sinon du pays, dont la silhouette rose signale l'extrémité sud de Government Avenue. Bientôt centenaire, "Nellie" a su conserver une certaine grandeur coloniale, comme en témoigne son somptueux *afternoon tea*.

En suivant **Adderley Street** vers le port, vous passerez devant la **Groote Kerk**, église calviniste néerlandaise reconstruite en 1841, mais qui a conservé sa splendide chaire sculptée de 1789.

Tournez à droite dans Darling Street pour découvrir le City Hall, dont la façade néobaroque jaune pâle (1905) domine **Grand Parade**, terrain de manœuvres devenu un parc de stationnement. Cette place occupe le site du premier fort bâti en 1652 par les colons hollandais.

À l'est de Grand Parade s'élève la plus vieille construction européenne du pays, le **Castle of Good Hope** H (Buitenkant Street ; www.castleofgoodhope.co.za ; ouv. tlj. 9h-16h ; cérémonie de remise des clés : lun.-ven. 10h et 12h ; mise à feu du canon miniature : lun.-ven. 10h10 et 12h10, sam. 11h et 12h ; entrée payante). Cette forteresse militaire achevée en 1697, de forme pentagonale, possède des murs de 10 m d'épaisseur ; ses 5 bastions d'angle portent chacun l'un des titres du prince d'Orange. Elle abrite un **musée de l'armée et de la marine**, ainsi que la **collection William Fehr** : marines, argenterie, mobilier du Cap, porcelaines chinoises. Les proclamations à l'adresse des soldats, des colons et des esclaves se faisaient du haut du Kat Balcony, qui domine la cour. En

Le Kat Balcony du Castle of Good Hope.

Le City Hall (hôtel de ville), vu du Castle of Good Hope.

Cette marchande de fleurs de Trafalgar Place appartient à la communauté très métissée des Malais du Cap.

face s'ouvre la vaste salle où le gouverneur hollandais recevait toute la haute société capetonienne. À la vue des Black Holes, les geôles où l'on enfermait les criminels et tous ceux qui avaient déplu aux autorités coloniales, la forteresse vous paraîtra tout à coup moins attrayante !

Quatre rues au sud du château, l'émouvant **District Six Museum** (I) (25A Buitenkant Street ; tél. 021 466 7200 ; www.districtsix.co.za ; ouv. lun.-sam. 9h-16h ; entrée payante) a été créé en 1994 pour rendre hommage au 6e arrondissement de Cape Town. Ce quartier multiracial, fondé en 1687 pour abriter des esclaves affranchis, des commerçants, des artisans, des agriculteurs et des immigrants, fut décrété secteur résidentiel réservé aux Blancs en 1966. Les évictions commencèrent en 1968 et, en 1982, plus de 60 000 personnes avaient été relogées de force à Cape Flats et leurs maisons rasées. Des extraits de journaux intimes, des photographies anciennes, des enregistrements et autres documents d'époque témoignent des liens chaleureux qu'avaient su tisser les différentes communautés de ce quartier populaire et métissé et de la froide brutalité de l'administration qui signa son arrêt de mort. Afin d'illustrer la réglementation qui régentait la circulation des "non-Blancs", de nombreux circuits organisés dans les townships démarrent ici.

LONG STREET ET LE NORD-EST DU CENTRE-VILLE

Deux rues à l'ouest du Company's Garden, **Long Street** (J) accumule les superlatifs : c'est la plus longue, la plus fréquentée et la plus célèbre des rues de Cape Town. Elle relie la montagne à la mer et, de son extrémité sud, vous pourrez apercevoir les navires à quai, tout au bout. Long Street reflète le cosmopolitisme de la cité portuaire : *delis*, cafés, restaurants, bars ouverts toute la journée, salles de concert et clubs, églises et mosquées, boutiques de vêtements en provenance de tout le continent, magasins d'antiquités africaines, brocantes et bric-à-brac en tout genre, marchés, pharmacies, prêteurs sur gages, sex-shops, *boutique hotels* tendance et pensions spartiates, sans oublier un hammam étrangement décalé.

LE *KRAMAT* DE CAPE TOWN

Plusieurs *kramat* – tombeaux réels ou supposés de saints musulmans, originaires d'Indonésie pour la plupart – sont dispersés autour de Cape Town. Pour les fidèles, ils forment autour de celle-ci un cercle protecteur, une sorte de barrière spirituelle contre les catastrophes naturelles.

Avant de se rendre en pèlerinage à La Mecque, les croyants vont se recueillir dans chacun de ces mausolées. Le *kramat* de Sayed Abdurahman Matura, prince de Ternate, se trouve sur Robben Island. Nureel Mobeen est enterré à Oudekraal, près de la plage de Bakoven. La koubba d'Abdumaah Shah s'élève à l'entrée du domaine viticole de Klein Constantia, au sud de Cape Town. L'un des 2 *kramat* dressés au flanc de Signal Hill renferme la dépouille de Tuan Guru, premier imam du Cap et fondateur de la première mosquée du pays, mort en 1780 à 95 ans. Le *kramat* le plus vénéré de tous est celui de Cheikh Yusuf (1626-1699), Abadin Tadia Tjoessoep de son vrai nom, qui repose au bord de l'Eerste River, dans le township de Macassar (prenez la direction de Firgrove sur la N2, entre Cape Town et Stellenbosch). Cet aristocrate natif de Macassar, qui avait étudié la théologie au Yémen avant de devenir conseiller du sultan de Banten (Java), fut exilé au Cap en 1693 pour avoir mené une rébellion contre la Compagnie hollandaise des Indes orientales. La koubba de ce charismatique mystique soufi a été érigée en 1925 par un pieux musulman de retour de La Mecque.

Le District Six Museum.

Dans Long Street, le chic branché côtoie le médiocre ou le très pauvre, et ces contrastes font précisément son caractère. Ses façades sont tout aussi disparates, tel un manuel d'histoire de l'architecture capetonienne depuis le 17e siècle. Au n° 206 trône l'édifice victorien le plus exubérant de la ville, surchargé de fers forgés, de tourelles et de pignons néogothiques. La **Palm Tree Mosque** du n° 185 (accès réservé aux musulmans) occupe depuis le début du 19e siècle une ancienne maison particulière : le palmier se dresse à l'entrée de l'ancien jardin.

Ouverts depuis 1908, les **Long Street Baths** (croisement de Long Street et d'Orange Street ; tél. 021 422 0100 ; ouv. tlj. 7h-19h ; entrée payante), bains turcs, sont devenus une véritable institution et sont fréquentés par nombre d'habitants du quartier. Très bien restaurés, ils arborent de belles fresques murales illustrant des scènes de la vie quotidienne du centre-ville.

Et si vous préférez les petites boutiques pleines de surprises aux grandes enseignes standardisées, cette rue devrait vous combler. Vous pourrez en effet farfouiller dans ses friperies et ses libraires d'occasion, sur les myriades de stands du **Pan-African Market** (au n° 76) ou dans les bacs de l'**African Music Store**, au n° 134.

Deux *blocks* séparent Long Street de **Greenmarket Square** Ⓚ, bordé de superbes façades Art déco, autre pôle incontournable du centre-ville avec sa ruche d'étals tenus par une colonie panafricaine et polyglotte, où le français des Sénégalais et des Maliens se mêle au swahili des Kenyans et des Tanzaniens. Marché aux puces de tout un continent, point de ralliement des artistes de rue et des badauds – il accueille quotidiennement un marché très coloré d'artisanat –, Greenmarket est cerné de cafés et d'édifices anciens comme l'**Old Town House**, datant de 1761 (tél. 021 481 3933 ; www.iziko.org.za ; ouv. tlj. 10h-17h ; entrée libre), magnifiquement restaurée.

Cette demeure abrite la **collection Michaelis** d'art hollandais et flamand, ses peintures et gravures de Frans Hals, Ruysdael, Rembrandt et Van Dyck, ainsi que des œuvres d'art contemporain.

La mosquée Auwal de Dorp Street remonte à 1798.

Long Street by night.

LE QUARTIER DE BO-KAAP

À l'ouest du centre-ville, au-delà de Buitengracht Street, s'étend l'un des quartiers les plus pittoresques de Cape Town, **Bo-Kaap** (Haut-du-Cap), dit aussi Malay Quarter (le quartier malais). Les maisons restaurées des 18e et 19e siècles, qui bordent ses ruelles tortueuses de leurs couleurs pastel, servaient jadis d'écuries, de casernes et de quartiers d'esclaves. C'est dans ce secteur que s'installèrent en effet, dès le 17e siècle, des hommes libres et des relégués politiques originaires des Indes hollandaises. Ainsi naquit la communauté des "Malais du Cap" *(voir p. 40)*, aujourd'hui largement métissée mais restée fidèle à l'islam et à certaines de ses traditions, telles les joyeuses parades du carnaval qui animent les rues de Bo-Kaap début janvier *(voir p. 70)*. Bo-Kaap possède de vénérables mosquées, cimetières et *kramat*, ou mausolées de saints hommes *(voir encadré p. 156)*. Sa **mosquée Auwal**, dans Dorp Street, est même la plus ancienne du pays (1798). Quant aux gourmets, ils s'intéresseront tout particulièrement à la cuisine dite Cape Malay, à tester par exemple au Biesmiellah *(voir p. 352)* ou au Noon Gun Tearoom.

Principal pôle d'attraction du quartier, le **Bo-Kaap Museum** Ⓛ (71 Wale Street ; www.iziko.co.za ; ouv. lun.-sam. 10h-17h ; entrée payante) a conservé sa corniche "en vague", élément stylistique courant à Cape Town vers la fin du 18e siècle. Toute la menuiserie est d'origine, y compris les fenêtres et les volets en teck, les portes et l'imposte d'entrée en éventail. L'intérieur, restauré, est celui d'une demeure musulmane du 19e siècle. Presque tout le mobilier est hollandais ou anglais, mais d'un style en rapport avec la maison. Des photos et des tableaux illustrent le mode de vie de la communauté locale, mais aussi des curiosités, comme cette trompe jadis utilisée par les marchands de poisson ambulants de Cape Town.

Posté sur Signal Hill, au sommet de la vertigineuse Longmarket Street, le **Noon Gun** domine Bo-Kaap et l'Océan. À l'époque coloniale, ce canon signalait l'arrivée de tout navire important ; aujourd'hui, il n'est plus chargé manuellement, mais automatiquement mis à feu, à midi pile *(noon)* du lundi

ROBBEN ISLAND

Ancrée 11 km au large de Green Point, cette île de 5 km² doit son nom à la colonie de phoques *(rob)* que les Hollandais y découvrirent au 17e siècle. À son premier prisonnier, un chef khoikhoi, succédèrent des esclaves marrons et des opposants politiques en provenance de l'archipel indonésien. Robben Island demeura une prison après la conquête britannique. À partir de 1845, on y reléguа des lépreux, des aliénés et des miséreux, et le petit village d'**Irishtown** vit bientôt le jour près de la jetée. Transformée en base militaire lors de la Seconde Guerre mondiale, l'île fut confiée au département des Prisons en 1960 pour devenir la plus célèbre **colonie pénitentiaire** d'Afrique du Sud. Condamné à la réclusion à perpétuité, Nelson Mandela y passa 18 ans – et Jacob Zuma 10. Cet Alcatraz sud-africain est désormais un monument national et un site inscrit au Patrimoine mondial par l'Unesco. Pour pouvoir le visiter, il faut vous joindre à l'une des excursions qui partent du V&A Waterfront 4 fois par jour. Elles comprennent une minicroisière de 30 minutes, un tour de l'île en car (avec arrêt dans les carrières où les bagnards trimaient sous le cagnard) et une visite du pénitencier et de la cellule de Mandela en compagnie d'un ancien détenu. Des dauphins accompagnent souvent les bateaux jusqu'à l'île et, plutôt que des phoques, vous apercevrez sûrement les manchots du Cap qui s'y sont réinstallés en 1983, après presque 2 siècles d'absence.

Le marché aux puces de Greenmarket Square.

au samedi, par un signal électronique émis de Cape Town Observatory.

Entre Bo-Kaap et le front de mer, découvrez la **Martin Melck House** (96 Strand Street; tél. 021 405 1540; ouv. lun.-sam. 9h30-16h30; entrée payante), l'une des plus belles demeures coloniales d'Afrique du Sud. Son histoire est intimement liée à celle du Cap. En 1764, Martin Melck, un mercenaire prussien au service de la Compagnie hollandaise des Indes orientales, décide d'y prendre sa retraite. Il confie la construction de sa résidence au célèbre architecte français Louis Thibault et la décoration intérieure au sculpteur allemand Anton Anrieth. À présent, le bâtiment abrite des expositions temporaires de grande ampleur, telle la collection d'orfèvrerie du **Gold of Africa Museum** en provenance de tout le continent – Mali, Côte d'Ivoire, Ghana, Zimbabwe et Afrique du Sud – ou encore celle de l'Apartheid Museum sur la vie de Mandela, intitulée "Life & Times of Nelson Mandela".

LE FRONT DE MER

Laissée à l'abandon pendant près d'un demi-siècle, la plus ancienne partie du port, le **Victoria and Alfred (V&A) Waterfront** Ⓝ (ouv. tlj.; www.waterfront.co.za), a bénéficié d'une vigoureuse cure de jouvence dans les années 1980. Boutiques, marchés artisanaux, musées, hôtels de standing, pubs et restaurants s'alignent désormais sur ses quais, bénéficiant du spectaculaire arrière-plan de Table Mountain.

Illustrant le renouveau du front de mer, le premier musée d'art contemporain d'Afrique à l'échelle internationale, comparable au Centre Pompidou ou au MoMa, le gigantesque **Zeitg Museum of Contemporary Art**, ou **MoCAA** (V&A Waterfront, Silo District; tél. 021 418 7855; www.zeitzmocaa.museum; ouv. mer.-lun. 10h-18h, nocturne le ven.; entrée payante), signé par l'architecte Heatherwick, a ouvert ses portes en septembre 2017. Ce dernier a reconverti un ancien silo à grain (57 m de hauteur, 6000 m^2, 9 étages, 42 tubes verticaux!) en une imposante cathédrale de béton. Au sommet de l'édifice, des fenêtres renvoient sous tous les angles le panorama des tours de la ville et de Table Mountain.

Le musée accueille la collection de Jochen Zeitz, l'une des plus repré-

Le ferry pour Robben Island.

Façades acidulées de Bo-Kaap.

Vous verrez peut-être des damans du Cap – que les Sud-Africains appellent dassies *– au sommet de Table Mountain.*

sentatives de l'avant-garde artistique d'Afrique et de sa diaspora, répartie dans 80 salles d'exposition. Communiquant avec le Waterfront, un amphithéâtre permettra d'accueillir des événements extérieurs devant le musée.

Une escapade iodée vous tente ? Embarquez donc pour une minicroisière dans la baie (départs toutes les heures ou presque).

Ne manquez pas de rendre une petite visite aux pensionnaires du **Two Oceans Aquarium** (tél. 021 418 3823 ; www.aquarium.co.za ; ouv. lun.-ven. 9h30-18h, sam.-dim. 9h-18h ; entrée payante), des gracieux hippocampes aux terrifiants requins blancs en passant par les flamboyants poissons des récifs coralliens. Entre autres curiosités originales, une volière rocheuse facilite l'observation des huîtriers noirs, des manchots du Cap et des gorfous sauteurs. Des bassins et des bancs de varech permettent aux visiteurs de s'approcher au plus près des animaux marins. Avis aux amateurs : les plongeurs confirmés ont la possibilité de nager en compagnie des hôtes de l'aquarium.

CLOCK TOWER CENTRE

Dans la partie sud-est du V&A s'élève le **Clock Tower Centre**, surmonté d'une tour d'horloge rouge vif des années 1880 qui offre une vue à 360° sur le port et les environs. Il abrite le **Tourism Cape Town Information Centre** (tél. 021 408 7600 ; www.tourismcapetown.com ; ouv. tlj. 9h-21h) ainsi qu'un cybercafé et un marchand de vins haut de gamme spécialisé dans les expéditions à l'étranger.

Ce bâtiment renferme également le **Nelson Mandela Gateway**, d'où partent les croisières à destination de **Robben Island** (tél. 021 413 4200 ; www.robben-island.org.za ; départs tlj. à 9h, 11h, 13h et 15h ; visite payante de 3 ou 4 heures). La colonie pénitentiaire *(voir encadré p. 158)* devint mondialement célèbre lorsqu'y furent emprisonnés de nombreux dirigeants du mouvement anti-apartheid, dont le futur président Nelson Mandela qui demeura 18 ans dans la section B.

Inscrite au Patrimoine mondial par l'Unesco en 1999, Robben Island est aussi une réserve naturelle. La prison a été convertie en un musée consacré à la lutte anti-apartheid.

Le Victoria & Alfred Waterfront.

TABLE MOUNTAIN

Appelée simplement "la Montagne" par les Capetoniens et Hoerikwaggo (Montagnes dans la mer) par les Khoikhoi, cette plateforme de grès qui domine Table Bay attire tous les regards. **Table Mountain** (la montagne de la Table) ❷ est à la fois une boussole, un amer et un espace sauvage en pleine zone urbaine. C'est aussi une sorte de tour Eiffel locale : vous n'aurez pas tout vu de la ville sans en avoir fait l'ascension et embrassé le panorama qui se déploie de son sommet : le City Bowl, le Waterfront, Table Bay et Robben Island au nord, Camps Bay et la côte atlantique battue par les vagues à l'ouest, False Bay et les monts Hottentots-Holland à l'est, et l'ondoyante épine dorsale de la presqu'île du Cap au sud.

Sachez tout de même que la vue, le fonctionnement du **téléphérique** et une éventuelle randonnée au sommet restent tributaires de la météo. Vous serez donc bien inspiré de profiter de la première journée de beau temps de votre séjour pour le gravir. Le plus simple est de prendre le **Table Mountain Cableway** (Tafelberg Road ; tél. 021 424 8181 ; www.tablemountain.net ; billets en vente sur place et sur Internet). Inauguré en 1929, ce téléphérique a fêté son 25 millionième passager en 2016. Ses nacelles pivotent à 360° lors de l'ascension, pour que leurs 64 passagers puissent voir à la fois la paroi rocheuse qui se dresse plus haut, et la ville et la côte en contrebas. Comptez de 3 à 9 minutes pour atteindre le sommet, selon la résistance du vent.

S'Y RENDRE À PIED

Plusieurs itinéraires s'offrent aux courageux qui optent pour la marche à pied. Celui de **Platteklip Gorge** part de Tafelberg Road et zigzague sur 3 km – comptez 1 heure aller si vous êtes en forme. En tournant à droite au sommet, vous pourrez rejoindre la station supérieure du téléphérique et ainsi redescendre sans effort supplémentaire. Vous pouvez aussi suivre le **Pipe Track**, qui remonte la Corridor Ravine à partir de Kloof Nek (comptez 6 km et 5 heures aller-retour), ou le **Contour Path**, qui part du Rhodes Memorial.

Les plus vaillants emprunteront l'abrupt sentier qui part du Kirsten-

À SAVOIR

Habitués à ce que les touristes leur donnent des friandises et des reliefs de leur repas, les babouins chacma peuvent se montrer très agressifs. Dissimulez vos provisions et, surtout, ne les nourrissez pas !

Le Kirstenbosch National Botanical Garden.

Avant de sortir en mer, observez les girouettes : si le vent vient du sud-est, les courants glacés de l'Antarctique vous guettent.

bosch National Botanical Garden et remonte **Skeleton Gorge** en direction de Maclear's Beacon, le fanal érigé en 1843 par l'astronome Thomas Maclear au faîte de la montagne (1 087 m). De quelque façon que vous arriviez au sommet, sachez que le vent glacial qui balaie généralement le plateau impose de revêtir une polaire ou un coupe-vent – n'oubliez pas non plus d'emporter une protection contre la pluie, les conditions météo étant capricieuses. À pied, préparez-vous à devoir rebrousser chemin si vous ne voulez pas vous perdre dans le brouillard qui enveloppe fréquemment les hauteurs de Table Mountain.

PROMÉROPS DU CAP ET BABOUINS CHACMA

Dans le secteur relativement plan qui domine le téléphérique, vous trouverez une cafétéria et un restaurant souvent bondés, ainsi que plusieurs sentiers de randonnée aménagés dans le *fynbos* d'altitude qui tapisse la montagne *(voir p. 206)*, dont les 1 500 espèces végétales comprennent une cinquantaine d'endémiques, menacées pour certaines. En saison, la floraison des buissons de protées tient la vedette, leurs parfums et couleurs attirant des oiseaux endémiques tels que le promérops du Cap *(Promerops cafer)*, le serin bifascié *(Serinus leucopterus)* et le souimanga orangé *(Anthobaphes* ou *Nectarinia violacea)*. Quant aux damans des rochers *(Procavia capensis)*, qui rôdaient autour de la cafétéria, ces mammifères ne se montrent plus guère depuis qu'il est interdit de les nourrir.

En revanche, vous apercevrez sans doute de bruyantes bandes de babouins chacma *(Papio ursinus)*, voire un énorme éland *(Taurotragus oryx)*, un grysbok du Cap *(Raphicerus melanotis)* ou une charmante mangouste grise *(Herpestes edwardsii)*. Les tahrs de l'Himalaya (antilopes aux allures de chèvres importées d'Asie au 19e siècle), qui avaient proliféré dans le massif après s'être échappés d'un zoo dans les années 1930, ont été pratiquement exterminés en 2004 par l'administration des parcs nationaux – une mesure nécessaire, mais qui souleva un tollé parmi les défenseurs de la nature. Quelques rescapés se montrent encore de temps à autre avec leur progéniture.

LES MEILLEURES PLAGES

Séduit par le climat estival de Cape Town, vous serez sans doute surpris par la **température souvent glaciale** des eaux de baignade sur la côte atlantique de la presqu'île du Cap, notamment sur les plages de Clifton, de Camps Bay, de Llandudno, et vous n'envierez nullement les nudistes qui fréquentent celle de Sandy Bay. En fait, tout dépend des caprices du vent de sud-est. Lorsqu'il écarte de la côte occidentale les eaux chaudes de surface, celles des profondeurs remontent prendre leur place – notamment le courant froid de Benguela –, selon un phénomène complexe appelé *upwelling* (remontée). Ne vous étonnez donc pas si la température de l'eau tombe jusqu'à 12 °C, voire 10 °C, après un gros coup de vent. Paradoxalement, c'est en hiver (juin-août), quand le vent de sud-est faiblit, que les plages de l'Atlantique bénéficient des meilleures températures.

Si vous ne pouvez résister à l'idée d'un bain de mer, mieux vaut donc mettre le cap sur les **plages plus tempérées** de False Bay (Muizenberg, Fish Hoek), sur le littoral oriental de la presqu'île, ou même pousser jusqu'à Strand Beach, près de Somerset West. Mais écoutez plutôt les conseils des habitants : couverture nuageuse sur Table Mountain ? Le vent souffle du sud-est, et vous avez intérêt à opter pour Clifton ou Llandudno ; mais si une brume marine de nord-ouest s'installe, optez pour Muizenberg et ses environs.

Table Bay vue du haut du massif.

SUR LES PENTES ORIENTALES DU MASSIF

Table Mountain est le plat de résistance du Table Mountain National Park (tél. 021 712 0527 ; www.sanparks.org), un domaine discontinu qui couvre les trois quarts de la presqu'île du Cap et regroupe plusieurs anciennes réserves et zones protégées, telles que Boulders Beach, le cap de Bonne-Espérance et les 560 ha des **Kirstenbosch National Botanical Gardens** ❸ (Rhodes Drive ; tél. 021 799 8783 ; www.sanbi.org ; ouv. tlj. : avr.-août 8h-18h, sept.-mars 8h-19h ; entrée payante). Les parterres du jardin paysager, qui mettent magistralement en valeur plus de 5 000 espèces végétales, laissent imperceptiblement place au *fynbos* et aux forêts de podocarpes à feuilles de laurier-rose *(Podocarpus falcatus)* qui ombragent les versants orientaux de la montagne.

Table Mountain est flanquée de 2 pics : **Lion's Head** (669 m) et **Devil's Peak** (1 000 m) où, selon une légende locale, un certain Van Hunk, fumeur de pipe invétéré, rencontra un mystérieux inconnu aussi amateur de tabac que lui. Chacun se vantant de fumer plus que l'autre, les 2 hommes se livrèrent à un concours... que Van Hunk remporta. Mais le perdant se révéla être le diable, et le nuage de fumée produit par leurs 2 pipes, qui avait fini par envelopper la montagne, sembla ne plus vouloir se dissiper. Cette légende prend toute sa dimension l'été, quand un manteau nuageux apparemment immobile, baptisé la "Nappe", couronne le sommet.

C'est aussi sur la pente de Devil's Peak que, du temps où il était Premier ministre de la colonie du Cap, Cecil Rhodes se fit construire une fastueuse résidence, **Groote Schuur Estate** ❹. Passé à l'État à sa mort, en 1902, le domaine abrite plusieurs résidences ministérielles ainsi que le campus de l'université de Cape Town.

C'est au Schuur Hospital, doté d'une faculté de médecine, que Christiaan Barnard réalisa la première transplantation cardiaque au monde, le 3 décembre 1967. Cet ensemble, conçu par Herbert Baker, est dominé par le **Rhodes Memorial** (Residence Road ; ouv. tlj. 9h-17h), un imposant monument néoclassique en granit inauguré en 1912 et desservi par 49 marches

La statue équestre Energy du Rhodes Memorial.

À bord du téléphérique de Table Mountain.

Lion's Head.

(Rhodes mourut à 49 ans), qui offre des vues à couper le souffle sur Cape Town, la plaine sablonneuse des Cape Flats et les monts Hottentots-Holland.

LES VIGNES DU CAP

L'autoroute M3, qui prolonge l'Eastern Boulevard et De Waal Drive, gravit Wynberg Hill (coteaux que Jan Van Riebeeck, le premier gouverneur hollandais, garnit de plants de vigne dès les années 1650), avant de dévaler la verdoyante Constantia Valley, l'une des plus belles banlieues de Cape Town, en tout cas la plus élégante.

C'est là qu'un autre gouverneur hollandais, Simon Van der Stel, construisit en 1685 une modeste demeure baptisée **Groot Constantia** ❺ (Groot Constantia Road ; www.grootconstantia.co.za ; ouv. nov.-avr. : tlj. 9h-17h15) et planta ses premières vignes. Un siècle plus tard, les vins du domaine étaient mondialement réputés – dans *Raison et sentiments*, de Jane Austen, une gorgée du "meilleur vieux constantia qu'on ait jamais produit" soulage les peines de cœur d'Elinor Dashwood – et la maisonnette s'était muée en un manoir de taille respectable. Rachetées en 1885 par le gouvernement provincial, la demeure et les caves de Groot Constantia sont devenues un musée de la période coloniale et du vin, Groot Manor House (tél. 021 794 5140 ; www.iziko.org.za ; ouv. tlj. 10h-17h). Le domaine viticole a été subdivisé en plusieurs exploitations plus petites.

Celle de **Klein Constantia** (Klein Constantia Road ; tél. 021 794 5188 ; www.kleinconstantia.com ; ouv. pour des dégustations-ventes lun.-sam. 10h-17h, dim. 10h-16h) possède les plus beaux chais de la région, de magnifiques caves creusées à même la montagne. Quant à celle de **Buitenverwachting** (Klein Constantia Road ; tél. 021 794 5190 ; www.buitenverwachting.co.za ; ouv. pour des dégustations-ventes lun.-sam. 10h-17h), son charmant manoir niché entre les vignobles et les collines tapissées de chênes porte bien son nom (Au-delà de toute attente). Son restaurant n'est pas mal non plus.

Également doté d'un ravissant manoir ancien, **Steenberg Estate** (Steenberg Road ; tél. 021 713 2211 ; www.steenbergfarm.com ; ouv. à la visite et à

La plage de Clifton.

la dégustation tlj. 10h-18h) est réputée pour la qualité de ses vins – dont un étonnant sauvignon blanc –, son restaurant et son parcours de golf, considéré comme l'un des meilleurs de la presqu'île. Vous pourrez faire une pause déjeuner à **Constantia Uitsig** (Spaanschemat River Road ; tél. 021 794 6500 ; www.constantia-uitsig.com), qui possède 2 restaurants étoilés et un café plus abordable.

LA PRESQU'ÎLE DU CAP

L'agglomération de Cape Town occupe l'extrémité nord d'une presqu'île pour le moins spectaculaire : une langue de terre montagneuse qui s'avance dans l'Océan sur 60 km, jusqu'au cap de Bonne-Espérance et à Cape Point, baignée par les vagues furieuses de l'Atlantique à l'ouest, et par les eaux plus paisibles et plus chaudes de False Bay à l'est. Mieux vaut consacrer une journée entière à la boucle qui en fait le tour, pour profiter sans stress des points de vue et prendre le temps de se baigner, de pique-niquer ou de déjeuner au restaurant, entre demeures historiques et paysages à la flore et à la faune uniques. Mieux encore, vous pouvez parcourir différents tronçons de ce circuit en plusieurs jours : ainsi, gagnez Cape Point pour la vue, allez vous baigner à Muizenberg, ou à Scarborough pour vous régaler de poisson et de fruits de mer.

Où que vous vous trouviez, vous profiterez de vues sublimes sur le large et/ou sur la majestueuse épine dorsale montagneuse de la presqu'île. Le **Table Mountain National Park** protège la majeure partie de ce massif et de ses sites de cartes postales : les aiguilles des Twelve Apostles, les rotondités du mont Constantiaberg et le fabuleux belvédère que constitue Noordhoek Peak, tandis qu'un réseau de cols vertigineux et de sinueuses routes côtières relie ses criques, ses plages sablonneuses, ses villégiatures et ses petits ports de pêche comme les perles d'un collier.

Pour profiter au mieux des paysages de la presqu'île, partez tôt, idéalement au moment où le soleil se lève derrière les Hottentots-Holland Mountains et s'apprête à faire miroiter les flots de False Bay. Votre première étape sera **Muizenberg** ❻, sur la côte orientale, à

À PROPOS

C'est au large du cap de Bonne-Espérance que le *Hollandais-Volant*, un vaisseau fantôme démâté, aux voiles déchirées, est condamné à errer jusqu'à la fin des temps – une légende qui inspira à Richard Wagner son opéra *Der Fliegende Holländer...* *(Le Vaisseau fantôme)* et aux scénaristes de Hollywood le film *Pandora* (1951), avec Ava Gardner, et la saga *Pirates des Caraïbes*, lancée en 2003.

Le manoir de Groot Constantia.

Boulders Beach accueille une importante colonie de manchots du Cap.

environ 20 km du centre de Cape Town. C'est dans cette station balnéaire, particulièrement en vogue à l'époque victorienne, que Cecil Rhodes se retira après la guerre des Boers et qu'il mourut d'un cancer en 1902 – sa maison est devenue un musée. Et si l'architecture du front de mer a perdu une bonne partie de son lustre, la plage reste splendide.

À proximité, le **Rondevlei Bird Sanctuary** ❼ (tél. 021 706 2404 ; ouv. tlj. 7h30-17h, déc.-fév. jusqu'à 19h ; entrée payante) intéressera les ornithologues amateurs : on a recensé 230 espèces d'oiseaux dans cette zone humide, dont une population résidente de grèbes huppés. Vous y verrez aussi des hippopotames, réintroduits il y a quelques années pour freiner le développement de la végétation aquatique.

Épousant la côte de False Bay, l'étroite Main Road serre de près la voie ferrée, laissant l'altier mont Muizenberg sur sa gauche. Vous traverserez ensuite une série de villages charmants – **St James** et ses cabines de plage colorées, le vieux port de pêche de **Kalk Bay** et son fameux marché au poisson, et **Fish Hoek** ❽, probablement la plage de la presqu'île où la baignade est la plus sûre.

SIMON'S TOWN ET BOULDERS

De Fish Hoek, prenez la M4 à gauche et suivez cette route qui serpente à travers Glencairn jusqu'à **Simon's Town** ❾. Ce port doit son nom au gouverneur Simon Van der Stel, qui comprit que ce site ferait un excellent mouillage hivernal. Simon's Town ser-

vit de base à la Royal Navy de 1806 à 1957. L'artère principale, George Street, est bordée d'élégantes façades victoriennes, tandis que sur Jubilee Square se dresse la statue d'Able Seaman Just Nuisance (Matelot capable juste casse-pieds), un dogue allemand devenu la mascotte de la Royal Navy lors de la Seconde Guerre mondiale.

Les passionnés d'histoire militaire apprécieront le **SA Naval Museum** (West Dockyard ; tél. 021 787 4686 ; www.simonstown.com ; ouv. tlj. 9h30-15h30 ; entrée payante). Quant au **Simon's Town Museum** (Court Road ; tél. 021 786 3046 ; www.simonstown.com ; ouv. lun.-ven. 10h-16h, sam. 10h-13h ; entrée payante), le musée d'histoire locale, il occupe l'ancienne résidence d'hiver (1777) du gouverneur du Cap nommé par la Compagnie hollandaise des Indes orientales.

À l'extrémité sud de la ville s'étend **Boulders Beach** ⑩ (Kleintuin Road ; tél. 021 786 2329 ; www.sanparks.org ; ouv. tlj. : été 7h-19h30, hiver 8h-17h ; entrée payante). Les éboulis granitiques qui ont donné leur nom à cette plage accueillirent en 1985 quelques couples de manchots du Cap. Aujourd'hui intégré au Table Mountain National Park, le site est occupé par des milliers de ces oiseaux intrépides et comiques – c'est même l'une des 3 plus importantes colonies nicheuses de manchots recensées sur le continent. Un réseau de passerelles et de plateformes sur pilotis permet d'observer la colonie principale, à l'extrémité nord de la plage (clôturée) ; et vous pourrez même nager en compagnie de ces oiseaux de mer dans la partie sud de la plage. Une expérience mémorable !

LE CAP DE BONNE-ESPÉRANCE

De Simon's Town, la M4 longe **Miller's Point** et **Smitswinkel Bay**, dégageant au fil des virages des vues fabuleuses sur l'Océan en contrebas. Une bifurcation sur la gauche dessert les 7 750 ha du **Cape of Good Hope Sector** ⑪ (www.sanparks.org ; ouv. tlj : oct.-mars 6h-18h, avr.-sept. 7h-17h ; entrée payante) du Table Mountain National Park.

Les paysages extraordinaires qu'offrent les plages sauvages du Cape of Good Hope (cap de Bonne-Espérance)

Le street art des townships célèbre les dirigeants de l'Afrique du Sud post-apartheid ; ici Thabo Mbeki.

Cabines de bain multicolores de St James.

Le feu d'entrée du port de Kalk Bay.

justifient largement qu'on leur consacre une journée entière. Si le temps vous est compté, ne manquez pas le **phare de Cape Point** ⓬ : construit de 1913 à 1919, il constitue le point le plus méridional de la presqu'île, et en contemplant l'immense courbure de l'horizon vous pouvez presque imaginer l'Amérique du Sud à l'ouest (à droite), l'Australie à l'est (à gauche) et la mince ligne argentée de l'Antarctique, tout au sud (en face). Le phare est desservi par un sentier court mais très raide et par un funiculaire, le "Flying Dutchman".

La réserve protège depuis 1939 une faune et une flore exceptionnelles. Cette dernière se résume essentiellement aux broussailles du *fynbos* – principal système végétal du royaume floral du Cap. Parsemée de buissons de protées – en fleur l'hiver –, elle accueille toutes sortes d'oiseaux, mais aussi des mammifères comme le babouin chacma, le zèbre de montagne du Cap et différentes antilopes : élands, bonteboks, grysboks et péléas. La vie marine n'est pas en reste, entre les phoques, les cormorans et les huîtriers, qui hantent le rivage, et les baleines et dauphins souvent visibles au large.

LA CÔTE ATLANTIQUE

Pour regagner Cape Town en bouclant la boucle, longez le littoral occidental. Tournez à gauche à la sortie de la réserve, puis à gauche encore à l'embranchement suivant, 8 km plus loin. Vous traverserez les hameaux de **Scarborough** et de **Misty Cliffs**, puis le port de pêche de Kommetjie. Prenez la M6 à gauche au carrefour suivant (pour gagner le Fish Hoek Gap, continuez tout droit), puis encore à gauche au bout de 900 m. Vous atteindrez ainsi **Noordhoek** ⓭, où se retrouvent les Capetoniens en quête d'un peu d'intimité : cette plage déserte de 7 km est d'une beauté à couper le souffle.

De retour sur la M6, vous enchaînerez les virages en épingle à cheveux de **Chapman's Peak Drive** ⓮ (www.chapmanspeakdrive.co.za), route à péage de 9 km. Mais quel spectacle ! Difficile d'admirer le paysage tout en négociant les 114 tournants, mais plusieurs parkings invitent à des pauses photo.

Aux abords de Chapman's Pass.

LANGOUSTES DE HOUT BAY

Reprenez à présent Ou Kaapse Weg, puis suivez la M3 jusqu'à Constantia, passez ensuite devant l'entrée de Groot Constantia, et continuez via Constantia Nek jusqu'à déboucher face à **Hout Bay** ⓯, un paisible petit port de pêche absorbé par la banlieue de Cape Town. C'est là que mouille la flotte des langoustiers de la presqu'île, et toutes sortes de poissons fraîchement pêchés sont vendus directement sur les quais.

Principal pôle d'attraction touristique, le vieux port, baptisé **Mariner's Wharf** (tél. 021 790 1100 ; www.marinerswharf.com ; ouv. tlj. 9h-17h30), aligne un choix honnête de restaurants de poisson et de fruits de mer, ainsi qu'une poignée de boutiques et d'étals d'artisanat.

Sur les quais, une kyrielle de kiosques proposent des excursions à **Duiker Island**, pouponnière attitrée de plusieurs milliers d'otaries à fourrure du Cap. La traversée prend de 40 minutes à 1 heure, et les bateaux partent le matin toutes les 30 minutes environ – moins régulièrement après le déjeuner.

Le **World of Birds** (Valley Road ; tél. 021 790 2730 ; www.worldofbirds.org.za ; ouv. tlj. 9h-17h ; entrée payante), le plus grand parc ornithologique du continent, vous promet une rencontre nez à bec avec toute une palette d'espèces exotiques ou endémiques, dont la grue couronnée, l'ibis chauve ou encore le paon bleu, au plumage irisé.

VERS LE NORD

Prenez ensuite la direction du nord : du sommet de Suikerbossie Hill, vous aurez une vue imprenable sur l'élégante villégiature de Llandudno, sa plage en croissant de lune et ses pointes rocheuses. Après Llandudno surgissent les majestueux **Twelve Apostles** ⓰, contreforts occidentaux de Table Mountain qui évoquent des proues de navires géants échoués sur la côte. Lorsque souffle le vent de sud-est, les nuages s'enroulent autour des sommets, évoquant l'écume de vagues venues se briser sur la coque de ces vaisseaux de pierre.

La M6 traverse ensuite certaines des stations balnéaires les plus huppées du pays : Camps Bay, Clifton et Bantry Bay. La bonne société va prendre le soleil et se montrer sur ces

Le phare de Cape Point.

Plongeon à Hout Bay.

plages – mais elle se baigne rarement dans cette mer glaciale ! À partir de Bantry Bay, la route traverse les banlieues aisées et densément peuplées de Sea Point et de Green Point, avant d'atteindre Cape Town.

CIRCUITS D'EXCURSION

Redevenue une destination touristique mondiale depuis la fin du régime d'apartheid, Cape Town propose désormais à ses visiteurs un vaste éventail de circuits d'excursion à la journée et d'activités sportives – pour tous les niveaux et adaptées à toutes les bourses. L'office de tourisme du Clock Tower Centre (www.capetown.travel) vous fournira les détails nécessaires.

Semblables aux Soweto Tours organisés à Johannesburg, les circuits guidés des townships de **Khayelitsha**, de **Langa** (le plus ancien bidonville du pays) et d'**Imizamu Yethu** (près de Hout Bay) vous donneront un aperçu des conditions de vie des Sud-Africains noirs au temps de l'apartheid mais aussi aujourd'hui *(voir p. 171)*.

Autres buts d'excursions à la journée : les **Stellenbosch Wine Routes** *(voir p. 181)* ou le village de pêcheurs de **Hermanus** *(voir p. 187)*, où chaque année, en juillet, tout le monde va saluer le retour des baleines franches australes *(Eubalaena australis)*.

RAFTING ET PLONGÉE

Nombreux sont également les tour operators locaux qui proposent aux sportifs la descente en rappel d'une paroi de Table Mountain sur 100 m, du *kloofing* (canyoning) dans la Steenbras River Gorge, près de Gordon's Bay, du rafting sur différents parcours selon le niveau des eaux, ou encore du *sandboard* sur les dunes qui s'élèvent au nord de la ville.

Les amateurs auront aussi la possibilité de pratiquer le kayak, le parapente, le ski nautique, la spéléo, l'escalade ou même la pêche au gros.

Une cinquantaine de sites recensés au large de la presqu'île invitent par ailleurs à la plongée, avec leurs fabuleux récifs coralliens, leurs grottes et ondoyants herbiers marins fréquentés par toute une faune chamarrée... mais aussi par les requins *(voir Carnet pratique, p. 363)*. #

Descente en rappel de Table Mountain.

LES TOWNSHIPS

La plupart des citadins sud-africains vivent encore dans des townships – souvent des communautés "non blanches" nées à la périphérie des villes "blanches".

Les lampadaires qui éclairent les banlieues aisées scintillent encore lorsque **Khayelitsha**, le plus vaste township de Cape Town, s'éveille. Déjà les minibus bondés, qui mettront plus d'une heure à rejoindre le centre-ville et les zones industrielles, prennent la route. Khayelitsha signifie "Nouveau Foyer" en xhosa, mais pour les 400 000 personnes qui s'y entassent, cela pourrait tout autant vouloir dire "longue journée". L'aube se lève, révélant l'extraordinaire bric-à-brac de matériaux dont les maisons sont constituées : panneaux d'affichage, conteneurs à ordures, canettes compressées... Seuls certains secteurs du bidonville disposent de l'électricité ; ailleurs, les plus aisés utilisent une batterie de voiture ou un raccordement clandestin pour éclairer leurs pénates surpeuplés. En été, le sable s'infiltre partout, l'hiver, on patauge dans la boue.

Bien des résidents de Khayelitsha y sont arrivés au temps de l'apartheid, fuyant les "homelands indépendants" comme le Ciskei ou le Transkei, sinistrés par le chômage, la surpopulation et l'érosion des sols – l'agriculture et le commerce de sa production étant les seules activités économiques laissées aux bantoustans. Mais la situation n'était pas meilleure à Cape Town pour ces "non-Blancs" : leurs chances de trouver un emploi demeuraient bien maigres, les salaires très bas – les postes qualifiés étaient réservés aux Blancs –, tandis que la politique d'apartheid les obligeait à s'installer dans l'un des bidonvilles des Cape Flats, la plaine sablonneuse qui s'étend entre les riches banlieues méridionales et les monts Hottentots-Holland.

Vous aurez probablement eu un premier aperçu des townships – tels Langa (Soleil), Gugulethu (Notre Fierté), Nyanga (Lune) et Hanover Park – de la voie express qui relie l'aéroport au centre-ville. Mais vous ne connaîtrez pas vraiment Cape Town sans en avoir visité un – un déplacement à prévoir en circuit organisé, par mesure de sécurité.

Khayelitsha figure dans la plupart de ces circuits. La visite commence généralement par une vue d'ensemble du bidonville au départ de Lookout Hill, éventuellement suivie d'un arrêt au Khayelitsha Craft Market (un marché artisanal créé en 1997, dont les bénéfices sont redistribués aux plus nécessiteux), puis à l'Abalimi Bezekhaya Peace Park & Community Garden (abalimibezekhaya.org.za), qui témoigne des projets d'agriculture urbaine et de revégétalisation menés dans les townships. **Langa**, le plus ancien township de Cape Town (1927), affiche une aisance inconnue à Khayelitsha, avec ses nombreuses maisons en brique et son dynamique Guga S'thebe Arts & Cultural Centre, qui organise aussi bien des cours de danse que des ateliers d'artisanat.

Peut-être visiterez-vous aussi, à 40 km de Cape Town, le **Lwandle Migrant Labour Museum** (tél. 021 845 6119 ; www.lwandle.com ; ouv. lun.-ven. 8h-16h ; entrée payante) de Somerset West, un ancien *hostel* (foyer pour ouvriers célibataires) qui témoigne des rudes conditions de vie des ouvriers noirs, condamnés à être des travailleurs migrants sous l'apartheid. Mais visiter un township, c'est aussi découvrir une culture vivante – musarder au fil des étals de rue, se faire couper les cheveux dans une échoppe locale et pousser la porte d'un *shebeen* (bar jadis clandestin). #

Dans le township d'Imizamu Yethu, entre Hout Bay et Table Mountain, s'entassent plus de 35 000 personnes.

La côte acérée de la De Hoop Nature Reserve.

Rivage avenant de l'Overberg.

LE WESTERN CAPE

Quittez Cape Town et partez à la découverte de plages désertes, de montagnes sauvages, de tapis de fleurs multicolores à perte de vue, de vignobles généreux et même de baleines peu farouches.

L'arrière-pays, dans un rayon de 200 km autour de Cape Town (Le Cap), est d'une beauté exceptionnelle. Vous pourriez facilement consacrer une quinzaine de jours à la découverte de ses merveilles – plages, montagnes, réserves naturelles et vignobles – sans en avoir, de loin, épuisé toutes les ressources.

La province du Western Cape (Cap-Ouest) peut être découpée en 3 grandes entités : la **West Coast** (côte ouest), **les Winelands** (vignobles) et l'**Overberg**. Chacune de ces régions a sa personnalité et fait donc l'objet d'un circuit particulier dans ce chapitre. Mais si vous avez le temps, vous pouvez parfaitement envisager un itinéraire qui englobe 2 d'entre elles, voire les 3, en suivant par exemple la R27 le long de la West Coast jusqu'à Saldanha, puis en coupant par la R45 en direction de l'est jusqu'à Paarl, Stellenbosch et Franschhoek dans les Winelands, et en empruntant la R43 par Caledon jusqu'à Hermanus et l'Overberg.

LA WEST COAST

Entre Cape Town et Lambert's Bay (env. 200 km), le littoral atlantique est jalonné de petits ports de pêche assoupis, de plages sauvages, de falaises colonisées par les oiseaux marins et couronnées d'immenses tapis de fleurs printanières : de quoi, en principe, attirer plus de touristes que de goélands sur une carcasse de baleine échouée. Mais les eaux qui viennent lécher ces rivages somptueux ont la réputation de garder le poisson aussi frais qu'un congélateur, tenant les foules en respect et laissant aux Robinsons toute liberté pour explorer tranquillement la côte ouest.

Principal axe routier de la région, la N7 file vers l'intérieur des terres sur environ 50 km, pour remonter ensuite en parallèle au littoral droit vers la Namibie. Si vous voulez profiter de beaux paysages et que vous n'êtes pas

NE MANQUEZ PAS

Bloubergstrand *p. 176*
De Hoop Nature Reserve *p. 188*
Franschhoek et son vignoble *p. 182*
Hermanus *p. 187*
Stellenbosch et son vignoble *p. 180*
West Coast National Park *p. 176*

Carte p. 176

Le domaine Meerlust, près de Stellenbosch.

Il faut de 7 à 10 ans à la langouste mâle pour atteindre sa taille adulte. Elle peut alors légalement être pêchée. La femelle n'atteint sa maturité qu'à 20 ans.

pressé, quittez plutôt Cape Town par la route littorale R27, traversez la banlieue quelque peu industrialisée de Milnerton, puis **Saldanha** – pourquoi ne pas y déjeuner ? *(voir Carnet pratique, p. 355)* et Lambert's Bay, avant d'emprunter la N 7, plus rapide, à **Malmesbury**.

Première étape sur la R 27, l'ancien port de pêche de **Bloubergstrand ❶** n'est plus guère qu'un faubourg de Cape Town, dont le centre s'étend à moins de 15 km au sud. Son principal titre de gloire est d'offrir un fabuleux panorama sur la métropole, avec Table Mountain à l'arrière-plan. Bloubergstrand possède aussi une longue plage de sable, où les surfeurs viennent se mesurer aux déferlantes. Plus paisible, Melkbosstrand, 11 km plus au nord, ménage un point de vue comparable sur Cape Town.

À 40 km au nord de Bloubergstrand s'embranche sur la R 27 la petite route qui dessert **Yzerfontein**, un ravissant port de pêche limitrophe du West Coast National Park. À une quinzaine de kilomètres à l'est de la côte s'étend la petite ville de **Darling ❷** (ça ne s'invente pas), qui sortit de l'anonymat en 1996 quand l'icône et satiriste gay Pieter-Dirk Uys y ouvrit un cabaret outrageusement kitsch répondant au nom d'**"Evita se Perron"** (Darling Station, www.evita.co.za ; ouv. lun. 9h-13h, mar.-dim. 10h-16h et soirs de représentations ; entrée payante). Le théâtre, doublé d'un musée, occupe l'un des bâtiments de la gare. *Perron* signifie "quai de gare" en afrikaans, et Evita Bezuidenhout est le personnage féminin dont Uys revêt le costume et les traits pour dénoncer les travers de la société sud-africaine depuis plus de 30 ans. Son one-man-show (horaires sur www.evita.co.za), très irrévérencieux, vous ouvrira les coulisses de la nouvelle scène politique sud-africaine si vous comprenez bien l'anglais.

DU WEST COAST NATIONAL PARK À LAMBERT'S BAY

À une vingtaine de kilomètres au nord d'Yzerfontein par la R27, le **West Coast National Park ❸** (tél. 022 772 2144 ; www.sanparks.org ; ouv. tlj. : sept.-mars 9h-17h, avr.-août 7h-18h ; entrée payante) protège un ruban littoral d'une trentaine de kilomètres et sur-

tout **Langebaan Lagoon**. Cette lagune est l'une des zones humides clés de la planète pour la protection des oiseaux migrateurs, ses îles hébergeant de nombreuses colonies de cormorans du Cap *(Phalacrocorax capensis)*, de mouettes de Hartlaub *(Chroicocephalus hartlaubii)*, de fous du Cap *(Morus capensis)* et 7 autres espèces marines. Mais la plupart des visiteurs sont attirés par un tout autre spectacle : l'extraordinaire explosion de couleurs qui accompagne l'éclosion des fleurs du parc, généralement en août. Le secteur de Postberg, ouvert uniquement au moment de cette floraison, est le rendez-vous des passionnés de botanique. Ces derniers peuvent aussi y observer de grandes antilopes – springboks, gemsboks et bonteboks. La route de Postberg traverse Church Haven, un petit port de pêche établi près des salines de Langebaan Lagoon. Sur la rive orientale de la lagune, la station balnéaire de **Langebaan** ❹ offre un large choix d'activités : pêche, voile, ski nautique et planche à voile, entre autres. Au nord, la lagune s'épanche dans Saldanha Bay (baie de Saldagne), le havre naturel le plus profond d'Afrique du Sud. Débouché maritime des mines de fer de Sishen, à 800 km de là, le port de **Saldanha** ❺ est le théâtre d'une intense activité. Si l'on peut légitimement s'inquiéter de l'impact des minéraliers et autres cargos sur l'écosystème fragile de la lagune, les moules qu'on y élève depuis 1984 sont délicieuses, tout comme les langoustes de **Paternoster** ❻, un village de pêcheurs situé 30 km au nord. Vous pourrez en juger dans les restaurants locaux.

Cape Columbine, 3 km au sud de Paternoster, et les dunes environnantes, tapissées de *fynbos*, composent la magnifique **Columbine Nature Reserve** (ouv. tlj. ; entrée payante). De nombreux oiseaux (goélands, cormorans et ibis, notamment) nichent dans la réserve, un lieu féerique lors de la floraison printanière. Les amateurs de camping sauvage apprécieront cette retraite isolée, où ils pourront méditer à loisir face aux redoutables récifs qui affleurent au large du cap et qui ont conduit maints navires au naufrage.

Près de la station balnéaire de **Dwarskersbos**, environ 35 km au nord

Ce phare a été inauguré en 1936 pour signaler aux navires la présence de récifs meurtriers aux abords de Cape Columbine.

Sentier balisé du secteur de Postberg, dans le West Coast National Park.

UN CRUSTACÉ EN OR

Jusqu'au début du 20e siècle, la haute société du Cap afficha un profond dédain pour les langoustes et les homards qui proliféraient dans les eaux côtières de la presqu'île, les laissant à l'ordinaire du pénitencier de Robben Island. Mais ces crustacés ont connu depuis lors une ascension sociale fulgurante, et ils figurent désormais à la carte des restaurants les plus huppés de la planète.

La chair de la langouste du Cap *(Jasus lalandii)* est peut-être un peu moins délicate que celle de la langouste européenne. Il n'empêche que ce crustacé alimente une industrie si rentable que les Sud-Africains l'ont dénommé l'"or rouge de la mer". Très répandue sur la West Coast, l'espèce fréquente aussi les fonds rocheux de Cape Point à East London.

Si vous souhaitez préparer vous-même votre festin, faites bouillir de l'eau salée dans un faitout. Plongez-y la langouste vivante (une par personne), tête la première (elle meurt instantanément). Laissez bouillir 20 minutes jusqu'à ce que sa carapace vire au rouge vif. Passez-la ensuite sous l'eau froide courante pour stopper la cuisson. Laissez refroidir. Ouvrez le corps dans sa longueur. Ôtez le petit sac à la base de la tête (l'estomac), le gros intestin, qui relie l'estomac au départ de la queue, le foie et les poumons. Servez la langouste simplement, avec des quartiers de citron, de la mayonnaise, du pain de seigle et une bouteille de vin blanc frais.

Les otaries à fourrure apprécient tout particulièrement Lambert's Bay.

de Saldanha, la **Rocherpan Nature Reserve** ❼ (www.capenature.co.za ; ouv. tlj. 8h-17h ; entrée payante) accueille, outre une variété de petites antilopes, des milliers d'échassiers – notamment, en saison, d'impressionnantes concentrations de flamants roses. Les amateurs d'ornithologie feront un détour par la charmante lagune d'**Eland's Bay**, où les oiseaux sont encore plus nombreux. La ville ne présente guère d'intérêt, contrairement à sa plage, qui attire le week-end tous les *surfies* de Cape Town.

En suivant la route qui mène au port de pêche de **Lambert's Bay**, 16 km au nord (où Bartolomeu Dias accosta en 1488), vous serez frappé par l'aspect de plus en plus désertique de la côte. Si la cacophonie et l'odeur du guano ne vous incommodent pas, empruntez la digue en pierre qui rejoint **Bird Island Nature Reserve** (tél. 021 483 0190, www.capenature.co.za ; ouv. tlj. : sept.-avr. 7h-19h, mai-août 8h-17h ; entrée payante) et sa colonie de 14 000 fous du Cap. La majeure partie de l'île est interdite d'accès, mais une tour d'observation vous permettra de profiter d'une vue plongeante sur la colonie de fous et la soixantaine de manchots du Cap qui se disputent le moindre centimètre carré de ce rocher. Quant aux otaries à fourrure, elles fréquentent assidûment le port de pêche de Lambert's Bay.

DANS LE MASSIF DU CEDERBERG

Mettez cap sur **Clanwilliam** ❽, à 67 km de Lambert's Bay par la N 7, qui file à l'intérieur des terres. Au cœur de la vallée de l'Olifants, cette ville fruiticole, née au 18e siècle, a conservé quelques beaux bâtiments de style colonial, comme l'Old Jail (Vieille Prison, 1808), qui héberge le musée municipal, et l'office de tourisme (tél. 027 482 2024 ; www.clanwilliam.info ; ouv. tlj.). C'est dans les environs qu'est cultivé le fameux thé rouge rooibos (buisson rougeâtre en afrikaans).

Les vignobles de **Vredendal**, au nord de Clanwilliam, commencent, quant à eux, à être connus. Une demi-douzaine de domaines proposent des dégustations ; si la plupart d'entre eux ne produisent qu'un vin blanc de pays sans prétention, les cépages rouges gagnent aujourd'hui du terrain (25 %). Vous pourrez y visiter la grande Nama-

Wolfberg Arch, dans les monts Cederberg.

qua Winery (tél. 027 213 1080 ; www.namaquawines.co.za), qui commercialise la production des vénérables Vredendal et Spruitdrift Estates, 2 domaines qui ont fusionné, devenant le plus gros vendeur de l'hémisphère Sud, avec près de 10 millions de caisses écoulées par an. Des dégustations sont proposées dans les 2 chais de Spruitdrift, à la sortie de Vredendal – notamment de sa fameuse gamme Gôiya, reconnaissable aux personnages stylisés, façon art pariétal san, qui ornent ses étiquettes.

De Clanwilliam, partez à la découverte des monts **Cederberg** ❾ et de la **Cederberg Wilderness Area** (tél. 021 483 0190 ; www.capenature.co.za ; ouv. tlj. ; entrée payante), réserve de 700 km² protégeant un massif qui culmine à 2 027 m au Sneeuberg (montagne Enneigée), lequel se couvre effectivement de neige en hiver. Ces montagnes sauvages doivent leur nom au cèdre de Clanwilliam *(Widdringtonia cederbergensis)*, qu'une déforestation galopante cantonne désormais aux versants les moins accessibles. Profitez des sentiers qui sillonnent le bas des pentes ; l'un d'eux vous conduira à une peinture pariétale bien conservée qui représente un troupeau d'éléphants.

Pour passer plus d'une journée de randonnée ou d'escalade dans la Cederberg Wilderness Area, il vous faudra demander un permis (et réserver votre hébergement) plusieurs mois avant – des quotas sont appliqués afin de protéger l'environnement. Mais le jeu en vaut la chandelle : au gré de vos balades vous attendent de spectaculaires formations gréseuses, telle l'**arche de Wolfsberg**, des grottes ornées et des rivières cristallines propices à la baignade. Avec un peu de chance, vous croiserez peut-être la piste du très secret léopard, et sans l'ombre d'un doute celle de babouins, de damans du Cap et d'oréotragues *(Oreotragus oreotragus)*. Au printemps, les pentes du massif se couvrent de fleurs sauvages.

Les amateurs d'art rupestre peuvent se rendre en voiture dans le sud du massif – comptez une journée – pour admirer les **Stadsaal Caves**. Ces grottes, creusées par l'érosion à la base d'affleurements de grès, sont les plus célèbres des centaines de sites d'art pariétal que compte la région. Vous y verrez un grand panneau illustrant des chasseurs et un troupeau d'éléphants. Aménagé sur un terrain privé, mais tout aussi passionnant, le **Sevilla Rock Art Trail** (tél. 027 482 1824 ; www.travellersrest.co.za ; ouv. tlj. ; entrée payante) vous fera découvrir pas moins de 9 sites en l'espace de 2 heures.

Outre quelques autres joyaux de l'art rupestre ouverts aux seuls résidents de l'hôtel-spa 5-étoiles, la **Bushman's Kloof Wilderness Reserve** (www.bushmanskloof.co.za) offre un magnifique aperçu du Cederberg. Plusieurs espèces d'oiseaux et de mammifères endémiques du Cap, dont le bontebok et le zèbre de montagne, profitent de ses 7 500 ha composés de paysages spectaculaires, au pied des reliefs.

De retour dans la vallée de l'Olifants, vous pourrez descendre le fleuve en canoë jusqu'à **Citrusdal** ❿, 50 km au sud de Clanwilliam : cette "vallée des Citrus" exporte des milliers de tonnes

Chez les grands koudous, seul le mâle porte de magnifiques cornes en spirale.

La colonie de fous du Cap de Bird Island.

Dans les chais du domaine Boschendal, à Franschhoek.

d'agrumes chaque année. Vous traverserez une région baptisée Swartland (Terre noire) par les premiers colons, en référence, sans doute, au *renosterbos*, une astéracée endémique qui y proliférait jadis, et dont la végétation noircit en saison. De nos jours, il serait plus juste de la nommer Geelland (Terre jaune), car elle produit environ 15 % du blé sud-africain. Sa viticulture est, par ailleurs, en plein essor. Installée à la sortie de **Malmesbury ⓫**, à une cinquantaine de kilomètres de Cape Town, la **Swartland Winery** (tél. 022 482 1134 ; www.swwines.co.za ; visite et dégustation lun.-jeu. 8h-17h, ven. 9h-16h, sam. 9h-14h) est l'une des plus importantes coopératives viticoles du pays. Regroupant les récoltes d'une centaine de domaines, elle propose une vingtaine de vins de table ordinaires (sauf ses syrahs et colombards, plus intéressants), ainsi qu'une sélection de rouges de garde limitée aux bonnes années.

LES WINELANDS

Cœur traditionnel de la viticulture du Cap, la région montagneuse située au nord-est de Cape Town et connue sous le nom de Boland (Hautes Terres) regroupe la majeure partie des vignobles du pays. Des centaines de domaines à l'élégante architecture Cape Dutch sont disséminés dans ce décor alpestre. N'hésitez pas à consacrer plusieurs jours à leur découverte ; à vrai dire, il faut compter une bonne semaine pour parcourir une seule des 10 ou 12 routes des vins tracées dans ces Winelands. Choisissez un ou deux itinéraires qui correspondent à vos envies. Si vous appréciez l'architecture Cape Dutch et les paysages de montagne, rendez-vous au pied des **Hottentots-Holland Mountains**, autour de Somerset West, Stellenbosch et Franschhoek, pour une journée d'excursion au départ de Cape Town. En revanche, si vous êtes amateur de vin et souhaitez vous faire expédier quelques caisses à bon prix, empruntez plutôt les routes moins touristiques qui desservent Wellington, Worcester ou Robertson.

Séance dégustation au domaine Rustenberg.

STELLENBOSCH

Étape incontournable du Boland, **Stellenbosch ⓬** se trouve 30 km à l'est de Cape Town à vol d'oiseau. Plusieurs trains relient quotidiennement les 2 villes. En voiture, le plus rapide est de suivre la N2 vers l'ouest et, passé l'aéroport, de bifurquer sur la R310 en direction du nord. Fondée en 1679 au cœur des Winelands par le gouverneur hollandais Simon Van der Stel, Stellenbosch est la plus ancienne ville d'Afrique du Sud après Cape Town. Elle est réputée pour son université, la première institution d'études supérieures en afrikaans de tout le pays. Vous ne trouverez nulle part dans la région une telle concentration de demeures de style Cape Dutch. Dorp, Church et Drostdy Streets présentent des ensembles particulièrement homogènes.

Sur l'ancien pré communal, Die Braak, et à proximité se dressent St Mary's Church, une église missionnaire rhénane, le **VOC Kruithuis** (ouv. sept.-mai : lun.-ven. 9h-16h30 ; entrée payante), un ancien dépôt de munitions qui abrite une collection d'armes anciennes et le **musée Burgerhuis** (tél. 021 887 0339 ; ouv. lun.-ven. 8h-16h30, sam. 10h-13h et 14h-17h), construit en 1797 dans le style Cape Dutch. En remontant Dorp Street, vous passerez devant la vieille boutique **Oom Samie se Winkel** (Uncle Samie's Store ; tél. 021 887 2372 ; ouv. lun.-ven. 8h30-17h30, sam.-dim. 9h-17h) et l'**église luthérienne**, consacrée en 1851.

Le **Stellenbosch Village Museum** (37 Ryneveld Street ; tél. 021 887 2937 ; www.stelmus.co.za ; ouv. lun.-sam. 9h-17h, dim. 10h-16h ; entrée payante) couvre tout un ensemble de remarquables maisons anciennes, dont la rustique Schreuderhuis (1709) – la plus vieille maison de ville du pays –, l'élégante Blettermanhuis (1789), de style Cape Dutch, la georgienne Grosvenor House (1803) et la victorienne Murray House (1850).

DÉGUSTATIONS

Mais ce sont surtout les centaines de domaines viticoles des vallées et coteaux environnants qui attirent les visiteurs à Stellenbosch. Desservies par plusieurs routes des vins, dont la plus ancienne remonte à 1971, la plupart de ces propriétés disposent d'un espace de dégustation (ouv. lun.-ven. 9h-16h, plus rarement sam.-dim.). Celle-ci est parfois gratuite, mais les domaines les plus visités demandent désormais une participation. Vous trouverez horaires et tarifs (www.wineroute.co.za) dans un fascicule distribué gratuitement par les offices de tourisme de Stellenbosch et de Cape Town. Lors d'une dégustation, il est d'usage de recracher le vin, mais peu de personnes s'y plient. Si vous comptez, vous aussi, déroger à la règle, évitez de conduire et inscrivez-vous (pour une somme modique) à l'un des nombreux circuits dégustation organisés au départ de Cape Town ou de Stellenbosch tous les jours.

Si vous préférez rester autonome, vous allez devoir faire des choix cornéliens entre tous ces domaines à visiter. Goûterez-vous les rieslings de **Neethlingshof** (tél. 021 883 8988 ; www.neethlingshof.co.za), le remarquable pinotage produit par **Kanonkop** (tél. 021 884 4656 ; www.kanonkop.co.za), ou encore les exceptionnels pinot noir et merlot de

L'architecture Cape Dutch des Winelands est aussi riche que leurs terroirs viticoles sont variés.

Les vignes du domaine Boschendal, au pied des monts Drakenstein.

Vendanges dans le Boland.

Une cave à vins de Franschhoek.

Meerlust (tél. 021 843 3587 ; www.meerlust.com). Tout dépend de vos attentes. Si vous recherchez la variété, sachez que **Simonsig** (tél. 021 888 4900 ; www.simonsig.co.za) produit une quinzaine de rouges et de blancs différents. Il en va de même avec **Morgenhof Estate** (tél. 021 889 2000 ; www.morgenhof.com), qui propose, en outre, des paniers pique-nique en été.

Mais si c'est à l'authenticité et la beauté des paysages que vous accordez la priorité, alors pas d'hésitation, mettez le cap sur **Rustenberg Estate** (tél. 021 809 1200 ; www.rustenberg.co.za) à la sortie nord-est de Stellenbosch – peut-être le plus beau domaine du Cap avec ses vergers et sa laiterie à pignons. Si vous êtes en famille, prenez plutôt la direction de **Spier Estate** (tél. 021 809 1100, www.spier.co.za), 5 km à l'ouest de Stellenbosch, sur la R310. Ce domaine dispose d'un restaurant gastronomique où vous pourrez goûter des spécialités malaises du Cap, d'un centre équestre, d'une aire de pique-nique, d'un petit zoo et d'une aire de jeux. Un train à vapeur le relie régulièrement à Cape Town.

La palme du charme revient sans conteste au domaine **Vergelegen** (tél. 021 847 2100 ; www.vergelegen.co.za ; ouv. tlj. 9h-17h ; entrée payante), régulièrement couronné Top Winery par les lecteurs du magazine *South Africa's Wine*. Installé sur les contreforts du Helderberg, au-dessus de **Somerset West ⓭**, 20 km au sud de Stellenbosch, Vergelegen ("Éloigné" en afrikaans) fut octroyé en 1700 à William Van der Stel (le fils du gouverneur), qui y planta les premiers ceps. Transformé en musée, le vieux manoir de style Cape Dutch s'inscrit dans un cadre de toute beauté. Charmant coffee-shop sur la propriété et vins superbes – dont un rouge plusieurs fois primé.

Sur les hauteurs de Somerset West, la petite **Helderberg Nature Reserve** (tél. 021 851 4060 ; www.helderbergnaturereserve.co.za ; ouv. tlj. de 7h30 au coucher du soleil) vous invite à suivre ses sentiers bien entretenus qui sinuent sur les pentes parmi les protées et les pieds de bruyère (7 itinéraires, de 15 min à 3h). De nombreuses espèces d'oiseaux y ont trouvé refuge et, sur les parois rocheuses de Disa Gorge, le site le plus réputé de la réserve, pousse la merveilleuse "fleur des dieux", ou orchidée rouge de Disa, qui fleurit de janvier à mars.

De Stellenbosch, la R45 vous conduira à **Franschhoek ⓮** (28 km au nord-est), baptisé le "Coin français" par allusion aux huguenots, chassés de France par la révocation de l'édit de Nantes, qui s'y établirent en 1688. Le **Huguenot Memorial Museum** (tél. 021 876 2532 ; www.museum.co.za ; ouv. lun.-sam. 9h-17h, dim. 14h-17h ; entrée payante) et le Huguenot Monument, achevé en 1943, évoquent l'histoire de ces exilés protestants persécutés par Louis XIV. De leur pays d'origine, ils n'ont pas tout laissé derrière eux. Certains des restaurants de Franschhoek comptent parmi les meilleurs du pays. Attablez-vous en terrasse pour déjeuner et vous serez gratifié, de surcroît, d'un des plus beaux paysages du Boland.

Encadrée de sommets majestueux, la Route des vins qui sillonne la **Franschhoek Valley** ne vaut pas seulement pour ses paysages idylliques. Elle passe aussi par **Boschendal Estate** (tél. 021 870 4200 ; www.boschendalwines.com ; ouv. tlj. 10h-17h ; entrée libre et dégustation payante), un domaine tricentenaire connu pour son Blanc de Noir, un vin blanc sec tiré de raisin noir. N'hésitez pas à goûter l'étonnant Boschendal Brut, proche du champagne, ou la syrah, très réputée. Avant de descendre dans les caves, faites un détour par le restaurant du domaine ou laissez-vous tenter, à la belle saison (de novembre à avril), par le *garden pique-nique* que propose la maison.

Renommé pour ses rouges, **L'Ormarins** (tél. 021 874 9074 ; www.rupertwines.com) occupe également un charmant manoir Cape Dutch. Son **Franschhoek Motor Museum** (tél. 021 874 9002 ; www.fmm.co.za ; ouv. lun.-ven. 10h-16h, sam.-dim. 10h-15h) retrace un siècle d'histoire de l'automobile grâce à ses 300 voitures anciennes. Le domaine **La Motte** (tél. 021 876 8500 ; www.la-motte.com) est réputé pour son cépage syrah, tandis que celui de **Haute Cabrière** (tél. 021 876 3688 ; www.hautecabriere.com) produit pas moins de 5 vins pétillants. Vous pourrez aussi visiter la **Franschhoek Vineyards Co-op Cellar** (tél. 021 879 2086 ; www.franschhoek-cellar.co.za ; ouv. lun.-sam. 10h-18h, dim. 10h-17h), qui propose à la vente un large éventail de vins locaux ou issus des États voisins.

PAARL

À 30-45 minutes au nord de Stellenbosch et de Franschhoek, et à distance comparable de Cape Town par la N1, **Paarl** ⓯ (Perle en afrikaans) doit son nom au dôme de granit poli auquel la ville s'adosse. Mais ni son nom ni sa relative ancienneté (sa fondation remonte à 1720) ne suffisent à rendre Paarl et son énorme centre-ville séduisants. Sur le versant sud de Paarl Mountain s'élève l'**Afrikaans Taal (Language) Monument and Museum**, un obélisque granitique érigé en 1975 pour célébrer le centenaire d'un mouvement qui vit le jour à Paarl et parvint à imposer l'afrikaans comme langue officielle.

La **Route des vins** de Paarl, comme celles de Franschhoek et Stellenbosch, dessert plusieurs domaines dignes d'intérêt et d'excellents restaurants. Commencez par visiter, en

Le Huguenot Memorial rappelle les persécutions subies en France par les protestants.

Maison de style Cape Dutch, sur le domaine Vergelegen.

À PROPOS

Tulbagh, nom donné au 18e siècle en hommage au gouverneur de la colonie du Cap, Ryk Tulbagh, portait jadis le nom fleuri de Tulpiesdorp : des milliers de tulipes sauvages du Cap fleurissent en effet dans la région, qui fut l'une des premières à prendre conscience de la nécessité de protéger et de conserver cet héritage floral.

ville, le cellier de la coopérative **KWV** (tél. 021 807 3911 ; www.kwv.co.za) ou les chais du **Nederburg Estate** (tél. 021 862 3104 ; www.nederburg.com), à la sortie de Paarl. Ce domaine viticole, l'un des plus réputés d'Afrique du Sud, a reçu d'innombrables prix pour ses cuvées de garde, et ses vins de table sont inscrits à toutes les cartes de restaurant du pays. Parmi les grands domaines de la région figurent également **Avondale** (tél. 021 863 1976 ; www.avondalewine.co.za), **Landskroon** (tél. 021 863 1039 ; www.landskroonwines.com) et **Glen Carlou** (tél. 021 875 5528 ; www.glencarlou.co.za), tandis que **Rhebokskloof** (tél. 021 869 8386 ; www.rhebokskloof.co.za), installé au pied du col Du Toitskloof, environ 16 km à l'est de Paarl, produit des vins de table d'un excellent rapport qualité-prix.

TULBAGH ET WORCESTER

À une douzaine de kilomètres au nord de Paarl par la R 44, **Wellington** ⓰ est dominé par sa Moederkerk (1838, la flèche est un ajout de 1891), église d'obédience réformée néerlandaise, et par son imposant hôtel de ville. Au nord de Wellington, la R 301/46 longe les blés d'or et les vignes cuivrées de la Land Van Waveren Valley, puis s'élève dans les Slanghoek Mountains jusqu'à Bain's Kloof, l'un des plus beaux cols du continent, pour redescendre vers le petit centre viticole de **Tulbagh** ⓱. Une série de secousses sismiques ayant pratiquement rasé ce joyau historique en 1968, les bâtiments de Church Street ont été entièrement reconstruits dans le style Cape Dutch. L'une de ces pimpantes maisons abrite **Moniki Chocolatier** (38 Church Street ; tél. 023 230 0673 ; ouv. tlj. 10h-16h), où la Sud-Africaine Niki De Wolf Van Kooij vous propose de déguster ses chocolats belges maison, accompagnés d'un café fraîchement moulu.

À 4 km du bourg, le charmant **De Oude Drostdy** (tél. 023 809 7000 ; ouv. lun.-sam. 10h-13h et tlj. 14h-17h ; entrée payante) fut construit en 1804 par le Français Louis-Michel Thibault pour abriter le tribunal de Tulbagh. L'édifice est devenu un musée, mais ses caves – d'anciennes geôles – abritent les vins de garde du domaine Drostdy-Hof.

Le vignoble de Paarl.

Reprenez la N 1 pour gagner **Worcester** ⓲, 50 km au sud-est de Tulbagh et 100 km au nord-est de Cape Town. Cette petite ville est blottie dans la verdoyante Breede River Valley, au pied des monts Hex River – les plus hauts du Western Cape, couronnés de neige en hiver. Vous y retrouverez le cocktail caractéristique du Boland : une élégante architecture Cape Dutch, un cadre superbe et des vignobles tous azimuts. Fondée en 1820, Worcester recèle quelques beaux bâtiments néoclassiques, notamment son Drostdy (tribunal) – peut-être la plus belle illustration du style Cape Regency de tout le pays. Nombre des demeures à pignons de style Cape Dutch se dotèrent de vérandas en fer forgé à l'époque victorienne ; en témoigne celle du 132 Church Street, construite en 1832. L'édifice le plus haut de la localité demeure la Moederkerk, l'église paroissiale de style néogothique consacrée en 1824.

Worcester possède, elle aussi, sa route des vins mais, si ceux-ci sont bons, les exploitations viticoles sont relativement modernes et le vignoble est moins pittoresque que ceux de Stellenbosch et de Franschhoek. Toutefois, ne repartez pas sans avoir jeté un coup d'œil au charmant **Karoo National Botanical Garden** (tél. 023 347 0785 ; www.sanbi.org ; ouv. tlj. 7h-19h ; entrée payante), aménagé derrière le golf, au nord de la ville. Y sont cultivées des espèces représentatives de la flore des zones désertiques et arides du pays, dont une belle collection de succulentes. Après les averses printanières, de juillet à fin septembre, la floraison des cactées et des plantes annuelles pare ce jardin d'un tapis aux couleurs éclatantes.

Située à peu près à mi-chemin (50 km) de Worcester et Swellendam, **Robertson** ⓳ est la principale étape d'une des plus grandes routes des vins du pays, avec plus de 40 domaines ouverts au public. En général, les touristes dédaignent cette région assez éloignée de Cape Town et un tantinet handicapée par son image de producteur de vins doux et de spiritueux ; elle produit pourtant des rouges et des blancs très corrects. Parmi les grands domaines et les crus qu'il vous faut

Inauguré en 1975, l'Afrikaans Taal Monument célèbre le centenaire de l'officialisation de la langue afrikaan.

Le domaine Rust en Vrede (Repose en paix) de Stellenbosch, fier de 3 siècles d'expérience.

Pour profiter en toute tranquillité des dégustations proposées sur les routes des vins, laissez votre voiture au parking et joignez-vous plutôt à un circuit organisé.

connaître, citons **De Wetshof** pour ses chardonnays et ses cabernets sauvignons (tél. 023 615 1853 ; www.dewetshof.com), **Excelsior** pour le bon rapport qualité-prix de son cabernet sauvignon et de son merlot (tél. 023 615 1980 ; www.excelsior.co.za), **Graham Beck**, qui produit plusieurs rouges de qualité (tél. 023 626 1214 ; www.grahambeckwines.co.za), **Zandvliet**, réputé pour son cépage syrah (tél. 023 615 1146 ; www.zandvliet.co.za), ainsi que des généralistes à prix doux comme **Van Loveren Estate** (tél. 023 615 1505 ; www.vanloveren.co.za).

L'OVERBERG

Pour gagner cette région reculée au départ de Cape Town ou des Winelands, il faut suivre la N2 en direction du sud-est et franchir les Hottentots-Holland Mountains. Si vous voulez atteindre rapidement Hermanus – le premier site terrestre d'observation des baleines au monde, et donc la principale attraction touristique de l'Overberg –, il vous suffira de bifurquer sur la R 43 à Botrivier pour parvenir à la côte. Mais, si vous n'êtes pas pressé, prenez plutôt la route littorale (R 44) à Strand, et suivez les panneaux en direction de **Gordon's Bay**, une agréable station balnéaire de False Bay. Au large de cette baie, évoluent souvent des baleines en octobre-novembre.

Après Gordon's Bay, la R 44 serre la côte, ménageant plusieurs points de vue fabuleux aux abords de Koeëlbaai. À 7 km à l'est, non loin de l'ancienne station baleinière de Betty's Bay, vous attend le **Harold Porter National Botanical Garden** (tél. 028 272 9311 ; www.sanbi.org ; ouv. tlj. 8h-18h ; entrée payante). Ce conservatoire naturel de 200 ha a été aménagé entre l'Atlantique et les monts Kogelberg, là où la flore du *fynbos* est la plus riche, aussi mérite-t-il vraiment la visite. Cascades et petits cours d'eau y rafraîchissent un paysage de maquis, dans lequel vagabondent des bandes de babouins.

Entre Betty's Bay et Hermanus, la R 44 dessert la **Kogelberg Biosphere Reserve** (tél. 028 271 4792 ; www.kbrc.org.za ; ouv. tlj : été 7h30-19h, hiver 8h-18h). Ce domaine de plus de 100 000 ha, classé par l'Unesco, abrite plus de 1 880 espèces végétales, dont 77 endémiques – ce qui en fait la zone de bio-

Le vieux port de Hermanus.

diversité la plus riche au monde. La réserve abrite également une avifaune variée, une population notable de babouins et une harde de chevaux sauvages, probablement les descendants de montures abandonnées par leurs cavaliers lors de la seconde guerre des Boers (1899-1902). Quatre itinéraires de randonnée, longs de 6 à 23 km, y ont été tracés, et il est possible de descendre le cours du Palmiet en canoë jusqu'à son embouchure.

HERMANUS

Hermanus ⓴ est la plus grande ville côtière de l'Overberg. Si possible, visitez-la en septembre ou en octobre, quand Walker's Bay, la baie où elle s'abrite, accueille ses plus imposants visiteurs – les baleines, bien sûr *(voir Grand angle p. 190)*. La municipalité engage pour la circonstance un "crieur de baleines", chargé de signaler aux touristes la visite de cétacés et joignable sur son téléphone portable (la Whale Hotline ; tél. 083 910 1028 ou 028 312 2629). En suivant les 11 km de sentier côtier, à cette période de l'année, vous aurez de fortes chances de pouvoir observer au moins un de ces mammifères marins : parfois loin au large, ou à moins de 30 m de la côte et parfaitement visible sous la surface de l'eau, cristalline. Grâce à un sous-marin de poche, on peut entendre la retransmission en direct du chant des baleines à l'auditorium de l'**Old Harbour Museum** (www.old-harbour-museum.co.za ; ouv. lun.-sam. 9h-16h, dim. 11h-16h ; entrée payante).

De Stanford, suivez la R326 puis la R316 (env. 80 km) jusqu'à la bourgade assoupie de **Bredasdorp** ㉑. Son **Shipwreck Museum** (Independent Street ; tél. 028 424 1240 ; ouv. lun.-jeu. 9h-16h45, ven. 9h-16h, sam. 10h-16h45 et dim. 11h-16h ; entrée payante) expose les trésors prélevés sur les nombreuses épaves qui gisent sur les fonds de cette côte, battue par de terribles tempêtes en hiver.

Il vous faudra encore parcourir 30 km à travers collines et prairies avant d'atteindre Cape Agulhas, la pointe méridionale du continent africain et ligne de démarcation officielle entre l'océan Indien et l'océan Atlantique. Ce sont des marins portugais qui donnèrent à

À PROPOS

En 1795, rejetant l'autorité de la Compagnie hollandaise des Indes orientales, Swellendam s'érige en république indépendante. Trois mois plus tard, les Britanniques occupent Le Cap : l'indépendance de Swellendam a vécu.

Protée en fleur, dans le Harold Porter National Botanical Garden.

UN INGÉNIEUR ESTHÈTE

La plupart des routes les plus anciennes du Cap n'ont fait que se superposer aux pistes tracées au fil des siècles par les migrations des troupeaux sauvages. Ainsi, la route qui traverse les Hottentots-Holland Mountains par **Sir Lowry's Pass** a été aménagée dans les années 1830 en suivant, sur la majeure partie de son tracé, une piste utilisée par les élands migrateurs. Ce qui signifie que Cape Town, encerclée par une succession de massifs escarpés, demeura pratiquement coupée du reste du pays jusqu'au milieu du 19e siècle. Pour atteindre certains villages éloignés de 30 km seulement à vol d'oiseau, il fallait compter plus d'un mois de marche sur les voies sinueuses utilisées par les animaux. En 1848, le gouvernement de la colonie du Cap prit le koudou par les cornes et demanda à un inspecteur de la voirie d'origine écossaise, Andrew Geddes Bain, de mettre fin à cet isolement. Pendant les 45 années qui suivirent, Bain puis son fils Thomas supervisèrent la percée de 10 cols, n'utilisant que la pioche et la pelle, les foreuses et la poudre. En termes d'échelle et de logistique, les routes qu'ils ouvrirent constituent des défis techniques ; certaines sont encore en service (celles de Swartberg Pass, Montagu Pass, Bain's Kloof Pass et Prince Alfred's Pass). Mais Bain réussit un autre tour de force : cet esthète dans l'âme insista toujours pour que fût retenu le plus bel itinéraire, et personne ne s'en plaindra.

ce cap le nom d'Agulhas (Aiguilles), car, en cet endroit, l'aiguille de leur compas indiquait très précisément le nord. Le site, constitué d'une presqu'île tabulaire et d'un vieux **phare**, est désormais protégé par l'**Agulhas National Park** (tél. 028 435 6078 ; www.sanparks.org ; ouv. tlj. ; entrée payante). Vous pourrez gravir les 71 marches qui mènent au sommet du **phare** (ouv. tlj. 9h-17h ; entrée payante), lequel accueille dorénavant un musée, pour profiter d'une vue splendide sur la plage de sable de **Struisbaii** et ses eaux turquoise mouchetées de bateaux de pêche multicolores.

Si rien ne presse, faites un détour par **Waenhuiskrans** ㉒ (ou Arniston). Ses blanches maisons de pêcheurs chaulées et coiffées de chaume ont valu au village d'être classé. L'éclat immaculé des dunes environnantes contraste avec le bleu de la mer, mais il y souffle parfois un vent de sud-est assez violent.

Longeant la côte à l'est d'Arniston sur 50 km, la **De Hoop Nature Reserve and Marine Protected Area** ㉓ (tél. 028 542 1114 ; www.capenature.co.za ; ouv. tlj. 7h-18h ; entrée payante) protège la plus vaste zone de *fynbos* du Western Cape, ainsi que des populations assez importantes de zèbres de montagne du Cap et de bonteboks, 2 espèces menacées, d'autres antilopes et de petits prédateurs. Plusieurs sentiers de randonnée traversent la réserve : prévoyez 2 heures pour le Klipspringer Trail, au moins 3 jours pour le Whale Trail (55 km). De grandes colonies d'oiseaux aquatiques fréquentent l'immense nappe d'eau et les zones humides nées de l'ensablement progressif de l'estuaire de la Sout River (fleuve Salé). Les amateurs de plongée sans bouteilles apprécieront la réserve marine, tout comme les quelque 120 baleines franches australes qui choisissent de s'y reproduire de juin à novembre.

La route côtière atteint la N 2 à une soixantaine de kilomètres au nord de Bredasdorp, près de Stormsvlei. Vous n'êtes plus qu'à 12 km de **Swellendam** ㉔, la troisième ville du pays par l'ancienneté après Cape Town et Stellenbosch (1743). Son précieux patrimoine architectural de style Cape Dutch comprend notamment un très beau **Drostdy**, construit en 1746 (ouv. tlj. ; entrée payante). Cet ancien tribunal abrite une intéressante collection de mobilier et de peintures du Cap. Située dans Voortek Street, l'**église réformée néerlandaise** (1911) attire tous les regards. Cette pièce montée parvient à conjuguer harmonieusement les styles néogothique, néo-Renaissance, néobaroque et Cape Dutch. Juste à côté, l'imposant Town Hall est d'époque victorienne. Une vieille prison et 2 demeures victoriennes, **Mayville** (1853) et **Auld Houses**, complètent cet ensemble.

À 6 km au sud de Swellendam s'ouvre le **Bontebok National Park** ㉕ (tél. 028 514 2735 ; www.sanparks.org ; ouv. tlj. : oct.-avr. 7h-19h, mai-sept. 7h-18h). Personne ne lui disputera le titre de plus petit parc national du pays (2 800 ha). Inutile d'y chercher le moindre éléphant, lion ou rhinocéros. Seuls s'y ébattent de gracieux bonteboks, une espèce d'antilope qui a bien failli disparaître au début du 20e siècle. #

Zèbre de montagne du Cap, dans la réserve De Hoop.

Le phare de Cape Agulhas (1848).

BALEINE SHOW

La presqu'île du Cap compte parmi les meilleurs sites au monde où admirer la baleine franche australe, l'un des plus grands animaux de la planète.

Au large des côtes sud-africaines se croisent pas moins de 29 espèces de cétacés à dents, ou odontocètes (orques, dauphins, cachalots, etc.) et 8 cétacés à fanons, ou mysticètes (rorquals et baleines). L'espèce la plus répandue, et de loin, est la baleine franche australe, qui se reproduit chaque année dans les baies abritées de la presqu'île du Cap. De juin à décembre, vous aurez de fortes chances de pouvoir en observer plusieurs spécimens, surtout entre Elands Bay, sur la côte ouest, et Mossel Bay, sur la Garden Route. Vous les verrez peut-être même exécuter leurs figures favorites quand elles chassent : le *spyhopping* (corps à la verticale, tête hors de l'eau), le *lobtailing* (quand elles giflent la surface de l'eau de leurs nageoires pectorales ou de leur queue) ou le *breaching* (quand elles jaillissent hors de l'eau).

UNE FRANCHE TUERIE

La baleine franche australe *(Eubalaena australis)* se distingue par son "souffle" en V, le nuage de vapeur qu'elle produit lorsqu'elle expire un grand volume d'air par ses 2 évents. Ce mammifère marin peut vivre 70 ans, mesurer jusqu'à 18 m et peser jusqu'à 80 t. Il nage lentement, se laisse approcher, et une épaisse couche de graisse permet à sa carcasse de flotter, ce qui la rend facile à remorquer. C'était donc la "bonne baleine" (*right whale*, son nom anglais) à chasser pour les baleiniers du 18e siècle. Son huile servait à produire de la margarine, du savon et du linoléum. Ses os entraient dans la confection de colles, de gélatine et d'engrais. Depuis 1935, une réglementation internationale protège cette espèce, mais sa population n'augmente que très lentement (environ 6 000 individus en 2016).

L'Afrique du Sud applique une législation très stricte en matière de protection des cétacés. Ainsi le nombre des baleines franches australes au Cap augmente-t-il régulièrement.

Hermanus est sans doute la seule localité du monde à posséder un "crieur de baleines" : en haute saison (sept.-oct.), celui-ci arpente les rues, soufflant dans sa trompe en varech pour annoncer l'approche des cétacés.

Si les évolutions des baleines sont parfaitement visibles de la terre ferme, rien ne vous empêche de prendre part à une croisière d'observation pour les suivre de plus près.

Les eaux limpides et relativement peu profondes de Walker Bay ont fait de Hermanus l'un des meilleurs observatoires terrestres des baleines au monde. En saison, les visiteurs sont pratiquement assurés de pouvoir les saluer.

ÉCOUTER LE CHANT DES BALEINES

L'observation des baleines ayant, sur les côtes de l'Afrique australe, succédé à leur pêche, les chaumières de baleiniers qui s'alignent sur le vieux port de Hermanus (désaffecté depuis les années 1940) ont été restaurées pour accueillir un musée. Grâce à un microphone sous-marin attaché à un sonar flottant dans la baie, le chant mystérieux des baleines, qui s'interpellent dans les profondeurs, est capté et retransmis dans l'auditorium du musée. Un télescope permet par ailleurs de suivre distinctement les cétacés qui évoluent au large.
Le nouveau port s'est installé plus à l'ouest, à Westcliff. Sur ses quais, vous pourrez acheter moules, langoustes et poisson frais... et louer un bateau pour une partie de pêche au thon ou au marlin. C'est de Westcliff que part le chemin côtier de Hermanus ; longeant les falaises autour de Walker Bay jusqu'à la lagune de Grotto Beach, il permet d'observer à loisir les baleines qui batifolent au large. Cette promenade nécessite au moins une matinée. Des bancs ont été installés tout le long du sentier, et nombre de promeneurs emportent leur pique-nique. Une route panoramique, le Rotary Mountain Way, offre des vues encore plus spectaculaires de la baie. Au retour, vous pourrez faire une dégustation de vin dans les chais Hamilton Russell, qui donnent sur la place du marché de Hermanus.

rs du Hermanus Whale Festival, qui se tient généralement dernier week-end de septembre, concerts de musique ditionnelle et autres spectacles de rue fêtent le retour s baleines, sortant la bourgade de sa torpeur.

fameux "souffle" en V de la baleine franche australe.

Témoignant de l'implication de l'Afrique du Sud dans la protection de la vie marine, des panneaux d'information sur ses différents écosystèmes et leurs représentants les plus menacés sont disséminés tout le long de la côte.

La forêt tropicale humide.

LA GARDEN ROUTE

Traversant vallées secrètes, montagnes majestueuses et forêts pluviales, cet itinéraire vous conduira jusqu'aux rivages boisés du Garden Route National Park.

NE MANQUEZ PAS

Cango Caves *p. 197*
Élevages d'autruches d'Oudtshoorn *p. 196*
Knysna *p. 200*
Plettenberg Bay *p. 201*
Robberg Nature Reserve *p. 201*
Seal Island *p. 194*
Tsitsikamma *p. 203*
Wilderness *p. 199*

Carte p. 194

Particulièrement verdoyant, le littoral entre Mossel Bay et Tsitsikamma est de plus en plus apprécié des touristes étrangers comme des vacanciers sud-africains. L'hôtellerie est en plein boom, les guesthouses et bed & breakfasts se multiplient, et les prix de l'immobilier ne cessent de grimper. Baptisée la "Garden Route", cette région est un authentique jardin à l'africaine : ni pelouses à l'anglaise, ni parterres à la française, mais un littoral sauvage frangé de forêts tropicales humides, de lagunes et de lagons turquoise, de prairies tapissées d'un *fynbos* éclatant, avec, à l'arrière-plan, les cimes dentelées des montagnes.

MOSSEL BAY

De Cape Town (Le Cap), la N2 file vers l'est, desservant **Swellendam** *(voir p. 188)* et **Riversdale** pour atteindre le littoral au bout de 400 km, à **Mossel Bay** ❶. C'est dans cette baie, qui marque pour beaucoup le début de la Garden Route, que le navigateur portugais Bartolomeu Dias, le premier Européen à poser le pied sur le sol sud-africain, jeta l'ancre en 1488. Dédié à sa mémoire, le **Bartolomeu Dias Museum Complex** (www.diasmuseum.co.za ; ouv. lun.-ven. 9h-16h45, sam.-dim. 9h-15h45 ; entrée payante) occupe une ancienne grange. Y sont exposés des instruments de marine et des coquillages, ainsi que la pièce maîtresse du musée, une reproduction grandeur nature de la caravelle de l'illustre navigateur, qui vous surprendra par sa petite taille. Également une exposition de documents, photographies et cartes anciennes évoquant les premières explorations de la pointe de l'Afrique.

Si les navires de passage avaient l'habitude de faire halte à Mossel Bay pour s'avitailler en eau et commercer avec les Hottentots (Khoikhoi), la première colonie européenne ne fit souche à Mossel Bay que 3 siècles plus tard. Station balnéaire appréciée

Un élevage d'autruches d'Oudtshoorn.

Le bottillon de Mossel Bay, une boîte aux lettres qui ne manque pas d'allure.

pour ses plages – Santos Beach est la seule plage d'Afrique du Sud exposée au nord, donc au soleil – et ses piscines naturelles, la ville a vu son activité industrielle se développer après la découverte de gisements de pétrole et de gaz naturel offshore.

La poste locale perpétue une tradition aussi curieuse qu'ancienne. En 1500, le Portugais Pedro d'Ataide déposa une lettre dans un vieux brodequin, qu'il suspendit à la branche d'un sideroxylon *(Sideroxylon inerme)*. Un an plus tard, un autre marin trouva la lettre et la fit parvenir à destination. L'arbre se transforma bientôt en panneau d'affichage pour les marins de passage. Ses bons et loyaux services lui ont valu d'être exposé au musée Dias, tandis que devant le bureau de poste trône une boîte aux lettres en forme de bottillon. N'hésitez pas à y glisser votre courrier. La "plus vieille poste d'Afrique du Sud" l'expédiera sans faillir.

Mossel Bay a perdu de son charme en cédant aux sirènes du développement industriel – sa raffinerie de pétrole est la plus importante du monde –, mais vous y trouverez l'offre la plus complète de la région en matière de loisirs nautiques ; pour tout renseignement, faites une halte à l'office de tourisme, voisin du bureau de poste. Vous pouvez commencer votre journée par une expédition en kayak ou une excursion en bateau jusqu'à **Seal Island** (tél. 782 552 2904 ; www.circelaunches.co.za ; départs à 8h45, 9h30, 10h15 et 11h10), où des centaines d'otaries à fourrure du Cap se dorent au soleil ou s'ébattent dans les eaux environnantes. Plus risquées (et pas seulement pour votre portefeuille), les plongées en cage organisées par **White Shark Africa** (tél. 744 691 3796 ; www.whitesharkafrica.com) vous permettront d'observer de grands requins blancs dans leur habitat naturel.

GEORGE

À l'est de Mossel Bay, la N2 traverse des paysages de plus en plus sauvages avant d'entrer dans **George** ❷. Fondée en 1811 au pied des monts Outeniqua par des forestiers, et baptisée à l'origine George's Drostdy d'après le roi George III, la localité fut décrite quelques décennies plus tard comme

"le plus joli village de la terre" par le romancier britannique Anthony Trollope. Établie à quelques kilomètres de la côte, George est aujourd'hui une ville de 157 000 habitants sans grand intérêt. Elle dispose néanmoins des infrastructures touristiques les moins chères de la région et d'une situation idéale pour explorer la Garden Route et le Petit Karoo.

Son vieux centre-ville abrite quelques beaux bâtiments, dont une **Moederkerk** (église mère, ou paroissiale) réformée néerlandaise à la chaire magnifiquement sculptée, et une **Public Library** (1840) dont les livres ont entre-temps pris le chemin de Cape Town. Devant cette bibliothèque municipale se dresse l'impressionnant **"Slave Tree"**, l'un des plus gros chênes de l'hémisphère Sud : ses branchages ombrageaient autrefois un marché aux esclaves. Quant au **George Museum** (Courtenay Street ; ouv. lun.-ven. 8h-16h30, sam. 9h-12h30 ; entrée payante), il relate les années d'apartheid présidées par Pieter Willem Botha (1916-2006) – le dernier des irréductibles *(voir p. 56)* –, qui se retira dans la région en 1989. Le musée occupe l'ancien tribunal, l'Old Drostdy, inauguré en 1811, reconstruit après un incendie en 1826, puis transformé en hôtel de 1890 à 1972, année où il fut racheté par le conseil municipal.

LE "KLEIN" (PETIT) KAROO

À une soixantaine de kilomètres au nord de George par la N12 et le col d'Outeniekwa, **Oudtshoorn ❸**, oasis de verdure plantée au cœur d'une vaste plaine quasi désertique, est la capitale économique et touristique du Petit Karoo. De ce centre agricole, légèrement à l'écart de la Garden Route, vous pourrez entreprendre une excursion d'une journée ou deux dans cette région aride prise en étau entre les Swartberg et les Outeniekwa Mountains. Le nom de Karoo, "pays de la soif" en langue khoi, n'est pas usurpé : en été, il peut y faire extrêmement chaud. Mais le Karoo vous séduira par sa beauté dépouillée – la sérénité de ses horizons lointains, la caresse d'une brise fraîche après la chaleur accablante de la journée, la vision d'un aigle noir planant au-dessus de la plaine silencieuse, ou, plus simplement, d'une charrette tirée

L'église paroissiale de George.

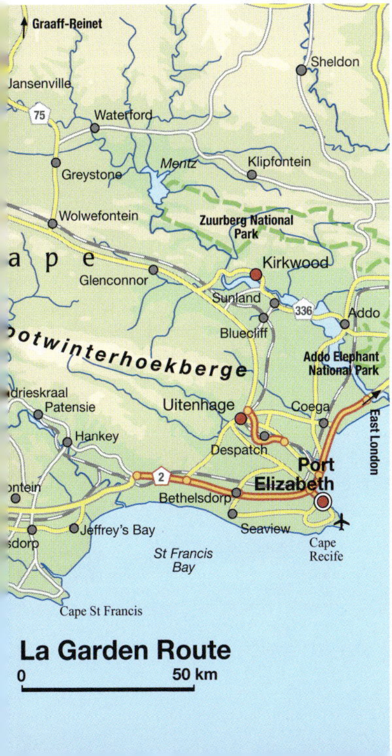

Reconstitution du mode de vie des San, dans les grottes de Cango.

Dans le défilé de Meiringspoort (porte de Meiring), la R12 traverse 26 fois la Groot River.

C'est l'heure du goûter à la ferme Cango.

par un âne progressant lentement sur la piste qui mène à une ferme.

LE BOOM DE LA PLUME D'AUTRUCHE

Les plumes d'autruche ont valu à Oudtshoorn fortune et notoriété : dans les années 1880, des émigrés juifs originaires de Lituanie se lancèrent, comme leurs voisins afrikaners, dans l'élevage des autruches et amassèrent de petites fortunes en expédiant à prix d'or vers l'Europe les plumes dont les élégantes de la Belle Époque ne pouvaient se passer pour leurs chapeaux, leurs éventails et leurs boas.

Le **C. P. Nel Museum** (3 Baron Van Rheede Street ; www.cpnelmuseum.co.za ; ouv. lun.-ven. 8h-17h, sam. 9h-13h ; entrée payante), sans doute le seul musée au monde à abriter une synagogue en service, retrace l'histoire du boom de la plume d'autruche, qui prit fin avec la Première Guerre mondiale. Entre-temps, cette manne avait transformé ce hameau reculé en une véritable ville, agrémentée de *feather palaces*, comme on appelait alors les résidences luxueuses, parfois extravagantes, élevées par les riches plumassiers. Pour répondre à leurs demandes, de talentueux architectes – Charles Bullock, George Wallace et J. E. Vixeboxse, entre autres –, avaient ouvert des bureaux d'études à Oudtshoorn même, et ils ont fait appel à une main-d'œuvre hautement qualifiée, des compagnons écossais venus, à l'origine, pour édifier la Moederkerk, l'église réformée néerlandaise.

Nombre de ces demeures situées dans Baron Van Rheede Street ont survécu au déclin du marché, notamment Pinehurst, Oakdene, Gottland et Mimosa Lodge, idendifiables à leurs vitraux et *broekielace*, délicats ouvrages en fer forgé. Pour apprécier les fastes de cette époque, rendez-vous à la **Le Roux Townhouse** (à l'angle de Loop Street et High Street, prix d'entrée inclus dans le ticket du C. P. Nel Museum), qui a conservé sa décoration et son mobilier d'époque.

Si l'on élève encore des autruches à Oudtshoorn, ce n'est plus tant pour leurs plumes que pour leur peau. Celle-ci sert à confectionner des chaussures, des sacs à main et porte-monnaie de luxe, dont les prix n'ont rien à envier à

ceux des articles en peau de crocodile. Mais pourquoi cette industrie a-t-elle choisi Oudtshoorn pour s'implanter ? Parce que les autruches semblent apprécier la luzerne locale, et que le climat sec et chaud du Petit Karoo leur permet de consommer à volonté leurs friandises préférées, à savoir du sable, des pierres et des insectes.

Les fermes d'autruches jouent aussi, depuis peu, la carte du tourisme, qui se révèle de plus en plus rentable. Plusieurs d'entre elles sont ouvertes au public, telle la **Safari Ostrich Show Farm** (www.safariostrich.co.za ; ouv. tlj. 8h-17h ; entrée payante), à la sortie sud de ville, sur la route de Mossel Bay (R328). Les commanditaires de son "palais de plumes", Welgeluk (1910), n'ont reculé devant aucune dépense : teck de Birmanie, toitures en tuiles de Belgique et sols en marbre. Si vous déjeunez à la ferme, vous pourrez vous offrir un steak d'autruche avant de tester vos talents de cavalier assis sur le dos du plus grand oiseau de la planète, ou admirer les jockeys éperonnant leurs montures sur le "champ de courses" voisin.

D'autres élevages, comme **Highgate** (2 km à l'ouest du centre-ville ; tél. 044 272 7115 ; www.highgate.co.za) ou **Cango** (15-20 km au nord de la ville sur la route des grottes de Cango ; tél. 044 272 4623 ; www.cangoostrich.co.za), proposent des attractions similaires.

GROTTES DE CANGO

Environ 2 km au nord de la ville, sur la R328, **Cango Wildlife Ranch** (www.cango.co.za ; ouv. tlj. : déc.-mars 8h30-17h, avr.-nov. 8h30-16h30 ; entrée payante) a ouvert ses portes dans les années 1980. Ce centre d'élevage d'espèces menacées s'est spécialisé dans la reproduction du guépard, du serval, du protèle à crête *(Proteles cristatus)*, du lycaon et de l'hippopotame nain (un hôte des forêts tropicales humides d'Afrique de l'Ouest). Le ranch se présente plutôt comme un parc zoologique, d'ailleurs de bonne qualité : vous pourrez y caresser des guépards et approcher d'autres félins, indigènes ou exotiques, dont des tigres de Bengale, des pumas, des jaguars, ainsi qu'une colonie de *meerkats*, ou suricates. Vous y trouverez également

La longue plage de Wilderness se prête particulièrement au parapente.

Aux abords de Swartberg Pass.

un serpentarium, une boutique de souvenirs et un restaurant.

À 32 km au nord d'Oudtshoorn, les **Cango Caves** ❹ (grottes de Cango ; www.cango-caves.co.za ; ouv. tlj. 9h-16h ; visites guidées toutes les heures ; entrée payante) font partie d'un réseau de galeries souterraines qui se déploie sur 4 km jusqu'au Swartberg. Ces grottes ont servi de refuge aux San, comme en témoignent les peintures dont ces chasseurs-cueilleurs ont décoré certaines parois *(voir p. 77)*. La visite guidée "standard" (1h) permet de découvrir 3 des plus grandes salles, garnies de magnifiques concrétions calcaires. Vous pourrez rebrousser chemin ou poursuivre l'exploration à travers une série de boyaux humides et suffocants, où votre fond de pantalon s'usera plus vite que vos semelles.

SWARTBERG PASS

Après les grottes, la R328 se lance à l'assaut de **Swartberg Pass** ❺ (1 436 m), l'un des plus beaux cols du pays, afin de gagner **Prince Albert** et ses maisons blanchies à la chaux. Construite de 1881 à 1888 et aujourd'hui classée *(voir encadré, p. 187)*, cette route gravillonnée gravit 1 000 m de dénivelé en 12 km avant de dévaler le versant septentrional du Swartberg en une série de virages en épingle à cheveux. La vue est splendide mais votre plaisir risque d'être quelque peu gâché si vous êtes sujet au vertige.

Si tel n'est pas le cas, et si vous vous sentez d'humeur encore plus téméraire, suivez à partir d'Oudtshoorn la nationale (R12) qui passe par De Rust (à l'est) avant de se faufiler dans les gorges de la Groot River – un passage routier à travers le massif long de 13 km, ouvert en 1858 et appelé **Meiringspoort**. Vous pouvez aussi traverser le Swartberg à une centaine de kilomètres plus à l'ouest par **Seweweekspoort** ❻ (la porte des Sept-Semaines), défilé qui suit la Huis River – et franchit la Groot River à 30 reprises – sur 17 km pour relier Ladysmith à Laingsburg. Renseignez-vous toutefois auparavant sur l'état de la piste, souvent fermée après de fortes pluies. Ce tronçon de la R 62, aménagé par des forçats de 1859 à 1862, serpente entre des parois hautes, par endroits, de plusieurs centaines de

Le lagon de Knysna.

mètres, aux strates sinueuses de grès rouge et de quartz laiteux et aux arêtes ponctuées de lichens jaunes qui scintillent au soleil.

La plupart des automobilistes qui gagnent Oudtshoorn par la N 12 en provenance de George reprennent le même chemin au retour, ou suivent la R 328 en direction de Mossel Bay en passant par **Robinson Pass** (859 m) ou **Montagu Pass** à l'est, un peu plus impressionnant. Si vous repartez vers Cape Town, la R 62 vous fera traverser des vallées fertiles et des villages verdoyants comme **Calitzdorp** et **Ladysmith**. En bifurquant sur la R 324 à **Barrydale**, vous rattraperez la N 2 à Swellendam en passant par Tradouw Pass.

WILDERNESS ET KNYSNA

À l'est de George, la N2 dessert **Wilderness**, une station balnéaire réputée pour ses rivières abondantes, ses lacs et lagunes, sa magnifique plage de sable longue de 8 km et son parc national. Avant d'entrer dans la bourgade, la N 2 offre un panorama fabuleux sur une gorge qu'enjambe le pont de chemin de fer désaffecté de l'*Outeniqua Choo-Tjoe*, le train à vapeur qui reliait George à Knysna entre 1928 et 2009. Juste après le pont, garez-vous près du belvédère qui domine les vagues ; des dauphins fréquentent les parages.

Le **Wilderness Section of Garden Route National Park** ❼ (tél. 044 877 0046 ; www.sanparks.org ; ouv. tlj. 7h-18h) réunit un ensemble de piscines naturelles – dont les plus grandes sont Swartvlei, Langvlei, Groenvlei et Rondevlei – alimentées par plusieurs affluents du Touws, qui se jette dans l'océan à Wilderness. Les cours d'eau, les roselières et le marigot de ce très beau parc attirent une avifaune variée, à commencer par les grands échassiers : flamants roses en quête d'algues et de petits crustacés, spatules d'Afrique *(Platalea alba)* raclant la vase de leur long bec aplati, ou encore cormorans à longue queue *(Microcarbo africanus)* guettant le passage d'une grenouille. Sur les 95 espèces d'oiseaux aquatiques recensées en Afrique du Sud, 75 ont été aperçues dans les plans d'eau du Wilderness.

Aux ornithologues comme aux simples promeneurs s'offrent 6 itiné-

Plateau d'huîtres du lagon de Knysna.

Vente de plumes d'autruche devant le C.P. Nel Museum, Oudtshoorn.

LE DERNIER ÉLÉPHANT DE KNYSNA

Les vastes troupeaux d'éléphants qui vagabondaient librement dans la presqu'île du Cap il y a encore 2 siècles ont été décimés par les chasseurs. Certains avaient trouvé refuge dans les profondes futaies des environs de Knysna, s'adaptant aux conditions de vie des éléphants de forêt d'Afrique centrale, alors qu'il s'agissait, au départ, d'éléphants de savane. Malheureusement, il semblerait qu'il n'en reste aujourd'hui qu'un unique survivant – en fait une femelle surnommée Oupoot (la matriarche). On a vainement tenté à plusieurs reprises de reconstituer le troupeau, notamment en 1994 en lâchant dans la forêt 3 jeunes éléphants en provenance du Kruger National Park. Hélas, l'éléphante, terrorisée, prit la fuite en les voyant. Les nouveaux venus la poursuivirent plusieurs jours durant, et l'un d'eux finit par succomber à une pneumonie due au stress. Ses 2 congénères ont dû être transférés à la Shamwari Game Reserve, près de Port Elizabeth, après avoir ravagé les cultures locales. Vous ne risquez guère d'apercevoir la solitaire, mais l'**Elephant Walk** de **Diepwalle Forestry Station** (accessible par une bifurcation de la R339 ; ouv. tlj. ; entrée payante) vous permettra d'observer un autre géant de la forêt : le King Edward VII, un podocarpe de 46 m de hauteur et de 9,60 m de circonférence. Vous pouvez aussi visiter le Knysna Elephant Park, un orphelinat pour jeunes pachydermes, sur la N2, 22 km à l'est de Knysna *(voir p. 202)*.

À SIROTER

À Knysna, ne manquez pas de goûter l'une des délicieuses "mousses" de la légendaire brasserie Mitchell (Arend Street ; tél. 044 382 4685 ; **www.mitchellsbrewing.com** ; visites tlj. entre 12h30 et 14h30). La plus ancienne microbrasserie du pays (1983) produit 6 sortes de bières différentes.

raires de randonnée, portant des noms de martins-pêcheurs locaux. Pour commencer, nous vous conseillons de suivre le **Half-collared Kingfisher Trail** (sentier du Martin-Pêcheur à demi-collier). Cette piste vous emmènera à travers bois, le long du Touws, jusqu'à une cascade spectaculaire. Vous y apercevrez peut-être des oiseaux comme le touraco louri *(Tauraco corythaix)* et la paruline à gorge jaune *(Dendroica dominica)*, et des antilopes comme le *bushbuck* (guib harnaché) et le *duiker* (céphalophe) viennent s'y abreuver. Il est possible d'effectuer le même parcours en kayak (location au principal campement du parc).

KNYSNA

Quelques kilomètres seulement séparent Wilderness de la principale station balnéaire de la Garden Route : **Knysna** ❽, étendue au fond de l'estuaire tourmenté (18 km²) du fleuve du même nom. La localité fut fondée en 1804 par George Rex, riche homme d'affaires que l'on crut longtemps être un fils illégitime de George III d'Angleterre. Des collines dans la végétation luxuriante desquelles se cachent des résidences secondaires encadrent le **lagon de Knysna**. Les récifs et les 2 falaises de grès qui gardent la passe, **The Heads**, rendent l'accès à la baie particulièrement périlleux, ce qui a évité à Knysna de devenir un grand port. Le promontoire oriental, le seul des deux qui soit accessible en voiture (par George Rex Drive), offre de fabuleux points de vue. Pour accéder au sommet de la falaise occidentale, il vous faudra vous joindre à l'une des minicroisières qui desservent la **Featherbed Nature Reserve** (domaine privé ; tél. 044 382 1693/7 ; www.featherbed.co.za ; excursions tlj.), où ont trouvé refuge plusieurs espèces d'oiseaux, le timide céphalophe bleu *(Philantomba monticola)* et l'hippocampe de Knysna, une espèce menacée. Très endommagée par les incendies en 2017, la réserve devrait rouvrir ses portes courant 2018.

Thesen House, qui propose de l'artisanat, notamment des céramiques et tissages de qualité, doit son nom à l'une des familles les plus anciennes et les plus puissantes de Knysna. Mais la région est surtout réputée pour son mobilier et ses objets décoratifs en bois sculpté. Les plus belles pièces sont taillées par des maîtres artisans dans le podocarpe, *Ocotea bullata*, et le bois de fer, des essences nobles provenant des forêts environnantes. Autre curiosité locale, **Holy Trinity Church** (1855), la chapelle de style roman normand qui se dresse parmi les palmiers du quartier de Belvidere *(sic)*. En mai, Knysna accueille un carnaval de 5 jours intitulé Pink Loerie Mardi Gras (www.pinkloerie.co.za), une énorme fiesta gay, lesbienne et trans, unique en son genre sur le continent africain.

Comme Mossel Bay, Knysna déploie un large éventail d'activités : plongée autonome, voile, VTT, kayak, observation des dauphins et des baleines, descente des Heads en rappel. L'**office de tourisme** (Main Road ; tél. 044 382 5510 ; www.visitknysna.co.za) vous renseignera efficacement sur les prix et les conditions de réservation. Les col-

Confection de puzzles destinés au marché artisanal de Knysna.

lines alentour se prêtent également à de belles randonnées de plusieurs jours : vous obtiendrez les informations nécessaires au bureau du Department of Forestry (dans Main Road). Enfin, pour évoquer des plaisirs plus épicuriens, il serait dommage de quitter Knysna sans avoir goûté aux excellentes huîtres du lagon que servent plusieurs restaurants des quais.

PLETTENBERG BAY

Une fois requinqué, mettez le cap sur **Plettenberg Bay** ❾ – ou "Plett" pour les intimes –, 32 km à l'est, la station balnéaire la plus huppée d'Afrique du Sud. La ville n'a certes pas le charme de Knysna, mais les vacanciers plébiscitent depuis longtemps l'arc parfait de sa Baia Formosa (Belle Baie), ourlée de 15 km de plages aux sables d'or, situées entre Keurboomstrand et la presqu'île de Robberg. Un hôtel "paquebot", le Beacon Island Resort, est venu se percher sur le promontoire rocheux de Beacon Island, défigurant quelque peu le paysage. Si vous aimez les plages encore relativement sauvages, faites plutôt un tour du côté de la longue **Keurboomstrand**, sur la rive gauche de la Keurbooms River.

Entre mai et février, Plettenberg se révèle un lieu stratégique pour observer de la côte la baleine franche australe, la baleine à bosse, le grand dauphin, ainsi que le rorqual de Bryde *(Balaenoptera edeni)*, observable quant à lui toute l'année. Outre les nombreuses possibilités de sorties en mer pour les voir, vous pourrez également vous rendre sur différents sites à terre (demandez le plan à l'office de tourisme), comme Plettenberg Park, Robberg Peninsula, No 1 Beachy Head Drive, Beacon Island Rocks ou encore Lookout Rocks. Pendant les vacances de Noël, "Plett" attire les foules, mais retrouve une tranquillité surprenante hors saison.

RÉSERVES NATURELLES

À 9 km au sud de Plettenberg Bay, la **Robberg Nature Reserve** (tél. 044 533 2125 ; www.capenature.org.za ; ouv. tlj. : oct.-avr. 8h-20h, mai-sept. 8h-18h ; entrée payante) vous fournira l'occasion d'une belle journée de randonnée sur la **Robberg Peninsula**, dont les falaises battues par le vent s'élèvent

Touraco de Hartlaub, l'un des nombreux pensionnaires de Birds of Eden, près de Plettenberg Bay.

EN COMPAGNIE DES DAUPHINS

Neuf des 33 espèces de dauphins de la planète ont été répertoriées dans les eaux sud-africaines – à commencer par l'endémique **dauphin du Cap** *(Cephalorhynchus heavisidei)*, fréquemment aperçu au large de la côte ouest, et le dauphin à bosse du Pacifique *(Sousa chinensis)*, ou sotalie de Chine, au large de la côte est.

Se rencontre également dans ces parages l'**orque**, ou épaulard (*Orcinus orca*, appelé *killer whale* en anglais), redoutable prédateur. C'est le plus grand représentant de la famille des delphinidés, le mâle peut mesurer plus de 8 m de longueur et peser jusqu'à 6 t.

L'ondotocète sud-africain le plus facilement visible est le **grand dauphin de l'océan Indien** *(Tursiops aduncus)*, qui privilégie les eaux peu profondes (moins de 30 m) et évolue donc assez près des côtes, en bandes d'une quinzaine d'individus. S'il est un peu plus petit en taille que son cousin le souffleur *(Tursiops truncatus)*, ou dauphin à gros nez, son rostre est quant à lui plus long. Avec un peu de chance, certains points stratégiques de la Garden Route (notamment le belvédère sur la N2, un peu à l'ouest de Wilderness, et celui de la Robberg Peninsula, à la sortie de Plettenberg Bay) devraient vous permettre de les voir jouer parmi les vagues ou surfer dans le sillage d'un hors-bord. Ces *bottlenoses* (leur nom anglais), tout comme les autres dauphins, font preuve d'une intelligence stupéfiante et communiquent grâce à un vocabulaire complexe de sifflements et de cliquetis.

Seul autre delphinidé observable le long du littoral de l'océan Indien, le **dauphin commun à long bec** *(Delphinus capensis)* quitte fréquemment les grands fonds pour se rapprocher des côtes, notamment lors du frai annuel de la sardine (on a signalé à cette occasion des rassemblements d'un millier d'individus). Les 2 espèces sont aisément différenciables : le grand dauphin est gris, tandis que le dauphin commun est noir, avec des marques blanches bien visibles sur les flancs et le ventre.

Éléphante et son petit, dans le Knysna Elephant Park.

au-dessus d'une mer houleuse et de criques sablonneuses. Si vous n'avez pas le courage de faire le tour complet de la presqu'île – 11 km de creux et de bosses –, sachez qu'il existe des circuits plus courts. Comme son nom ne l'indique pas, Robberg (la montagne du Phoque en afrikaans) héberge une impressionnante colonie d'otaries à fourrure du Cap, ainsi que des oiseaux marins comme l'huîtrier de Moquin *(Haematopus moquini)*. En ouvrant l'œil, vous apercevrez peut-être des baleines ou des dauphins au large.

D'autres paysages magnifiques vous attendent dans la **Keurbooms River Nature Reserve** (tél. 044 533 2125 ; www.capenature.org.za ; ouv. tlj. 8h-17h ; entrée payante), dont l'accès se fait par la N 2, à 7 km du centre-ville de Plettenberg Bay, juste avant le pont qui enjambe les berges boisées du Keurbooms. Le fleuve emprunte une gorge spectaculaire, où les arbres qui lui ont donné leur nom (*keurboom*, ou *Virgilia oroboides*) se parent d'odorantes grappes roses entre août et janvier, dans l'ombre altière des podocarpes et autres sempervirents géants – un habitat fréquenté par le singe vervet, le céphalophe bleu, la loutre à joues blanches et des oiseaux forestiers comme le touraco de Knysna et le couroucou narina. Si vous avez un peu de temps devant vous, laissez-vous tenter par une expédition de 2 jours en kayak, jusqu'à un chalet rustique aménagé en pleine forêt, au cœur des gorges. L'office de tourisme de Plettenberg Bay vous fournira tous les détails concernant cette équipée et d'autres activités à pratiquer sur place.

L'une d'entre elles peut être la visite du **Knysna Elephant Park** (tél. 044 532 7732 ; www.knysnaelephantpark.co.za ; visites guidées tlj. 9h-15h ; entrée payante), environ 10 km à l'ouest de Plettenberg Bay sur la N2. Contre toute attente, ce parc n'abrite aucun des survivants des grands troupeaux qui peuplaient jadis ces forêts côtières *(voir encadré p. 199)* ; vous aurez en revanche la possibilité de caresser et de nourrir des pachydermes semi-domestiques originaires d'autres régions du pays.

PRIMATES PROTÉGÉS

Si vous avez un faible pour les singes, rendez-vous plutôt à **Monkeyland**

L'hôtel Beacon Island, à Plettenberg Bay.

(tél. 044 534 8906 ; www.monkeyland.co.za ; ouv. tlj. 8h30-17h ; visites guidées toutes les heures ; entrée payante), domaine privé qui s'étend 16 km à l'est de Plettenberg Bay, entre la N2 et l'océan. Ce conservatoire boisé abrite quelque 200 primates appartenant à une douzaine d'espèces différentes, de l'atèle ou singe-araignée sud-américain à divers lémuriens de Madagascar arrachés à leur captivité domestique.

Vous pouvez tout à fait combiner cette visite avec celle de **Birds of Eden** (www.birdsofeden.co.za ; ouv. tlj. 8h-17h ; visites guidées ; entrée payante). Cette volière de 2 ha, l'une des plus grandes au monde, a été aménagée dans un environnement entièrement naturel. Une passerelle la traverse, offrant ainsi de multiples occasions de voir de près quelques-uns des milliers d'oiseaux, représentant 220 espèces.

TSITSIKAMMA

De Plettenberg Bay, vous pouvez poursuivre votre route sur la N 2 (à péage) qui coupe à travers les forêts en longeant la haute plaine côtière, ou emprunter la route secondaire (R102) qui serpente à travers les gorges de la Groot River et du Bloukrans en traversant la paisible Nature's Valley, à l'entrée ouest de la **Tsitsikamma Section of Garden Route National Park** ⑩ (www.sanparks.org ; ouv. tlj. 7h-18h ; entrée payante). Ce domaine protégé qui s'étire sur 35 km le long de la côte, de Nature's Valley à l'embouchure du Storms, est réputé pour ses forêts de podocarpes à feuilles de laurier-rose, l'un des arbres les plus majestueux au monde, dont les plus vieux spécimens peuvent atteindre 50 m. Il protège également un riche ensemble marin de lagunes, de dunes et de plages. Baleines franches australes et dauphins croisent régulièrement au large. Joyau secret de la Garden Route, **Nature's Valley** est un petit village forestier donnant sur une plage paradisiaque miraculeusement préservée du tourisme. Vous trouverez peu d'endroits aussi idylliques où planter votre tente que le terrain de camping du parc national, à la sortie de la bourgade.

En pénétrant dans le parc par la R102, vous aurez la sensation de vous enfoncer au cœur de la forêt. Vous

Visiteurs de Birds of Eden.

Robberg Nature Reserve.

Dans le parc de Tsitsikamma du Garden Route National Park.

passerez sous des podocarpes géants, le long de tapis de protées, d'arums et de watsonias ; vous apercevrez des louris au plumage éclatant fusant sous la cime des arbres, le discret *duiker* (céphalophe) et le guib harnaché blottis dans les taillis, et les huîtriers de Moquin, une espèce menacée.

De retour sur la N 2, vous franchirez les ponts en béton qui enjambent d'une seule travée le Storms, la Groot River et le Bloukrans – ces ponts ayant chacun battu un record du monde lors de leur inauguration. Avis aux amateurs : le **Bloukrans Bridge** (tél. 042 281 1458 ; www.faceadrenalin.com ; ouv. tlj. 9h-17h ; accès payant), suspendu à 215 m au-dessus du fleuve auquel il doit son nom, est le plus haut site de la planète pour la pratique du saut à l'élastique.

STORMS RIVER

De la N 2 comme de la R102, vous pourrez bifurquer vers l'embouchure sauvage, cernée de forêts, du Storms. Cette **Storms River Mouth** et son impressionnant pont suspendu sont situés à l'intérieur du **Tsitsikamma National Park** (www.sanparks.co.za), lui-même compris dans le Garden Route National Park. Réputée pour ses luxuriantes forêts, son spectaculaire littoral déchiqueté et son éclatant *fynbos*, cette réserve côtière plaît particulièrement aux randonneurs et aux amateurs de sports aquatiques.

À 1,5 km à l'ouest de l'estuaire, le **Storms River Rest Camp** (www.sanparks.co.za ; ouv. tlj. 6h-19h30 ; entrée payante), bien géré et aménagé, dispose de chalets et d'aires de camping ; c'est une excellente base pour nager et plonger dans l'océan Indien ou faire de la randonnée dans le parc. Du haut du pont suspendu au-dessus de l'embouchure du Storms, vous apercevrez peut-être des otaries. Si le cœur vous en dit, vous pourrez également vous lancer à l'assaut de la falaise : un point de vue imprenable vous attend au sommet.

Les randonneurs sud-africains connaissent bien le fleuve Storms, point de départ du légendaire **Otter Trail**, qui longe la côte orientale de Storms River Mouth jusqu'à Nature's Valley, soit 26 km à vol d'oiseau et 41 km à pied. Cet itinéraire de randonnée, l'un des plus réputés du pays,

Gibbon méditatif de Monkeyland.

est l'un des plus beaux – et des plus éprouvants – d'Afrique du Sud. Il prend 5 jours (hébergement en refuge le long du sentier – pensez à vous munir d'ustensiles de cuisine et de draps –, camping interdit) et requiert une bonne condition physique pour parcourir ses nombreux dénivelés. Vous serez largement récompensé de vos efforts tant il y a à faire et à voir : une côte sauvage, certes souvent abrupte, mais vraiment spectaculaire… et 11 cours d'eau à traverser à gué, parfois à la nage plutôt qu'à pied. La faune ne s'y montre pas particulièrement abondante, en dehors des loutres à joues blanches, des oiseaux forestiers, marins et du *fynbos*, notamment l'endémique touraco de Knysna *(Tauraco corythaix)* et l'huîtrier noir du Cap.

Seules 12 personnes sont autorisées à prendre le départ quotidiennement : la liste d'attente étant longue, il faut réserver plusieurs mois à l'avance (tél. 012 426 5111; www.sanparks.co.za). À noter : ce sentier est interdit aux randonneurs solitaires. Si vous ne disposez pas du temps nécessaire, vous n'aurez pas besoin de vous inscrire pour parcourir le premier tronçon de l'Otter Trail – environ 4 km de balade le long de la côte rocheuse, de Storms River Camp au pied d'une petite cascade.

Si vous estimez cette aventure trop périlleuse ou trop longue, optez pour le **Dolphin Trail**. Cet itinéraire de 17 km, beaucoup moins pénible et beaucoup plus confortable, part du GRNP Tsitsikamma Section, à l'estuaire du Storms, puis chemine le long de la côte vers l'est jusqu'à The Fernery, à l'embouchure du Sandrift. Déchargé de vos bagages – que vous retrouverez le soir dans votre hôtel douillet – et accompagné d'un guide, vous n'aurez plus qu'à profiter des vues sublimes de la côte sauvage, observer le passage des baleines au large ou repérer une loutre en train de pêcher. Lors des pauses, le guide vous indiquera les meilleurs endroits où vous baigner et faire du snorkelling. À mi-parcours, vous serez chaleureusement accueilli au Misty Mountain où, après avoir regardé le soleil se coucher, vous savourerez un copieux dîner, puis passerez une bonne nuit dans un lit confortable, avant de repartir le lendemain matin aux aurores. #

Suivez les panneaux du légendaire Otter Trail !

Le pont suspendu sur l'embouchure du Storms.

LE ROYAUME FLORAL DU CAP

Avec plus de 24 000 espèces, dont un dixième des plantes à fleurs connues, la flore sud-africaine compte parmi les plus riches de la planète.

Des étranges cactées de l'aride Kalahari aux explosions de couleurs qui accompagnent la floraison dans les plaines semi-désertiques du Namaqualand, la flore sud-africaine est des plus spectaculaires. Dominée par une formation végétale buissonnante unique au monde, le *fynbos* (buisson fin en afrikaans), la bande littorale de la presqu'île du Cap, qui s'étend de Clanwilliam à l'ouest jusqu'à Port Elizabeth à l'est, attire tout particulièrement botanistes et randonneurs. Cette région au climat capricieux, pluvieux l'hiver et relativement sec et chaud le reste de l'année, constitue, en effet, le plus petit mais aussi le plus riche des 6 "royaumes floraux" de la planète.

UN ROYAUME MENACÉ

Caractérisées par des feuilles minuscules ou vernissées, voire protégées par un duvet, les 3 familles les plus répandues dans le *fynbos* sont les protéacées (dont la fleur nationale, *Protea cynaroides*), les éricacées (des bruyères, notamment) et les restionacées (des herbacées). Le *fynbos* prospère dans des milieux variés : terres salines et dunes du littoral, pentes rocailleuses et jusqu'aux arêtes montagneuses enneigées l'hiver. Au printemps (sept.-oct.), sa floraison le transforme en un tapis multicolore. Hélas, 1 326 espèces du *fynbos* sont menacées, telle la ravissante *Protea cryophila*, qui ne pousse qu'à haute altitude, dans le Cederberg, et se refuse à toute culture.

Les fleurs éclatantes du tritome à longues grappes ou tison de Satan (Tritoma uvaria) *s'épanouissent l'hiver.*

De Hoop Nature Reserve, réputée pour la riche diversité de son fynbos.

Géant des forêts de Knysna et de Tsitsikamma, le podocarp à feuilles de laurier-rose (Podocarpus falcatus) *atteint 60 m de hauteur. Aujourd'hui, tous les conifères du genre podocarpe sont protégés.*

végétation compte de nombreuses succulentes, mme l'aloès.

genre Protea *comprend une centaine d'espèces, à 90 % démiques du Western Cape. Les autres se rencontrent dans zones montagneuses, comme le parc de l'uKhahlamba-akensberg.*

Kirstenbosch, jardin botanique national (NBG).

LES JARDINS BOTANIQUES NATIONAUX

Kirstenbosch (ci-dessus) est le plus célèbre des jardins botaniques nationaux (NBG) d'Afrique du Sud, mais les 8 autres, représentatifs chacun d'une des grandes zones florales du pays, n'ont rien à lui envier. Consultez www.sanbi.org pour de plus amples détails.

- Fondé en 1946 et classé depuis 1979, le Pretoria NBG présente toutes les grandes formations végétales du pays.
- Dans le Walter Sisulu NBG (Gauteng), quelque 500 espèces d'aloès, d'arbres et d'arbustes caractéristiques du *highveld* prospèrent aux abords d'une cascade époustouflante.
- Le Lowveld NBG, dans les faubourgs de Mbombela, possède la plus belle collection nationale de fougères ainsi que de cycas et autres espèces ligneuses indigènes.
- Fondé en 1872, le paisible KwaZulu-Natal NBG de Pietermaritzburg recèle de magnifiques arbres importés.
- Près de Worcester, le Karoo Desert NBG présente la flore de cette région semi-désertique.
- Le Free State NBG, à la périphérie de Bloemfontein, renferme surtout des plantes résistantes au gel et à la sécheresse.
- Le Harold Porter NBG de Betty's Bay accueille l'une des plus remarquables concentrations de *fynbos* du pays.
- Le Hantam NBG, établi sur le plateau de Bokkeveld, à la périphérie de Nieuwoudtville, est particulièrement spectaculaire en août-septembre, quand s'y épanouissent les espèces florales du Namaqualand.

Endémique de l'Afrique australe et appelé varkoor *(oreille-de-cochon) en afrikaans, l'arum d'Éthiopie ou des fleuristes* (Zantedeschia aethiopica) *apprécie les zones humides et résiste au froid (jusqu'à -8° C).*

Valley of Desolation, Camdeboo National Park.

L'EASTERN CAPE

Plages sablonneuses, lagunes et lagons font place ici à de hautes et vertes collines émaillées de huttes et gardées par des falaises déchiquetées : le pays des Xhosa.

Réunissant la partie orientale de l'ancienne province du Cap au Transkei et au Ciskei, 2 anciens bantoustans *(voir p. 54)*, l'Eastern Cape (Cap-Est) forme une vaste province aux écosystèmes variés, d'un littoral subtropical aux prairies d'altitude proches de la frontière du Lesotho, en passant par les broussailles de l'aride Karoo Nature Reserve. Très majoritairement peuplée de Xhosa, la province a vu naître l'ancien président Thabo Mbeki et son illustre prédécesseur, Nelson Mandela. La baie d'Algoa accueillit en 1799 le premier comptoir anglais de la presqu'île du Cap et, en 1820, sa première colonie britannique : l'actuel Port Elizabeth, qui, comme ses voisines, Grahamstown et Port Alfred, a conservé un petit air *British*.

PORT ELIZABETH ET SES ENVIRONS

Le tronçon de la N1 (160 km) qui relie Stormsriver à Port Elizabeth sans offrir la moindre vue sur la côte n'intéressera que les amateurs de surf qui veulent se rendre à **Jeffrey's Bay**, au sud. Cette station balnéaire passe, en effet, pour l'un des meilleurs spots du monde. Son **Shell Museum** (ouv. lun.-ven. 9h-15h, dim. 9h-13h ; participation requise), près de l'office de tourisme, expose quelque 600 coquillages de toutes les mers du globe. À proximité de la station balnéaire se visite la **Cape St Francis Nature Reserve** (tél. 042 298 0073 ; ouv. tlj. ; accès libre), qui couvre 120 ha et 3 km de côte.

Sixième ville du pays, **Port Elizabeth ❶** est un centre portuaire et industriel d'envergure. Il a longtemps été associé à l'industrie automobile sud-africaine, dont le déclin a laissé des traces plus ou moins maquillées. Avec ses petites voisines de l'arrière-pays, Uitenhage et Despatch, Port Elizabeth constitue désormais la municipalité métropolitaine de Nelson Mandela Bay, mais ces 3 villes ont

NE MANQUEZ PAS

Addo Elephant National Park *p. 210*
Graaff-Reinet *p. 213*
Grahamstown *p. 215*
Jeffrey's Bay *p. 209*
Mountain Zebra National Park *p. 212*
Shamwari et Kwandwe Game Reserves *p. 211*
Wild Coast *p. 220*

Carte p. 210

Surfeurs, à Port Elizabeth.

À PROPOS

Poste militaire créé en 1820 pour protéger les premiers colons britanniques, Port Elizabeth reçut du gouverneur du Cap, Sir Rufane Donkin, le nom de son épouse, décédée 2 ans plus tôt en Inde.

conservé des identités bien distinctes, et leurs habitants les appellent toujours par leurs noms respectifs.

Port Elizabeth, plus familièrement P. E. (prononcez "Pi-ii"), n'attire pas franchement les foules, mais vous serez étonné par la variété des attractions que cette "Ville de l'amitié" *(the Friendly City)* peut offrir. Son **Donkin Heritage Trail** est un itinéraire de 5 km qui part de Market Place et de l'imposant City Hall (1858) pour desservir divers monuments historiques, dont Fort Frederick (1799) et le musée du 7 Castle Hill, une maison coloniale qui a conservé son mobilier d'origine (1827).

Baigneurs et surfeurs fréquentent volontiers **Kings Beach**, dans le faubourg de Humewood, 2 km au sud-est du centre-ville. Juste à côté de cette plage vous attend **Bayworld** (www.bayworld.co.za ; ouv. lun.-ven. 9h-16h30 ; spectacle de phoques et de manchots à 11h et 15h ; entrée payante), un complexe très bien conçu réunissant un musée d'histoire naturelle et d'anthropologie, un aquarium et un serpentarium. Les amoureux du rail pourront monter à bord de l'**Apple Express** (en service les week-ends, j. fériés et vac. scolaires uniquement ; horaires sur le site www.apple-express.co.za ; actuellement fermé, il devrait rouvrir courant 2018), un train à vapeur qui les conduira jusqu'à Loerie en empruntant le pont ferré à voie étroite le plus haut du monde (1906).

ADDO ELEPHANT NATIONAL PARK ET SHAMWARI GAME RESERVE

Si vous n'avez pu visiter le Knysna Elephant Park *(voir p. 202)*, ne manquez pas l'**Addo Elephant National Park** ❷ (www.sanparks.org ; ouv. tlj. 7h-19h ; entrée payante), situé 50 km au nord de P. E. par la R 335. Outre des pachydermes, que l'on peut facilement approcher, ce parc abrite des rhinocéros, des buffles, des koudous, des chacals et des écureuils en nombre appréciable, ainsi que des oiseaux endémiques, comme l'étincelant gladiateur bacbakiri *(Telephorus zeylonus)* et l'élégante buse rounoir *(Buteo rufofuscus)*, sans oublier les lions, réintroduits en 2003.

La superficie de ce parc inauguré en 1931 est passée de 20 000 à 180 000 ha

avec la création, en 1997, du **Greater Addo Elephant National Park**, qui relie l'aride Karoo au littoral de l'océan Indien et comprend une réserve marine de 120 000 ha. Cette zone réunit 5 des 7 biomes terrestres d'Afrique du Sud, une diversité écologique exceptionnelle qui dépasse celle de toute autre zone protégée sur le continent. Sauvegarde des espèces oblige, les îles côtières du Greater Addo et leurs immenses colonies de phoques et d'oiseaux ne sont pas accessibles aux visiteurs, et il est interdit à ces derniers de s'éloigner des sentiers tracés dans les ex-**Zuurberg National Park** et **Woody Cape Nature Reserve**, qu'il a englobés pour ne plus former qu'une seule entité.

Plusieurs réserves privées des environs d'Addo proposent des forfaits d'observation des *Big Five*, un peu comme aux abords du parc Kruger. Mais ici, le terrain est plus vallonné et couvert d'un épais manteau forestier composé de différentes variétés d'acacias et de *Portulacaria afra*, ou *spekboom* (littéralement "arbre à bacon"), une succulente d'Afrique australe dont les feuilles charnues auraient le goût du lard fumé.

La **Shamwari Game Reserve** ❸ (tél. 042 203 1111 ; www.shamwari.com ; accès réservé aux personnes qui y passent la nuit), la plus connue de toutes, étend ses 200 km² à 72 km au nord-est de Port Elizabeth. Plus de 26 espèces animales y ont été réintroduites – éléphants, rhinocéros, lions, léopards, buffles, girafes et zèbres, notamment –, et ses 7 élégants petits lodges vous plongeront dans cette ambiance si particulière créée par les colons britanniques au début du 19e siècle.

Tout aussi somptueuse mais plus récente, la **Kwandwe Private Game Reserve** (tél. 046 603 3400 ; www.kwandwe.com ; une nuit sur place obligatoire) est située environ 160 km au nord-ouest de Port Elizabeth par la N 2 et la R 67. Maillon de la très sélecte chaîne &Beyond, elle dispose de 4 lodges 5 étoiles et couvre 220 km², un domaine moins vallonné et moins boisé que le précédent, où il est donc plus facile d'observer les animaux sauvages.

Le campanile de Port Elizabeth rend hommage aux premiers colons britanniques, qui débarquèrent dans la baie en 1820.

Statue de la reine Victoria, sur Market Square, à Port Elizabeth.

LES ÉLÉPHANTS D'ADDO

En 1919, la municipalité d'Uitenhage engagea le major P. J. Pretorius dans l'une des entreprises d'éradication animale les plus insensées de l'Histoire. La mission de ce Tartarin sud-africain ? Exterminer une population d'éléphants isolée, déjà décimée par les chasseurs d'ivoire, et qui avait trouvé refuge dans les forêts inhabitées du *spekboomveld*, aujourd'hui protégé par l'Addo Elephant National Park.

Pretorius, surnommé Jungle Man, risqua souvent sa vie à poursuivre des individus blessés au fin fond de la brousse. Mais 14 mois plus tard, il estimait son travail achevé : quelque 120 éléphants étaient tombés sous ses balles, et il en restait moins de 20. Et pourtant, cette chasse impitoyable allait marquer le début de l'Addo Elephant National Park. Car, curieusement, c'est Pretorius lui-même qui, en 1921, persuada les autorités de créer un conservatoire pour les rescapés.

Les éléphants d'Addo prirent l'habitude de faire des incursions sur les terres agricoles environnantes pour améliorer leur ordinaire d'oranges et d'autres gourmandises, jusqu'à la pose d'une clôture en 1954. En 1968, leur population était passée de quelques couples à 50 individus. Aujourd'hui, ils sont environ 500 pachydermes à sillonner nonchalamment le parc, et ce dernier est devenu l'une des grandes destinations d'Afrique pour les amoureux des éléphants.

À PROPOS

Décrit par un ministre comme un "âne en maillot de footballeur", le zèbre de montagne, menacé d'extinction, doit une fière chandelle aux associations écologistes.

CRADOCK ET GRAFF-REINET

Cradock ❹ a vu le jour en 1813 sur le cours supérieur du Great Fish, environ 150 km au nord d'Addo. Le petit poste créé pour défendre les colons de la région contre les raids xhosa est devenu une ville provinciale typique, dominée par les austères clochers de ses églises réformées néerlandaises, telle la **Moederkerk** (1868), église paroissiale qui rappelle St Martin-in-the-Fields, à Londres. Cradock doit sa renommée à la romancière Olive Schreiner *(voir p. 81)* qui, dans *La Nuit africaine* (1883), dénonçait avec vigueur les comportements racistes et arrogants de ses compatriotes blancs. De telles opinions lui valurent l'emprisonnement lors de la guerre des Boers.

L'**Olive Schreiner House**, la maison qu'elle occupa de 1867 à 1870, est devenue un musée (9 Cross Street ; ouv. lun.-ven. 9h-17h ; entrée payante). À voir aussi, les 14 maisons victoriennes parfaitement restaurées de **Market Street** et le musée d'histoire locale, installé dans un ancien presbytère (1849).

MOUNTAIN ZEBRA NATIONAL PARK

Principale attraction de la région, le **Mountain Zebra National Park** ❺ (www.sanparks.org ; ouv. tlj. : oct.-mars 7h-19h, avr.-sept. 7h-18h ; entrée payante) s'étend sur 6 600 ha, 15 km à l'ouest de Cradock. Il a été créé en 1937 pour protéger le zèbre de montagne du Cap – dont on craignait alors qu'il ne suivît le chemin de son cousin le quagga, mi-cheval, mi-zèbre, éteint en 1883. Grâce à un ambitieux programme de protection et d'élevage, le parc abrite aujourd'hui près de 300 zèbres de montagne, et de petits troupeaux ont pu être transplantés dans d'autres parcs de la province. S'y ébattent également des gnous noirs et des damalisques à front blanc, ou blesboks, 2 variétés d'antilopes endémiques, des springboks, des bonteboks, des koudous, des caracals, des chacals, des renards ainsi que des troupeaux de buffles et de rhinocéros noirs récemment introduits. En avril 2013, 3 lions ont été réintroduits dans le parc, après 130 ans d'absence. Ils ont été rejoints en 2015 par 2 femelles qui ont donné naissance à de jeunes lionceaux.

Guépard dans la Shamwari Game Reserve.

Sur les 200 espèces d'oiseaux répertoriées, vous aurez peut-être la chance de repérer des endémiques comme le chétopse doré *(Chaetops aurantius)*, le parisome de Layard *(Parisoma layardi)* et le pic laboureur *(Geocolaptes olivaceus)*, voire un majestueux aigle noir planant dans l'azur. Enfin, ne soyez pas surpris d'apercevoir dans les parages un animal ressemblant au quagga : en 1987, des recherches menées sur des spécimens de musée conclurent que le quagga appartenait à la famille des zèbres des plaines. Depuis lors, un programme a été lancé pour le recréer par l'élevage sélectif d'un groupe d'individus à l'arrière-train non rayé.

Le parc dispose d'un campement fort bien aménagé et d'une maison d'hôtes classée, **Doornhoek Guest House** (1836). L'hiver, qui peut s'accompagner de chutes de neige dans cette partie du Karoo, vous apprécierez les grands feux de cheminée de cette villégiature de charme. Si vous disposez de 3 jours – et de bonnes jambes –, les 31 km du **Mountain Zebra Trail** vous mèneront à travers les gorges de Fonteinkloof et de Grootkloof, puis sur Banks Mountain, qui vous offrira un panorama magnifique sur Compass Mountain, point culminant du Sneeuberg.

GRAAFF-REINET

Graaff-Reinet ❻, le "joyau du Karoo", se niche dans un méandre de la Sundays River, 120 km à l'ouest de Cradock. Fondée en 1786, la quatrième cité d'Afrique du Sud ne tarda pas à devenir un foyer d'agitation politique. Exaspérés par l'administration coloniale et galvanisés par l'exemple de la Révolution française, ses habitants proclamèrent une éphémère république autonome en 1795, après avoir chassé les représentants de la métropole. Aujourd'hui, ce gros centre agricole affiche un visage des plus harmonieux. Hormis peut-être Stellenbosch, aucune autre cité provinciale d'Afrique du Sud ne possède un patrimoine architectural aussi homogène : plus de 200 édifices de style Cape Dutch classés, une rue entière, **Stretch's Court**, ayant même retrouvé sa splendeur du 18e siècle. Sa belle **église réformée néerlandaise** (1887), qui n'est pas sans rappeler la cathédrale gothique de Salisbury, est devenue un musée, tout comme le presbytère (1812), jadis occupé par un théologien réputé, le révérend Andrew Murray (1828-1917). La cure a pris le nom de **Reinet House** (www.graaffreinetmuseums.co.za ; ouv. lun.-ven. 8h-16h, sam.-dim. 9h-13h ; entrée payante), et son jardin abriterait le plus gros cep de vigne au monde. D'une circonférence de 2,40 m et d'une hauteur de 1,50 m, ce dernier couvre une superficie de 124 m^2 et continue à produire du raisin. L'ancien tribunal, ou **Drostdy** (1804), dans Church Street, devint un hôtel à la fin du 19e siècle. Il n'est plus possible d'y passer la nuit, mais vous pourrez séjourner dans une de ses dépendances.

Les paléontologues considèrent le grand bassin sédimentaire du Karoo comme l'une des merveilles du monde. Il recèle, en effet, des fossiles vieux de 190 à 240 millions d'années. Certains de ces trésors sont exposés à l'**Old**

Monument aux morts, à Graaff-Reinet.

Rhinocéros noir en promenade dans la Kwandwe Game Reserve.

L'hôtel de ville de Graaff-Reinet.

Library (angle de Church Street et de Somerset Street, ouv. lun.-ven. 8h-16h, sam.-dim. 9h-13h ; entrée payante). Graaff-Reinet a vu naître Andries Pretorius, le chef des *Voortrekkers* qui écrasa les Zulu à la bataille de Blood River en 1838 *(voir p. 42 et p. 250)*, comme le rappelle la statue du célèbre fermier boer érigée à 2 km de la ville, sur la route de Middelburg.

Ne manquez pas de faire un détour par la **Valley of Desolation**, 15 km au nord-ouest de la ville. Désormais protégée par le **Camdeboo National Park** ❼ (tél. 049 892 3453 ; www.sanparks.org ; ouv. tlj. du lever au coucher du soleil ; entrée payante), elle est réputée pour ses extraordinaires formations doléritiques, des dômes et tuyaux d'orgues magmatiques dont certains dépassent 120 m de hauteur. Toujours dans le parc, mais plus près de Graaff-Reinet, un sentier de randonnée contourne **Nqweba Dam (Van Ryneveld)**, lac de retenue aux abords duquel vous apercevrez peut-être des koudous et autres antilopes typiques du Karoo.

De retour en ville, faites une halte à l'**Obesa Nursery** (www.obesanursery.com). Cette pépinière, qui doit son nom à une espèce d'euphorbe endémique de la région, élève toutes sortes de plantes succulentes et de cactées, dont plusieurs espèces rares.

Girafe dans la Shamwari Game Reserve.

De Graaff-Reinet, prenez la N 9 en direction de Middleburg (sortie nord) et, au bout de 27 km, bifurquez vers le village de **Nieu Bethesda** ❽. Dans River Street s'élève l'extravagante **Owl House** (theowlhouse.co.za ; ouv. tlj. 9h-16h45 ; entrée payante), l'ancienne demeure d'une certaine Helen Martins, institutrice de son état. Cette artiste autodidacte éprise d'Orient, qui travaillait surtout la nuit pour échapper aux regards inquisiteurs de ses voisins, a tapissé les murs, les plafonds et certains meubles de sa maison de verre pilé mélangé à du ciment. Astres et étoiles flamboient aux plafonds, leurs rayons réfléchis dans toutes les directions par d'immenses miroirs.

Le potager abrite un capharnaüm de quelque 300 statues en ciment (chameaux, paons, adorateurs du soleil et bergers encapuchonnés), la plupart tournées vers l'est, tandis que des hiboux minéraux, perchés sur la clôture et sous la véranda, surveillent vos faits et gestes. Difficile d'imaginer une "installation" plus radicale dans l'Afrique du Sud rurale des années 1950 et 1960, mais Miss Martins mourut avant de connaître la célébrité : se sentant devenir aveugle, elle se suicida en ingérant de la soude caustique en 1976, à 78 ans. En tout cas, sa notoriété posthume a sorti le village de l'anonymat et, dans le sillage du dramaturge Athol Fugard, les artistes et autres créateurs de tout poil sont de plus en plus nombreux à s'y installer, séduits par sa tranquillité et la beauté de sa fertile vallée.

DE PORT ELIZABETH À EAST LONDON

Deux itinéraires relient Port Elizabeth à l'autre grande ville côtière de l'Eastern Cape, East London *(voir p. 218)*, 250 km au nord-est à vol d'oiseau. Le plus rapide emprunte la N 2, passant par la ville ancienne de Grahamstown, puis par King William's Town. Mais vous aurez tout intérêt à prendre la R 72, qui suit le littoral et dessert Port Alfred. Si vous souhaitez visiter les villes de l'arrière-pays tout en profitant de la côte, vous pourrez couper entre Grahamstown et Port Alfred par la R 67, via Bathurst.

GRAHAMSTOWN

Située 130 km au nord-est de Port Elizabeth, la ville universitaire de **Grahamstown** ❾ a été fondée en 1812 par le colonel britannique John Graham, et elle abrite encore maintes demeures de style georgien ou victorien, notamment **Merriman House** dans Market Street, ancienne résidence de l'évêque anglican. La quarantaine d'églises disséminées dans la ville lui ont valu d'être baptisée "City of Saints". L'**Albany Museum** (www.am.org.za ; ouv. lun.-ven. 9h-16h30 ; entrée payante) regroupe en fait 5 musées, dont l'**Observatory Museum** et son étrange chambre noire, et le **History Museum**, qui présente la culture xhosa et relate la colonisation de la région, mais qui abrite aussi une momie égyptienne bien conservée. Du Settlers National Monument (1820), juché au sommet de Gunfire Hill, la vue embrasse les toits et les clochers de Grahamstown. La ville est surtout connue pour son **National Art Festival** (www.nationalartsfestival.co.za), le festival artistique le plus important et le plus éclectique d'Afrique du Sud, organisé début juillet, quand ferme l'université Rhodes (1904), l'une des plus anciennes et des plus réputées du pays.

De Grahamstown, vous pouvez rejoindre Port Alfred, sur la côte, en suivant la R67. Cette route vous fera traverser **Bathurst** ❿, petite ville coloniale dont l'atmosphère *British* contraste avec son cadre tropical – on y cultive surtout l'ananas. Vous pourrez faire d'agréables balades dans les environs, notamment dans la **Waters Meeting Nature Reserve**, qui offre un magnifique panorama sur le fleuve Kowie et son méandre en fer à cheval.

La petite cité coloniale de **Port Alfred** ⓫, à mi-chemin entre Port Elizabeth et East London, est campée sur l'estuaire du Kowie. Sa plage

Petit cours de géologie au James Kitching Fossil Exploration Centre de Nieu Bethesda.

Graaff-Reinet vue des hauteurs de la vallée de la Désolation.

Étal de souvenirs, devant Owl House, à Nieu Bethesda.

L'Old Residency, l'un des 4 bâtiments de style Cape Dutch que la municipalité de Graaff-Reinet a restaurés.

invite à la baignade et au surf, mais on peut aussi plonger sur un récif au large, profiter d'un magnifique parcours de golf, de plusieurs pistes de VTT ou encore descendre le Kowie en canoë (2 jours). À 53 km par la route de Port Elizabeth, l'ancienne **Woody Cape Forest Reserve**, aujourd'hui intégrée à l'Addo Elephant National Park *(voir p. 210)*, vous propose une randonnée de 2 jours à travers ses vastes dunes et sa luxuriante forêt littorale.

KING WILLIAM'S TOWN

Après Grahamstown et au terme d'un trajet de 110 km par la N 2, **King William's Town** ⓬ risque de vous décevoir quelque peu. Centre d'une région agricole prospère, "King", comme la dénomment ses habitants, fut fondée en 1826 par la London Missionary Society et devint la capitale de la Cafrerie britannique (British Kaffraria) de 1846 à son intégration à la colonie du Cap, en 1865. Mais si vous avez un peu de temps, arrêtez-vous à l'**Amathole Museum** (ex-Kaffrarian Museum ; www.museum.za.net ; ouv. lun.-ven. 8h-16h30, sam.-dim. sur rdv ; entrée payante). Son fonds est consacré aux pionniers britanniques et allemands et aux cultures des peuples xhosa et khoisan de la région, ainsi qu'à d'intéressantes collections d'histoire naturelle.

LES PÉRÉGRINATIONS DE HUBERTA

Huberta, une hippopotame naturalisée, fait l'orgueil du musée. En novembre 1928, Hubert (ce n'est qu'à sa mort qu'on découvrit qu'il s'agissait d'une femelle) quitta le Zululand pour accomplir un voyage de 2 000 km vers le sud qui allait tenir en haleine tout le pays. En chemin, l'animal devint une véritable star, poursuivie par les photographes et les foules déchaînées. Il surgissait dans les villes et les bourgades, vagabondait dans les rues embouteillées de Durban, s'invitant avec fracas dans les *tea parties* les plus huppées.

Trois ans plus tard, des chasseurs l'abattirent alors qu'il prenait son bain dans le fleuve Keiskamma, près de King William's Town, suscitant un tollé national. Sa dépouille fut envoyée à un taxidermiste londonien et accueillie en grande pompe, à son retour, par quelque 20 000 personnes.

RANDONNÉE DANS LES MONTS AMATOLA

King William's Town est postée à la jonction de plusieurs routes qui filent au nord vers les forêts profondes de l'**Amatola Range**, un massif fort apprécié des randonneurs. Si vous vous sentez particulièrement en forme, vous pourrez suivre l'**Amatola Hiking Trail** sur 105 km – soit 6 jours de marche. Cette grande randonnée démarre à Stutterheim sur la N 6, 40 km au nord de King William's Town, et s'achève à Hogsback, un village idyllique – dont la forêt voisine aurait inspiré à J. R. R. Tolkien la forêt de Mirkwood du *Seigneur des anneaux*.

MONT HOGSBACK

Densément boisé, l'Amatola Range culmine à l'escarpement du Katberg, dont les sommets se coiffent parfois de neige en hiver. Mais c'est le mont **Hogsback** ⓭ qui fait de l'Amatola un massif unique. Là, les fougères s'accrochent aux troncs moussus de podocarpes centenaires et frangent les berges des torrents ; les ronces et autres arbrisseaux sauvages porteurs de baies comestibles se hissent jusqu'aux cimes des arbres en se mêlant aux lianes : un festin pour les oiseaux.

Plus de 220 espèces sont répertoriées, dont la buse couronnée *(Harpyhaliaetus coronatus)*, l'autour noir *(Accipiter melanoleucus)*, le coucou foliotocol *(Chrysococcyx cupreus insularum)*, le pic tigré *(Campethera notata)* et le perroquet robuste *(Poicephalus robustus)*. Le singe bleu *(Cercopithecus mitis kandti)* et le guib harnaché, ou *bushbuck*, sont les mammifères sauvages que vous pourrez observer le plus facilement. Les hôtels fournissent des brochures détaillées des pistes forestières balisées.

Environ 25 km au sud-ouest du village de Hogsback, **Alice** ⓮ porte le nom d'une des filles de la reine Victoria. Cette localité a sans doute vécu des temps meilleurs, mais la **University of Fort Hare**, installée à sa périphérie, mérite une visite. Fondée en 1916, elle a été la première institution universitaire du pays à accueillir des Noirs, et elle a compté parmi ses étudiants quelques personnalités politiques et

L'une des sculptures en béton réalisées par Helen Martins pour sa "maison de la Chouette" (Owl House).

Dans la Valley of Desolation.

Sur une plage d'East London.

Le village de Nieu Bethesda.

intellectuelles, dont Nelson Mandela. Sa principale attraction touristique, la **De Beers Art Gallery** (Cultural Studies Centre ; ouv. tlj. en principe, mais mieux vaut s'en assurer au 040 602 2269), expose l'une des plus belles collections d'art contemporain du pays.

VERS LA FRONTIÈRE AVEC LE LESOTHO

De **Stutterheim**, suivez la N 6 en direction d'East London sur 15 km avant de bifurquer sur la R 63 pour rattraper la N 2 après le bourg de Komga. La nationale vous emmènera jusqu'à Mthatha, ancien chef-lieu du bantoustan du Transkei, pour un détour vers la frontière du Lesotho et la pointe sud du Drakensberg, le **mont Witteberg** (montagne Blanche), souvent enneigé l'hiver.

La R 396, qui s'embranche sur la N 2 à Madadeni, vous conduira à Maclear, bourgade commerçante installée au pied de Naudesnek Pass, à 82 km de Mthatha. Sur la route du col, le plus haut du pays (2 620 m), vous attend un fascinant ensemble d'empreintes fossilisées de dinosaures. À 70 km à l'ouest de Maclear, toujours sur la R 396, vous découvrirez **Rhodes**, villégiature de montagne reculée mais charmante, proche du **Ben Macdhui** et de ses 3 001 m ; c'est la seule et unique station de sports d'hiver d'Afrique du Sud, et la saison de ski y est très courte. De nombreuses grottes du massif sont tapissées de peintures san, dont certaines remonteraient au début de notre ère. À la frontière du Lesotho, des sentiers de randonnée, des cours d'eau et des cascades sillonnent la **Malekgonyane Nature Reserve**, particulièrement féerique au printemps, lorsque les prairies de montagne s'émaillent de lis à bulbilles *(Lilium bulbiferum)*, de glaïeuls et autres fleurs sauvages.

EAST LONDON

Avec ses parcours de golf impeccablement tenus, sa population accueillante et ses beaux édifices du 19e siècle, **East London** ⓯ n'est pas dénuée de charme. Établie à l'embouchure du Buffalo, cette cité est l'unique port fluvial d'Afrique du Sud. Un peu comme celui de Cape Town *(voir p. 159)*, son front de mer est devenu une attraction

touristique : sur **Latimers Landing** s'alignent des boutiques, des bars, des restaurants et des salles de spectacle, et un marché aux puces s'y tient le samedi. Deux de ses plages, **Eastern Beach** et **Orient Beach**, conviennent particulièrement aux enfants ; les surfeurs leur préfèrent Nahoon Beach et sa vaste grève vierge.

Les beaux bâtiments victoriens d'East London ont presque tous été démolis, hormis l'imposant **City Hall**, édifié pour célébrer le jubilé de la reine Victoria. Ses pignons à redans et ses oriels blancs tranchent sur la brique rouge de ses murs et de sa tour d'horloge. Le beau manoir édouardien (1905) qu'Ann Bryant légua à la municipalité en 1946, avec les œuvres d'art qu'il contenait, est devenu un musée d'art moderne et contemporain : l'**Ann Bryant Art Gallery** (www.annbryant.co.za ; ouv. lun.-ven. 9h-17h, sam. 9h-12h ; entrée libre).

L'**East London Museum** (319 Oxford Street ; tél. 043 743 0686 ; www.elmuseum.za.org ; ouv. lun.-jeu. 9h30-16h30, ven. 9h30-16h ; entrée payante) possède une documentation particulièrement riche sur l'histoire et la culture xhosa de la région ainsi que l'une des plus étonnantes collections d'histoire naturelle d'Afrique du Sud. L'un des clous de la collection est un cœlacanthe naturalisé, pêché au filet dans le fleuve Chalumna en 1938 – une première mondiale. En effet, on croyait cette espèce extraordinaire, dont les nageoires ressemblent à des jambes atrophiées, éteinte depuis 80 millions d'années.

Perché sur une colline entre le centre-ville et la rive du Buffalo, le **Queens Park Botanic Garden and Zoo** (tél. 043 722 1171 ; www.el-zoo.co.za ; ouv. tlj. 9h-17h ; entrée payante) déploie de magnifiques jardins plantés d'espèces locales autour d'un zoo. **Gately House**, la résidence érigée en 1878 pour le maire John Gately, est devenue une annexe de l'East London Museum (mêmes horaires) abritant du mobilier victorien.

Au pied de la colline, le **German Settlers Memorial**, sculpté par Lippy Lipshitz, rappelle que des milliers de colons allemands débarquèrent à East London dans la seconde moitié du 19e siècle pour fonder des localités comme Hamburg, Potsdam et Berlin dans l'arrière-pays. Également sur l'Esplanade, entre Orient Beach et Eastern Beach, l'**East London Aquarium** (www.elaquarium.co.za ; actuellement fermé pour travaux, réouverture prévue fin 2018, renseignez-vous) héberge des représentants de plus de 400 espèces aquatiques, dont quantité de poissons tropicaux, des anémones et des tortues de mer, des requins, des manchots et des otaries.

Entre East London et l'embouchure du Great Kei – ancienne frontière de l'ex-bantoustan du Transkei – se déploie une côte de 93 km relativement peu construite, surtout par comparaison avec la Garden Route. La plus accessible de ses petites stations balnéaires est **Gonubie**, dont la plage de sable fin cernée par la végétation et la lagune fréquentée par de nombreux oiseaux aquatiques ne manquent pas

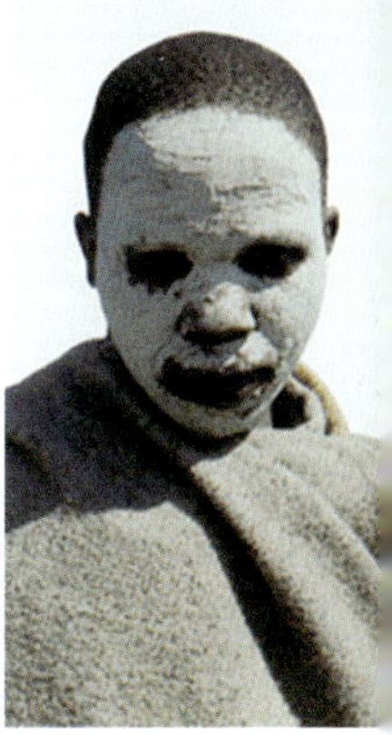

Selon la tradition xhosa, le passage à l'âge adulte s'accompagne pour les jeunes gens d'une retraite initiatique (abakwetha) *au cours de laquelle ils se font circoncire, puis enduire le visage et le corps d'argile.*

Balade à cheval dans le Hogsback.

Vieille femme xhosa.

de dépayser, à 10 km seulement au nord-est d'East London. Quelque 25 km plus loin vous attend **Cintsa**, villégiature tout aussi paisible.

LA WILD COAST

La "Côte sauvage", qui s'étend de Morgan's Bay au sud à Port Edward au nord, faisait jadis partie du Transkei, bantoustan xhosa constitué sous l'apartheid. Dans les zones rurales, habitat et mode de vie traditionnels ont perduré. Vous y verrez des femmes vaquer à leurs tâches ménagères en fumant la pipe, le visage enduit d'ocre, et des vieillards aidés de jeunes enfants encourager des paires de bœufs à tracter un araire dans les champs.

Vous apercevrez peut-être en bord de route un adolescent, drapé dans une couverture et le visage enduit d'argile blanche. C'est un *abakwetha*, un initié qui, en compagnie d'autres jeunes gens, vient de passer 3 semaines dans une hutte isolée en pleine brousse, où les anciens lui ont enseigné les traditions. À l'issue de ce rite de passage à l'âge d'homme, qui culmine avec leur circoncision, les jeunes se lavent dans une rivière et brûlent tous leurs anciens effets. Puis on leur fournit de nouveaux habits, qu'ils revêtent pour s'en retourner au village, où ils sont accueillis par une fête rythmée par des danses rituelles. Ils doivent continuer à enduire leur visage d'argile pendant un an, et ce n'est qu'à son terme qu'ils pourront intégrer le monde des adultes.

PLONGÉE, PÊCHE ET RANDONNÉE

Même si le qualificatif de "sauvage" s'applique parfaitement aux falaises escarpées de la côte et à ses ravines que dévalent des cascades, la Wild Coast doit en réalité son nom aux écueils qui la protègent et qui provoquèrent jadis bien des tragédies. Les nombreuses épaves qui gisent au large n'ont pas encore été entièrement fouillées, constituant un défi tentant pour les plongeurs. La plus célèbre de ces épaves est celle du *Grosvenor*, un navire qui sombra par une nuit de tempête de l'an 1782 au large du Pondo (Natal). Ce trois-mâts de la Compagnie britannique des Indes orientales aurait transporté à son bord

Latimer's Landing, East London.

l'inestimable trône du Paon, subtilisé aux chahs de Perse. Mais toutes les tentatives pour renflouer le navire se sont heurtées aux caprices de la Wild Coast : hormis 8 canons remontés en 1952, la prise la plus fructueuse à ce jour se résume au ballast de fer repêché par le forgeron du navire, qui s'installa sur la côte, bientôt nanti de 2 épouses mpondo.

De mai à novembre, vous pourrez observer au large des baleines veillant sur leur progéniture, les dauphins, quant à eux, se montrant toute l'année. La région fait aussi le bonheur des pêcheurs à la ligne, susceptibles de capturer de belles prises dans l'océan Indien, telle l'imposante spare broyeuse, ou qui ferrent la truite dans les rivières et les lacs. Des zones de pêche ont également été délimitées dans la **Dwesa Nature Reserve** ⓰ (www.visiteasterncape.co.za ; ouv. tlj. ; entrée payante), entre The Haven et Qora Mouth. L'un des plus sauvages du pays, cet espace protégé de 3 900 ha, à l'embouchure du Bashee, possède une riche avifaune et vous permettra d'observer des gnous bleus, des élands, des singes et (avec beaucoup de chance) la loutre à joues blanches du Cap *(Aonyx capensis)*. La piste qui dessert la réserve s'embranche sur la N2 à Idutywa – la dernière bourgade où vous pourrez faire des provisions si vous comptez profiter du terrain de camping ou louer un bungalow pour dormir sur place.

Entre East London et Mthatha, plusieurs routes secondaires rejoignent ainsi la N2 pour descendre vers la côte, desservant notamment Cintsa, Cefane et Double Mouth. Contrairement aux touristiques **Haga-Haga** et **Morgan's Bay**, où se sont développés hôtels et résidences secondaires, ces petites stations sont surtout fréquentées par les fermiers locaux, qui apprécient leur taille modeste et leur isolement : ils peuvent ainsi profiter à leur aise des plages intactes et des lagunes poissonneuses, qui attirent une avifaune profuse.

La seule de ces routes qui soit goudronnée mène de Viedgesville à **Coffee Bay** ⓱ (75 km), dont la plage dominée par de vertigineuses falaises a su séduire les backpackers. En longeant le littoral sur 8 km au sud de la petite station, vous atteindrez Hole in the Wall, une île qui évoque une énorme baleine et dans le flanc de laquelle les flots ont creusé un vaste tunnel. Les Xhosa l'appellent à juste raison esiKhaleni (le Lieu du son) : le fracas des vagues, répercuté par les parois du tunnel, produit un écho assourdissant. Mais prenez garde : les courants et les récifs qui encerclent esiKhaleni sont traîtres, et plus d'un imprudent y a laissé la vie.

Coffee Bay est aussi le point de départ d'un des plus beaux itinéraires de randonnée d'Afrique du Sud, le **Wild Coast Hiking Trail**. Il faut compter 2 bonnes semaines pour couvrir les 200 km de piste, qui aboutissent à Port Edward, à l'extrémité nord de la Côte sauvage, mais vous pouvez, bien sûr, n'en suivre qu'un tronçon. La section méridionale du sentier, qui suit des kilomètres de plages sablonneuses, est

Au Transkei, c'est aux femmes qu'incombent l'entretien et la rénovation des maisons.

Vaches en liberté sur une plage de la Wild Coast.

À PROPOS

Coffee Bay doit son nom aux graines de café échappées de la soute d'une épave échouée à l'embouchure de la Nenga River à la suite d'un naufrage en 1893. Si nombre de ces graines ont germé, la nature du sol, trop saline, a empêché les plants de caféiers de se développer.

la plus facile. Davantage accidentée, la portion septentrionale est plus éprouvante, avec ses dénivelés accusés et ses nombreux passages à gué, d'autant qu'on peut marcher plusieurs jours sur le sentier sans croiser âme qui vive. Pour obtenir un permis et réserver vos nuitées (un refuge rudimentaire tous les 12 km), prenez contact avec l'Eastern Cape Tourism Board (tél. 043 492 0881 ; www.visiteasterncape.co.za).

De Coffee Bay, rebroussez chemin jusqu'à la N 2 pour gagner **Mthatha** ⓲ (95 km), anciennement **Umtata**, qui ressemble aujourd'hui à un vaste chantier poussiéreux. L'ancienne capitale du Transkei possède néanmoins quelques édifices dignes d'intérêt, tels que le Bhunga (ancien Parlement) et l'hôtel de ville, tous deux érigés en 1879, lors de sa fondation.

Quelque 90 km séparent Mthatha de **Port St John's** ⓳, ancien comptoir colonial posté sur l'estuaire du Mzimvubu, la seule voie navigable de la Wild Coast. La communauté blanche dut s'exiler lors de la transformation du Transkei en bantoustan, et Port St John's a aujourd'hui le charme des belles endormies, avec ses vieilles et imposantes demeures laissées à l'abandon ou restaurées par les membres de sa dynamique communauté artistique. Attention, plusieurs attaques de requins ont endeuillé ses plages.

La plus vaste (8 000 ha) et la plus belle des réserves naturelles de la Wild Coast est la **Mkambati Nature Reserve** ⓴ (tél. 079 496 7821 ; www.visiteasterncape.co.za ; ouv. tlj. ; entrée payante), environ 40 km au nord de Port St John's par la R61. Selon vos envies, vous pourrez faire du canoë sur ses 2 larges estuaires, ou paresser sur l'une de ses longues plages rocailleuses et désertes. De la mangrove littorale aux espèces rares de palmiers blotties au fond des ravines, la flore de la réserve présente une richesse étonnante. Les infrastructures d'hébergement se partagent entre des bungalows confortables dressés à l'ombre de grands arbres et des rondavelles (cases en dur), plus sommaires, qui font face à l'océan. Faute de la moindre boutique à des kilomètres à la ronde, faites vos provisions avant d'explorer la réserve. #

Dauphins jouant dans les vagues, Wild Coast.

LE CIEL AUSTRAL

Les scintillantes nuits d'Afrique se transforment en une éblouissante féerie dans le Karoo et d'autres régions arides de l'intérieur.

L'Afrique du Sud s'étend des tropiques jusqu'au 35e degré sud environ. Si vous arrivez de l'hémisphère Nord, vous allez découvrir vos constellations sens dessus dessous – et peut-être aurez-vous l'impression de marcher sur la tête...

La Croix du Sud est la constellation la plus facile à identifier. Selon les calculs des astronomes, il y a des milliers d'années cette formation brillante était visible de presque toute l'Europe. De nos jours, il faut descendre sous le 30e degré de latitude nord pour l'apercevoir. En Afrique du Sud, si la nuit est claire, il suffit de se repérer à la Croix du Sud et à la constellation voisine du Compas, presque toujours visible – même si, avec la rotation de la Terre, la position de ces étoiles dans le ciel évolue au cours de la nuit –, pour trouver le pôle Sud céleste. Tracez une ligne entre les 2 étoiles de l'axe de la Croix, et une autre entre Alpha du Compas et Alpha du Centaure : le point d'intersection des 2 droites indique le sud céleste. Faites bien la distinction entre la Croix du Sud et 2 autres croix positionnées un peu au nord-est, la Croix de Diamant et la Fausse Croix.

Le Compas est situé juste à côté des 2 étoiles les plus brillantes de la constellation du Centaure. La plus lumineuse, Alpha du Centaure, est la quatrième source de lumière du ciel par la puissance. C'est en fait un système de 3 étoiles : quand on l'observe à travers un petit télescope, elle se présente comme 2 têtes d'épingle lumineuses ; à travers un grand télescope, on leur découvre une compagne plus discrète, une naine rouge – l'étoile la plus proche du Soleil : 4,3 millions d'années-lumière.

Les 5 étoiles les plus brillantes de la Croix du Sud (Alpha, Bêta, Gamma, Delta et Epsilon) sont disposées par ordre de luminosité apparente dans le sens des aiguilles d'une montre. La Croix offre également un bon point de repère pour identifier 2 galaxies satellites de la Voie lactée, le Grand et le Petit Nuage de Magellan, situés respectivement à quelque 157 000 et 197 000 années-lumière du Soleil. Prolongez 7 fois l'axe de la Croix. De chaque côté de cette ligne, vous discernerez ce qui ressemble à 2 petits nuages immuables. Non seulement la gravitation les rattache à nous, mais également une frêle passerelle d'hydrogène.

Le Grand Nuage de Magellan est le siège d'une intense activité de formation stellaire. Son "nid" d'étoiles le plus vaste et le plus actif est la nébuleuse de la Tarentule. En 1987, les astronomes ont pu observer l'explosion d'une supernova de la Tarentule : SN1987A, l'une des plus proches connues.

Près du Petit Nuage de Magellan, on peut discerner à l'œil nu une tache blanche brumeuse. Au télescope, celle-ci se révèle être constituée de milliers d'étoiles. Situé dans la constellation très méridionale du Toucan, à 15 000 années-lumière de la Terre, il s'agit de 47 Toucanæ, l'un des 2 grands amas globulaires de notre galaxie avec Oméga du Centaure.

Autre constellation facile à identifier, Orion et son Baudrier de 3 étoiles. Bételgeuse, sur son "épaule" droite, est une supergéante rouge – 700 fois le diamètre du Soleil.

L'observatoire astronomique de Sutherland, dans le Grand Karoo, est le centre de recherche le plus réputé du pays. #

Aloe dichotoma, *ou* kokerboom, *se détachant sur le ciel étoilé du Richtersveld National Park (province du Northern Cape).*

Le front de mer de Durban.

"Wet 'n' Wild Waterworld", le parc aquatique de l'uShaka Marine World.

LA CÔTE DU KWAZULU-NATAL

Une côte subtropicale luxuriante s'étend de part et d'autre de Durban, station balnéaire cosmopolite. Le littoral du KwaZulu-Natal, aux eaux réchauffées par le courant de l'Agulhas, est l'une des premières destinations du pays.

NE MANQUEZ PAS

Durban's "Golden Mile" *p. 228*
Oribi Gorge Nature Reserve *p. 235*
Port Shepstone *p. 234*
uShaka Marine World *p. 228*

Plan p. 228 et carte p. 233

Un climat subtropical des plus agréables – les températures estivales atteignent régulièrement 32 °C –, d'immenses plages bien équipées, où l'on peut se baigner toute l'année, sans oublier la relative proximité de Johannesburg et de Pretoria (5 h de voiture par l'autoroute N3) : voilà les principaux atouts qui ont fait de Durban la première station balnéaire du pays. Dommage que les hôtels tout confort qui se bousculent sur le front de mer soient pour la plupart d'inesthétiques tours en béton caractéristiques des années 1960 et 1970.

DURBAN

Durban ❶ fut l'un des premiers sites sud-africains à figurer sur les cartes européennes : le navigateur portugais Vasco de Gama y débarqua le 25 décembre 1497 et baptisa l'endroit Terra do Natal (Terre de la Nativité). La baie portait encore le nom de Port Natal lorsqu'y débarqua, en juillet 1824, le contingent d'hommes – dont l'aventurier Henry Francis Fynn – chargés par les autorités du Cap d'y fonder un comptoir commercial. Onze ans plus tard, celui-ci fut rebaptisé en l'honneur du gouverneur de la colonie britannique du Cap, Sir Benjamin d'Urban.

Aujourd'hui la troisième ville d'Afrique du Sud avec plus de 3,8 millions d'habitants, Durban n'a pourtant jamais obtenu de statut particulier, pas même celui de capitale provinciale. Son port est le plus vaste et le plus actif du continent africain. Il n'en a pas toujours été ainsi : jusqu'en 1895, le banc de sable qui en bloquait l'entrée occasionna près de 70 naufrages. Il fallut importer des dragues d'Europe et déplacer pas moins de 10 millions de tonnes de sable pour le rendre accessible.

Majoritairement noire, la population métropolitaine de Durban compte également une importante minorité indienne : les descendants des tra-

Le front de mer de Durban.

vailleurs sous contrat embauchés dans les années 1860 par les grandes exploitations sucrières de la région sont environ 1 million, dont 70 % d'hindous et 20 % de musulmans. La ségrégation raciale a favorisé l'enracinement de leur culture d'origine et le maintien de leurs langues et coutumes, vestimentaires notamment.

UNE STATION BALNÉAIRE

Durban et sa banlieue constituent depuis 2000 la municipalité métropolitaine d'**eThekwini**, le "Lieu de la mer" en zulu. Cette dernière affiche la densité de population la plus élevée du pays, et, en haute saison, les vacanciers envahissent les kilomètres de plages qui s'étirent en une longue frange dorée au nord du port, en particulier **South Beach**. **North Beach** et sa voisine, **Bay of Plenty**, sont presque aussi bondées mais se veulent un peu plus branchées, avec leur front de mer garni de cafés, de bars et de restaurants où se donnent rendez-vous surfeurs et jeunes poseurs. Des filets antirequins protègent efficacement toutes ces plages surveillées. Attention, la houle et les courants peuvent être dangereux. Ne nagez pas en dehors des secteurs balisés, indiqués par des drapeaux.

Centre névralgique de la ville balnéaire, **O. R. Tambo (Marine) Parade** Ⓐ est une zone piétonne jalonnée de bassins et de fontaines, dont les galeries de jeux et fast-foods sont dominés par d'innombrables tours d'hôtels et d'appartements plus ou moins luxueuses. La plupart des attractions touristiques et des prestataires de services – agences de voyages et loueurs de matériel de sports nautiques, notamment – sont regroupés sur le **Golden Mile**, promenade qui longe les plages sur 6 km, de l'embouchure de l'Umgeni au port principal. Des pousse-pousse très colorés – reflet du mélange des influences indiennes et africaines – circulent le long du front de mer.

Fondé dans les années 1950, et installé à l'époque face à New Pier, **uShaka Marine World** Ⓑ (www.ushakamarineworld.co.za ; ouv. tlj. 9h-17h ; entrée payante) est installé à uShaka Beach, près de The Point. Ce complexe possède un aquarium gigantesque, Sea World – sans doute le plus grand de tout l'hémis-

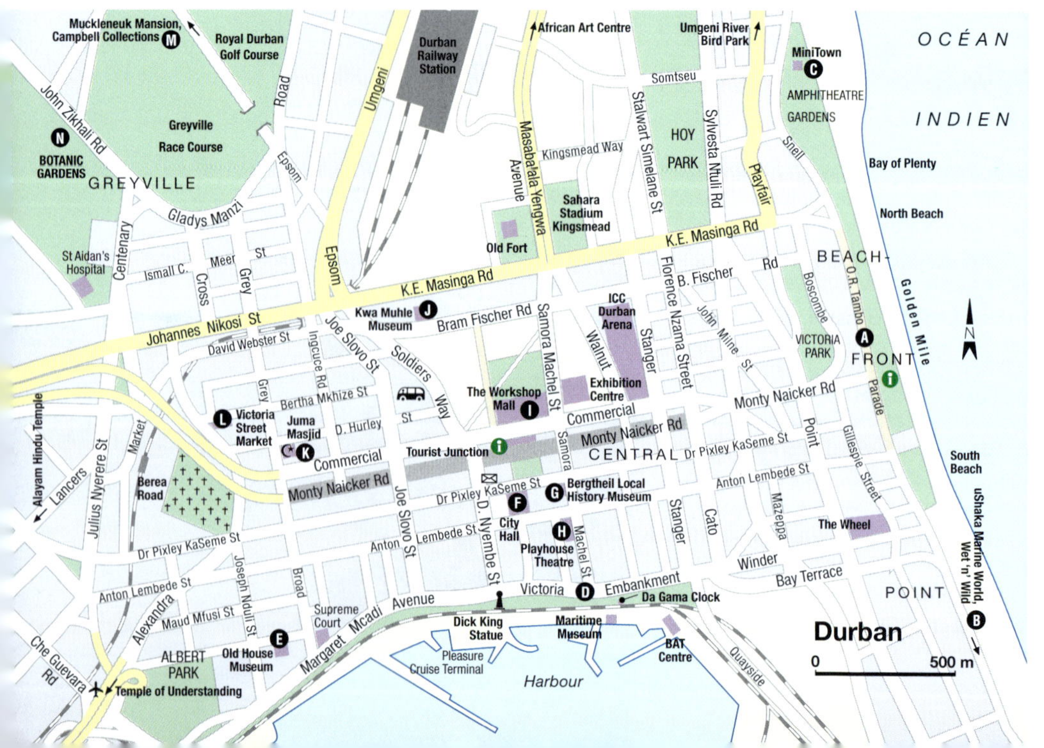

phère Sud –, réputé pour ses requins et ses spectacles quotidiens présentant dauphins, phoques et manchots. **Wet 'n' Wild Waterworld** (www.ushakamarineworld.co.za ; ouv. mer.-ven. 10h-17h, sam.-dim. 9h-17h ; entrée payante), l'autre partie du complexe, est un parc aquatique toujours bondé de baigneurs kamikazes venus défier ses vagues et toboggans.

MiniTown **C** (tél. 031 337 7892 ; ouv. tlj. 9h30-16h30 ; entrée payante) a également ses fans, avec son chemin de fer miniature et ses maquettes des sites les plus connus de la ville. Un peu plus loin, sur la plage de Bay of Plenty, vous attendent les fontaines, bassins et pelouses des paisibles **Amphitheatre Gardens**.

Durban se révélera une bonne base d'activités et d'excursions dans la région, que vous pourrez planifier par l'intermédiaire de votre hôtel ou d'une des agences de tourisme du Golden Mile. Les sportifs pourront prendre part à une expédition organisée d'une journée pour descendre en raft le cours de l'Umgeni à la saison des pluies (généralement de novembre à avril). Quelques écoles de plongée proposent des sorties en mer, ainsi que des stages PADI ou NAUI de plusieurs jours. Quant aux surfeurs, ils n'auront que l'embarras du choix, la plage de South Beach convenant mieux aux débutants. Les plus audacieux se mesureront aux vagues de Dairy Beach sur le Golden Mile ou à celles de Cave Rock sur The Bluff.

En poussant un peu plus loin jusqu'à **The Bluff** (isiBubulungu en zulu, c'est-à-dire "Longue Bosse"), crête de 4 km qui ceinture la rive méridionale du port, vous atteindrez **Brighton Beach**, dont les vagues se prêtent tout particulièrement au bodysurf. **Treasure Beach**, sa belle et sauvage voisine, porte bien son nom : ses poches d'eau intertidales recèlent une active vie marine. La Wildlife and Conservation Society (www.wessa.org.za) y organise des circuits commentés à prix modique. Environ 15 km au nord de Durban, une population plutôt chic fréquente les splendides plages de sable fin d'Umhlanga Rocks *(voir p. 239)*.

LE CENTRE-VILLE

Au sud-ouest du Golden Mile, **Margaret Mcadi Avenue (ex-Victoria Embankment)** **D** aligne ses gratte-ciel face au port, marquant la limite sud du centre historique. À l'angle de l'avenue et de Keyside Road s'élève le **BAT Centre** (tél. 031 332 0451 ; www.batcentre.co.za), un complexe artistique réunissant une salle de concert, des studios de répétition de danse et de théâtre, et un café particulièrement agréable qui donne sur la marina de Durban. Des concerts de jazz gratuits y sont donnés le dimanche après-midi et en soirée. Quelques reliques victoriennes agrémentent les quais, telle la **Da Gama Clock**, une horloge offerte en 1897 à la municipalité par le gouvernement portugais pour célébrer le 400e anniversaire de la découverte de Port Natal par l'illustre Vasco de Gama. Curieusement, pour une si grande ville, Durban recèle peu de musées, et les plus intéressants peuvent se compter sur les doigts d'une main.

À PROPOS

Sur Margaret Mcadi Avenue, une statue rend hommage à Richard Philip "Dick" King (1813-1871). En 1842, ce colon parcourut 960 km à cheval en 10 jours pour aller chercher des renforts à Grahamstown alors que les Boers assiégeaient Durban.

L'un des aquariums de l'uShaka Marine World.

Da Gama Clock, une pièce montée en fer forgé (Margaret Mcadie Avenue).

À l'ouest du port, l'**Old House Museum** Ⓔ (31 Diakonia Avenue ; tél. 031 311 2261 ; durbanhistorymuseums.org.za ; entrée payante) se présente comme la reconstitution minutieuse – avec son mobilier d'origine – d'une riche demeure de l'époque coloniale, celle du patron de presse et Premier ministre du Natal John Robinson.

En remontant Yusuf Dadoo Street pour bifurquer à droite dans Anton Lembede Street, vous atteindrez l'ancien **City Hall** Ⓕ (1910), dont les **Francis Farewell Gardens** signalent le site où fut fondé la ville. Ce splendide monument néobaroque est une copie presque conforme de l'hôtel de ville de Belfast, en Irlande du Nord (1898). Il accueille le **Natural Science Museum** (tél. 031 311 2256 ; www.durban.gov.za ; ouv. lun.-sam. 8h30-16h, dim. 11h-16h), dont les collections, tout spécialement celles d'ornithologie, méritent la visite. À l'étage, la **Durban Art Gallery** (ouv. lun.-sam. 8h30-16h, dim. 11h-16h ; entrée libre) retrace l'histoire artistique du KwaZulu-Natal et possède une excellente collection d'art et d'artisanat zulu.

À quelques pas du City Hall s'élève le **Bergtheil Local History Museum** Ⓖ (16 Queens Avenue ; tél. 031 203 7107 ; durbanhistorymuseums.org.za ; ouv. lun.-sam. 8h30-16h45, dim. 8h-12h ; entrée libre), consacré à l'histoire coloniale de Port Natal.

À l'angle d'Anton Lembede Street et d'Acutt Street, le **Playhouse Theatre** Ⓗ (tél. 031 369 9555 ; www.playhousecompany.com) est la principale salle de spectacle de Durban : y sont donnés des concerts symphoniques du Natal Philharmonic, des opéras, des ballets et des pièces de théâtre.

Remontez Samora Machel Street jusqu'au **Workshop Mall** Ⓘ (99 Samora Machel Street ; tél. 031 304 9894 ; www.theworkshopcentre.co.za ; ouv. lun.-sam. 9h-17h, dim. 10h-16h). Cet attrayant centre commercial réunit plus de 120 boutiques haut de gamme dans un entrepôt ferroviaire des années 1890. Juste en face, **Old Railway Station** abrite l'office de tourisme municipal (**Tourist Junction**, tél. 031 304 7144), qui propose un large choix de circuits guidés et d'activités à Durban et dans ses environs.

L'un des nombreux étals de Victoria Street Market.

Très connu des chineurs, le **South Plaza Market** s'installe le dimanche (ouv. 9h-17h) non loin du Workshop. Avec ses 750 étals, il figure parmi les plus grands marchés aux puces du pays. Artisanat, plantes, alimentation : rien ne manque. Au nord du quartier historique, le **KwaMuhle Museum** Ⓙ (130 Bram Fischer Road ; tél. 031 311 2237 ; durbanhistorymuseums.org.za ; ouv. lun.-ven. 8h30-16h ; entrée libre) brosse un tableau de la ville au temps de l'apartheid et consacre des expositions temporaires à la culture zulu.

L'un de vos repères les plus pratiques pour vos déplacements en ville sera la **Juma Masjid** Ⓚ, la Grande Mosquée de Durban, dont le minaret au bulbe doré domine Dr Yusuf Dadoo Street. C'est le principal lieu de culte musulman du pays : elle peut accueillir 8 000 fidèles. Elle signale également le quartier indien "historique" de Durban et ses échoppes innombrables et bruissantes d'activité. Toutes les galeries commerciales de Durban comptent plusieurs boutiques d'artisanat dignes d'intérêt, mais **Victoria Street Market** Ⓛ (ouv. lun.-sam. 8h-17h) est sans doute le marché le plus pittoresque où faire le plein de souvenirs, avec ses stands d'artisanat indien et africain côtoyant des étals de fruits et de légumes. Vous vous surprendrez à passer des heures à marchander vos achats, ici une *assegai* (sagaie), là un masque zulu, ailleurs des bijoux en argent ou des sacs et portefeuilles en cuir indiens, ou simplement d'enivrants mélanges d'épices – nous vous conseillons le "massala de la belle-mère" *(Mother-in-Law Masala)*. Une option tout aussi séduisante : suivre l'une des visites guidées de la ville comprenant celle du marché, que les agences de voyages locales sont nombreuses à proposer.

Le Victoria Street Market est l'endroit tout indiqué où acheter des épices.

GREYVILLE, BEREA ET MORNINGSIDE

Les amateurs d'artisanat de qualité et de souvenirs trouveront aussi leur bonheur à **Essenwood Market** (Essenwood Park, Berea ; ouv. sam. 9h-14h) sur les hauteurs verdoyantes de Berea, à l'ouest du centre-ville.

L'un des joyaux victoriens du quartier de Berea, l'exquise **Muckleneuk Mansion**, héberge les **Campbell Collections** Ⓜ

Aux abords de la Grande Mosquée de Durban.

CHANGEMENT DE NOMS

Changer les noms de lieu politiquement trop connotés fut l'une des priorités de l'ère post-apartheid, et les nouveaux toponymes n'ont pas tardé à s'imposer. C'est ainsi que Verwoedburg est devenu Centurion, Pietersburg s'est mué en Polokwane, DF Malan Drive en Beyers Naudé Drive, Jan Smuts Airport en O.R. Tambo Airport, et (plus superficiellement) Messina en Musina. Certaines modifications paraissent moins tranchées. De nombreuses villes ont adopté un système dual – elles conservent leur ancien nom, mais la municipalité dont elles dépendent a été rebaptisée – Durban, Pretoria et Port Elizabeth relèvent désormais des communautés urbaines de eThekweni, Tshwane et Nelson Mandela Bay.

Ce processus devient plus critiquable lorsque des artères au nom parfaitement inoffensif comme la Long Street de Pietermaritzburg prennent le nom d'une figure politique locale – une surcharge financière inutile pour des municipalités et des entreprises locales souvent désargentées. Pis, certains changements de nom officiel se font au coup par coup et sans véritable communication, ce qui prête inévitablement à confusion. La plupart des habitants, y compris certains commerçants, continuent d'utiliser les anciens noms. Aussi, même si cette édition s'efforce de coller aussi fidèlement que possible à l'actualité, d'autres changements seront sans doute intervenus avant votre arrivée sur place. Renseignez-vous.

À SAVOIR

Embarquez sur le *Sarie Marais* pour une visite du port de Durban. Ce bateau promenade part de la Gardiner Street Jetty (tél. 031 304 7737 ; www.sariemaraiscruises.co.za).

(220 Gladys Manzi Road ; tél. 031 260 1722 ; campbell.ukzn.ac.za ; ouv. lun.-ven. sur rdv uniquement), un ensemble inestimable de témoignages (livres, cartes, œuvres d'art) sur la culture traditionnelle zulu. Signalons également aux amateurs d'art et d'artisanat l'**African Art Centre** (www.afriart.org.za ; ouv. lun.-ven. 8h30-17h, sam. 9h-14h, dim 8h-13h). "Défricheuse de talents" depuis plus de 50 ans, cette galerie à but non lucratif a quitté le centre-ville pour s'installer au 94 Florida Road, une artère du quartier de Morningside bien connue pour ses bars et restaurants branchés. Ce centre accueille des expositions temporaires et se double d'une boutique.

À 20 minutes en voiture du centre-ville, en direction de Pinetown, le **Heritage Market** (Old Main Road, Hillcrest ; ouv. dernier dim. du mois 9h-13h) vous propose une collection éclectique d'artisanat, d'antiquités et de brocante dans un bel édifice de style victorien.

PARCS ET JARDINS

Grâce à son climat généreux, Durban a pu se parer de multiples parcs et espaces verts qui se répartissent aux quatre coins de la ville. Le joyau de cette couronne de verdure est l'**Umgeni River Bird Park** (hors plan, Riverside Road ; tél. 031 579 4600 ; www.urbp.co.za ; ouv. tlj. 9h-17h ; spectacles de fauconnerie mar.-dim. à 11h et 14h ; entrée payante), sur la rive nord de l'Umgeni. Sa volière abrite plus d'un millier d'oiseaux exotiques, tel le calao rhinocéros, qui arbore un bec multicolore de 30 cm de longueur.

Juste à côté s'étend la **Beachwood Mangroves Nature Reserve** (tél. 083 293 3611 ; www.kznwildlife.com ; ouv. tlj. sur rdv uniquement ; accès par la porte nord), dans laquelle un circuit fléché permet de découvrir la mangrove du haut de passerelles en bois. Vous y verrez peut-être l'étonnant périophtalme (ou gobie des mangroves) – un poisson qui peut passer un certain temps à l'air libre et, grâce à ses puissantes nageoires, "marcher" dans la vase et le sable et "grimper" aux arbres –, ainsi que d'intéressants oiseaux indigènes comme la cigogne épiscopale *(Ciconia episcopus)*, le martin-chasseur à collier blanc *(Halcyon chloris)*, le souimanga bifascié *(Nectarinia bifasciata)*, les 2 espèces africaines de pélicans et différents oiseaux marins.

Enclave verdoyante de 253 ha, la **Kenneth Stainbank Nature Reserve** (tél. 072 139 5862 ; www.kznwildlife.com ; ouv. tlj. 6h30-18h ; prix d'entrée modique), dans le faubourg de Yellowwood Park, offre plusieurs sentiers de promenade à travers une végétation de forêts littorales et de prairies, où zèbres, *bushbucks*, impalas, les 3 espèces de *duikers*, le grivet et diverses mangoustes ont élu domicile. Amoureux des oiseaux, faites un détour par la **Bluff Nature Reserve** (au sud du centre-ville ; www.kznwildlife.com ; tél. 031 469 2807 ; ouv. tlj. 7h-17h ; prix d'entrée modique) : 2 cachettes donnant sur une cuvette frangée de roseaux vous permettront d'observer la superbe poule sultane *(Porphyrio porphyrio)*, le martin-pêcheur huppé *(Alcedo cristata)* et bien d'autres oiseaux. Dans un genre très

Le Temple of Understanding (1969), sanctuaire de la secte Hare Krishna.

différent, les jardins luxuriants du **Hare Krishna Temple of Understanding** (ouv. tlj. ; entrée libre) vous accueillent dans la banlieue de Chatsworth, à une vingtaine de kilomètres au sud du centre-ville. Là, vous pourrez vous livrer à la méditation, à l'ombre d'un temple de marbre d'allure très futuriste – le plus vaste en son genre de tout l'hémisphère Sud – ou vous régaler d'un curry de légumes dans son restaurant végétarien.

Plus classiques et plus près du centre-ville, les **Botanic Gardens** ❶ (John Zikhali Road ; www.durbanbotanicgardens.org.za ; ouv. tlj. : 7h30-17h30 l'hiver, 7h30-17h15 l'été ; entrée libre) se distinguent par leur collection de cycas et leur splendide serre d'orchidées. Faites une pause dans leur Tea Garden et allez écouter, si vous le pouvez, l'un des concerts donnés le dimanche après-midi près de leur lac.

LA SUNSHINE COAST

C'est ainsi que les Sud-Africains dénomment la luxuriante portion de littoral qui s'étire sur 150 km au sud de Durban, parallèlement à la N 2, jusqu'à Port Shepstone. Un chapelet de plages charmantes s'égrène tout au long de cette "Côte ensoleillée". Plus fréquentées par les vacanciers sud-africains que par les touristes étrangers, les stations balnéaires qu'elles agrémentent – dont Umzumbe, Banana Beach, Sea Park et Umtentweni – demeurent assez paisibles en dehors des vacances scolaires, et elles vous offriront un meilleur rapport qualité-prix que les stations huppées de la Garden Route.

À 22 km au sud de Durban, **Amanzimtoti** ❷ est l'un des meilleurs spots de plongée du pays. Des bateaux conduisent régulièrement les amateurs jusqu'à l'**Aliwal Shoal**, un récif corallien ancré 5 km au large dont ils peuvent explorer les galeries, les grottes et les tombants jusqu'à 43 m sous l'eau. Les épaves du *Nebo* et du *Produce* gisent par le fond à la pointe septentrionale du récif, sur le site dit des "Pinnacles". Au large de l'Outside Edge s'ébattent des requins taureaux *(Odontaspis taurus)*, des raies mantas et des murènes. Les courants sont violents, aussi ce site est-il réservé aux

Le jardin botanique de Durban est réputé pour sa collection d'orchidées.

Sculpture végétale, dans le jardin botanique de Durban.

plongeurs confirmés. Celui d'**Umkomaas**, 19 km au sud d'Amanzimtoti, est plus indiqué pour les débutants.

La côte méridionale est jalonnée d'excellents terrains de golf, ceux de Selbourne Park et de San Lameer, notamment. Selbourne Park est réputé pour les points d'eau qui corsent ses parcours, tandis que les fairways de **Scottburgh** demandent une certaine expérience. De Scottburgh, laissez-vous tenter par une escapade d'une journée : prenez la R612 en direction d'Ixopo ; après avoir traversé des plantations de cannes à sucre et d'eucalyptus, vous atteindrez la **Vernon Crookes Nature Reserve** ❸ (tél. 039 974 2222 ; www.kznwildlife.com ; ouv. tlj. : oct.-mars 6h-18h ; avr.-sept. 6h-17h ; entrée payante), dont les vallées, les forêts littorales et les marais bruissent d'une intense vie sauvage : plus de 300 espèces d'oiseaux, dont le rare eurylaime du Cap *(Smithornis capensis)*, y côtoient des zèbres, des gnous bleus, des élands, des impalas, des cobs des roseaux *(Redunca redunca)* et des nyalas. Si vous êtes de passage vers la mi-janvier, vous aurez peut-être la chance d'admirer, dans la mangrove, le lis *Dichelostemma volubile* en fleur.

Le grand requin blanc, à saluer avec respect.

LA HIBISCUS COAST

Cette portion de littoral au nom évocateur, qui s'étend de Port Shepstone à Port Edward, est jalonnée de stations balnéaires telles que Margate, Ramsgate et Southbroom. Moins coûteuses que Port Elizabeth, Plettenberg Bay ou Knysna, dans la presqu'île du Cap, ces villégiatures sont très prisées des Sud-Africains. Aussi mieux vaut-il éviter le secteur en décembre-janvier – il retrouve son calme le reste de l'année.

PORT SHEPSTONE

Port Shepstone ❹, la plus importante des villes de la Hibiscus Coast, a conservé un charme tout provincial. Vous y dénicherez quelques bons restaurants de poisson et fruits de mer (incroyablement bon marché), dont la plupart proposent des plateaux d'huîtres, tandis que les boutiques d'artisanat local regorgent de vanneries, de bijoux et objets en perles multicolores et de poteries zulu d'excellente qualité. Vous pourrez aussi faire un parcours sur l'un des terrains de golf spectaculaires qui dominent la côte.

Les plongeurs mettront sans doute le cap sur **Shelley Beach** ❺, l'effervescente station balnéaire installée 5 km au sud de Port Shepstone ; une vedette les conduira vers d'impressionnants hauts-fonds, les récifs de Deep Salmon et de Bo Boyi étant particulièrement réputés. Pour mieux profiter du spectacle des coraux et des poissons tropicaux, évitez la période estivale, car les pluies saisonnières réduisent considérablement la visibilité. Les plus intrépides, ceux que le face-à-face avec un requin-marteau ou un grand blanc n'effraie pas, prendront part à l'une des excursions qui partent de Shelley Beach pour gagner les eaux profondes de Protea Banks, 9 km au large.

Environ 12 km au sud de Shelley Beach, la station balnéaire de **Mar-**

gate ❻ s'étire avec indolence au bord d'une idyllique plage de sable blanc de 1,5 km de longueur, considérée comme la plus belle de la région. À 3 km au nord de Margate, un sentier en boucle de 2 h traverse l'**Uvongo River Nature Reserve** (ouv. tlj. ; entrée libre), une parcelle de forêt littorale pratiquement vierge dans laquelle prospèrent toutes sortes d'arbres, d'orchidées et d'oiseaux marins. Non loin de là, la **Skyline Nature Reserve** (Uvongo ; tél. 039 315 0112 ; www.kznwildlife.com ; ouv. tlj. 7h-17h), qui abrite des céphalophes bleus et autres antilopes, est réputée pour son arboretum – une collection de 375 essences indigènes et 400 autres exotiques.

UMTAMVUNA NATURE RESERVE

C'est dans l'**Umtamvuna Nature Reserve** ❼ (tél. 039 311 2383 ; www.kznwildlife.com ; ouv. tlj. ; entrée payante) au nord-ouest de **Port Edward** ❽, à la frontière de l'Eastern Cape, que vous trouverez les plus beaux sentiers côtiers de randonnée de tout le KwaZulu-Natal. Cette réserve peu connue protège les gorges sauvages de l'Umtamvuna et un littoral magnifié par la floraison printanière. On y a recensé plusieurs espèces végétales rares ou endémiques, une colonie de vautours chassefientes *(Gyps coprotheres*, un rapace endémique menacé), des antilopes comme le guib harnaché et le céphalophe du Natal *(Cephalophus natalensis)*, ainsi que de petits mammifères, tel le daman des rochers.

VERS L'INTÉRIEUR DES TERRES

L'un des sites les plus spectaculaires de la région est l'**Oribi Gorge Nature Reserve** ❾ (Izinqolweni ; tél. 072 042 9390, www.kznwildlife.com ; ouv. tlj. 6h30-19h30 ; entrée payante), située 21 km au nord-ouest de Port Shepstone, à proximité de la N2. Ses sentiers de randonnée, qui rayonnent autour d'un campement perché sur une butte, vous entraîneront au fond du canyon de la Mzimkulwana River ou gorges d'Oribi – également desservi par une route très pentue mais asphaltée. Les gorges, longues de 27 km, sont colonisées par les euphorbes. Leurs profondeurs boisées abritent guibs harnachés et singes bleus ; des aigles noirs ou couronnés nichent sur les falaises, tandis que des lézards comme l'éclatant agame des colons *(Agama agama)* se dorent sur les rochers.

La portion des gorges qui ne fait pas partie de ce domaine protégé est devenue le rendez-vous des sportifs, qui descendent ses rapides en raft ou ses cascades en rappel.

Après les gorges d'Oribi, la N2 suit la frontière de l'Eastern Cape sur 120 km. Elle pénètre dans cette province à hauteur de **Kokstad**, dans les vertes collines du piémont méridional du Drakensberg. Au nord de la bourgade, la **Mount Currie Nature Reserve** ❿ (tél. 039 727 3844 ; www.kznwildlife.com ; ouv. tlj. 6h-18h ; entrée payante) rassemble plusieurs variétés d'antilopes des prairies ou de montagne – péléa, ourébi, cob des montagnes, cob des roseaux, céphalophe de Grimm –, ainsi que des grues de paradis, caronculées et couronnées. #

Village du KwaZulu-Natal.

La réserve de Mount Currie abrite plusieurs variétés d'antilopes, dont le gracieux péléa (Pelea capreolus, reebok *en afrikaans*).

Village zulu dans les collines environnant Eshowe.

Altière girafe du Cap (Giraffa camelopardalis giraffa).

LE ZULULAND

Du lac St Lucia, une lagune sauvage, aux champs de bataille des guerres anglo-zulu, cette contrée fascinante est l'ancien royaume du légendaire Shaka Zulu.

Familièrement appelé Zululand, le nord de la province du KwaZulu-Natal (KZN), entre Vryheid, l'embouchure du Tugela et la frontière mozambicaine, séduira les amateurs de grands espaces, avec ses verdoyantes collines qui moutonnent à perte de vue, ses somptueuses réserves de faune sauvage et son chapelet de plages désertes. Principale route de la région, la N2 remonte le littoral de Durban à Richard's Bay et Empangeni, avant d'obliquer vers l'ouest, en direction de Pongola, à la frontière du Swaziland. Pourquoi ne pas choisir cet itinéraire si vous avez l'intention de vous rendre au Kruger National Park au départ de Durban ? Il vous offrira une alternative, certes plus longue, mais plus pittoresque, à l'ennuyeuse N3, l'autoroute qui relie Durban au Gauteng.

LA DOLPHIN COAST

À la sortie nord de **Durban ❶**, la N2 suit d'abord la "Dolphin Coast", qui s'étire sur 140 km d'**Umhlanga Rocks** à **Richard's Bay**. Cette portion de littoral est moins bétonnée que celle qui s'étend au sud de Durban, ses stations balnéaires sont, pour la plupart, plus huppées et il est encore possible d'y trouver des plages immaculées et des anses noyées sous la végétation tropicale.

Les grands dauphins qui ont donné leur nom à cette côte s'ébattent toute l'année au large et sont parfaitement visibles du rivage. Les requins ne sont guère plus farouches ; décidé à combattre les préjugés dont ces créatures extraordinaires sont victimes, le **KZN Sharks Board** d'Umhlanga Rocks présente un documentaire passionnant démontrant le rôle crucial que jouent les squales dans la chaîne écologique (1a Herrwood Drive ; tél. 031 566 0400 ; www.shark.co.za ; lun.-jeu., 5 séances/j. ; tarif modique). **Umhlanga Rocks ❷** est une station de taille moyenne, dont les atouts vous convaincront sûrement d'y prolonger votre séjour : boutiques

NE MANQUEZ PAS

eMakhosini Ophathe Heritage Park *p. 242*
Hluhluwe-iMfolozi Game Reserve *p. 244*
iSimangaliso Wetland Park *p. 243*
Ncome Museum *p. 250*
Phinda Private GR *p. 245*
Shakaland *p. 241*
Tembe Elephant Sanctuary *p. 247*
Umlalazi N.R. *p. 241*

Carte p. 240

Musée de plein air de Shakaland, Eshowe.

À SAVOIR

Si vous passez par Greytown, sur la R 74, entre KwaDukuza et Ladysmith, ne manquez pas de jeter un coup d'œil à son petit musée, installé dans un édifice classé (1879) de Scott Street. Son importante collection de souvenirs de guerre illustre tous les conflits qui ont ensanglanté le KwaZulu-Natal depuis le 18e siècle, tandis que son fonds ethnographique présente les différentes communautés de la région.

agréables, activités nautiques en tout genre, magnifiques plages de sable... et un excellent réseau littoral de sentiers de randonnée, les Zulu Trails.

Rares sont les portions du littoral qui ne soient pas accessibles en voiture. Sur la N2 s'embranchent des routes secondaires bien signalées qui mènent à une ribambelle de charmantes petites stations balnéaires comme **Tongaat Beach**, **Ballito** et **Shaka's Rock** et ses magnifiques mares intertidales. Au beau milieu de ces paysages enchanteurs, vous verrez surgir, en bordure de la N2, **KwaDukuza** (ou **Stanger**) ❸ et sa zone industrielle. Cet important centre de production sucrière occupe le site du *kraal* (village) dont Shaka Zulu fit sa capitale en 1820, un enchevêtrement de cases au nom évocateur puisque KwaDukuza signifie "L'endroit où l'on se perd". C'est là que le roi zulu fut assassiné en 1828 par ses demi-frères et rivaux, Dingane et Umhlangana *(voir p. 41)*. Un monument commémoratif trône au cœur de la ville, dans Couper Street.

Après KwaDukuza, la N 2 continue de longer la côte, offrant de nombreuses occasions de baignade. Les plages de **Blythedale** (à 12 km de la ville par les R 102 et R 74) et de **Zinkwazi** (22 km au nord-est de KwaDukuza par la N 2), bénéficient d'un cadre particulièrement idyllique. Un peu plus au nord (24 km de Zinkwazi), **Tugela Mouth** est sis à l'embouchure du plus grand fleuve de la province – celui qui marquait la frontière sud du royaume zulu avant les guerres de conquête de Shaka –, sur sa rive nord. Une portion (100 ha) de la rive sud du Tugela fait aujourd'hui partie de la **Harold Johnson Nature Reserve** ❹ (tél. 032 486 1574 ; www.kznwildlife.com ; ouv. tlj. 6h-18h ; entrée payante). Parmi ses dunes et sur ses falaises ont été aménagés 7 km de sentiers nature – dont le Muti Trail, consacré aux plantes médicinales traditionnelles –, l'occasion d'apercevoir certaines des 200 espèces d'oiseaux répertoriées dans la réserve et des mammifères forestiers comme les céphalophes bleu ou rouge, le zèbre et l'impala. Ces sentiers desservent aussi plusieurs champs de bataille de la guerre anglo-zulu de 1879.

De KwaGingindlovu (Umgungundlovu), sur la rive nord du Tugela,

vous pouvez suivre la R 66 puis la R 34 pour gagner Vryheid, 196 km au nord, point de départ de la **Battlefield Route** *(voir p. 248)*. Sinon, continuez sur la N 2 jusqu'à la petite station balnéaire de **Mtunzini** et sa voisine, l'**Umlalazi Nature Reserve** ❺ (tél. 035 340 1836 ; www.kznwildlife.com ; ouv. tlj. 5h-22h ; entrée payante), dotée d'une plage de rêve. Ce petit domaine protégé est devenu le refuge de quelque 300 espèces d'oiseaux et l'unique site de reproduction du vautour palmiste *(Gypohierax angolensis)* en Afrique du Sud. La colonie niche dans les palmiers raphias d'une zone marécageuse que traversent des passerelles. La réserve abrite une lagune, des dunes et une mangrove où vous pourrez observer des périophtalmes et des martins-chasseurs à collier blanc.

ESHOWE ET LE CŒUR DU PAYS ZULU

Si la chaleur moite du littoral vous incommode, gagnez **Eshowe** ❻, l'ancienne capitale du roi Cetshwayo (1872-1879), perchée à 500 m d'altitude dans un cadre de collines boisées, à 25 km de la N 2 par la R 66. Sa charmante **Dlinza Forest Reserve** (ouv. tlj. ; entrée libre) englobe une zone de forêt tropicale de montagne, ou forêt ombrophile, dont les sentiers portent souvent l'empreinte du timide céphalophe bleu. La Dlinza Aerial Boardwalk (passerelle) court sur 125 m à travers la canopée, jusqu'à une tour de 29 m de hauteur offrant un panorama unique sur la forêt et l'océan Indien au loin. Vous pourrez également observer des oiseaux forestiers comme le pigeon de Délégorgue *(Claravis delegorguei)*, la grive tachetée *(Zoothera guttata)*, l'échenilleur gris *(Coracina caesia)* ou le pic olive *(Dendropicos griseocephalus)*. Le fort Nongqayi, bâti par les Britanniques en 1883 non loin de la réserve, abrite l'intéressant petit **Zululand Historical Museum** (www.eshowemuseums.org.za ; ouv. lun.-sam. 7h30-16h, dim. 10h-16h ; entrée payante) et la **Vukani Collection** qui présente les créations d'artistes contemporains.

Cœur du royaume zulu à son apogée (milieu du 19e siècle), la région qui s'étend au nord d'Eshowe, de part et d'autre de la R66, abrite toute une série de sites historiques et de villages plus ou moins reconstitués qui permettent aux visiteurs de découvrir différents aspects de la culture zulu et de partager la vie quotidienne de leurs habitants. Le plus réputé de ces parcs à thème, **Shakaland** ❼ (tél. 010 442 588 ; www.shakaland.com ; ouv. tlj. 7h-20h30 ; principaux programmes culturels 11h-14h ; 12h-15h pour les visiteurs de passage, 9h-10h ; 16h-20h30 pour ceux qui passent la nuit sur place ; entrée payante), est situé 15 km au nord d'Eshowe sur la R 66. Il occupe le site du *kraal* (enclos royal) de Shaka, reconstruit dans les années 1980 pour servir de décor à une série télévisée. Les animations comprennent en général une visite chez un *inyanga* (guérisseur), des démonstrations de lancer de sagaie, de construction d'une case, de tissage, etc., et surtout un exubérant spectacle de danses et de chants rythmé par des tambours et donné dans un auditorium au toit conique.

Un inyanga *(guérisseur), à Shakaland.*

Le phare d'Umhlanga Rocks.

Case zulu traditionnelle. Son tressage très serré permet de conserver la fraîcheur à l'intérieur durant l'été.

L'iSimangaliso Wetland Park abrite la plus importante concentration d'hippopotames du pays.

On peut néanmoins se demander si Shakaland n'est pas victime de son succès : avec l'afflux quotidien de touristes, les programmes culturels ont beaucoup perdu de leur spontanéité et de leur authenticité. Certains préféreront donc l'approche plus personnalisée que proposent certains "villages culturels" plus modestes.

LA VALLÉE DES ROIS

Ulundi est établie sur la R66, environ 45 km au nord de Melmoth. Devenue le siège du bantoustan zulu (KwaZulu), quand celui-ci acquit son autonomie en 1977, elle demeura de 1994 à 2004 la cocapitale provinciale du KwaZulu-Natal, avec Pietermaritzburg. Cette ville sans caractère particulier bénéficie du voisinage d'un important lieu de mémoire zulu, une "Vallée des Rois" désormais intégrée à l'**eMakhosini Ophathe Heritage Park** ❽ (tél. 035 870 5000 ; www.emakhosini.co.za ; ouv. tlj. ; entrée payante). Cette *Valley of Kings* abrite, en effet, l'ancienne capitale du roi Dingane (1828-1840), les sépultures de Shaka et du *Voortrekker* Piet Retief *(voir p. 42)*, une réserve faunique peuplée de rhinocéros, de buffles, de gnous bleus et autres grands mammifères, ainsi qu'un modeste mais intéressant musée.

À 5 km d'Ulundi, le **KwaZulu Cultural Museum** (tél. 035 870 2052 ; www.zulu-museum.co.za ; ouv. tlj. ; entrée payante) a ouvert ses portes sur le site d'Ondoni – la capitale du roi Cetshwayo, fondée en 1873 et rasée par les Britanniques 6 ans plus tard lors de l'ultime bataille de la guerre anglo-zulu. Installé sur une colline (Ondoni signifie "Lieu élevé"), le *kraal* est demeuré en l'état pendant près d'un siècle après cette défaite, une loi ancestrale interdisant la réutilisation d'une terre royale. En 1981, les autorités décidèrent de restaurer le village pour en faire un musée. Le site se présente aujourd'hui comme un modeste Shakaland, et vous pourrez passer la nuit sur place.

LE LAC-ESTUAIRE ST LUCIA

En rebroussant chemin pour suivre la R34 jusqu'à la côte, vous atteindrez **Richard's Bay** (130 km au sud-est d'Ulundi). Installé à l'embouchure du Mhlatuze, ce port actif reçoit les

énormes tonnages de charbon extraits des mines de Witbank, sur les hauts plateaux du Mpumalanga, et acheminés par une interminable succession de trains. Richard's Bay et ses abords industriels ne sont guère séduisants, mais, bien équipés en infrastructures touristiques, ils pourront vous servir de base à la visite de réserves et des stations balnéaires plus au nord.

Retrouvez la N2 à Empangeni pour filer vers Mtubatuba et bifurquer sur la R618 qui mène à **St Lucia** ❾, village posté au bord du vaste Lake St Lucia, l'un des plus vastes systèmes estuariens d'Afrique. Classé au Patrimoine mondial par l'Unesco, cet extraordinaire bassin d'eau douce est alimenté par le Hluhluwe, le Mkhuze et l'iMfolozi. Long d'une soixantaine de kilomètres, large de 10 km par endroits mais d'une profondeur maximale de 1,50 m, il couvre 325 km^2. Ses rives sont protégées par une série de petites réserves réunies au sein de l'**iSimangaliso Wetland Park** ❿ (tél. 035 590 1340 ; www.isimangaliso.com ; ouv. tlj. : oct.-mars 5h-19h, avr.-sept. 6h-18h ; entrée payante).

Les scientifiques ont recensé dans le lac une population d'environ 800 hippopotames (la plus forte concentration du pays) et une colonie de crocodiles tout aussi prospère. Les tortues carets et les tortues luths géantes en ont fait leur aire de reproduction. Près de 500 espèces d'oiseaux nicheraient dans les parages – pélicans gris *(Pelecanus rufescens)*, flamants, spatules, pygargues et sternes caspiennes, notamment. Un réseau exceptionnel de sentiers de randonnée sillonne le parc le long du promontoire qui sépare le lac de l'océan Indien. Ils traversent de magnifiques dunes boisées, dont certaines atteignent 150 m de hauteur. Les plongeurs seront comblés par les récifs coralliens et les myriades de poissons tropicaux qui peuplent la **St Lucia Marine Reserve** ; et les amateurs de pêche pourront s'adonner à leur passion en s'éloignant des zones protégées. Si vous louez un bateau à moteur pour pêcher sur le lac, faites très attention aux hippopotames ; ces imposants mammifères empruntent des itinéraires précis et peuvent devenir extrêmement dangereux si vous vous mettez en travers de leur chemin. Pour les observer en toute sécurité, embarquez à bord de la vedette qui fait le tour du lac.

Vous trouverez très facilement à vous loger à St Lucia, et vous n'aurez même aucun mal à y observer des animaux, le bourg comptant parmi les quelques localités du pays où la faune sauvage se montre sans aucun complexe (des hippopotames se baladent même parfois dans le village). Vous pourrez aussi emprunter le petit chemin qui s'enfonce au cœur de la réserve contiguë, au beau milieu des troupeaux de zèbres ou d'antilopes. De St Lucia, les excursions d'une journée dans les autres réserves de la région sont faciles à organiser. Le KZN Wildlife met à votre disposition des bungalows et des terrains de camping à Charter's Creek, Fanie's Island, Mapelane et Cape Vidal, mais aussi au bord du lac. Les sentiers de Charter's Creek sont particulièrement

Le vers mopane *ou* mopani *– grosse chenille du papillon* Goninbrasia belina *– apporte une excellente source de protéines aux populations d'Afrique australe.*

La rive verdoyante du Lake St Lucia.

Masques souvenirs.

recommandés aux bons marcheurs : ils leur permettront d'apercevoir des singes grivets, des nyalas ou des phacochères, voire un timide céphalophe du Natal bondissant dans une clairière.

HLUHLUWE-IMFOLOZI GAME RESERVE

Environ 50 km à l'ouest de St Lucia s'étend une autre zone écologique clé, la **Hluhluwe-iMfolozi Game Reserve** ⓫ (tél. 035 562 0848 pour Hluhluwe ou 035 550 8476 pour iMfolozi ; www.kznwildlife.com ; ouv. tlj. : oct.-mars 5h-19h, avr.-sept. 6h-18h ; entrée payante). Fondées en 1897, ces 2 réserves ont connu des débuts modestes. De nos jours reliées par une bande de terre, Hluhluwe (prononcez "chlou-chlou-ii") et iMfolozi (ex-Umfolozi) forment une aire de 96 000 ha gérée par l'Ezemvelo KZN Wildlife. La R 618 passe au cœur de la réserve pour mener à Nongoma, au nord. Les animaux semblent s'être parfaitement adaptés à cette situation et traversent la chaussée sans appréhension.

La réserve de Hluhluwe s'est rendue célèbre en sauvant le rhinocéros blanc *(Ceratotherium simum)* de l'extinction. Au début des années 1930, seuls 150 représentants de cette espèce avaient survécu aux massacres perpétrés par les chasseurs. L'instauration d'un programme d'élevage a permis de faire remonter la population du parc à un millier d'individus et d'envoyer 4 000 rhinocéros blancs dans des parcs à l'étranger. Un programme comparable s'efforce aujourd'hui de sauver le rhinocéros noir *(Diceros bicornis)*, que l'on reconnaît à sa lèvre supérieure retroussée. Au total, 81 espèces de mammifères fréquentent la réserve, certains des plus grands n'y ayant été introduits que récemment. Éléphants, girafes, phacochères, impalas et nyalas y sont tous bien représentés, et l'on y rencontre quelques lions, léopards, guépards, hyènes et lycaons.

Premier du genre en Afrique du Sud (1957), le **Wilderness Trail** vous offre l'une des meilleures approches possibles de la faune d'iMfolozi en effectuant un trek de 3 à 5 jours dans la réserve en compagnie de guides rangers armés. Afin de réduire l'impact des randonneurs sur cette zone pro-

Rhinocéros blanc surpris en pleine sieste.

tégée, des quotas rigoureux ont été instaurés : vous devrez réserver longtemps à l'avance auprès d'Ezemvelo KZN Wildlife, surtout si vous comptez faire cette randonnée en période de vacances scolaires. Préparez-vous à vous retrouver nez à nez avec des rhinocéros, voire des éléphants et des lions, et à observer quelques-unes des 380 espèces d'oiseaux recensées ici.

LES RÉSERVES DE MKHUZE ET PHINDA

Vous aurez toutes les chances de pouvoir observer des éléphants, des rhinocéros, des léopards, des girafes et des nyalas dans la **Mkhuze Game Reserve** ⓬ (tél. 035 573 9004 ; ouv. tlj. : oct.-mars 5h-19h, avr.-sept. 6h-18h ; entrée payante). Ce conservatoire géré par l'Ezemvelo KZN Wildlife s'étend sur 36 000 ha au nord-ouest de l'iSimangaliso Wetland Park. Mkhuze est surtout réputé pour ses oiseaux tropicaux, tels le souimanga de Neergaard et la spatule d'Afrique, des espèces rares. La végétation de la réserve étant particulièrement dense, plusieurs affûts ont pu être aménagés près des points d'eau – une aubaine pour les photographes animaliers, qui peuvent observer sans les déranger les buffles, les zèbres et les gnous venus s'abreuver. À la lisière orientale de la réserve, le plan d'eau de Nsuma Pan, encadré d'arbres à fièvre et de collines basses, attire de nombreux oiseaux aquatiques, comme les pélicans. La piste de 3 km qui permettait d'y accéder a été fermée pour ne pas perturber les éléphants récemment introduits dans la réserve. Le seul moyen d'approcher cette cuvette est de se joindre à une randonnée organisée de 3 nuits (sur réservation).

Les chances de pouvoir observer de grands fauves sont encore meilleures dans des réserves privées comme la **&Beyond Phinda Private Game Reserve** ⓭ (accès réservé à la clientèle de ses lodges ; tél. 011 809 4300 ; www.andbeyond.com), subventionnée par plusieurs riches fondations. Ce patchwork de friches et de réserves de chasse fut racheté en 1991 par Conservation Corporation Africa (CCA), qui nettoya ses 23 000 ha, les débarrassant de 15 t de déchets métalliques. Un ambitieux programme de réintroduction fut ensuite mis sur pied : il s'agissait de protéger la reproduction d'espèces menacées comme le léopard, le nyala et d'autres antilopes. La réserve accueille aussi des guépards et des rhinocéros, et vous avez de bonnes chances de pouvoir y observer des lions, des léopards et des éléphants. Les infrastructures d'hébergement (d'élégantes suites dans des lodges de forêt ou de montagne) y sont aussi dispendieuses que luxueuses. Le Zulu Nyala Lodge, dont la réserve abrite une faune comparable, vous offrira un logement plus abordable.

LE NORD DU MAPUTALAND

L'iSimangaliso Wetland Park protège l'étroite bande côtière qui s'étire jusqu'à la frontière avec le Mozambique et où les aménagements touristiques se limitent à des campements de plage desservis par de mauvaises pistes. La station balnéaire la plus

Sur la piste des animaux.

fréquentée (surtout pendant les vacances scolaires) est celle de **Sodwana Bay**, bien connue des plongeurs du monde entier : les récifs coralliens et la diversité des paysages sous-marins qui affleurent au large n'ont guère de rivaux en Afrique du Sud.

En décembre, les tortues luths et carets vont pondre sur les plages de sable de la réserve voisine, le **Sodwana Bay National Park** ⓮ (www.nature-reserve.co.za ; ouv. tlj. ; entrée payante) ; la partie terrestre se compose essentiellement de marais et d'une jungle épaisse dont les arbres atteignent 40 m de hauteur. Si vous dormez dans le parc, vous aurez toutes les chances de pouvoir approcher des singes bleus, diverses antilopes de forêt et une multitude d'oiseaux. Méfiez-vous des serpents et n'oubliez pas de vous enduire de lotion antimoustique, ni de déployer votre moustiquaire le soir. Enfin, il est impératif d'entamer un traitement antipaludéen plusieurs semaines avant tout séjour dans cette région *(voir Carnet pratique p. 343)*.

Un peu plus au nord, un mince ruban de dunes boisées s'étire entre l'océan et le **Lake Sibaya** ⓯, la plus grande nappe naturelle d'eau douce d'Afrique du Sud (77 km^2), particulièrement appréciée des crocodiles et des hippopotames, mais aussi des oiseaux, notamment de la sentinelle à gorge rose *(Macronyx ameliae)*, du pririt des Woodward *(Batis fratrum)* et de plusieurs espèces de hérons et de cigognes. Comme Sodwana Bay, le Lake Sibaya est desservi par la R 22, une route goudronnée qui s'embranche sur la N 2 au nord de la ville de Hluhluwe. Compte tenu de l'isolement de ces 2 sites, prévoyez de passer au moins une nuit sur place, et sachez que l'hébergement est assez onéreux aux abords du lac.

Talève sultane (Porphyrio porphyrio) en quête de sa pitance.

Une cinquantaine de kilomètres au nord de Hluhluwe, juste après Mkuze, une autre route goudronnée s'embranche sur la N 2 en direction du nord-est pour gagner, près de la frontière du Mozambique, 3 des conservatoires du milieu naturel les plus sauvages d'Afrique du Sud : la Kosi Bay Nature Reserve, le Tembe Elephant Sanctuary et la Ndumo Game Reserve.

Ourlée de fabuleuses plages sauvages baignées par l'océan Indien, la **Kosi Bay Nature Reserve** ⓰ (tél. 035 592 0236 ; www.kznwildlife.com ; ouv. tlj. 6h-18h ; entrée payante) protège un réseau de 4 lacs estuariens reliés entre eux par des chenaux et fréquentés par les hippopotames, les crocodiles et les requins, ainsi que par une extraordinaire variété d'oiseaux aquatiques, comme l'aigrette ardoisée *(Egretta ardesiaca)*, le pygargue et le jacana à poitrine dorée *(Actophilornis africana)*. Vous aurez peut-être également la chance d'apercevoir le rare vautour palmiste. Les possibilités d'hébergement vont du bungalow en dur ou en bois à la case en roseau, en passant par le terrain de camping. Le campement est accessible aux simples berlines, mais il faut un 4x4 pour se rendre à The Mouth, à 5 km de là ; à défaut, vous pourrez participer à un circuit guidé.

Fondée en 1924 pour protéger les plaines inondables et les cuvettes riveraines du Phongolo (Pongola) et de ses affluents saisonniers, la **Ndumo**

Game Reserve ⓱ (tél. 035 591 0004 ; www.kznwildlife.com ; ouv. tlj. : oct.-mars 5h-19h, avr.-sept. 6h-18h ; entrée payante) couvre 10 000 ha. Vous y apercevrez certainement des rhinocéros blancs et noirs, des girafes, des nyalas et d'autres antilopes. Mais la réserve est surtout réputée pour son avifaune – certains ornithologues la considèrent même comme l'unique destination d'Afrique du Sud qui présente un réel intérêt en la matière. Profitez des excursions en bateau proposées sur ses marécages pour vous lancer sur la piste de la chouette-pêcheuse de Pel *(Scotopelia peli)*, du jacana nain *(Microparra capensis)* ou de l'anserelle naine *(Nettapus auritus)*, un circuit au cours duquel vous aurez de fortes chances de croiser un "croco" ou un "hippo". Les taillis abritent nombre d'"oiseaux rares" – eurylaime du Cap *(Smithornis capensis)*, trogon narina *(Apaloderma narina)*, sénégali de Verreaux *(Hypargos margaritatus)*, astrild à queue noire *(Estrilda perreini)*, souimanga de Neergaard *(Nectarinia neergaardi)*...

Si cette zone humide est protégée par la convention de Ramsar, la réserve est l'une des moins bien entretenues et donc des plus vulnérables d'Afrique du Sud. Afin de lutter contre la recrudescence du braconnage des rhinocéros, le parc a pris en 2013 des mesures drastiques pour les protéger en injectant un mélange toxique dans leurs cornes. En conséquence, toute personne essayant d'en consommer s'expose à tomber gravement malade. Depuis lors, de nombreux parcs ont suivi cette initiative, soutenue par la SANParks (organisation des parcs nationaux d'Afrique du Sud).

TEMBE ELEPHANT SANCTUARY

Fondé en 1983 pour protéger les derniers éléphants de la région et du Mozambique voisin, alors ravagé par la guerre, et ouvert au public depuis 1990, le **Tembe Elephant Park** ⓲ (tél. 035 592 0044 ; www.tembe.co.za ; ouv. tlj. : oct.-mars 5h-19h, avr.-sept. 6h-18h ; entrée payante, accessible uniquement en 4x4) s'étend sur 30 000 ha. Ce conservatoire est géré conjointement par Ezemvelo KZN Wildlife et la population tembe, mais les infrastructures d'héberge-

À PROPOS

Le parc de la zone humide d'iSimangaliso protège 4 des 17 sites Ramsar d'Afrique du Sud : Kosi Bay, le Lake Sibaya, les plages à tortues et le récif corallien du Tongaland, et, bien sûr, le Lake St Lucia.

Buffle d'Afrique (Syncerus caffer) *s'abreuvant à un point d'eau tout en ouvrant l'œil.*

Les poupées en perles, telle cette sangoma *(guérisseuse), sont confectionnées par les femmes zulu.*

ment – un luxueux lodge, qui emmène ses hôtes en 4x4 à la découverte des grands éléphants de savane – y sont privées. Outre plusieurs centaines d'éléphants – les rescapés des vastes troupeaux qui, jadis, vagabondaient librement dans la savane et les forêts de *sandveld* de la région –, Tembe abrite des buffles, des rhinocéros, des lions et des léopards, ainsi qu'une minuscule antilope, le suni de Zanzibar *(Neotragus moschatus)*, sans oublier une avifaune aussi riche que celle de la Ndumo. Ce conservatoire forme avec la Maputo Special Reserve (Mozambique) et la Lubombo Conservancy (Swaziland) la Lubombo Transfrontier Conservation Area (4 195km²).

Passé la bifurcation vers Kosi Bay, la N 2 file vers le nord à travers les monts Lebombo, le long de la frontière avec le Swaziland, en suivant le cours du Phongolo jusqu'à l'immense barrage du même nom et à la réserve naturelle établie sur ses rives nord et est. Même si elle joue la carte du tourisme, cette **Phongolo Nature Reserve** ⓳ (tél. 034 435 1012 ; www.kznwildlife.com/accomodation/resorts/phongolo.html ; ouv. tlj. : oct.-mars 5h-19h, avr.-sept. 6h-18h ; entrée payante) reste relativement peu fréquentée. Fondée en 1894 par le président du Transvaal, Paul Kruger *(voir p. 47)*, afin d'enrayer la chasse commerciale, Phongolo est la plus ancienne des réserves africaines, et la deuxième au monde après le parc du Yellowstone aux États-Unis. Elle héberge des rhinocéros blancs, des girafes, des koudous, des gnous, un troupeau de *tsessebe* (sassabis) récemment acclimaté et quelque 300 espèces d'oiseaux. Le lac de retenue (17 000 ha), auprès duquel est installé un petit campement, est peuplé de poissons-tigres goliath *(Hydrocynus vittatus)*, une espèce d'eau douce à la denture spectaculaire qu'aiment taquiner les pêcheurs : chaque année, en septembre, un concours de pêche au *tigerfish* est organisé dans la réserve.

Un trajet d'environ 50 km sépare Phongolo de l'**Ithala Game Reserve** ⓴ (tél. 034 893 2540 ; www.ithala.info ; ouv. tlj. : oct.-mars 5h-19h, avr.-sept. 6h-18h ; entrée payante). Gérée par Ezemvelo KZN Wildlife, cette réserve de 30 000 ha s'inscrit dans un cadre idyllique : falaises de granit, collines ondoyantes, savanes à perte de vue, forêts profondes et rivières romantiques. On se croirait dans une sorte de paradis où une arche de Noé aurait échoué avec sa cargaison d'éléphants, de rhinocéros blancs et noirs, de léopards, de guépards et d'élands du Cap. Si vous souhaitez y séjourner, vous aurez le choix entre des lodges de luxe, des chalets tout équipés, des rondavelles un peu plus rustiques et autres campements de brousse. Un petit terrain de camping borde aussi la Thalu River.

Cérémonie traditionnelle à Eshowe.

LA BATTLEFIELD ROUTE

Si, de la frontière nord du Zululand, vous souhaitez gagner le Mpumalanga et le Kruger National Park, 2 options s'offrent à vous : traverser le Swaziland ou, si vous n'êtes pas pressé, faire le détour par Piet Retief et Barberton en suivant la N 2. Les voyageurs à destination du Gauteng emprunteront la R 29, qui passe par Piet Retief, Ermelo et Bethal.

Dans tous les cas, faites un détour par **Vryheid** ㉑, petite ville située 100 km au sud-ouest de l'Ithala, au cœur d'une région où Britanniques et Zulu (1879), puis Boers et Britanniques (1880 et 1881) se livrèrent de sanglantes batailles. Vryheid fut la capitale de l'éphémère Nouvelle République des Boers (1884-1888), petit territoire concédé à une troupe de 500 *Voortrekkers* par le roi Dinizulu. Pour en savoir plus, visitez le **Lucas Meijer House Museum** (Landdrost Street ; tél. 034 982 2133 ; ouv. lun.-ven. 8h30-16h ; entrée payante). Ce complexe réunit le New Republik Museum, installé dans l'ancien Raadsaal (Parlement), la bibliothèque Carnegie et la maison Lukas Meijer.

Les collines qui moutonnent au nord de Vryheid abritent la minuscule **Vryheid Hill Nature Reserve** (tél. 034 983 2098 ; www.kznwildlife.com ; ouv. tlj. 6h-18h ; entrée libre en semaine, payante le week-end). Protées, prairies et forêts tropicales de montagne composent le paysage de cette réserve qui abrite quelque 175 espèces d'oiseaux, ainsi que des zèbres et des antilopes.

Environ 60 km à l'est de Vryheid par la R618, la très discrète **Ntendeka Wilderness Area** ㉒ (ouv. tlj. ; prix d'entrée modique) protège le massif forestier dans lequel le roi Cetshwayo se cacha pendant 7 semaines après que les Britanniques eurent rasé Ondoni, sa capitale. Quelque 40 km de pistes de randonnée permettent de découvrir ses impressionnants figuiers étrangleurs, des fougères arborescentes géantes, des orchidées épiphytes – qui représentent plus de la moitié des espèces sud-africaines –, des colonies de singes bleus, des porcs-épics et quantité de papillons. Si vous souhaitez y séjourner, il vous faudra vous contenter du campement rustique aménagé près de l'entrée.

DUNDEE

À 65 km au sud-ouest de Vryheid, par la R34 et R33, la cité minière de **Dundee** ㉓ s'étend à proximité de plusieurs champs de bataille historiques. C'est à Talana Hill, au nord de Dundee, que la première escarmouche de la seconde guerre des Boers, le 20 octobre 1899,

La plupart des cases zulu sont cylindriques et coiffées de chaume, avec des murs en torchis sur clayonnage.

L'église de Rorke's Drift.

LA BATAILLE DE RORKE'S DRIFT

En 1879, tandis que le corps central de l'armée britannique lance une offensive à la frontière avec le Zululand, des troupes commandées par le lieutenant John Chard, des Royal Engineers, reçoivent l'ordre de garder le poste de Rorke's Drift, qui abrite une mission suédoise, un entrepôt et un hôpital.

Le 22 janvier, la garnison apprend la défaite du 24e régiment à Isand-lwana, ainsi que l'approche rapide d'un important contingent de guerriers zulu. Le lieutenant Chard ordonne de défendre Rorke's Drift, et il fait construire une barricade de fortune, à l'aide de boîtes à biscuits et de sacs de rations. La garnison ne compte que 135 hommes (dont 35 sont malades) ce 23 janvier lorsque, peu après 16h, surgissent près de 4 000 guerriers zulu. Les charges se succèdent, souvent ponctuées de terribles corps-à-corps sur les barricades, pendant un assaut interminable qui dure jusqu'à l'aube. Les Zulu ne doutent pas de leur victoire, et pourtant Rorke's Drift tient bon, les Britanniques défendant leur position corps et âme.

Au cours de cet après-midi et de cette nuit de rudes combats, 17 Britanniques périssent, tandis que les pertes zulu sont estimées à plus de 500 hommes. Onze défenseurs recevront la Victoria Cross. Un mémorial et un petit musée occupent aujourd'hui le site de cette bataille.

À PROPOS

Sur la rive de la Jojosi, une trentaine de kilomètres à l'est de Nqutu, un petit monument offert par la reine Victoria signale l'endroit où le prince impérial Louis Napoléon, fils unique de Napoléon III et de l'impératrice Eugénie, fut tué par des guerriers zulu le 1er juin 1879.

contraignit les troupes britanniques à battre en retraite jusqu'à Ladysmith, 100 km au sud-ouest. Sur le site de la bataille, autour de la ferme de Peter Smith, le fondateur de Dundee, s'élève désormais le **Talana Museum** (tél. 034 212 2654 ; www.talana.co.za ; ouv. lun.-ven. 8h-16h30, sam.-dim. 9h-16h30 ; entrée payante). Ce musée présente les principaux affrontements anglo-boers qui eurent lieu dans les environs et le patrimoine industriel de la région, qui repose pour l'essentiel sur les mines de charbon et les verreries. Le site s'est enrichi du **Kwakunje Cultural Village** (ouv. tlj. 9h-16h ; entrée payante), un écomusée zulu.

BLOOD RIVER

Dundee est la ville la plus proche du champ de bataille de **Blood River** où, en 1838, une troupe de 468 Boers repoussa 10 000 guerriers zulu. Les sagaies ne pouvant pas grand-chose contre les fusils et les canons, plus 3 000 Zulu périrent, pour la plupart alors qu'ils tentaient de traverser la Ncome River. Deux mémoriaux se visitent sur le site. Relique de la période de l'apartheid gérée par une association de protection du patrimoine afrikaner, l'impressionnant **Blood River Monument** ㉔ (www.bloedrivier.org.za ; ouv. tlj. 8h-16h30 ; entrée payante) illustre la bataille avec ses chariots en bronze grandeur nature disposés en *laager* (cercle). Plus récent, le **Ncome Zulu Cultural Museum** (tél. 034 271 8121 ; ouv. tlj. 8h-16h30 ; entrée libre), sur la rive opposée, présente la bataille du point de vue zulu et la formation en "tête de buffle" adoptée par le roi Shaka. Pour rejoindre ces 2 sites au départ de Dundee, suivez la R 33 dir. nord-est sur 20 km, puis une piste signalée à droite sur 20 autres kilomètres.

Deux des plus célèbres batailles anglo-zulu ont été livrées dans les vertes collines qui moutonnent 50 km au sud-est de Dundee – sur des sites aujourd'hui classés. La **bataille d'Isandlwana** (site ouv. lun.-ven. 8h-16h, sam.-dim. 9h-16h ; entrée payante) est souvent considérée comme l'un des plus cuisants camouflets jamais infligés à l'armée britannique : le 22 janvier 1879, 1 357 des 1 800 soldats cantonnés au pied d'Isandlwana Hill furent

Mémorial de la bataille de Blood River, près de Dundee.

tués au cours d'une attaque surprise de l'armée zulu. Isandlwana n'est qu'à 15 minutes de route de Rorke's Drift *(voir encadré p. 249)*. Votre itinéraire se poursuit à travers champs et prairies jusqu'à **Ladysmith** ㉕. Parfait tremplin pour partir à la découverte de l'uKhahlamba-Drakensberg, cette ville fondée par les *Voortrekkers* en 1847 passa sous contrôle britannique peu de temps après – son nom rend hommage à l'épouse espagnole de Sir Harry Smith, haut commissaire et gouverneur de la colonie du Cap de 1847 à 1852. Ses habitants furent assiégés par les Boers 118 jours durant, du 30 octobre 1899 au 28 février 1900. Le **Siege Museum** (tél. 036 637 2992 ; ouv. lun.-ven. 8h-16h, sam. 9h-10h ; entrée payante) illustre cette page d'histoire.

À 101 km au nord de Ladysmith, sur la N11, **Newcastle** ㉖ est l'un des grands centres de production d'acier et de charbon sud-africains. Cette ville peu attrayante date de 1864, et ses cheminées fumantes rappellent le Gauteng, cœur industriel du pays. Mais une agréable surprise vous attend 16 km à l'ouest, sur la route de Muller's Pass : les chutes de la Ncandu River, dans leur écrin montagneux propice à la randonnée pédestre.

En 1881, lors de la première guerre des Boers, les Britanniques subirent une terrible défaite à **Majuba** ㉗ (51 km au nord de Newcastle, par la N 11 puis la N 34). Ils perdirent 285 hommes alors que leurs adversaires n'eurent que 2 morts à déplorer. Les hauteurs de Majuba Hill, enjeu stratégique des combats, offrent aujourd'hui un panorama aussi splendide que paisible.

De **Volksrust** (55 km au nord de Newcastle par la N11), vous pourrez suivre la R 543 sur une centaine de kilomètres vers l'est pour gagner Piet Retief. Cette localité sans grand intérêt porte le nom de l'un des chefs du Grand Trek qui fut assassiné par le roi zulu Dingane, fratricide et successeur de Shaka *(voir p. 41)*. De Volksrust, la grand-route oblique vers l'ouest en direction de **Standerton** (85 km), ville industrielle voisine du barrage de Grootdraai. Les abords de cette retenue d'eau offrent plusieurs possibilités de balades. Profitez-en avant de mettre le cap sur Johannesburg par la R 23. #

Guépard en alerte.

SHABALALA

Le nom de Ladysmith est étroitement associé à la chorale formée en 1960 par Joseph Shabalala pour participer aux concours de chant a cappella *isicathamiya* (embuscade) organisés dans tout le pays. Le nom du groupe, allusion au buffle noir (symbole de force) et au *mambazo* (hache), témoigne de l'ambition affichée de Shabalala de décapiter la concurrence !

Déjà légendaire dans son pays, ce groupe vocal s'assura une renommée mondiale en 1986 en participant à l'album *Graceland* de Paul Simon. Il a remporté un Grammy Award (dans la catégorie Meilleur enregistrement folk traditionnel) en 1988, 2005 et 2009. Cinquante-cinq ans après sa création, toujours dirigé par son fondateur, Ladysmith Black Mambazo ne montre aucun signe de lassitude, 4 des fils de Shabalala figurant désormais à l'affiche.

Inyanga *zulu en action.*

Dans le Royal Natal National Park.

LE DRAKENSBERG

Cet itinéraire part des Midlands du KwaZulu-Natal pour franchir les crêtes grandioses du Drakensberg, puis descendre les collines du *highveld* jusqu'au Gauteng.

Après la cohue, la poussière et la moiteur de Durban, l'intérieur du KwaZulu-Natal, que desservent la N3 et toute une série de paisibles routes secondaires, vous paraîtra à coup sûr rustique et rafraîchissant. Passé les villes satellites de Hillcrest et de New Germany, préparez-vous à un changement de décor radical ; bifurquez à Kloof en direction de la **Krantzkloof Nature Reserve** 28 (kknr.org.za ; ouv. tlj. : 6h-18h ; randonnées guidées le 1er et le 3e dim. du mois jusqu'à 20h ; entrée payante) et de l'**Inanda Dam**. Vous y attend une forêt luxuriante, réputée pour ses cycas et autres plantes rares, et ses quelque 200 espèces d'oiseaux, dont l'imposante buse couronnée. Les randonneurs les plus chevronnés profiteront de plusieurs belles pistes ; l'une d'elles mène au bord d'une falaise, spectaculaire balcon panoramique sur les Kloof Falls.

PIETERMARITZBURG ET LES MIDLANDS DU KWAZULU-NATAL

Ayant gagné la N3, vous arriverez bientôt en vue de **Pietermaritzburg** 29, dont les faubourgs verdoyants témoignent de ses origines néerlandaises et britanniques : pelouses impeccables, clôtures d'un blanc immaculé, allées en brique rouge et buissons d'azalées taillés au cordeau. Fondée en 1838 par les *Voortrekkers*, la capitale de l'éphémère république boer de Natalia devint celle de la colonie britannique du Natal 5 ans plus tard. "Maritzburg" se targue d'être l'une des villes victoriennes les mieux préservées au monde ; un circuit pédestre vous permet d'en découvrir le centre historique, où s'élève l'imposant et exubérant **City Hall**, construit en 1893 sur le site de l'ancien Parlement boer. En face, dans Chief Albert Luthuli Road (anciennement Commercial Street), trônent 2 autres bâtiments tout aussi imposants : l'Assemblée législative et l'ancienne Cour suprême, dont le portique

NE MANQUEZ PAS

- Chain Ladder *p. 258*
- Giant's Castle Game Reserve *p. 256*
- Golden Gate Highlands National Park *p. 259*
- Karkloof Canopy Tour *p. 255*
- Royal Natal National Park *p. 258*

Carte p. 240

Le beffroi de l'hôtel de ville de Pietermaritzburg.

Des insectes géants décorent la façade néoclassique du Natal Museum de Pietermaritzburg.

Dans la réserve naturelle de Queen Elizabeth Park.

triomphal s'ouvre sur la **Tatham Art Gallery** (tél. 033 392 2801 ; www.tatham.org.za ; ouv. mar.-dim. 9h-17h ; entrée libre), dont l'essentiel de la collection est composé d'œuvres françaises et britanniques du 19e et du début du 20e siècle – notamment des toiles signées Matisse, Picasso et Hockney.

Le **Voortrekker Msunduzi Museum** (tél. 033 394 6834 ; www.voortrekkermuseum.co.za ; ouv. lun.-ven. 9h-16h, sam. 9h-13h ; entrée payante) comprend la Gelofte Kerk (église du Vœu), petit édifice à pignon blanc érigé en 1841 pour commémorer la victoire des Boers sur les Zulu à Blood River, en 1838 *(voir p. 42 et 250)*. Ce musée illustre surtout la vie des pionniers afrikaners, mais s'efforce aussi de présenter la vie des autres populations de la région. Juste à côté s'élève une reconstitution de la maison d'Andries Pretorius, héros du Grand Trek *(voir p. 41)*. Non loin de là, au n° 237 de Jabu Ndlovu Street, le **KwaZulu-Natal Museum** (tél. 033 345 1404 ; www.nmsa.org.za ; ouv. lun.-ven. 8h15-16h30, sam. 9h-16h, dim. 10h-15h ; entrée payante) est réputé pour ses collections d'histoire naturelle – de paléontologie, notamment – et d'ethnologie sud-africaine. Vous y verrez aussi la reconstitution minutieuse d'une rue victorienne.

Ne quittez pas la ville sans faire un pèlerinage à la **Railway Station**, gare victorienne donnant sur... Railway Street. C'est là que le futur Mahatma Gandhi fut expulsé d'un train le 7 juin 1893 parce qu'il avait osé s'installer dans un wagon réservé aux Blancs et refusé de quitter sa place *(voir p. 51)*. C'est cet épisode qui décida le jeune avocat indien à s'engager dans une lutte acharnée mais non violente en faveur des droits de l'homme. Face à l'Old Colonial Building, une statue (1993) rend hommage au grand homme.

À 8 km du centre-ville (via Boshoff Street), la somptueuse **Queen Elizabeth Park Nature Reserve** (tél. 033 845 1344 ; www.kznwildlife.com ; ouv. tlj. ; entrée libre) abrite le siège et les bureaux de réservation d'Ezemvelo KZN (KwaZulu-Natal) Wildlife, l'organisme qui gère la soixantaine de domaines protégés de la province. Vous aimerez flâner dans ce parc peuplé de zèbres, d'impalas, de guibs harnachés et de divers petits mammifères, aux arbres et aux parterres floraux magnifiques et où vous pourrez pique-niquer. Ne manquez pas de visiter le Douglas Mitchell Centre, pour sa collection de cycas, plante primitive aujourd'hui menacée.

HOWICK ET SES ENVIRONS

Reprenez la N 3 pour gagner **Howick** ㉚, localité sise 23 km au nord-ouest de Pietermaritzburg et rafraîchie par de spectaculaires chutes hautes de 110 m. À 5 km à l'ouest de Howick, la petite **Midmar Dam Nature Reserve** (tél. 033 330 2067/8 ; www.kznwildlife.com ; ouv. tlj. : oct.-mars 5h-19h, avr.-sept. 6h-18h ; entrée payante) abrite des rhinocéros, des zèbres et plusieurs espèces d'antilopes telles que les gnous à queue blanche, les élands, bubales, springboks, damalisques. Vous pourrez passer la nuit et pratiquer différents sports nautiques dans l'agréable petite station aménagée au bord de son lac de retenue. Au sud-est de Howick, l'**Albert**

Falls Dam Nature Reserve (tél. 033 569 1202 ; ouv. tlj. ; entrée payante) conviendra aux passionnés de pêche, de kayak et à tous ceux qui aiment observer la nature. Les chutes qui ont donné leur nom à la réserve se sont hélas taries après la construction du barrage.

C'est au nord d'Howick, sur la R 103, juste après le Midmar Dam (lac artificiel), que Nelson Mandela a été interpellé par la police le 5 août 1962, puis incarcéré durant 27 ans. Le **Nelson Mandela Capture Site** (www.thecapturesite.co.za) a ouvert ses portes 50 ans plus tard, à l'endroit précis de l'arrestation. Vous y verrez une sculpture surprenante, constituée de 50 barreaux d'acier qui, sous un certain angle, représentent le portrait de Mandela.

Une vingtaine de kilomètres au nord de la ville, le **Karkloof Conservation Centre** (tél. 033 376 3023 ; www.karkloofconservation.org.za ; ouv. tlj.) couvre 1 000 ha d'une forêt ombrophile d'immenses podocarpes, où des cercopithèques, des céphalophes bleus et de nombreux oiseaux forestiers ont trouvé refuge. Les randonneurs pourront aller se rafraîchir au pied de magnifiques chutes, les Karkloof Falls, et les amateurs de sensations fortes ne manqueront pas le **Karkloof Canopy Tour** (tél. 033 330 3415 ; www.karkloofcanopytour.co.za ; entrée payante), un parcours d'accrobranche qui demande de progresser en rappel sur des filins tendus entre 7 plateformes installées à la cime des arbres.

Les environs de Howick vous surprendront sans doute par leurs prairies soigneusement clôturées, plantées d'arbres européens et jalonnées de haras, qui évoquent immanquablement la campagne anglaise. Qualifiée de "Midlands du Natal", la région doit son aspect verdoyant à un climat relativement frais et humide. Pour l'explorer, suivez l'itinéraire baptisé **Midlands Meander** (tél. 033 330 8195 ; www.midlandsmeander.co.za). Il vous entraînera d'abord vers le sud-est, entre Howick et Hilton, avant de bifurquer vers le nord-est jusqu'à **Mooi River**. Il invite à des haltes fréquentes, que ce soit pour visiter des ateliers d'art ou d'artisanat, des fermes laitières et des jardins d'herbes aromatiques qui vendent leur production, ou pour jeter un coup d'œil aux nombreux manoirs à l'anglaise de

Nyanga *(guérisseur) zulu.*

MILLE COLLINES

La poétique vallée aux Mille Collines, entre Durban et Pietermaritzburg, a été taillée par l'Umgeni, fleuve qui prend sa source dans le Drakensberg et se jette dans l'océan Indien. Les Zulu l'appellent Mkhabathini (Lieu de l'acacia) ; selon une légende locale, c'est là que, prêt à la jeter au loin, Dieu aurait empoigné la Terre, la froissant et lui donnant l'aspect d'une pièce de velours vert chiffonnée et déployée à perte de vue.

Pour vous y rendre au départ de Durban, quittez la N 3 (sortie 17) pour bifurquer sur la M 13 vers Pinetown, puis sur la R 103 (sortie 28) en direction de Hillcrest. Au bout de 20 km, à Cato Ridge, tournez de nouveau à droite sur la route du Nagle Dam pour arriver au pied de la Table Mountain du KwaZulu-Natal. Du sommet (1 000 m), la vue sur la vallée est saisissante.

Le springbok (antilope sauteuse en néerlandais), le bien nommé.

Escalade du Mont-aux-Sources, massif dans lequel pas moins de 5 cours d'eau, dont l'Elands et le Tugela, prennent leur source.

Didima, l'une des villégiatures de l'uKhahlamba-Drakensberg Park.

la région qui ont été transformés en hôtels de charme.

UKHAHLAMBA-DRAKENSBERG PARK

Le Drakensberg, la "montagne du Dragon" en afrikaans, est la chaîne la plus haute (3 450 m au Mafadi) et la plus étendue d'Afrique du Sud. Ses escarpements basaltiques, que seule une vallée vient interrompre entre Harrismith et Barberton, se déploient sur 1 000 km du nord au sud – de Hoedspruit, à l'ouest du Kruger National Park, à Rhodes, dans la province de l'Eastern Cape. Ils s'étirent sur 4 provinces, occupent la moitié occidentale du Swaziland et forment l'essentiel du relief du royaume du Lesotho, unique État au monde dont l'altitude n'est jamais inférieure à 1 300 m. C'est là qu'on trouve le plus haut sommet de la chaîne, le Thabana Ntlenyana (3 482 m). Lorsque les Sud-Africains évoquent le "Berg", ils font en général allusion à sa partie la plus spectaculaire : une succession de falaises déchiquetées et de sommets vertigineux qui dominent les Midlands du KwaZulu-Natal et qui longent la frontière du Lesotho sur 200 km. Les populations zulu qui vivent au pied de cette impénétrable muraille la nomment uKhahlamba, "la barrière de sagaies". Un seul col routier, celui de Sani, franchissable en 4 x 4 uniquement, parvient à se faufiler entre les crêtes qui séparent le KwaZulu-Natal du Lesotho.

La partie centrale du Drakensberg est protégée par un patchwork de réserves, toutes gérées par Ezemvelo KZN Wildlife et regroupées au sein de l'**uKhahlamba-Drakensberg Park**. Ce parc, que l'Unesco a inscrit au Patrimoine mondial en 2000, s'étend sur 150 km et 243 000 ha. Le climat du Central Berg, tempéré, est agréable, mais le mercure peut plonger brutalement avec l'altitude, et les nuits hivernales sont souvent glaciales. Le joyau de l'uKhahlamba-Drakensberg Park est la **Giant's Castle Game Reserve** 31 (tél. 036 353 3718 ; www.kznwildlife.com ; ouv. tlj. : oct.-mars 5h-19h, avr.-sept. 6h-18h ; entrée payante), dont le campement principal se trouve 65 km au sud-ouest d'**Estcourt** (N 3). Fondée essentiellement pour protéger l'éland du Cap, la plus grande des antilopes, la Giant's Castle est également devenue l'un des meilleurs sites du pays pour observer le gypaète barbu, espèce menacée qui y cohabite avec d'autres rapaces, tels le majestueux aigle noir, le faucon lannier *(Falco hiarnicus)* et le vautour chassefiente. Vous pourrez profiter du **Lammergeier Hide** (ouv. mai-sept.), un affût à proximité duquel on attire ces impressionnants oiseaux de proie avec des morceaux de viande. Dominée par les sommets de **Champagne Castle** (3 377 m) et de **Giant's Castle** (3 315 m), cette réserve est très appréciée des alpinistes comme des randonneurs. Le plus difficile de ses nombreux sentiers balisés (40 km) grimpe en lacet jusqu'au sommet de Giant's Castle.

GROTTES ORNÉES

Les chasseurs-cueilleurs san, qui peuplèrent le Drakensberg jusqu'à la fin du 19e siècle, ont laissé des peintures et des gravures – dont certaines remontent à plus de 3 000 ans *(voir p. 77)* – dans maintes grottes et anfractuosités du massif. L'uKhahlamba-Drakensberg Park compte à lui seul plus de 500 sites abritant un total de 40 000 à 50 000 peintures – un patrimoine unique en Afrique subsaharienne. Un circuit guidé vous conduira à **Main Cave**, à 30 minutes à pied du campement de Giant's Castle (ouv. tlj., visite toutes les heures 9h-15h ; prix modique). Cette grotte renferme l'une des plus belles peintures de la région, représentant 2 thérianthropes (créatures mi-anthropomorphes, mi-zoomorphes) de 60 cm de hauteur. Vous y verrez également un serpent, un lion et un cortège de personnages drapés. Autre site rupestre assez facile d'accès, Battle Cave est situé au nord de Giant's Castle (environ 3h à pied du campement), au sein de l'**Injisuthi Game Reserve** (tél. 036 431 7848 ; ouv. tlj. : oct.-mars 5h-19h, avr.-sept. 6h-18h ; entrée payante). Sa belle peinture pariétale figure un combat entre 2 groupes d'archers et met en scène un potamochère, un léopard et un péléa *(Pelea capreolus)*.

KAMBERG ET MONKS COWL NATURE RESERVES

Au nord de Giant's Castle, la **Kamberg Nature Reserve** ㉜ (tél. 033 267 7251 ; ouv. tlj. : oct.-mars 5h-19h, avr.-sept. 6h-18h ; entrée payante) protège d'autres escarpements spectaculaires du Drakensberg, connus des randonneurs et des pêcheurs à la truite. Commencez par vous rendre au **Rock Art Centre**, où un documentaire très bien conçu vous initiera à l'art rupestre san et à ses interprétations. Puis suivez la visite guidée du **Game Pass Shelter**, un abri-sous-roche dont le décor peint est si bien conservé qu'on le considère comme le Lascaux de l'art rupestre en Afrique australe : il montre des chamans en train de se transformer en antilopes. Plus au sud, **Sani Pass** (2 873 m), l'unique col permettant de franchir la chaîne d'est en ouest, commande l'accès au royaume du Lesotho – l'état de la route et ses 27 virages en épingle à cheveux rendent l'utilisation du 4x4 indispensable.

Au nord de Giant's Castle, la **Monks Cowl Nature Reserve** ㉝ (tél. 036 468 1103 ; ouv. tlj. 6h-18h ; entrée payante)

La dent du Diable (Devil's Tooth) est l'un des sites les plus impressionnants des contreforts nord du Drakensberg.

Gypaète barbu, une espèce protégée.

Peu farouche, la pintade de Numidie (Numida meleagris) *fréquente le Royal Natal National Park.*

est accessible de Winterton et bénéficie d'une gamme variée d'équipements touristiques, de l'hôtel 4 étoiles au terrain de camping, en passant par le chalet familial. Les nombreux sentiers de randonnée aménagés dans cette réserve boisée, dominée par les sommets de **Monk's Cowl** (3 234 m) et de Champagne Castle, combleront aussi bien les débutants que les marcheurs aguerris. Les grimpeurs expérimentés pourront se mesurer à plusieurs aiguilles, dont les Inner et Outer Horn, et au redoutable Cathkin Peak. La réserve héberge par ailleurs l'**Ardmore Ceramic Art Studio** (www.ardmoreceramics.co.za ; ouv. tlj. 9h-17h), un atelier de potiers d'art de notoriété internationale.

Les paysages les plus extraordinaires de l'uKhahlamba-Drakensberg Park se déploient dans l'extrême nord de la chaîne, dans l'enceinte du **Royal Natal National Park** ㉞ et de la **Rugged Glen Nature Reserve** (tél. 036 438 6310 ; tous deux ouv. tlj. 6h-22h ; entrée payante), à 60 km de Harrismith et de la N3, via Oliviershoek Pass, un col spectaculaire au revêtement si défoncé que nous vous conseillons d'emprunter plutôt l'itinéraire – plus long mais plus sûr – via la N3 et la R616. Fondé en 1916, le Royal Natal National Park a en effet pour principale attraction géologique l'Amphitheatre, un cirque de grès qui se déploie en hémicycle sur 5 km et que vous ne serez pas près d'oublier.

Gorges du Tugela, dans le Royal Natal National Park.

Le parc englobe également le **Mont-aux-Sources** (3 282 m), massif ainsi nommé par 2 missionnaires français car de ses flancs naissent au moins 5 importants cours d'eau, dont l'Elands River, le Western Khubedu (qui, en aval, devient le fleuve Orange) et le Tugela. À quelques kilomètres de sa source, le Tugela plonge, sur près de 2 000 m, en une spectaculaire succession de 5 cascades jusqu'au fond de la vallée. Le dénivelé des **Tugela Falls** (947 m) en fait les chutes les plus hautes d'Afrique.

Le magnifique **Gorge Trail** (5 h AR en terrain peu accidenté) remonte la gorge taillée par le Tugela non loin de la cascade, traversant des bosquets de forêt indigène et contournant des vasques naturelles aux eaux transparentes. Mais à moins de disposer de plusieurs jours, de l'expérience et du matériel requis, vous aurez du mal à grimper du Royal Natal National Park jusqu'au sommet des chutes. Pour cela, il faut suivre le **Chain Ladder** au départ de Witsieshoek (au Free State, à environ 1 h de voiture du parc). Ce circuit d'une demi-journée AR, qui comprend 2 sentiers vertigineux mais sûrs, vous conduira au sommet de l'Amphitheatre, au-dessus des Tugela Falls – l'un des plus saisissants points de vue de tout le continent africain.

Le Royal Natal et ses environs abritent par ailleurs plusieurs grottes ornées ainsi que les lacs de barrage de Woodstock et de Sterkfontein. Outre quelques antilopes – péléa, guib harnaché, cob des montagnes –, vous apercevrez peut-être dans ce parc le souimanga malachite *(Nectarius famosa)*, passereau qui raffole du nectar des fleurs d'aloès.

Occupant les basses terres qui s'étendent à l'est du Royal Natal National Park, la **Spioenkop Dam Nature Reserve** (tél. 036 488 1578 ; ouv. tlj. :

oct.-mars 6h-19h, avr.-sept. 6h-18h ; entrée payante) protège une forêt dense d'acacias et offre de belles vues sur le barrage et les sommets de l'uKhahlamba-Drakensberg Park. Mammifères sauvages et oiseaux s'y montrent volontiers. Vous pourrez vous adonner à différents sports nautiques sur le plan d'eau et louer le matériel requis dans la station riveraine. Le lac de retenue doit son nom à la colline qui le domine, le Spioenkop (colline de l'Espion), qui fut le théâtre de l'un des épisodes les plus sanglants de la seconde guerre des Boers, les 23 et 24 janvier 1900.

HARRISMITH ET AU-DELÀ

La plus grande ville de la région est **Harrismith** ㉟, au Free State (État libre). De là, l'autoroute N3 vous conduira jusqu'à Johannesburg, dans la province du Gauteng, en 3h. En chemin, faites un détour par l'immense **Vaal Dam** (320 km²), signalé juste au nord de Villiers. Alimenté par la Vaal River, l'un des plus grands cours d'eau du pays, ce lac de retenue qui forme une frontière naturelle entre le Free State et le Gauteng approvisionne en eau le Witwaterstrand (agglomération de Johannesburg). Quelques activités nautiques y sont proposées.

De Harrismith, vous pouvez également suivre la N5 puis la R74 sur une soixantaine de kilomètres jusqu'au splendide **Golden Gate Highlands National Park** ㊱ (www.sanparks.org ; ouv. tlj. ; entrée payante). Au cours des millénaires, le vent, la pluie et le soleil ont conféré à ses collines de grès des formes étranges, nimbées d'or au crépuscule. Situé à la frontière de la province sud-africaine du Free State et du Lesotho, le parc doit son nom aux 2 puissants piliers de grès qui en marquent l'entrée. Ce domaine protégé fera le bonheur des marcheurs comme des cavaliers – les basothos (grands poneys élevés au Lesotho) savent parfaitement négocier les accidents de terrain. Pour réserver votre hébergement et obtenir un permis de randonnée, joignez le National Parks Board.

À l'ouest de Harrismith, sur la route de Winburg (où la N5 rejoint la N1, la nationale reliant Cape Town à Johannesburg via Bloemfontein), 3 localités méritent un détour. Tout d'abord **Bethlehem** ㊲ (95 km), dont certains cottages en grès remontent à sa fondation sur la Jordan River, en 1864, par des *Voortrekkers*.

De là, un crochet de 40 km au sud-est par la R712 vous amènera à **Clarens** ㊳, une charmante petite ville installée à la lisière occidentale du Golden Gate Highlands National Park. Baptisée par les *Voortrekkers* du nom du village suisse où le président Paul Kruger passa ses 2 dernières années (1902-1904), Clarens est aujourd'hui le siège d'une communauté d'artistes, et recèle de nombreuses boutiques d'artisanat.

De Clarens (81 km au sud-ouest par la R711, puis la R26) comme de Bethlehem (90 km par la R26), gagnez **Ficksburg**, commune réputée pour ses vieilles demeures en grès et ses cerisiers. La fête de la Cerise (Cherry Festival), qui sort Ficksburg de sa torpeur la deuxième semaine de novembre, mérite amplement le détour. #

Trek dans la chaîne du Drakensberg.

Jeunes Zulu de corvée d'eau.

Johannesburg, capitale économique de l'Afrique australe.

LE GAUTENG

Poumon économique du pays et siège de 2 de ses plus grandes villes, le Gauteng réunit quelques musées de première importance et un nombre inattendu de parcs naturels.

La province du Gauteng – "Lieu de l'or" en sesotho – couvre à peine 1,5 % du territoire de l'Afrique du Sud (18 000 km²), mais ses quelque 12 millions d'habitants représentent plus du quart de la population nationale, et ses entreprises génèrent 35 % du PNB. En fait, ces statistiques tiennent essentiellement à un seul facteur : l'or que l'on y a découvert voilà près de 130 ans. Sans le précieux métal jaune, l'agglomération tentaculaire de Johannesburg – l'une des plus grandes cités au monde qui ne soient pas nées sur un fleuve – n'existerait pas, et Pretoria, 50 km plus au nord, loin d'être la capitale moderne que l'on connaît, serait restée une obscure bourgade, rêvant à sa gloire passée de capitale de la république boer du Transvaal *(voir p. 42)*.

UN POUMON ÉCONOMIQUE

Le Gauteng n'est pas pour autant un incontournable touristique. La province demeure avant tout une destination d'affaires – elle abrite plus de centres de séminaires et de congrès que tout le reste du pays réuni. Ses boutiques attrayantes et assez bon marché attirent aussi une clientèle africaine aisée. Le reste des touristes (un tiers) sont surtout des voyageurs en transit – l'aéroport international O.R. Tambo, à l'est de Johannesburg, demeure le centre névralgique des transports régionaux – ou venus rendre visite à des proches. Si votre séjour dans le pays est relativement court, vous n'avez aucune raison de vous attarder dans cette région industrialisée et pénalisée par un taux de criminalité peu enviable.

Mais si vous devez passer quelques jours au Gauteng, vous n'aurez pas à le regretter. Avec sa centaine de musées, sa myriade de salles de spectacle, de restaurants, de bars et de marchés, la province n'a rien à envier au Cap sur le plan culturel. Côté nature, elle recèle plusieurs petites réserves fauniques,

Girafe du Cap (Giraffa camelopardalis giraffa), *dans la Madikwe Game Reserve.*

NE MANQUEZ PAS

Cradle of Humankind *p. 271*
Gold Reef City & Museum of Apartheid *p. 270*
Madikwe Game Reserve *p. 276*
Mandela House, Soweto *p. 270*
Newtown Precinct *p. 264*
Sun City & Pilanesberg Game Reserve *p. 276*

Plans p. 262, 272 et carte p. 268

et elle bénéficie de la proximité du Pilanesberg National Park et de la Madikwe Game Reserve, 2 vastes domaines protégés de la province voisine du North West, qui abritent quantité de grands mammifères africains. Enfin, vous pourrez prendre part à un circuit organisé à travers le vaste et moderne township de Soweto ou, un peu plus loin de Johannesburg, explorer les sites archéologiques du Cradle of Humankind, une zone inscrite au Patrimoine mondial par l'Unesco pour sa richesse en ossements d'hominidés.

JOHANNESBURG

UNE CITÉ BÂTIE SUR L'OR

E'Goli (la Ville de l'or) de son nom zulu, plus familièrement appelée Jo'burg ou Jozi, **Johannesburg** ❶ est non seulement le chef-lieu du Gauteng mais aussi la capitale industrielle, commerciale et financière du pays. Tandis qu'à 1 500 m sous terre des mineurs extraient le précieux métal, en surface les agents de change et les PDG se mêlent aux vendeurs ambulants et aux guérisseurs traditionnels, au pied de gratte-ciel futuristes.

Bien des "Jo'burgers" considèrent leur ville comme la vraie capitale de l'Afrique du Sud et regardent de haut Cape Town, ce *visdorpie* (village de pêcheurs) somnolent au charme racoleur. La présence de l'industrie minière se fait sentir partout. Du dernier étage du **Carlton Centre** Ⓐ, le plus haut gratte-ciel d'Afrique (223 m), vous pourrez discerner les puits de mine et

de gisements épuisés à l'horizon. Flânez dans le centre-ville de Johannesburg et vous constaterez que de nombreux noms de rues et d'immeubles rappellent la ruée vers l'or : Claim (Concession) Street, Nugget (Pépite) Street, Main Reef (Gros Filon) Street...

La fièvre de l'or se déclare en 1886, lorsqu'un humble prospecteur du nom de George Harrison découvre par hasard le gisement aurifère du Rand. Du jour au lendemain, une marée de prospecteurs et de chasseurs de fortune submerge la région et un campement gigantesque, sorte de bidonville avant l'heure, surgit de terre dans le tranquille *veld*. Trois ans plus tard, Johannesburg est devenue la plus grande ville d'Afrique du Sud, tandis qu'un embryon de Bourse y voit le jour. Hôtels et cantines, lupanars et dancings se multiplient pour satisfaire les besoins d'une population pleine d'ardeur qui compte 3 hommes pour une femme. Puis les premières compagnies minières émergent et accaparent le marché, grignotant peu à peu les concessions individuelles. Des "Randlords" comme Cecil Rhodes (également actif dans l'industrie du diamant), Barney Barnato et Alfred Beit accumulent d'immenses fortunes en un temps record, imposant un simulacre d'ordre à cette cité minière en plein développement.

Aujourd'hui, Johannesburg forme le cœur du Witwatersrand (Cercle des eaux blanches), ou Rand, une vaste agglomération qui s'étend sur plus de 120 km de Springs, à l'est, jusqu'à Randfontein, à l'ouest, et dont la population ne cesse de croître. Le Witwatersrand, qui accueille les plus grosses industries du pays, constitue le plus grand pôle industriel de l'Afrique subsaharienne.

UN GÉANT DE L'AFRIQUE

Si, à l'échelle planétaire, Johannesburg demeure une métropole de taille moyenne – du moins en termes de population, car l'agglomération paraît s'étendre à l'infini –, à l'échelle de l'Afrique elle revêt les proportions d'une mégalopole avec son cortège d'hôtels modernes, de centres commerciaux, de boutiques, restaurants et clubs qui caractérise toute grande ville

Le Miners Monument rend hommage à ces hommes auxquels Johannesburg doit sa prospérité.

Johannesburg, vue du haut du Carlton Centre.

À PROPOS

Baptisés les "crevettes de Parktown", d'énormes criquets pouvant atteindre 7,5 cm de longueur prolifèrent dans les jardins – et les salons – de Jo'burg.

aujourd'hui. Attendez-vous cependant à de violents contrastes, révélateurs de criantes disparités sociales. Il suffit ainsi de suivre Market Street vers l'ouest jusqu'à Diagonal Street pour découvrir un tout autre univers. Là, de minuscules quincailleries et échoppes d'art africain aussi kitsch que bon marché côtoient d'antiques herboristeries chichement éclairées, comme le **Museum of Man and Science** **B** (ou KwaZulu Muti Shop ; tél. 011 836 4470 ; ouv. lun.-ven. 7h30-17h, sam. 7h30-13h30), qui vend des peaux, des plantes séchées et des os "magiques" aux *inyanga* et aux *sangoma* (guérisseurs).

À l'angle de Diagonal et de Kort Streets, **Kapitan's Oriental** **C** vous servira l'un des plus délicieux currys d'Afrique du Sud (ouv. déj. uniquement). Dans les années 1950, ce petit restaurant indien comptait parmi ses habitués 2 jeunes avocats dénommés Nelson Mandela et Oliver Tambo.

AUTOUR DE NEWTOWN PRECINCT

Plus à l'ouest, le gigantesque **Newtown Precinct** **D** réunit, sur plusieurs rues, d'anciens entrepôts reconvertis en salles de spectacle, espaces d'expositions et ateliers de création et toute une série de musées, formant ainsi l'un des plus vastes complexes culturels de la ville. Institution phare du Precinct, **Museum Africa** (tél. 011 833 5624 ; ouv. mar.-dim. 9h-17h ; entrée libre) entend présenter les différentes cultures du continent noir et illustre de façon inventive la brève mais turbulente histoire de Johannesburg. Vous y trouverez, entre autres, une poignée de cabanons de squatters du township d'Alexandra méticuleusement remontés, une exposition consacrée au procès de masse de Rivonia – au terme duquel, accusé de trahison et condamné aux travaux forcés à perpétuité, Nelson Mandela fut interné à Robben Island – et même un terrifiant assortiment d'armes de fortune confisquées dans un *hostel* (foyer pour mineurs noirs du temps de l'apartheid, à la "discipline" carcérale). Museum Africa héberge un **Geological Museum** consacré aux fabuleuses richesses minières du pays, et les appareils photo anciens du **Bensusan Museum of Photography**.

La statue de bronze de 6 m de hauteur de Nelson Mandela, œuvre des sculpteurs Kobus Hattingh et Jacob Maponyane, a été inaugurée le 1er mars 2004 par sa petite-fille Ndileka Mandela à Mandela Square.

MARKET THEATRE

À côté du Precinct s'élève le **Market Theatre** **E** (Margaret Mcingana Street ; tél. 011 832 1641 ; markettheatre.co.za), temple du théâtre contestataire et du combat des intellectuels contre l'apartheid dans les années 1970 et 1980 *(voir p. 65)*. Aujourd'hui, cette institution abrite également des galeries d'art et de photo, ainsi qu'une salle de jazz.

À voir à proximité du Market Theatre, **South African Breweries' World of Beer** (Helen Joseph Street, ex-President Street ; tél. 011 836 4900 ; www.worldofbeer.co.za ; ouv. dim.-lun. 10h-16h, mar.-sam. 10h-18h ; entrée payante), dont les visites guidées de 90 minutes présentent l'histoire de la bière et ses méthodes de fabrication modernes ; le **Workers Museum** (Rahima Moosa Street ; tél. 011 492 0593 ; ouv. mar.-dim. 9h-17h), consacré au triste système du travail migrant qui fournissait une main-d'œuvre bon marché aux compagnies minières sous l'apartheid. Également les expositions interactives destinées au jeune public du **Sci-Bono Discovery Centre** (Miriam Makeba Road ; tél. 011 639 8400 ; www.sci-bono.co.za ; ouv. lun.-ven. 9h-17h, sam.-dim. 9h-16h30 ; entrée payante), qui rendront attractives les sciences et la technologie aux plus jeunes.

Quelques rues à l'ouest de Newtown Precinct, l'**Oriental Plaza** occupe un vaste quadrilatère entre Bree Street et Central Avenue (ou Main Road). Ce centre commercial créé au temps de l'apartheid à l'intention de la population indo-pakistanaise reste l'une des attractions du quartier de Fordsburg. À peu près tout se marchande dans ses 360 boutiques : soieries, épices, plantes médicinales et babioles en tout genre. Profitez-en pour déguster un curry ou des samoussas. L'élégant **City Hall** **F**, qui fait l'angle de Rissik Street et de Market Street, 400 m au nord-ouest du Carlton Centre, marque le centre historique de la cité.

Dans les années 1990, l'accroissement de la criminalité dans le centre-ville poussa de nombreuses entreprises locales à aller s'installer dans des zones plus sûres, et les hôtels de luxe du quartier des affaires durent fermer leurs portes ou se reconvertir en immeubles locatifs bon marché.

Portraits de Nelson Mandela, à l'Apartheid Museum.

Africa Museum.

À PROPOS

Si certains sont aujourd'hui classés, les terrils jaune pâle qui font partie du paysage urbain de Jo'burg depuis le début du 20e siècle disparaissent les uns après les autres – ils sont évacués et retraités (l'évolution des techniques de séparation permettant d'en extraire encore de l'or), et les terrains ainsi libérés se vendent... à prix d'or !

Depuis le début du nouveau millénaire, toutefois, le cœur de Johannesburg fait l'objet d'un vaste programme de rénovation, dont le quartier de Newtown se veut la vitrine multiraciale et multiculturelle, et il semble que la délinquance y ait régressé. Mais il reste préférable de visiter le centre de Jo'burg en suivant un circuit organisé, par exemple à bord d'un bus touristique à impériale. Dans tous les cas, faites-vous accompagner par quelqu'un qui en connaît bien les recoins, surtout le soir. Enfin, comme dans nombre d'autres métropoles, n'exhibez pas votre appareil photo dernier cri, ni vos bijoux, encore moins un portefeuille bien garni. Si vous circulez en voiture, maintenez portières verrouillées et vitres remontées.

MARCHÉS ET CENTRES COMMERCIAUX

Les banlieues résidentielles huppées de Rosebank et de Sandton, au nord de la ville, concentrent hôtels de prestige et élégants centres commerciaux. Ainsi, pour une cure de shopping, vous pourrez arpenter les allées de **Rosebank Mall** (Cradock Road ; tél. 011 788 5530 ; www.themallofrosebank.co.za), écumer les boutiques de **Sandton City** (Rivonia Road ; tél. 011 217 6000 ; www.sandtoncity.com) et celles, toutes proches, de **Nelson Mandela Square**. Outre des magasins de chaîne et des boutiques de luxe, ces complexes abritent pléthore de restaurants, de cafés-glaciers ainsi que des salles de cinéma – bref, de quoi vous occuper toute une journée pluvieuse.

Les marchés aux puces de Johannesburg attirent un vaste réseau de négociants, venus, pour certains, de très loin (Nigeria, Congo, Côte d'Ivoire) : vous pourrez y faire des affaires, surtout si vous recherchez de l'artisanat tribal. Le plus authentique est sans doute le **Market Theatre Flea Market** (ouv. lun.-sam.) de Newtown, dans le centre-ville. Ses quelque 350 étals vendent un peu de tout, de la *street fashion* à la camelote la plus branchée. Baptisé Ezinyangeni (place des Guérisseurs), le pittoresque **Mai Mai Market** (angle de Berea et d'Anderson Streets ; ouv. lun.-ven.) est presque entièrement consacré à la *muti* (médecine traditionnelle).

Pour faire vos achats d'artisanat en provenance de toute l'Afrique subsaharienne, il n'y a pas de meilleur endroit

L'entrée de l'excellent Apartheid Museum.

que l'**African Craft Market** (tél. 011 568 0850 ; www.rosebankartandcraftmarket.co.za ; ouv. lun.-jeu. 9h-18h30, ven. 9h-19h, sam.-dim. 9h-17h). Vous devriez trouver de quoi rapporter de jolis souvenirs. Partout, le marchandage est de rigueur.

VIE CULTURELLE

La **Johannesburg Art Gallery** Ⓖ (Klein Street, Joubert Park ; tél. 011 725 3130 ; ouv. mar.-dim. 10h-17h ; entrée libre) a fêté son centenaire en 2015. Si ce prestigieux musée ignora pratiquement toute forme d'expression "cafre" jusqu'à la fin du régime d'apartheid, les œuvres d'artisans, de peintres et de sculpteurs noirs récemment acquises rehaussent de leur éclat les élégantes salles conçues par Sir Edwin Lutyens, aux côtés de tableaux préraphaélites et impressionnistes – œuvres de F. Léger, C. Pissarro, G. Courbet... Sachez tout de même que le quartier est l'un des moins sûrs de Johannesburg, et qu'il ne fait pas bon y traîner le soir.

La ville peut se targuer de posséder les galeries d'art les plus réputées du pays, telle l'**Everard Read Gallery** (6 Jellicoe Avenue, Rosebank ; tél. 011 788 4805 ; www.everard-read.co.za ; ouv. lun.-ven. 9h-18h, sam. 9h-13h) qui présente les talents les plus divers : les œuvres de paysagistes et de sculpteurs animaliers blancs y côtoient celles de prodiges originaires des townships. Dans le quartier de Rosebank, signalons 2 bonnes adresses de Jan Smuts Avenue : la **Kim Sacks Gallery** (tél. 011 447 5804 ; kimsacksgallery.com ; ouv. lun.-ven. 9h-17h30, dim. 10h-17h) et la **Goodman Gallery** (tél. 011 788 1113 ; www.goodman-gallery.com). Dans toutes ces galeries, l'entrée est libre.

À Braamfontein, un peu au nord du centre-ville, le **Wits Art Museum** (58 Jorissen Street ; tél. 011 717 1365 ; www.wits.ac.za ; entrée libre) expose l'exceptionnelle collection d'art d'Afrique australe de l'université du Witwatersrand, des productions artistiques (tambours, masques, bijoux et parures, notamment) en voie de disparition. À 5 minutes à pied de là, l'**Origins Centre** (angle de Yale Road et d'Enoch Sontonga Avenue ; tél. 011 717 4700 ; www.wits.ac.za/origins ; ouv. lun.-sam. 10h-17h, entrée payante) dépend lui aussi de "Wits", la prestigieuse université

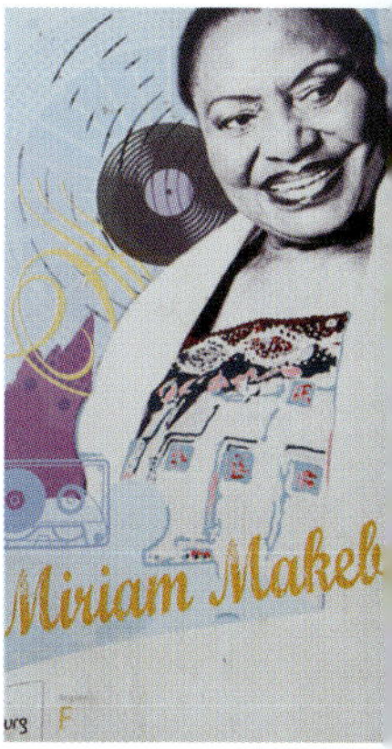

La chanteuse et militante anti-apartheid Miriam Makeba (1932-2008) est née à Johannesburg.

Le célèbre Market Theatre est installé dans une ancienne halle.

La plupart des banlieusards se déplacent en Zola Budd, terme tsoli-taal désignant les taxis minibus du Gauteng.

du Witwatersrand. Ce musée récent explore l'émergence de l'humanité moderne à travers 2 expositions permanentes. La première aborde l'évolution de l'homme, illustrée par tout un éventail de restes d'hominidés dégagés dans le Gauteng et ailleurs en Afrique, tandis que la seconde présente l'une des plus vastes collections d'art préhistorique au monde, dont les plus anciennes peintures pariétales découvertes en Afrique du Sud. Cet espace interactif, excellent avant-propos à la visite du Cradle of Humankind, à l'ouest de la ville, justifie que vous lui consacriez 2 bonnes heures. Sur le campus universitaire également, le **Johannesburg Planetarium** (Yale Road ; tél. 011 717 1390 ; www.planetarium.co.za ; entrée payante) vous propose d'étudier le ciel austral sous un angle inédit – vous trouverez les horaires des spectacles sur son site Internet.

GREATER JOHANNESBURG

UN PEU DE VERDURE

Alors que les tours envahissent le centre-ville – espace chèrement disputé –, celui-ci laisse rapidement place aux tentaculaires mais verdoyantes banlieues de Greater Johannesburg. La plupart des 600 parcs et jardins gérés par la municipalité sont, en effet, disséminés dans les faubourgs. L'un des plus vastes de ces espaces verts, **Delta Park** (100 ha), s'étend entre Blairgowrie et Victory Park. Les abris aménagés au bord des 2 plans d'eau de son ravissant **Florence Bloom Bird Sanctuary** (tél. 011 888 4831 ; www.deltaenviro.org.za ; ouv. tlj. ; entrée libre) permettent d'observer une foule d'oiseaux en liberté.

Dans le nord de la banlieue de Melville, la charmante **Melville Koppies Nature Reserve** (tél. 011 482 4797 ; www.mk.org.za ; ouv. tlj. de l'aube au crépuscule ; randonnée guidée le dim. ; entrée libre) renferme des vestiges archéologiques : de l'outillage lithique vieux de 500 000 ans et une fonderie de l'âge du fer. Ce magnifique espace vert occupe la partie sud de l'immense Jan Van Riebeeck Park. Ce dernier englobe également le **Johannesburg Botanical Garden** (tél. 011 782 0517 ; www.jhbcityparks.com ; ouv. tlj. 6h-18h ; entrée libre). Ce

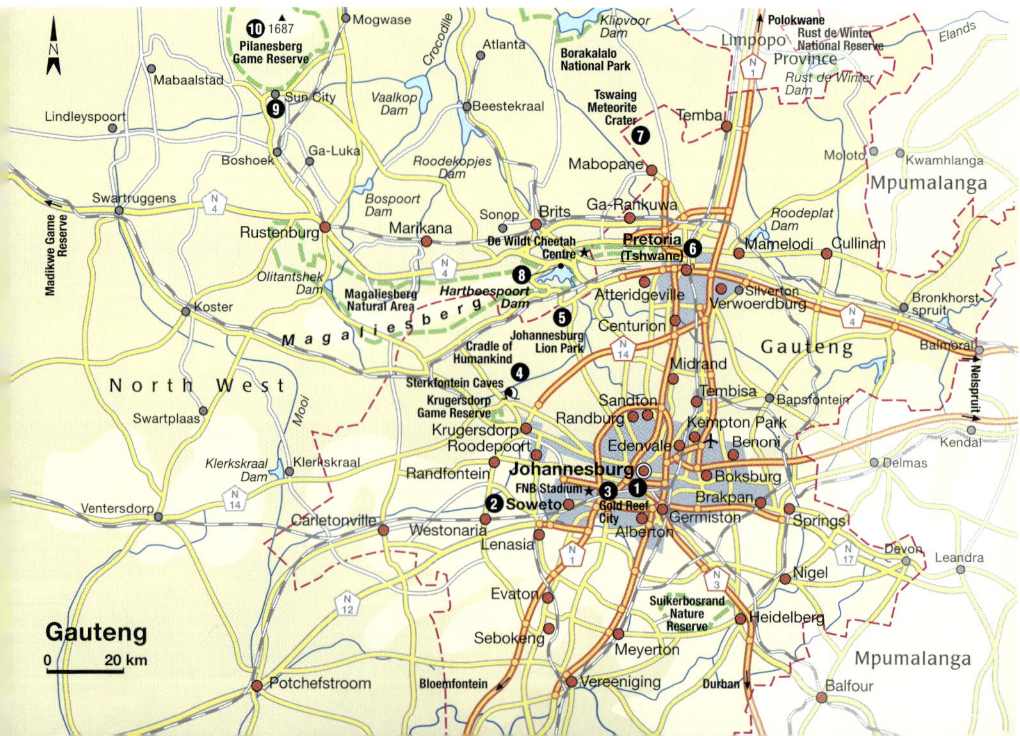

paisible jardin botanique de 148 ha, situé à 30 minutes en voiture du centre-ville, sur la rive de l'Emmarentia Dam, abrite une roseraie, un jardin japonais de bonsaïs, des bassins, des fontaines, ainsi qu'un lac fréquenté par les rameurs, les véliplanchistes et autres marins d'eau douce.

À Saxonwold, le **Johannesburg Zoo** (tél. 011 646 2000 ; www.jhbzoo.org.za ; ouv. tlj. 8h30-17h30 ; entrée payante) du Herman Eckstein Park offre un refuge à plus de 3 000 mammifères, oiseaux et reptiles, dont 30 espèces menacées. Les félins, les éléphants, les girafes et les grands singes y vivent sur des aires isolées par des douves et dépourvues de grillages. Tous les soirs à 17h15 et 18h15 débutent des visites guidées de 3 heures (sur réservation), qui permettent d'observer un certain nombre de pensionnaires nocturnes en action. De l'autre côté de Jan Smuts Avenue, sur la rive de Zoo Lake, vous attendent barques à louer, restaurant et terrain de jeux pour enfants. Derrière le zoo, le **South African National Museum of Military History** (tél. 011 646 5513 ; www.ditsong.org.za ; ouv. tlj. 9h-16h30 ; entrée payante) expose une douzaine d'avions de chasse, un sous-marin, des blindés légers, de l'artillerie et des uniformes.

L'un des meilleurs belvédères sur la *skyline* de Jo'burg est **Pioneer Park** (angle de Rosettenville Road et de 11th Street ; tél. 011 435 0425 ; www.jhbcityparks.com ; actuellement en travaux, date de réouverture indéterminée), sur la rive sud de Wemmer Pan, à Rosettenville. Sur la rive nord s'étend **Santarama Miniland** (tél. 011 435 0543 ; ouv. tlj. 8h30-17h ; entrée payante), une ville miniature réunissant les sites phares du pays, dont le Big Hole de Kimberley *(voir p. 305)*, reproduits au 1/25.

Pour épuiser les attractions de Greater Johannesburg, vous pouvez partir en randonnée sur l'un des sentiers aménagés par l'office de tourisme (notamment le Bloubos Trail et le Sandspruit Trail), qui met à votre disposition brochures et cartes détaillant les sites historiques, archéologiques et écologiques à voir en chemin. Plus près de la ville, un circuit propose de découvrir quelques-uns des somptueux palais bâtis pour les premiers "Randlords" de la ruée vers l'or. Pour participer à ce circuit, où vous serez accompagné de guides en costume, joignez la Johannesburg Heritage Foundation (tél. 011 482 3349 ; www.joburgheritage.org.za).

Meilleur site d'observation ornithologique de la région de Johannesburg, **Marievale Bird Sanctuary** (tél. 082 830 5467 ; www.nigel.co.za/marievale ; ouv. du lever au coucher du soleil ; entrée libre) a été aménagé au pied d'anciens terrils, près de Nigel, une morne cité située 30 minutes au sud de Johannesburg. Cette zone humide classée d'importance internationale par la convention de Ramsar (1971) se visite en toute saison, mais de préférence l'été, quand des migrateurs comme le busard des roseaux, la barge à queue noire ou la bergeronnette flavéole y rejoignent les oiseaux aquatiques résidents.

SOWETO

Il pourrait sembler paradoxal qu'un township créé par le régime de l'apar-

Entrée du Johannesburg Botanical Garden.

Buste du paléontologue Robert Broom (1866-1951) sur le site rupestre de Sterkfontein.

theid soit traité comme une "attraction" touristique, mais une visite à **Soweto** ❷ (acronyme de SOuth WEstern TOwnships) vous permettra de découvrir les dessous d'une société qui demeure encore largement ségrégationniste. Des personnalités comme Nelson Mandela, l'archevêque Desmond Tutu et le footballeur émérite Lucas Radebe ont résidé à Soweto, et ce ghetto a été le théâtre de bien des événements marquants de la lutte anti-apartheid, à commencer par les tragiques émeutes de 1976 *(Soweto Uprising, voir p. 54)*. Aujourd'hui fort de plus de 2 millions d'habitants, Soweto se visite de préférence dans le cadre d'un circuit accompagné, service assuré par la plupart des tour operators et hôtels du Gauteng.

Tout autour de Soweto sont éparpillés des lieux de mémoire de la lutte anti-apartheid. Ainsi, c'est dans la banlieue de Kliptown que le Congrès du peuple – 3 000 représentants de différents mouvements de résistance – se réunit le 26 juin 1955 pour élaborer la célèbre Freedom Charter (charte de la Liberté), texte fondateur de la lutte anti-apartheid et pierre angulaire de l'actuelle Constitution sud-africaine. Le site est désormais occupé par le centre commercial de **Walter Sisulu Square** (angle de Klipspruit Valley et Union Road ; tél. 011 945 2200 ; www.waltersisulusquare.co.za).

À Orlando West, le **Hector Pieterson Memorial and Museum** (Pela Street ; tél. 011 536 0611 ; ouv. lun.-sam. 10h-17h, dim. 10h-16h ; entrée payante) commémore le rôle joué par les enfants dans la lutte contre l'apartheid – son nom est celui de la première victime des émeutes de Soweto, un écolier de 13 ans. À proximité se visite **Mandela House** (Ngakane Street ; tél. 011 936 7754 ; www.mandelahouse.com ; ouv. tlj. 9h-16h45 ; entrée payante), la maison où Nelson Mandela vivait avec sa famille avant son arrestation pour "trahison" en 1962.

HISTOIRES D'OR

Plus évocateur de l'épopée minière que les noms de rues du centre de Johannesburg, **Gold Reef City** ❸ (Northern Parkway ; tél. 011 248 5000 ; www.tsogosun.com ; ouv. mer.-dim. 9h30-17h ;

Le Paul Kruger Monument de Church Square, à Pretoria.

entrée payante) est un parc à thème établi autour d'un ancien puits de mine de la Crown Mine, 6 km au sud du centre-ville, qui s'efforce de reconstituer le campement minier d'origine avec ses maisons et boutiques de style victorien. Une entreprise purement commerciale, certes, avec ses attractions foraines et son casino, mais vous apprécierez sans doute les démonstrations d'*isicathulo*, ou *gumboot dancing*, sortes de claquettes version bottes en caoutchouc inventées par les mineurs noirs itinérants à la fin du 19e siècle. La visite guidée de l'ancienne mine n°14 (Crown Mine's No. 14 Shaft) vous conduira à 226 m sous terre à travers un dédale de galeries jusqu'au fameux *reef* – en son temps le filon le plus riche de la planète – et vous fera découvrir tout le processus minier, de l'extraction du minerai à la coulée de l'or en fusion dans les moules à lingots. De 1897 à sa fermeture dans les années 1970, cette mine dont le puits s'enfonce jusqu'à 3 500 m sous terre (57 niveaux) employa 30 000 mineurs et produisit quelque 1 400 t d'or.

À côté de Gold Reef City, l'**Apartheid Museum** (tél. 011 309 4700 ; www.apartheidmuseum.org ; ouv. tlj. 10h-17h ; déconseillé aux moins de 11 ans) évoque l'apartheid à travers une collection de photographies, d'extraits de films, d'installations ingénieuses et d'objets divers, dont un *casspir* (casserole), véhicule blindé utilisé par la police pour patrouiller dans les townships.

LE "BERCEAU DE L'HUMANITÉ"

Inscrit au Patrimoine mondial, le **Cradle of Humankind** ❹ englobe une vingtaine de sites archéologiques dispersés au nord-ouest de Johannesburg, tous ayant livré des ossements d'hominidés vieux de plusieurs millions d'années. Principal pôle touristique du Cradle, le **Maropeng Visitors Centre** (sur la D400, 50 km au nord-ouest de Johannesburg ; tél. 014 577 9000 ; www.maropeng.co.za ; ouv. tlj. 9h-17h ; entrée payante) vous retiendra bien 2 heures avec ses animations multimédias – dont une passionnante balade souterraine en bateau qui vous fera remonter le temps et vous éclairera sur les étapes de la formation de

Puits de la mine n°14, Gold Reef City.

Animation du Maropeng Visitors Centre.

LE FNB STADIUM

Le FNB Stadium de Soweto – ou Soccer City, le plus vaste stade de football d'Afrique et l'un des 10 plus grands au monde – peut accueillir 95 000 spectateurs. En 1996, l'Afrique du Sud y remporte la Coupe d'Afrique des nations en battant la Tunisie 2 à 0. Nelson Mandela y fait son premier discours au Gauteng après sa libération, en 1990, et c'est là qu'ont lieu les funérailles de Chris Hani, chef militaire de l'Inkatha assassiné en 1993. C'est aussi au Calabash (dénomination que lui vaut sa ressemblance avec une calebasse) que se déroule la cérémonie d'ouverture de la Coupe du monde de football 2010, tout comme la finale entre l'Espagne et les Pays-Bas. En 2013, il accueille l'hommage funèbre à la mémoire de Nelson Mandela, en présence des plus grands chefs d'État de la planète.

À DÉCOUVRIR

Pour observer l'avifaune de la capitale, rendez-vous à Melrose Bird Sanctuary, dans la banlieue de Melrose. Des tisserins jaunes, au plumage éclatant, ont installé des nids communautaires dans ses roselières.

notre planète jusqu'au Big Bang – et vous offrira en outre un excellent survol des découvertes paléontologiques régionales.

GROTTES DE STERKFONTEIN

Le principal site archéologique du Cradle est celui de **Sterkfontein** (à 10 km de Maropeng, à l'écart de la R563 ; visites guidées toutes les heures ; billet combiné avec celui du Maropeng Centre, à retirer avant 13 h auprès de ce dernier). Ces grottes ont été découvertes fortuitement à la fin du 19e siècle lors des travaux de minage d'une carrière de calcaire. Elles abritent 6 salles et un lac souterrain dont l'eau posséderait des vertus curatives. Plus de 500 ossements d'hominidés y ont été mis au jour. La plus célèbre de ces reliques est un crâne exhumé en 1936 par le médecin et paléontologue Robert Broom et baptisé Mrs Ples (pour *Plesianthropus transvaalensis*, quoi qu'il soit aujourd'hui attribué à un individu mâle de l'espèce *Australopithecus africanus*…).

Vers la fin des années 1990, a été mis au jour le squelette féminin du fameux australopithèque surnommé Little Foot (3,67 millions d'années), plus ancien que la célèbre Lucy (3,2 millions d'années) et donc plus vieil hominidé connu d'Afrique du Sud. Patiemment reconstitué à 90 % pendant plus de 20 ans par le paléontologue Robert Clarke, il a été présenté à Johannesburg fin 2017. Un autre squelette, datant de près de 3,5 millions d'années, a été laissé in situ.

Dans cette région se sont ouverts plusieurs petits parcs animaliers susceptibles d'intéresser ceux qui n'auraient pas le temps de visiter des réserves dignes de ce nom. Le **Lion & Safari Park** ❺ (sur la R114, 40 km au nord-ouest de Sandton ; tél. 87 150 0100 ; www.lionandsafaripark.com ; ouv. lun.-ven. 8h-18h, sam.-dim. 8h-20h ; entrée payante) regroupe plusieurs dizaines de lions ainsi que des guépards, hyènes, léopards, impalas, oryx, damalisques à front blanc (blesboks) et autruches. À 25 km, la **Rhino and Lion Reserve** (sur la R 540, au nord du site de Sterkfontein ; tél. 011 957 0106/9 ; www.rhinolion.co.za ; consultez le site pour les horaires ; entrée payante), comme

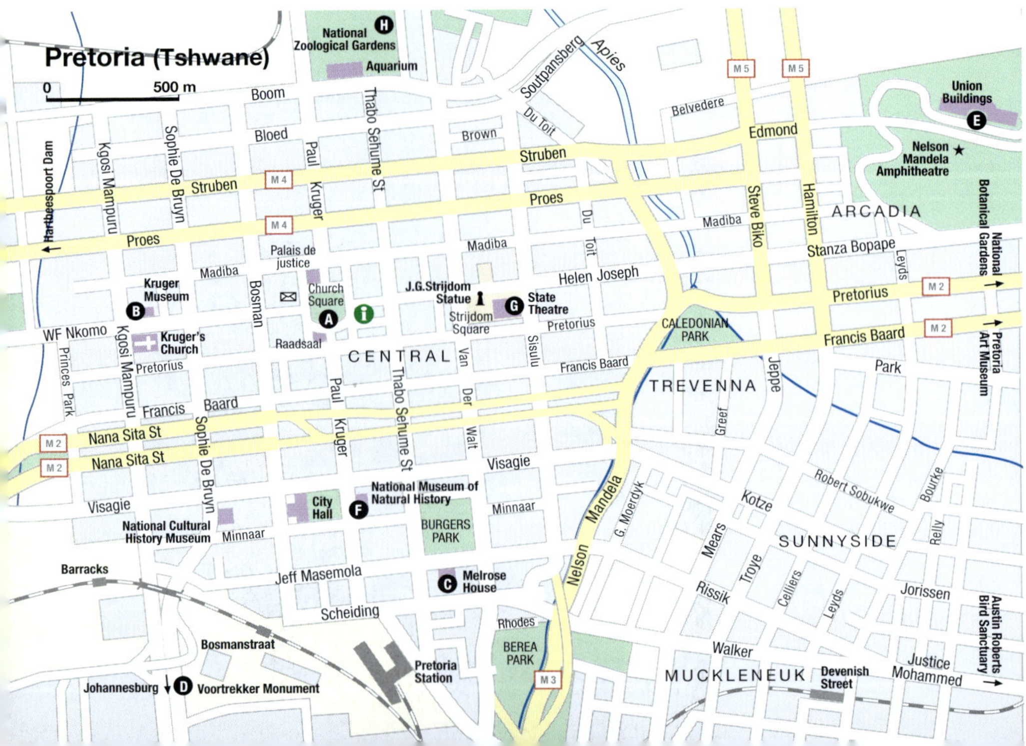

son nom l'indique, abrite également des rhinocéros en enclos.

PRETORIA (TSHWANE)

Sise 62 km au nord de Johannesburg, **Pretoria** ❻ demeure le centre politique du pays et sa capitale administrative, malgré sa taille relativement modeste. Tous les ministères, les secrétariats d'État et autres institutions y siègent. Si l'argent, ou plutôt l'or, règne à E'Goli (Johannesburg), c'est à Pretoria que se tirent les ficelles du pouvoir. Par le passé, la cité a souffert de cette image : les Sud-Africains noirs voyaient en elle une ville où les lois les plus iniques de l'apartheid étaient observées à la lettre. Hier étouffée dans un carcan puritain, Pretoria accueille aujourd'hui une communauté internationale de diplomates, de politiciens et d'hommes d'affaires. Ce nouveau souffle lui a été bénéfique, inspirant un début de renaissance culturelle à laquelle contribue une communauté gay particulièrement dynamique. L'agglomération de Greater Pretoria a adopté le nom de Tshwane, mais la ville est souvent appelée, comme à l'origine, "Jacaranda City" : en octobre, quelque 50 000 jacarandas parent en effet ses longues avenues et ses jardins de leur éclatante floraison mauve.

LA VILLE HISTORIQUE

De nombreux sites historiques de Pretoria évoquent l'âge d'or de la Zuid-Afrikaansche Republiek de Paul Kruger *(voir p. 47)*. Au cœur de la ville, sur **Church Square** Ⓐ, donnent l'Old Raadsaal (l'ancien palais gouvernemental du Transvaal et actuel siège de la municipalité), le palais de justice et la première banque centrale d'Afrique du Sud. Sur la place trône une imposante statue de Paul Kruger et de 4 *burghers* armés. Vous en apprendrez davantage sur cette époque révolue en visitant le **Kruger Museum** Ⓑ (Nkomo Street West ; tél. 012 492 5744 ; **www.ditsong.org.za** ; ouv. lun.-ven. 8h30-17h30, sam.-dim. 9h-17h ; entrée payante), la maison qu'occupèrent Paul Kruger et son épouse de 1884 à 1901. Dans cette demeure toute simple, restaurée avec soin, sont exposés certains effets personnels de l'austère *Voortrekker* calviniste, tandis que dans le jardin

Le cénotaphe situé à l'intérieur du Voortreker Monument est placé de telle façon que chaque 16 décembre un rai de lumière illumine l'inscription "Ons vir you Suid-Africa" (Nous pour toi Afrique du Sud).

Union Buildings, Pretoria.

La mine de Cullinan, 40 km à l'est de Pretoria, est célèbre pour avoir livré le plus gros diamant brut au monde.

trône le luxueux wagon de chemin de fer que l'homme d'État utilisait pour ses déplacements officiels. Paul Kruger repose à proximité, au cimetière de Heroes' Acre. Dans Jeff Masemola Street (2 km au sud-ouest), face à **Burgers Park**, se dresse la charmante **Melrose House** Ⓒ (275 Jeff Masemola Street ; tél. 012 322 2805 ; ouv. mar.-dim. 10h-17h ; entrée payante). Cet hôtel particulier construit en 1886 par un riche homme d'affaires britannique est l'un des fleurons de l'architecture victorienne nationale. C'est dans sa salle à manger que fut signé, le 31 mai 1902, le traité de Vereeniging mettant fin à la guerre des Boers *(voir p. 46)*.

À l'entrée sud de la ville, une immense sentinelle de granit, le **Voortrekker Monument** Ⓓ (Eeufees Road ; tél. 012 326 6770 ; www.vtm.org.za ; ouv. tlj. : mai-août 8h-17h, sept.-avr. 8h-18h ; entrée payante), commémore le Grand Trek des pionniers boers vers l'intérieur (1835-1854). L'érection de ce monument à la gloire de la "nation" afrikaner débuta en 1938, année du centenaire de la bataille de Blood River, qui se solda par la victoire des Boers sur les Zulu et ouvrit l'arrière-pays à la colonisation blanche *(voir p. 42)*.

Dans l'est de la ville s'élève l'imposant siège du gouvernement sud-africain, les **Union Buildings** Ⓔ, Die Uniegebou en afrikaans (Government Avenue ; visites des jardins uniquement ; ouv. lun.-ven. ; entrée libre), que jouxte la résidence officielle du président de la République. Ces imposants bâtiments néoclassiques en grès rouge ont été conçus par Herbert Baker et achevés en 1913. Leur silhouette massive figure sur pléthore de souvenirs (sets de table, tasses ou boîtes de biscuits, etc.) vendus à travers tout le pays. C'est là que la République sud-africaine fut proclamée en 1961 et qu'eut lieu la cérémonie d'investiture présidentielle de Nelson Mandela le 10 mai 1994.

ARTS ET SCIENCES NATURELLES

Incontournable pour les amateurs d'art contemporain, le **Pretoria Art Museum** (Arkadia Park ; tél. 012 358 6750 ; www.pretoriaartmuseum.co.za ; ouv. lun.-dim. 9h-17h ; entrée payante), 1 km à l'est du centre-ville, abrite une très

UN LAS VEGAS SUD-AFRICAIN

À 1h30 de voiture de Jo'burg vous attend le spectacle d'une ville moderne et tape-à-l'œil qui semble avoir jailli de nulle part – une sorte de Las Vegas sud-africain. Bâtie aux portes du Kalahari, **Sun City** comprend des casinos, des restaurants, un parcours de golf de niveau international et de nombreux hôtels de luxe. Le plus extravagant d'entre eux, le Palace of the Lost City, tout droit sorti des *Mille et Une Nuits*, étage ses 338 chambres 5 étoiles au bord d'une plage artificielle et d'une immense piscine à vagues, dans une jungle reconstituée. Des effets spéciaux agrémentent ce tableau idyllique, tel le Bridge of Time, conçu pour trembler toutes les heures en émettant des fumées (hypoallergéniques) en une simulation de tremblement de terre.

Derrière cet écran de fumée se cache le flamboyant Sol Kerzner, un ancien boxeur dont la société, Sun International, gère des hôtels et des casinos dans le monde entier. Kerzner comprit qu'il pourrait faire des affaires en tirant parti de l'autonomie accordée aux bantoustans à l'époque de l'apartheid. Alors que les dirigeants blancs et calvinistes de l'Afrique du Sud interdisaient le jeu dans le reste du pays, les bantoustans lui permirent d'ouvrir des casinos sur leur territoire. C'est ainsi qu'au Bophuthatswana, près de la Pilanesberg Game Reserve, naquit Sun City (tél. 014 557 1000 ; www.suncity.co.za).

Le clinquant complexe de Sun City.

riche collection d'art sud-africain, des "maîtres anciens", comme Frans Oerder, Henk Pierneef, Maggie Laubscher et Walter Battiss, aux jeunes pousses en passant par les grandes figures de l'art urbain, tel Gerard Sekoto (1913-1993).

Pour admirer de l'art rupestre, rendez-vous au **National Cultural History Museum** (149 Visagie Street ; tél. 012 324 6082 ; www.ditsong.org.za ; ouv. tlj. 8h-16h ; entrée payante). Ce musée présente les différentes facettes de la "nation arc-en-ciel" à travers sa production artisanale et artistique, et il recèle un ensemble exceptionnel de peintures pariétales san.

Pour sa part, le **National Museum of Natural History** F (anciennement Transvaal Museum, 432 Paul Kruger Street ; tél. 012 322 7632 ; wwwditsong.org.za ; ouv. tlj. 8h-16h ; entrée payante), face au City Hall, brosse un panorama complet de la faune locale – il possède une remarquable section d'ornithologie. Mais cet établissement est surtout réputé pour ses milliers de fossiles de végétaux, d'animaux et, bien sûr, ses ossements d'hominidés, dont le fameux crâne de Mrs Ples *(voir p. 272)*.

La vie culturelle de Pretoria tourne largement autour du **State Theatre** G (www.statetheatre.co.za), dans Pretorius Street ; ses 6 salles accueillent des pièces de théâtre, des opéras, des ballets et des concerts symphoniques. Une vie nocturne assez animée vous attend dans les faubourgs de Hatfield et de Sunnyside.

Si vous en avez le temps, faites un détour par les **National Zoological Gardens** H (232 Boom Street ; tél. 012 339 2700 ; www.nzg.ac.za ; ouv. tlj. 8h30-17h30 ; entrée payante), au nord du centre-ville. Ce parc zoologique de 85 ha, le plus vaste d'Afrique du Sud et l'un des plus réputés au monde, regroupe plus de 3 100 mammifères et des milliers d'autres représentants de la faune régionale, un aquarium et un vivarium, ainsi qu'une vaste collection d'arbres exotiques. Le **funiculaire** qui gravit l'une de ses collines offre une vue panoramique sur Pretoria. Situés à 8 km à l'est du centre-ville, les splendides **Pretoria National Botanical Gardens** (Cussonia Av., Brummeria ; tél. 012 843 5071 ; www.sanbi.org ; ouv. tlj. 8h-18h ; entrée payante) abrite sur une superficie de 75 ha les végétaux représentatifs des différents biotopes sud-africains. Les visites guidées comprennent la projection d'un diaporama et la découverte des serres.

À 40 km au nord-ouest de Pretoria vous attend le **Tswaing Meteorite Crater** 7 (tél. 012 945 5911 ; ditsong.org.za ; ouv. tlj. 7h30-16h ; entrée payante), un cratère de météorite de 1 km de diamètre. La randonnée de 3 heures autour de son lac vous donnera l'occasion d'observer koudous, singes et oiseaux des bois.

LA PROVINCE DU NORD-OUEST

Au pied des monts Magaliesberg, 35 km à l'ouest de Pretoria, le **Hartbeespoort Dam** 8 accueille sur sa rive plusieurs petits centres de vacances et un intéressant serpentarium. C'est au **De Wildt Cheetah Centre**, voisin (sur la R513 ; tél. 012 504 9906 ; www.dewildt.co.za ;

À ESSAYER

Que diriez-vous de survoler le Pilanesberg en montgolfière, à l'heure où le soleil se lève derrière des collines constellées d'éléphants et de zèbres ? (www.pilanesbergnationalpark.org)

À l'heure du bain dans la Pilanesberg Nature Reserve.

visite guidée sur rdv), qu'un guépard a pu être pour la première fois élevé en captivité ; les chercheurs y ont découvert que le rare guépard royal, dont les taches se fondent pour former des bandes, n'était pas une espèce à part entière, mais le produit de gènes récessifs chez les 2 parents.

Après avoir longé la digue du Hartbeespoort Dam, la N4 entre dans la North-West Province, dont les principales attractions touristiques sont l'immense complexe de loisirs de Sun City (142 km de Pretoria par la N4 et la R565) et 2 réserves où les *Big Five* sont au rendez-vous. Quittez la N4 pour la R565 à la hauteur de **Rustenburg**, morne cité ouvrière dont la plupart des 620 000 habitants travaillent dans les mines de platine voisines – les 2 plus grandes de la planète.

Au nord de **Sun City** ❾ *(voir encadré p. 274)*, la **Pilanesberg Game Reserve** ❿ (tél. 014 555 1600 ; www.pilanesbergnationalpark.org ; ouv. tlj. du lever au coucher du soleil ; entrée payante) est le conservatoire de *Big Five* le plus proche de Johannesburg (165 km). Cette réserve de 55 000 ha protège une zone mixte de bois et prairies dans le cratère d'un volcan endormi depuis des milliers d'années et au fond duquel miroite le Mankwe Dam. Vous pourrez y observer des rhinocéros blancs, des éléphants, des lions, des léopards et des buffles, mais aussi des zèbres et des girafes. Sans compter une bonne douzaine d'espèces d'antilopes et 350 d'oiseaux, un foisonnement qui reflète la diversité végétale de cette zone de transition entre désert et *bushveld*. Disposant d'une centaine de kilomètres de routes et d'hébergements variés – du campement aux chambres 5 étoiles de Sun City, à sa lisière sud –, Pilanesberg se prête à une escapade d'une ou deux nuits hors du Gauteng. Vous pourrez visiter le parc dans votre voiture ou prendre part à un circuit guidé – presque tous ses lodges et campements en proposent.

L'une des portes de la digue de Hartbeespoort Dam.

MADIKWE GAME RESERVE

Les 76 000 ha de la **Madikwe Game Reserve** (tél. 018 350 9931 ; www.madikwe-game-reserve.co.za ; nuit sur place obligatoire) vous attendent 80 km à l'ouest (1h30) de Sun City, à la frontière avec le Botswana. Traversé par la Great Marico River, ce conservatoire créé en 1991 héberge les *Big Five* au complet, grâce à un vaste programme de réintroduction – lions, éléphants et rhinocéros s'y laissent facilement observer. C'est probablement la réserve sud-africaine où vous avez le plus de chances de croiser les très rares lycaons, une espèce aussi farouche que menacée.

Les ornithologues guetteront les espèces du Kalahari, tel le magnifique gonolek rouge et noir, le cordonbleu grenadin, la veuve de paradis ou le cratérope bicolore. Comme dans les réserves privées qui bordent le Kruger, vous trouverez là une trentaine de petits campements luxueux proposant des forfaits tout compris centrés sur des safaris en 4x4 en compagnie d'un guide compétent. Cerise sur le gâteau, Madikwe est une zone épargnée par le paludisme. #

DES RÊVES D'OR

Depuis la découverte, au Gauteng, des plus riches filons connus de la planète, l'or reste l'un des moteurs de l'économie sud-africaine.

Une bonne moitié de tout l'or extrait à ce jour des entrailles de la planète provient du continent africain, et d'Afrique du Sud pour l'essentiel. Plus gros producteur mondial de 1905 à 2007, ce pays est aujourd'hui devancé par la Chine. Mais l'Afrique du Sud est aussi le plus gros producteur mondial de platine, et un important fournisseur de diamants et autres pierres précieuses.

Johannesburg doit son existence au campement de prospecteurs apparu lors de la découverte des premiers filons, en 1886, dont le parc à thème de Gold Reef City *(voir p. 270)* reconstitue l'ambiance à l'aube du 20e siècle. Vous pouvez descendre à 220 m sous terre pour voir comment le précieux métal est extrait de la roche. Mais, loin des légendes associées à la ruée vers l'or, le travail des quelque 500 000 ouvriers des mines d'or d'Afrique du Sud n'a rien de romantique. Comme le constatait Alan Paton dans les années 1960 : "La rentabilité de notre industrie minière de l'or tient moins à la valeur de cet or qu'à la pauvreté des mineurs noirs." Un constat qui reste en partie valable dans l'Afrique du Sud post-apartheid. Malgré la revalorisation des salaires obtenue par les syndicats, la vie du mineur reste extrêmement dure.

Les mines d'or sud-africaines sont les plus profondes du monde. Dans les années 1980, Western Deep Levels opérait au Witwatersrand à 3 447 m sous terre – un record absolu. Les mineurs commencent en général leur journée en empruntant des ascenseurs géants pour descendre dans les entrailles de la terre. Là, ils devront supporter une chaleur et une humidité suffocantes. La roche peut atteindre des températures de 55°C, et même si de l'air climatisé est régulièrement pulsé à travers les conduits, la température ambiante dépasse souvent 32°C. Malgré des mesures de sécurité draconiennes, ils encourent de réels dangers. De nombreux filons aurifères sont étroits, et la hauteur des galeries et boyaux dans lesquels ils travaillent ne dépasse guère 1 m. En raison de l'étroitesse des filons, le forage et le minage s'opèrent généralement à la main. La pierre brute est alors vidée dans des bennes qui sont hissées à la surface pour y subir une série de traitements.

L'industrie minière a longtemps reposé sur une main-d'œuvre contractuelle. De sinistres *compounds* furent construits au début du 20e siècle pour héberger les milliers de paysans qui, chassés de leurs terres, venaient chercher du travail à E'Goli, la Ville de l'or. Les chants traditionnels des mineurs témoignent de la solitude de ces hommes loin de leur village natal et de leur famille, mais aussi de la promiscuité et de la violence qui régnaient dans les dortoirs insalubres et surpeuplés de ces baraquements surveillés, où toute visite ou activité commerciale était interdite.

Les émeutes et les grèves qui secouèrent les décennies 1980 et 1990, largement alimentées par l'amertume et le désespoir des mineurs, sont souvent parties de ces *compounds*. Depuis la fin de l'apartheid, les conditions de travail et de logement des mineurs se sont grandement améliorées, en partie grâce à l'ANC (dont certaines factions réclament la nationalisation des mines). Il n'en demeure pas moins que le cliché d'une Afrique du Sud roulant sur l'or masque la réalité d'un travail exténuant, effectué dans des conditions souvent inhumaines. #

Fonte du métal jaune à Gold Reef City.

L'un des Big Five, *le léopard* [Panthera pardus] *visible dans le Kruger National Park.*

LE MPUMALANGA ET LE LIMPOPO

Au nord et à l'est du Gauteng, le *highveld* se redresse en un vaste escarpement dont les pentes boisées plongent ensuite vers la savane de l'immense Kruger National Park.

S'étendant au nord-est du Gauteng jusqu'aux frontières avec le Zimbabwe et le Mozambique, les provinces du Limpopo et du Mpumalanga sont dominées par l'emblématique Kruger National Park, qui longe leur lisière orientale sur 350 km. Presque aussi vaste que la Belgique, le Kruger est bordé à l'ouest par des réserves privées et, au nord et à l'est, par les parties zimbabwéenne et mozambicaine du Great Limpopo Transfrontier Park.

La plupart des safaris proposés dans le parc Kruger se cantonnent à sa partie méridionale, soit au cinquième de sa superficie. Ce secteur, le mieux équipé, offre effectivement de meilleures conditions d'observation. Son attrait tient aussi à sa situation, proche à la fois du Gauteng et de l'axe menant au Swaziland et au KwaZulu-Natal. Pour les mêmes raisons, la Panorama Route, tracée dans le sud du Mpumalanga, est très fréquentée en haute saison, alors que certaines régions, tout aussi spectaculaires, de la province du Limpopo restent méconnues des touristes. Dans le cadre d'un court séjour, et surtout si vous couplez votre visite de la région avec celle de Cape Town (Le Cap), limitez-vous à sa partie méridionale. Mais si vous disposez d'une dizaine de jours, vous pouvez suivre la boucle décrite dans ce chapitre, qui vous propose, au départ du Gauteng, de mettre le cap sur le Mpumalanga, à l'est, de traverser le parc Kruger jusqu'à l'extrême nord du pays et de revenir vers le sud par la province du Limpopo.

LE HIGHVELD

En quittant **Pretoria** par la N4 ou Johannesburg par la N12, vous traverserez une série de collines basses et de prairies délavées par le soleil. Jadis, ces plaines étaient parcourues par de vastes hardes de gnous noirs *(Connochaetes gnou)*, de zèbres et d'antilopes. Toute cette vie sauvage a laissé place à l'élevage de bovins et d'ovins, ainsi

NE MANQUEZ PAS

Kruger National Park *p. 285*
Mapungubwe National Park *p. 295*
Mashatu Game Reserve *p. 295*
Modjadji Nature Reserve *p. 296*
Panorama Route *p. 282*
Pilgrim's Rest *p. 283*
Sabi Sand & MalaMala Reserves *p. 293*

Cartes p. 280, 288

Villageois ndebele.

À PROPOS

Pensant avoir découvert la source du Nil, un groupe de *Voortrekkers* ("Ceux qui vont de l'avant", en néerlandais), menés par Adam Enslin, fonde en 1866 Nylstroom au bord de la rivière Magalakwene, alors rebaptisée Nyl. En 2002, la ville est renommée Modimolle.

qu'à la monoculture intensive du maïs et du tournesol. De temps à autre, vous apercevrez des damalisques à front blanc (blesbok) domestiques pâturant dans des enclos le long de la route.

La N12 et la N4 se rejoignent aux abords d'**eMalahleni** (anciennement Witbank), dont le centre-ville, invisible de l'autoroute, ne justifie pas le plus bref détour. Comme le suggère son nom (eMalahleni signifie Lieu du charbon), les plus importants gisements carbonifères du pays alimentent les centrales locales. Cette industrie pose des problèmes écologiques de plus en plus préoccupants, car elle entraîne pollution atmosphérique et pluies acides.

Dans cette région résident les Ndebele du Sud, réputés pour leurs peintures décoratives. Cette petite nation de l'ethnie nguni se réfugia dans ces prairies au début du 19e siècle pour échapper aux raids meurtriers perpétrés par Shaka Zulu au KwaZulu-Natal *(voir p. 41)*. En visitant l'écomusée de la **Botshabelo Mission Station** ❶ (tél. 074 272 1977 ; ouv. tlj. ; entrée payante), 13 km au nord-ouest de Middelburg, à l'écart de la N11, vous pourrez admirer des maisons ndebele ornées de ravissants motifs géométriques ainsi qu'une collection de costumes traditionnels richement parés de perles. À proximité des bâtiments de la mission s'élève **Fort Merensky** (1865), une étrange construction évoquant tout à la fois un château fort européen et la cité médiévale de Grand Zimbabwe.

Reprenez la N11 pour gagner la réserve faunique voisine, considérée

comme le refuge le plus septentrional de l'endémique gnou noir, environ 20 km au nord. Cette **Loskop Dam Game Reserve** (tél. 013 753 3115 ; www.mtpa.co.za ; ouv. tlj. 6h30-18h) s'étend sur 23 000 ha autour d'un immense lac de retenue, couvrant une zone de transition entre les écosystèmes du *highveld* et du *lowveld*, que fréquentent rhinocéros blanc, buffles, léopards, girafes, koudous, ainsi que 200 espèces d'oiseaux.

À l'est de Middleburg, la N4 dessert **eMakhazeni** (ex-Belfast) et **eNtokozweni** (anciennement Machadodorp), 2 villes sans grand intérêt malgré le rôle qu'elles ont joué dans l'histoire de la république du Transvaal. Durant la guerre des Boers, après l'évacuation de Pretoria en 1900, Paul Kruger installa son gouvernement à Machadodorp. Quelques mois plus tard, la dernière grande bataille de cette guerre se déroula à **Bergendal**, à 8 km de Belfast. Un petit mémorial en marque le site.

Sur les contreforts du Drakensberg, les 2 localités d'**eMgwenya** (ex-Waterval-Boven) ❷ et de **Waterval-Onder** se tiennent en respect, l'une au-dessus, l'autre au pied d'une chute spectaculaire de l'Elands River (228 m). Pour amener le chemin de fer jusqu'au sommet de la cascade, les ingénieurs néerlandais rivalisèrent d'invention dans les années 1890, aménageant un tunnel incliné avec voie à crémaillère, visible de la route. Une petite promenade à pied vous gratifiera d'une vue superbe sur les chutes. Précisons, s'il le faut, que la région est réputée – et donc fréquentée – pour ses sites d'escalade.

Bifurquez à gauche sur la R36, juste avant l'entrée d'**eMgwenya**, puis sur la R539 à droite, pour franchir l'escarpement et longer la Crocodile River sur 67 km à travers le vertigineux Schoemanskloof. Une bifurcation sur la gauche vous fera franchir la Houtboschloop River pour gagner l'entrée des **Sudwala Caves** ❸ (tél. 083 446 0228, 079 205 1688 ; www.sudwalacaves.com ; ouv. tlj. 8h-16h ; visites guidées de 1 h toutes les 15 minutes ; entrée payante). La profondeur totale de ces grottes, où règne une température constante de 18 °C toute l'année, demeure inconnue, mais vous pourrez en explorer les premières strates, d'immenses salles aux fantastiques draperies de pierre, qui s'enfoncent sur environ 500 m dans la montagne. En reprenant la R539, vous rejoindrez ensuite la N4 au confluent de l'Elands River et de la Crocodile River, marqué par les majestueuses **Montrose Falls**. La N4 poursuit son cours vers l'est à travers une riante région agricole en direction de Mbombela (l'ex-Nelspruit, *voir p. 284*) et du Kruger National Park, longeant de vastes vergers d'agrumes.

Chute de l'Elands River.

L'ESCARPMENT

La chaîne du Drakensberg, qui traverse les provinces du Mpumalanga et du KwaZulu-Natal, offre des panoramas somptueux et de fabuleuses occasions de randonnées et de balades en voiture. Au Mpumalanga, baptisée l'Escarpment, elle s'étire au sud de Blyde River Canyon sur environ 320 km. Les cols qui entaillent cette barrière montagneuse ont été ouverts à la fin du 19e siècle par les pionniers afin de permettre aux convois en provenance du port portugais

Décor ndebele.

À DÉCOUVRIR

À la sortie de Mashishing, sur la route de Graskop, le Pilgrim's Rest Diggings Museum (tél. 013 768 1060) propose une visite guidée au cours de laquelle vous serez initié au métier d'orpailleur.

de Lourenço Marques (Maputo) de ravitailler la république boer du Transvaal. C'est ainsi qu'un intrépide jeune commis de banque du nom de Percy Fitzpatrick décida de quitter Cape Town pour se recycler dans le transport de marchandises en chariots à bœufs, de Delagoa Bay aux gisements aurifères du *highveld*. Il avait pour compagnon de voyage un bull-terrier nommé Jock ; le récit de leurs aventures, *Jock of the Bushveld* (1907), est devenu un classique.

Quelques haltes jalonneront votre exploration de l'Escarpment, comme la paisible **Dullstroom Emnotweni**, au cadre très préservé, située 36 km au nord d'eMakhazeni par la R540. Les cours d'eau environnants regorgent de truites et, ici, la pêche à la mouche revêt presque autant d'importance que l'agriculture. La plupart des rivières à truites étant privées, demandez conseil à la réception de votre hôtel si vous comptez vous y essayer.

MASHISHING ET LA "PANORAMA ROUTE"

Mashishing ❹ (l'ancienne Lydenburg, 56 km au nord-est de Dullstroom) est une belle ville : son église réformée néerlandaise et l'une de ses écoles remontent au temps où elle constitua la capitale d'une petite république boer (1856-1860). Le **Lydenburg Museum** (tél. 013 235 2213 ; www.museumonline.co.za ; ouv. lun.-ven. 8h-16h, sam.-dim. 8h-17h ; entrée payante) présente des reproductions des *Têtes de Lydenburg*, masques en terre cuite des 6e-7e siècles – les plus anciennes sculptures connues d'Afrique australe – mis au jour dans la région.

Il faut franchir le Mauchberg par Long Tom Pass, un col jadis emprunté par les convois de ravitaillement, pour gagner la petite villégiature de **Sabie**, 56 km à l'est de Mashishing et 1 200 m d'altitude. Les plantations d'eucalyptus et les pinèdes qui ont remplacé la forêt primaire sur les collines alentour alimentent les papeteries (les plus importantes du pays) de cette ancienne cité minière.

La route qui part de Sabie et suit le rebord de l'Escarpment en direction du nord mérite largement son surnom de **"Panorama Route"** : les paysages sont grandioses et les cascades

Marmites de géant de Bourke's Luck Potholes.

innombrables. Citons les **Sabie Falls**, **Horseshoe Falls**, **Lone Creek Falls**, **Bridal Veil Falls** ou **MacMac Falls**, toutes agrémentées d'aires de pique-nique et de plateformes d'observation. Si vous souhaitez prendre des photos, rappelez-vous que la plupart de ces chutes sont orientées vers l'est, et qu'il faut donc les photographier avant midi.

Les 86 km qui séparent Sabie du **Blyde River Canyon**, via **Graskop**, vous offriront des panoramas exceptionnels. Faites une halte à **Pinnacle Rock**, **Jock's View** ou **God's Window** pour admirer le *lowveld*, qui s'étale au pied de ces escarpements. Après une autre pause auprès des Lisbon Falls ou des Berlin Falls, vous arriverez à proximité de **Bourke's Luck Potholes ❺**, 66 km au nord de Sabie. Des sentiers et passerelles permettent d'admirer ces extraordinaires marmites de géant, au confluent de la Blyde (Joie) River et de la Treur (Peine) River. Plus au nord, la Blyde River a creusé d'impressionnantes gorges à travers les montagnes. Des belvédères aménagés sur les hauteurs de ce canyon reconverti en réserve naturelle offrent une vue plongeante sur la rivière, 800 m en contrebas. Encadrée par 3 sommets, les **Three Rondavels**, et par le **Mariepskop**, l'un des points culminants de la région, la majeure partie de la **Blyde River Canyon Nature Reserve** (tél. 084 221 8292 ; www.mtpa.co.za ; ouv. tlj. ; entrée payante) n'est accessible qu'à pied. Les sentiers balisés qui partent de la halte campement, à l'entrée de la réserve, vous permettront de découvrir la flore du canyon : conifères, cycas, fougères arborescentes et orchidées. Le **Kadishi Trail** mène à une cascade réputée pour ses stalactites de tuf (calcite). Vous verrez peu de grands mammifères, mais de nombreux oiseaux, comme les endémiques ibis du Cap *(Geronticus calvus)* et promérops du Cap *(Promerops cafer)*.

CITÉ MINIÈRE

De Sabie, vous pouvez aussi franchir Bonnet Pass par la R533 pour vous rendre à **Pilgrim's Rest ❻** (35 km), l'une des cités minières les plus anciennes du pays. La légende attribue la découverte d'or dans la vallée, en 1873, à un certain Alec "Wheelbarrow" Patterson, ainsi surnommé car il arpentait les collines en poussant une brouette chargée de toutes ses affaires. Il tomba par hasard sur un gisement d'or alluvial, à l'époque le plus riche d'Afrique australe, et, en deux temps trois mouvements, une faune d'aventuriers envahit le secteur. Mais les gisements alluviaux s'épuisèrent au bout de 10 ans, et l'exploitation minière fut prise en main par de grosses compagnies. En 1883, les prospecteurs indépendants émigrèrent vers les gisements de Barberton. L'exploitation souterraine s'est poursuivie à Pilgrim's Rest jusque dans les années 1920. Monument national et musée en plein air, la localité a été entièrement restaurée.

PISTES DE RANDONNÉE

Les sentiers qui sillonnent l'Escarpment permettent aux randonneurs de jouir de paysages sublimes. Ouvert

À PROPOS

Long Tom Pass acquit son nom lors de la guerre des Boers. Ces derniers y installèrent 2 énormes canons de campagne Schneider de 150 mm chacun, baptisés Long Toms, pour stopper la progression des Britanniques.

Pilgrim's Rest.

en 1973, le **Fanie Botha Trail** relie la Ceylon Forest, près de Sabie, à God's Window, au nord de Graskop, un spectaculaire parcours assez accidenté de 80 km (5 jours), qu'il est possible d'écourter.

À God's Window, le Fanie Botha Trail débouche sur le **Blyderivierspoort Hiking Trail** et ses 65 km de promenade plus paisible le long du canyon jusqu'aux Three Rondavels. Si vous souhaitez marcher sur les traces des pionniers de l'or, empruntez le **Prospector's Hiking Trail**, qui s'embranche sur le Fanie Botha Trail à la hauteur des **MacMac Falls** et continue vers le nord sur 70 km, via Pilgrim's Rest, jusqu'à Bourke's Luck Potholes. Des itinéraires plus courts partent de Pilgrims'Rest.

LE LOWVELD

À 355 km de Johannesburg, **Mbombela** (ex-Nelspruit) ❼ a grandi au pied de l'Escarpment. D'ailleurs, la moiteur ambiante vous confirmera que vous avez gagné les plaines du *lowveld*. Capitale du Mpumalanga, l'une des provinces les plus petites et les moins peuplées d'Afrique du Sud, Mbombela est une ville agréable aux rues bordées de bougainvillées et de frangipaniers. Faites un détour par le **Lowveld National Botanical Garden** (tél. 013 752 5531 ; www.sanbi.org ; ouv. tlj. : sept.-mars 8h-18h, avr.-août 8h-17h; entrée payante), à 3 km du centre-ville, pour admirer l'énorme baobab, les ficus et les cycas qui s'épanouissent dans ce cadre subtropical, au confluent de la Nels et de la Crocodile, près d'attrayantes cascades.

Cette partie du *lowveld* fut le site d'une ruée vers l'or, peu avant celle du Witwatersrand. **Barberton** ❽, 45 km au sud de Mbombela, près de la frontière avec le Swaziland, est née à cette époque où des fortunes étaient gagnées ou perdues en l'espace d'une nuit. Fondée en 1883, la localité s'agrandit rapidement à mesure que de riches filons étaient découverts dans les collines avoisinantes, comme le rappelle le musée municipal, dans Crown Street. Témoignent également de cette époque dorée le Lewis and Marks Building (22 Pilgrim Street), Stopforth House (18 Bowness Street) et Belhaven House, sur Lee Road. La Sheba Mine, un temps la mine d'or la plus riche de

Barberton, sur fond de montagnes mouchetées de vert et de mauve.

la planète, donna naissance à Eureka City, aujourd'hui une ville fantôme. Barberton accueillit la première Bourse d'Afrique du Sud. À 30 minutes en voiture de Barberton, vous y découvrirez les derniers vestiges des gisements et des équipements miniers.

À 105 km à l'est de Mbombela se trouve **Komatipoort** ❾, agglomération postée au confluent de la Komati et de la Crocodile, près de la frontière avec le Mozambique. La guerre civile qui ravagea l'ancienne colonie portugaise pendant 20 ans a plongé la ville dans la torpeur. Mais, depuis lors, l'axe routier Mbombela-Maputo a été entièrement reconstruit, rendant à Komatipoort son statut de porte d'accès à l'océan Indien et dynamisant l'agriculture et l'industrie régionales.

Fondée à l'époque des guerres anglo-boers, **White River** (Witrivier) est une petite cité séduisante, 16 km au nord de Mbombela, sur la R40. Le climat du *lowveld* y a favorisé la culture de l'avocat, du litchi, du fruit de la passion et des agrumes. Vous verrez aussi, tout le long de la route, des bananeraies, des papayeraies et de mangueraies.

Vingt-quatre kilomètres plus loin, la R40 dessert **Hazyview** ❿, localité qui s'étire le long de la route sans avoir réellement de centre, mais qui a su mettre à profit la proximité du parc Kruger et de 2 de ses portes, Numbi (16 km au sud-est) et **Paul Kruger Gates** (45 km à l'est), pour redorer son blason. Hazyview s'est dotée de plusieurs supermarchés et restaurants et ses lodges accueillent les visiteurs qui n'ont pas trouvé d'hébergement dans le parc ou qui recherchent un confort maximal. Les excursions à la journée ont été facilitées par l'ouverture de **Phabeni Gate**, à proximité des **Albasini Ruins** (vestiges du comptoir tenu de 1846 à 1848 par le chasseur d'ivoire portugais João Albasini), à 15 km seulement au sud-est du centre-ville.

KRUGER NATIONAL PARK

Contre toute attente, les grands troupeaux sauvages d'Afrique du Sud doivent en partie leur survie à l'anophèle et à la mouche tsé-tsé : au 19e siècle, ces insectes étant responsables du paludisme et de la *nagana* (maladie mortelle pour les chevaux et

Les Three Rondavels, Blyde River Canyon.

L'Adenium multiflorum, *une variété de rose du désert endémique au Kruger, fleurit de mai à septembre.*

les bovidés), les autorités limitent les grandes chasses à la saison sèche des mois d'hiver, période durant laquelle ils sévissaient moins. Cela n'empêche pas, vers la fin du siècle, les fermiers et les chasseurs de "trophées", armés respectivement de clôtures et de fusils, de faire un tort considérable aux grands mammifères. C'est ainsi qu'en 1898 le président Paul Kruger *(voir p. 47)* vient au secours de la faune régionale : prenant l'opinion générale à rebrousse-poil, il ordonne la création de la Sabie Game Reserve. Ainsi est né le noyau du futur **Kruger National Park ⓫** (tél. 013 735 4000 ; www.sanparks.org ; ouv. tlj. ; entrée payante), qui correspond aujourd'hui à la partie du parc située au sud de la Sabie River.

LA FAUNE DU PARC

La seule superficie du parc (près de 20 000 km^2) en fait l'un des plus fabuleux espaces naturels préservés de la planète. Près de 150 espèces de mammifères y ont été répertoriées, parmi lesquelles des lions, des léopards, des guépards, des lycaons, des hyènes tachetées, des éléphants, des rhinocéros blancs et noirs, des hippopotames, des zèbres, des phacochères, des buffles et une vingtaine d'espèces d'antilopes.

L'avifaune du parc, forte de plus de 500 espèces, compte une proportion intéressante de rapaces et de grands oiseaux devenus rares en dehors des zones protégées, comme le bucorve d'Abyssinie *(Bucorvus abyssinicus)*, le jabiru du Sénégal *(Ephippiorhynchus senegalensis)* et l'outarde kori *(Ardeotis kori)*. Elle prolifère le long des cours d'eau et au nord de la rivière Luvuvhu. Parmi les autres classes de vertébrés représentées, on recense 114 reptiles, 34 amphibiens et 49 poissons. Le parc héberge également des invertébrés comme le bousier (qui pousse ses boulettes de bouse d'éléphant), plusieurs variétés de papillons – et, il ne faut pas le cacher, une population relativement importante de moustiques en été.

Les grands animaux sont assez bien répartis dans l'ensemble du parc, mais la fréquence des observations dépendra évidemment de la nature du terrain et de sa végétation. Leur densité est généralement plus forte dans le sud

Les baobabs géants peuvent vivre plusieurs milliers d'années.

– hippopotames, éléphants, crocodiles, buffles et petites troupes de girafes s'observent souvent à proximité des rivières et des points d'eau voisins des campements de **Skukuza**, **Pretoriuskop**, **Lower Sabie** et **Crocodile Bridge**. La partie centrale du parc (autour des campements de **Satara**, d'**Olifants** et de **Letaba**) est le domaine de vastes hardes d'antilopes et de zèbres, qui attirent lions et guépards. Dans le nord, autour de **Shingwedzi** et de **Punda Maria**, on croise de grands troupeaux d'éléphants et de buffles mais aussi des léopards et de timides nyalas.

Le Kruger compte parmi les plus vastes réserves d'Afrique avec ses 35 000 km^2 ; sa superficie s'est considérablement étendue ces 30 dernières années, grâce à l'élimination des clôtures qui le séparaient de plusieurs réserves privées, et surtout à la création du **Great Limpopo Transfrontier Park**, qui l'associe au Gonarezhou du Zimbabwe et au Limpopo National Park du Mozambique. Étape importante dans le développement du Transfrontier Park, le poste-frontière de Giriyondo, 45 km au nord-est de Letaba, ouvert en 2006, permet de passer directement du Kruger au Limpopo National Park.

QUELQUES RENSEIGNEMENTS PRATIQUES

Le parc est équipé d'un bon réseau de routes et de campements, infrastructures qui n'ont d'ailleurs qu'un faible impact sur les immenses espaces vierges environnants. Si certaines règles peuvent sembler contraignantes, elles visent surtout à protéger la vie sauvage. La vitesse est limitée (40 km/h sur piste et 50 km/h sur route) et sévèrement contrôlée afin de réduire les risques de collision avec des hôtes du parc. Mais même à cette allure, il est difficile de repérer ces animaux, souvent camouflés dans la végétation.

Une vingtaine de *restcamps* clos, propres et bien organisés, sont éparpillés à travers le parc (réservations sur www.sanparks.org). Les structures d'accueil vont de l'emplacement pour tente ou camping-car à la villa de 3 ou 4 chambres en passant par la rondavelle au toit de chaume et la chambre avec salle de bains et coin cuisine en

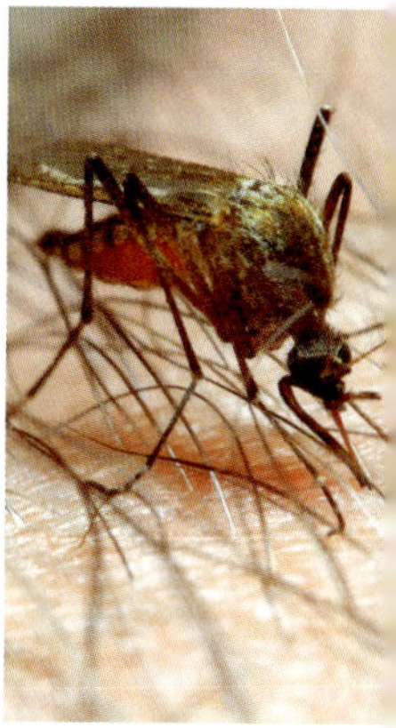

L'anophèle est le moustique vecteur du paludisme. En Afrique, plus d'un million de personnes meurent chaque année de cette maladie.

Un rhinocéros blanc qui se suit à la trace, dans le Kruger National Park.

bungalow climatisé ou ventilé. Tous les campements mettent des cuisines collectives et/ou des barbecues à la disposition de leurs clients. Les plus grands *(main camps)* disposent de restaurants, d'une supérette, de DAB, de téléphones publics, d'une connexion Internet, et d'une pompe à essence pour certains.

Plus intimes mais aussi plus sommaires, sans restaurant ni boutique, les *bushveld restcamps* conjuguent emplacements de camping et cottages d'une ou plusieurs chambres, avec salle de bains et cuisine. Cinq de ces camps de brousse – Boulders, Mopani, Jock of the Bushveld, N'wanesti et Roodewaal – réservent leurs lodges équipés à des groupes (15 pers. max.).

Le parc abrite par ailleurs une douzaine de *luxury lodges*, des concessions privées qui proposent un hébergement de standing et une multitude d'activités – comme les réserves privées établies à la périphérie du parc.

CONDITIONS DE VISITE

De nombreux tour operators organisent des circuits en car dans le Kruger, mais vous pouvez le visiter à bord de votre propre véhicule – à condition qu'il soit entièrement fermé –, à votre rythme. Les campements ouvrent leurs portes au lever du jour (soit 4h30 en plein été et 6h30 en hiver) : n'hésitez pas à vous lever avant l'aube pour aller guetter les prédateurs, généralement plus actifs en début de matinée (jusqu'à 10h) et en fin d'après-midi. La fournaise du milieu de la journée se révélera plus supportable si vous en profitez pour pique-niquer près d'un point d'eau ou pour vous reposer à votre campement – certains possèdent une piscine. Attention, comme les portes du parc, celles des campements ferment au coucher du soleil (18h30 en été et 17h30 en hiver), ce qui oblige parfois à abandonner une piste prometteuse, et les retardataires se voient infliger une amende. En contrepartie, les grands campements proposent des safaris nocturnes sous la conduite de guides expérimentés.

Les connaisseurs préfèrent visiter le parc à la saison sèche (de mai à sept.), profitant ainsi des températures agréables de l'hiver austral et d'une grosse réduction d'activité chez les moustiques – et donc des risques de paludisme. En outre, à cette époque de l'année, la végétation s'éclaircit, améliorant les chances d'apercevoir des prédateurs. La meilleure période court d'août à début octobre, à la fin de la saison sèche, quand la faune se concentre autour des points et des cours d'eau, où il est plus facile de l'observer. Paradoxalement, c'est d'octobre à avril, mois chauds et humides du printemps et de l'été austral, que le parc est le plus fréquenté. Il est vrai que cette période présente quelques avantages : la végétation fleurit et verdoie, renaissance qu'accompagnent des nuées d'oiseaux, grossies par l'afflux des migrateurs. C'est aussi l'époque où vous pourrez observer de nombreux animaux en compagnie de leurs petits. Si vous êtes en jambes et que vous recherchez un contact encore plus intime avec la faune sauvage, laissez-vous tenter par une des **randonnées accompagnées** que propose le parc. Elles partent de 6 campements et durent 2 jours et 3 nuits, à compter du dimanche ou du mercredi. Le nombre de participants étant limité, pensez à réserver.

LES CAMPEMENTS DU SUD DU PARC

La plupart des grands campements sont installés au sud de l'Olifants River, dont le cours sépare les provinces du Mpumalanga et du Limpopo. Implantés aux portes du parc, ceux d'**Orpen**, de **Malelane** et de **Crocodile Bridge** hébergent principalement des visiteurs arrivés juste avant sa fermeture. Mais ces camps possèdent d'autres atouts : la route qui relie Orpen à Satara est l'une des meilleures pour observer lions, hyènes tachetées et autres prédateurs. Quant aux rhinocéros, ils sont particulièrement nombreux aux abords immédiats de Crocodile Bridge.

Le plus ancien campement du Kruger, **Pretoriuskop** Ⓐ, se dissimule dans la savane à acacias du sud-ouest du parc ; il est doté d'une grande et agréable piscine, et rhinocéros et antilopes noires traversent fréquemment les routes voisines. Établi au bord de la

Cette borne rappelle que sur la Jock of the Bushveld Road, une route panoramique du Kruger, les voitures de tourisme ont remplacé les convois de ravitaillement de l'époque de Percy Fitzpatrick et de son chien Jock.

C'est aux abords des points d'eau que vous aurez toutes les chances de pouvoir observer des éléphants.

Rien de mieux qu'une escapade en montgolfière pour admirer les paysages du Kruger.

Sabie River, le camp principal du parc, **Skukuza** Ⓑ, a tout d'un village avec son bureau de poste et son musée, et il est établi sur l'une des voies de passage de prédilection des grands animaux. Le moderne et confortable camp de **Berg-en-Dal** Ⓒ, près de la lisière sud du parc, est niché dans les collines qui dominent le lac Matjulu. Ce vaste domaine clos est l'un des rares lieux du Kruger où vous pourrez vous promener à pied en toute liberté et observer la flore de près.

Très apprécié –et de taille relativement modeste–, le campement de **Lower Sabie** Ⓓ est installé près d'un lac de retenue sur la Sabie River que fréquentent de vastes troupeaux d'éléphants, quand ils ne sont pas massés autour du point d'eau situé à 1 km du camp, sur la route de Skukuza. De cette voie, qui longe la rivière, vous aurez de bonnes chances d'apercevoir des buffles et des guibs harnachés, voire des lions ou un léopard, et à coup sûr des oiseaux. Malheureusement, cet axe est aussi le plus emprunté du Kruger. En cas d'embouteillage, faites plutôt l'aller-retour jusqu'à Crocodile Bridge, un itinéraire moins fréquenté mais tout aussi intéressant.

Petite pause après déjeuner.

La savane qui s'étend au cœur du parc est un peu monotone, mais la visibilité y est bonne, et vous aurez de fortes chances de croiser des lions et des guépards dans un rayon de 10 km autour du campement de **Satara** Ⓔ. Vous rencontrerez peut-être de grandes concentrations saisonnières de gnous et de zèbres sur la route de N'wanetsi, et même si vous n'avez pas l'intention de séjourner dans le nord du parc, prévoyez au moins une expédition d'une journée jusqu'à Olifants. Sommaire mais particulièrement recommandé à ceux qui recherchent un contact intime avec la nature (10 rondavelles et autant d'emplacements de camping, une cuisine de fortune et pas d'électricité), le campement le plus septentrional du Mpumalanga est celui de **Balule** Ⓕ, 5 km au sud de l'Olifants River.

LE NORD DU KRUGER

Le campement le plus spectaculaire du parc est incontestablement celui d'**Olifants** Ⓖ, qui domine le cours d'eau éponyme du haut d'une falaise. Ses restaurants en terrasse et belvédères permettent d'observer de loin, mais dans le plus grand confort, des hippopotames, des éléphants *(olifants)* et autres animaux venus s'abreuver à la rivière.

À 30 km au nord, le campement de **Letaba** Ⓗ doit son nom à la sinueuse rivière saisonnière qui le longe. Les animaux sont nombreux dans les parages –éléphants au bord de l'eau, guibs harnachés et nombreux oiseaux dans la forêt riveraine. Avis aux connaisseurs, la très rare antilope rouanne *(Hippotragus equinus)* fréquente le secteur. Le campement consacre une exposition aux éléphants. Vous y verrez les défenses (longues de 3 m et pesant plus de 50 kg) des *"Magnificent Seven"*, 7 énormes mâles qui ont vagabondé en troupeau dans la région pendant des décennies avant de mourir de leur belle mort dans les années 1980.

Les parages d'Olifants et de Letaba sont plus paisibles que la partie méridionale du Kruger. Et au-delà du cours de la Letaba, le tiers septentrional du parc, créé vers 1920, est encore plus sauvage. On n'y trouve que 3 campements publics, dont les capacités totales d'hébergement sont bien inférieures à celle du seul camp de Skukuza. Celui de **Mopani** ❶, 45 km au nord-ouest de Letaba, est aussi l'un des plus récents du parc ; si les forêts de mopanes *(Colophospermum mopane)* qui l'entourent n'attirent pas une foule d'animaux, il constitue une étape pratique pour passer la nuit.

Le campement de **Shingwedzi** ❷ occupe un site enchanteur au bord de la rivière du même nom, en amont du Kanniedood Dam. Une route d'observation longe le cours d'eau sur 10 km au sud du campement jusqu'au lac de retenue, un secteur apprécié des éléphants, des buffles et de superbes koudous mâles. L'avifaune est très riche : guettez, près de l'eau, les cigognes épiscopales, les tantales ibis *(Mycteria ibis)*, les becs-ouverts africains *(Anastomus lamelligerus)* et, dans la forêt rivulaire, les rolles violets *(Eurystomus glaucurus)* à l'éclatante livrée.

Dans l'extrême nord du parc, le petit campement de **Punda Maria** constitue le point de chute idéal pour ceux qui veulent suivre le circuit d'observation de la Luvuvhu River, près de la frontière du Zimbabwe. Le campement organise des visites guidées de **Thulamela Heritage Site**, un site archéologique classé proche de Pafuri. Ce village royal en pierre fut érigé au 16ᵉ siècle sur un escarpement dominant la rive sud de la Luvuvhu, après l'abandon de la cité de Grand Zimbabwe.

LES CONCESSIONS PRIVÉES

Le Kruger abrite aujourd'hui une quinzaine de campements et de lodges haut de gamme, exploités par des concessionnaires privés. L'accès de ces concessions est réservé à leur clientèle, et celle-ci peut y effectuer des safaris guidés en 4 x 4 découvert dans des conditions privilégiées, comme dans les réserves privées décrites plus loin. En règle générale, leurs prestations sont comparables à celles qu'offre la Sabi Sand Game Reserve *(voir p. 293)*, mais les animaux semblent plus farouches et donc moins facilement observables. En

Le contrôle de la population d'éléphants du Kruger finit par constituer d'importants stocks d'ivoire.

Buffles en conciliabule au crépuscule.

Le koudou, espèce montagnarde, apprécie les terrains accidentés et boisés et se montre assez farouche.

Belvédère sur le cours de l'Olifants, dans le campement du même nom.

contrepartie, ces concessions sont bien plus vastes que la plupart des réserves privées, leur atmosphère plus "nature", et les guides sont moins obsédés qu'ailleurs par la poursuite des *Big Five* à grand renfort de communications radio avec d'autres véhicules.

Un site sort du lot : The Outpost, perché sur une éminence *(voir Carnet pratique, p. 348)*, un *luxury lodge* de **Makuleke Contractual Park** (23 500 km^2), aménagé entre les cours de la Luvuvhu et du Limpopo dans l'extrême nord du parc. Brutalement expropriés par le régime d'apartheid, quand celui-ci décida d'incorporer leurs terres au parc Kruger, en 1969, les Makuleke durent attendre 30 ans pour faire valoir leurs droits. Mais au lieu de se réinstaller sur leur domaine, ils ont préféré en assurer le développement durable en misant sur l'écotourisme. Ils se sont adjoint la collaboration des autorités du parc dans la gestion de la faune et ont octroyé 2 concessions au tour operator Wilderness Adventure. Ce secteur, qui bénéficie de la plus grande biodiversité et de la végétation la plus tropicale du Kruger, fait le bonheur des ornithologues sud-africains, attirés par des oiseaux rares comme la chouette pêcheuse de Pel, le rollier à raquettes, la pintade huppée ou le courvite à triple collier. Parmi les sites remarquables de Makuleke Park figurent la forêt d'arbres à fièvre de Crooks Corner (au confluent des 2 cours d'eau), la spectaculaire Lanner Gorge et Thulamela Heritage Site *(voir p. 291)*.

Difficile de caractériser les autres lodges privés du Kruger – tous des 5-étoiles –, mais si vous manquez de temps, sachez que **Lukimbi Safari Lodge** *(voir Carnet pratique, p. 347)* est particulièrement bien situé, à seulement 25 km de Mandela Gate, dans le sud du parc. Dans ses étendues sauvages (15 000 ha) s'ébattent lions, éléphants et rhinocéros blancs ou noirs. De même taille, la concession de **Singita Kruger National Park**, sur les contreforts des monts Lebombo, a été maintes fois primée pour l'abondance de sa faune et le luxe de ses 2 lodges.

Nous vous recommandons aussi, mais pour des raisons plus... terre à terre, **Rhino Walking Safaris** *(voir*

Carnet pratique p. 348), tour operator spécialisé dans les safaris à pied et dont la concession, qui abrite un lodge et un camp de toile sélects, communique avec les réserves privées de MalaMala et de Sabi Sand. De l'autre côté de la frontière avec le Mozambique, **Machampane Wilderness Trails** organise également des safaris à pied dans le Limpopo National Park (prise en charge gratuite au campement de Letaba), et, accessoirement, des safaris canoë sur l'Olifants River *(voir Carnet pratique, p. 364)*.

LES RÉSERVES PRIVÉES FRONTALIÈRES DU KRUGER

Frappées par la sécheresse, plusieurs exploitations agricoles installées à la lisière méridionale du Kruger se reconvertirent en réserves naturelles dans les années 1970. Vingt ans plus tard, l'abattage des clôtures qui les séparaient du parc national est venu les redynamiser. La plus célèbre de toutes est la **Sabi Sand Game Reserve**, qui jouxte le Kruger au nord de Skukuza. Elle abrite une quinzaine de lodges, dont ceux de Londolozi et Singita, qui figurent parmi les plus dispendieux de tout le continent.

La **MalaMala**, jadis partie de la Sabi Sand, est désormais indépendante et constitue la plus grande de ces réserves privées (13 000 ha). Il faut aussi mentionner la Timbavati, la Manyaleti, la Thornybush et la Kapama, cette dernière ayant pour particularité de proposer des safaris à dos d'éléphant. La vraie différence avec le Kruger, c'est que dans ces réserves, le safari s'effectue à bord de 4 x 4 découverts conduits par des guides expérimentés, qui ont le droit de quitter la piste pour approcher la faune. En passant 2 ou 3 nuitées sur place vous devriez donc être en mesure d'observer tous les *Big Five*, mais aussi d'apprendre à connaître le comportement des animaux, à suivre leurs traces, et comment les différentes espèces s'intègrent dans leur environnement. Les guides vous communiqueront mille autres informations sur la géologie, les arbres, les petits mammifères et les oiseaux. Les **excursions nocturnes**, comprises dans le forfait, vous offrent les meilleures

Les éléphants utilisent-ils souvent les passages "piétons" qui leur sont destinés ?

Scène de safari, MalaMala Game Reserve.

Le calao leucomèle niche dans les arbres mais se nourrit le plus souvent au sol, le fouissant en quête de graines, de scorpions, d'araignées et autres insectes.

Vautours chassefientes, une espèce menacée.

chances de tout le continent d'apercevoir le très timide léopard, ainsi que des nocturnes aussi rares que le serval, la genette, la civette ou le galago.

LODGES

Tous les lodges des réserves privées associent un hébergement de luxe à leurs activités d'observation, et les prestations comme le service – sans parler des prix – sont généralement dignes d'un 5-étoiles. Dans la plupart des cas, les vins et les repas sont de qualité, le dîner étant servi sous les étoiles dans un *boma* traditionnel, où les clients peuvent échanger leurs impressions autour d'un feu de camp.

Un dernier détail, mais qui a son importance : optez de préférence pour une réserve dont le concessionnaire a l'exclusivité. S'il accorde un droit de passage aux clients de réserves voisines, votre safari risque de prendre un caractère industriel, les guides de chaque lodge attendant leur tour pour rejoindre les animaux localisés par radio. Sur ce plan, la Sabi Sand et la MalaMala vous garantissent une tranquillité inégalée dans la région.

ÉCHAPPÉES AU ZIMBABWE ET AU BOTSWANA

En quittant le Kruger par l'une de ses portes nord – Punda Maria ou Pafuri –, vous pourrez emprunter la R524 ou la R525 pour rejoindre la N1 (1h de route), la nationale qui relie Cape Town à **Beitbridge**, ville frontalière du Zimbabwe. Enjambant le Limpopo, le pont Alfred-Beit (du nom du cofondateur de la De Beers et associé de Cecil Rhodes) constitue le seul lien routier direct entre l'Afrique du Sud et son voisin du nord. Une vingtaine de kilomètres avant Beitbridge, la N1 dessert **Musina** (Messina), petite cité minière tout juste sauvée de l'anonymat par les magnifiques baobabs géants qu'abrite sa petite réserve (5km au sud de la ville, à l'écart de la nationale).

AU PAYS DES BAOBABS

Du 11e au 14e siècle, le Limpopo irrigua un royaume prospère qui fournissait or, cuivre et ivoire aux comptoirs swahilis de la côte orientale de l'Afrique et entretenait un réseau de routes dont les historiens commencent seulement à mesurer l'importance économique et culturelle.

REINE DE LA PLUIE DES BALOBEDU

La Modjadji est la reine héréditaire des Balobedu, clan pedi de tradition matrilinéaire de la province du Limpopo. C'est cette "reine de la Pluie" – on lui prête le pouvoir de contrôler nuages et cours d'eau – qui inspira à Rider Haggard son roman *Elle* (1887). L'étiquette lui interdisant toute apparition publique, la Modjadji préside à la cérémonie annuelle de la pluie dans le *kraal* royal, en novembre, à Khetlhakone, et elle communique avec le monde extérieur par le truchement de ses conseillers masculins. Ce sont eux qui sélectionnent ses partenaires sexuels parmi les nobles, pour garantir la pureté de la lignée royale.

La tradition orale fait remonter cette dynastie à une grave sécheresse du 16e siècle, quand les esprits de ses ancêtres auraient conseillé à un vieux chef karanga du Monomotapa (actuel Zimbabwe) de féconder sa propre fille pour engendrer une princesse capable de déclencher la pluie. À la mort de la Modjadji, le titre échoit généralement à sa fille aînée. La populaire reine Mokope Modjadji a régné de 1981 à 2001, suivie par sa petite-fille Makobo, couronnée en 2003 et décédée en 2005, à 27 ans, dans des circonstances mystérieuses. Certains observateurs craignent que la disparition prématurée de cette jeune reine ne signe la fin de la dynastie, car sa fille unique, Masalanabo, née 4 mois avant sa mort, a pour père un homme du peuple et pourrait être considérée comme inéligible quand elle atteindra sa majorité.

Cette civilisation a laissé de nombreux vestiges dans la région, à commencer par Mapungubwe Hill, majestueuse colline de grès rouge dressée près du confluent de la Shashi River et du Limpopo, dans l'enceinte du **Mapungubwe National Park** ⓬ (tél. 015 534 7923 ; www.sanparks.org ; ouv. tlj. ; entrée payante), 95 km à l'ouest de Musina par la R572. Le site accueillit la capitale du royaume au 13e siècle, avant la construction de Great Zimbabwe – le souverain vivant sur les hauteurs de la colline et ses quelque 5 000 sujets sur les terrasses inférieures, plus au nord. Fouillé dans les années 1930, Mapungubwe a livré 3 tombes royales et de nombreux objets, dont une paire de précieux rhinocéros et un sceptre en or, des milliers de verres, coupes, amulettes recouvertes d'or fin réunis au **Museum and Interpretation Centre** (ouv. tlj. 8h-16h ; entrée payante) à l'extraordinaire architecture, construit en parfaite harmonie avec le paysage.

Les visites guidées de la colline, inscrite sur la liste du Patrimoine mondial par l'Unesco en 2003, partent quotidiennement du QG du parc, dispensant des vues splendides sur le Limpopo et les collines environnantes, piquetées de baobabs – sans compter la possibilité d'observer de grands mammifères (éléphants, koudous, oréotragues sauteurs) et de nombreux oiseaux.

Le poste-frontière de Pontdrift est aussi la porte d'entrée de la très discrète **Mashatu Game Reserve** (tél. 031 761 3440 ou 01 40 54 08 09, en France ; www.mashatu.com ; accès réservé aux visiteurs passant la nuit sur place), 11 km au nord-ouest du Mapungubwe National Park. Située en territoire botswanais, cette concession privée du parc transfrontalier de Tuli Block se visite plus facilement au départ de l'Afrique du Sud, que vous vous y rendiez directement en avion ou que vous laissiez votre véhicule au poste-frontière pour traverser le Limpopo en bac.

Arrivé à destination, vous aurez droit à un forfait safari tout compris analogue à ceux que proposent les réserves privées jouxtant le Kruger, mais sans avoir à craindre l'affluence touristique. Les animaux ne manquent pourtant pas : de vastes troupeaux d'éléphants fréquentent les berges sablonneuses, lions et léopards sont aussi nombreux qu'à Sabi Sand, et vous ne trouverez pas meilleur endroit en Afrique australe pour observer les lycaons.

AU PAYS DE LA REINE DE LA PLUIE

Une centaine de kilomètres au sud de Musina, la N1 dessert **Louis Trichardt** – localité banale établie sur les contreforts méridionaux des monts **Soutpansberg** et rebaptisée Makhado de 2003 à 2007, avant qu'une décision de justice ne lui rende son nom d'origine, celui d'un chef *voortrekker*. À l'est de cette ville s'étend le territoire des Venda *(voir p. 38)*, d'habiles maçons et mineurs, comme les peuples du sud du Zimbabwe, avec lesquels ils ont des liens historiques et culturels étroits. Dans ces régions reculées, érigées en bantoustan de 1960 à 1994, avec Thohoyandou pour capitale, les traditions se sont maintenues. Les esprits des ancêtres veillent encore jalousement sur les forêts et les sources. Lieu sacré

Le chacma est un babouin de savane endémique de l'Afrique australe.

Au campement principal de la réserve privée de MalaMala.

entre tous, empreint d'une beauté paisible, le **Lake Fundudzi** ⓭ est accessible en voiture (68 km au nord-est de Louis Trichardt par la D449 et la R523) ou à pied, en suivant le **Mabudashango Hiking Trail** (4 jours), qui traverse la forêt de Thathe Vondo, un site également vénéré, car de nombreux chefs venda y reposent. Dans les deux cas, respectez les croyances locales : il est interdit de se laver et de se baigner dans le lac – vous éviterez ainsi de déranger le dieu Python, qui en a fait son séjour... et, plus prosaïquement, d'attraper la bilharziose !

À 110 km au sud-est de Louis Trichardt, **Modjadjiskloof** (ex-Duiwelskloof) ⓮ est la ville-porte du territoire des Balobedu, ou Lobedu, un clan venda traditionnellement gouverné par une Modjadji, "reine de la Pluie" qui a donné son nom à la ville *(voir encadré p. 294)*. Au cœur de ce royaume balobedu, constitué de quelque 150 villages, s'étend la **Modjadji Nature Reserve**. Ce conservatoire de 5 000 ha protège le *kraal* royal de la Modjadji et le village de Setlhakone, ainsi qu'une concentration de cycas apparemment sans équivalent au monde. Endémique de la province du Limpopo, le cycas de Modjadji, *Encephalartos transvenosus*, fait figure de géant parmi ces étranges gymnospermes qui remontent à 60 millions d'années : il peut atteindre 12 m et porter des fruits – des cônes écailleux qui rappellent les pommes de pin – de 35 kg.

Deuxième ville du Limpopo, **Tzaneen**, 20 km au sud de Modjadjiskloof, doit sa prospérité à ses vergers, aux plantations de théiers accrochées aux collines environnantes et à la sylviculture. Sur les hauteurs de cette vallée du nord de l'Escarpment vous attend **Magoebaskloof Pass**, col spectaculaire surgi des luxuriantes forêts d'eucalyptus qui couvrent la Wolkberg Range. De la grand-route (R71), une féerique balade de 3 km à travers bois vous conduira aux **Debegeni Falls**, chutes de 25 m de hauteur qui s'épanchent dans une profonde piscine naturelle.

Sur la rive méridionale de la Groot Letaba River, 70 km à l'est de Tzaneen, la **Hans Merensky Nature Reserve** (tél. 015 293 3600 ; **www.golimpopo.com** ; ouv. tlj. ; accès payant) (5 200 ha) abrite quantité de grands ongulés – zèbres,

BULBEUX ET GÉNÉREUX BAOBAB

Selon une légende africaine, les dieux auraient, dans un moment d'inattention, planté le premier baobab la tête en bas. Ainsi s'expliquerait son curieux aspect d'"arbres à l'envers". Le bois fibreux de cet arbre emmagasinant d'énormes quantités d'eau, il se révèle précieux pour les hommes et les animaux en période de grande sécheresse. Au printemps, cette réserve d'eau assure la croissance d'un feuillage abondant qui prodigue ombrage et nourriture aux bêtes comme aux insectes. Chaque baobab devient alors une HLM débordante d'activité. Ses branches tendres offrent un abri idéal à des oiseaux comme les barbus ou les calaos ; lorsque ceux-ci abandonnent leur nid, de nouveaux locataires – abeilles, serpents, lézards – s'y installent aussitôt. Les habitants de la vallée du Limpopo attribuent des vertus fertilisantes aux fruits du baobab (appelés pain de singe), dont la chair blanche, riche en calcium, en vitamine C et B1, enveloppe des centaines de graines. Les peintures rupestres de la région représentent souvent les femmes avec des fruits de baobab en guise de seins.

Si le baobab est un arbre à croissante lente, qui peut vivre plusieurs milliers d'années, il meurt d'une façon soudaine. En quelques mois, ses fibres se désintègrent et l'arbre s'effondre sur lui-même, disparaissant aussi brutalement que s'il s'était évanoui dans les airs – une croyance jadis répandue.

Dans le massif du Waterberg.

girafes, phacochères et plusieurs espèces d'antilopes –, et vous pourrez vous y déplacer tranquillement à pied, en l'absence de fauves. À l'intérieur de la réserve, le **Tsonga Kraal Open Air Museum** (tél. 082 974 1919 ; ouv. lun.-ven. 8h-16h) vous offrira un aperçu du mode de vie des Tsonga, démonstrations d'artisanat à l'appui.

LE BUSHVELD

Entre le pays venda et Pretoria, la N1 parcourt une succession de plaines brûlantes et jaunâtres – des terres consacrées à l'élevage. À 110 km au sud-ouest de Louis Trichardt, vous traverserez la très paisible mais poussiéreuse **Polokwane** (ex-Pietersburg) **15**, capitale de la province du Limpopo. De **Mokopane**, 60 km plus au sud, en bifurquant sur la R518, vous pouvez gagner la **Lapalala Wilderness Area** (tél. 014 755 4395 ; www.lapalala.com), une zone préservée de 44 500 ha, au cœur du Waterberg, qui abrite des rhinocéros blancs et noirs, des hippopotames et des crocodiles, notamment. Plusieurs ranchs installés dans le massif du Waterberg proposent des safaris à cheval et autres activités de plein air dans son magnifique cadre montagneux. Si le détour ne vous tente pas, il vous restera un peu plus d'une heure de route à faire (92 km) de Mokopane pour arriver en vue de **Modimolle** **16**. Ce gros centre agricole porta d'abord le nom de Nylstroom (Cours du Nil), après qu'un groupe de *Voortrekkers* (les *"Jerusalemgangers"*) qui entendait gagner la Terre sainte se fut arrêté là en 1886 : ils étaient naïvement convaincus d'avoir atteint l'Égypte, ayant pris pour le Nil la Mogalakwena, une rivière qui coulait au pied d'une colline pyramidale. L'avifaune de cette région est particulièrement riche. La petite **Nylsvley Nature Reserve** **17** (tél. 014 743 6925 ; wwwnylsvley.co.za ; ouv. tlj. ; entrée payante) protège une zone marécageuse, 16 km au nord-est de la ville. Cette zone humide clé, qui attire plus de 400 espèces d'oiseaux, possède notamment l'une des plus fortes densités d'oiseaux aquatiques du pays ; 70 espèces de mammifères résident également dans la réserve.

Depuis qu'elle a commencé à s'ouvrir, au Miocène, la Great Rift Valley est sujette à une intense activité volcanique, qui a donné naissance, notamment, au Kilimandjaro et au mont Kenya. Les Sud-Africains lui doivent, eux, le fameux complexe igné du Bushveld, qui a fait du bassin géologique du Transvaal l'une des régions minières les plus riches de la planète. On peut voir d'autres manifestations de ce volcanisme autour de la villégiature de **Bele Bela** : des sources thermales qui jaillissent en pleine savane, une trentaine de kilomètres au sud-ouest de Modimolle par la R101.

Au cœur du Waterberg, 170 km à l'ouest de Modimolle, s'étend le **Marakele National Park** (tél. 014 777 6929 ; www.sanparks.org ; ouv. tlj.), que des opérations de repeuplement ont doté d'éléphants, de rhinocéros blancs et noirs ainsi que de la plus importante colonie mondiale de vautours chassefientes. Le rare cycas du Waterberg est l'un des spécimens de la riche flore du parc. #

À la saison des amours, l'Acanthocercus atricollis *mâle, un lézard de savane, arbore l'éclatante livrée qui lui a valu son nom d'agame à gorge bleue.*

Le roi des animaux, dans la réserve privée de Kapama.

Le désert du Karoo.

Statue équestre du général boer Christiaan De Wet, à Bloemfontein.

TROIS ROUTES POUR CAPE TOWN

Ces 3 itinéraires, qui relient Johannesburg à Cape Town, traversent les vastes plaines brûlées du Nord-Est jusqu'aux vignobles et aux vallées luxuriantes du Sud-Ouest.

L'avion reste le moyen de transport le plus courant pour se rendre de Johannesburg à Cape Town (Le Cap) et, depuis l'apparition sur le marché de plusieurs compagnies intérieures à prix modéré, c'est aussi le moins cher pour les personnes voyageant seules ou en couple. Néanmoins, si vous avez du temps devant vous et souhaitez effectuer ce trajet en voiture, plusieurs possibilités s'offrent à vous. L'itinéraire le plus direct emprunte la N1 via Bloemfontein et traverse sur 1 400 km des terres agricoles ou semi-désertiques, certes envoûtantes, mais plutôt avares en distractions. Si vous êtes prêt à couvrir 200 km de plus, vous pouvez suivre la N12 au moins jusqu'à Kimberley, puis reprendre la N1 à Bloemfontein ou à Three Sisters. Troisième possibilité : opter pour la N14 jusqu'à Springbok (1 160 km), et ainsi traverser le cœur aride de la province du Northern Cape (Cap-Nord), puis redescendre la côte ouest par la N7.

En réalité, tous ces itinéraires ne se justifient que si vous vous autorisez des détours, en sachant que ceux-ci finiront par doubler la distance totale et qu'ils vous demanderont au moins une semaine, voire 10 jours de voyage. Mais vous ne les regretterez pas. La province du Northern Cape, qui couvre près du tiers du territoire national, abrite moins de 5 % de sa population – essentiellement des *coloureds*, ou métis, et des Griqua. La beauté sauvage de ses grands espaces et de ses ciels immenses ne vous laissera sans doute pas insensible, et vous ne serez pas près d'oublier les paysages lunaires de l'Augrabies Falls National Park ni les dunes rouges du Kgalagadi Transfrontier Park, aux confins de la Namibie et du Botswana.

ROUTE N° 1 : PAR BLOEMFONTEIN

Un peu moins de 300 km au sud-ouest de Johannesburg, une bifurcation sur

NE MANQUEZ PAS

Augrabies Falls National Park *p. 313*
Big Hole Complex *p. 305*
Karoo National Park *p. 307*
Kgalagadi Transfrontier Park *p. 311*
Namaqua National Park *p. 316*
Richtersveld Transfrontier Park *p. 314*

Carte p. 302

Pour Le Cap ? Tout droit à travers le Karoo NP.

la N1 permet de gagner la **Willem Pretorius Game Reserve** (tél. 057 651 4118 ; ouv. tlj. 6h-18h ; entrée payante), qui s'étend sur 12 000 ha entre Kroonstad et Winburg, 2 villes jumelles du *highveld*. Cette réserve méconnue abrite la plus vaste harde de gnous noirs du pays (environ 600 têtes), ainsi que des girafes, des buffles et des rhinocéros blancs. La plupart des 220 espèces d'oiseaux qu'on y a répertoriées fréquentent son immense lac de barrage, l'**Allemanskraal Dam**, dont le cadre agréable se prête bien à la pêche et aux promenades en barque.

En reprenant l'autoroute, vous n'aurez qu'une centaine de kilomètres à parcourir pour gagner **Bloemfontein ❶** (appelée "Bloem") ou plus exactement la série de bretelles passant à quelques kilomètres de son centre-ville. L'origine de la capitale provinciale du Free State – et capitale judiciaire du pays –, dont le nom signifie "Source aux fleurs" en néerlandais, remonte à 1840, quand le *Voortrekker* Johannes Nicolaas Brits bâtit sa *hartbeeshuisie* (chaumière) près d'une source cernée d'oxalis. La cité dépend aujourd'hui de la municipalité de Mangaung (Patrie des guépards en sesotho et en pedi).

Annexée par les Britanniques en 1848, Bloemfontein connut son heure de gloire en 1854, quand les Boers la choisirent pour capitale de l'État libre d'Orange (Orange Free State, ou Orange Vrystaat). Les troupes de lord Roberts l'occupèrent en 1900, lors de la seconde guerre des Boers, et y

internèrent plus de 6 000 Boers – sans compter leurs domestiques noirs. Si près du tiers des prisonniers, essentiellement des femmes et des enfants, ne devaient pas ressortir vivants du camp de concentration de Bloemfontein, du moins l'occupant préserva-t-il la cité, et celle-ci peut aujourd'hui s'enorgueillir de son patrimoine architectural. De nos jours, la vitalité de la scène artistique et les activités de la vie étudiante confèrent beaucoup d'animation à cette ville attachante.

PROMENADE DANS BLOEMFONTEIN

De **Hertzog Square**, rendez-vous d'abord au **Bloemfontein National Museum** (36 Aliwal Street ; tél. 051 447 9609 ; www.nasmus.co.za ; ouv. lun.-ven. 8h-17h, sam. 10h-17h, dim. et j. fér. 12h-17h ; entrée payante), qui retrace l'histoire locale de façon plaisante, avec sa reconstitution d'une rue du début du 20e siècle, et possède une belle collection d'ethnologie, mais qui fait la part belle aux sciences naturelles (à signaler, un squelette complet du plus vieux des dinosaures connus, l'*Euskelosaurus*, qui trône dans le Paleontology Hall).

Descendez ensuite **President Brand Street** à pied. La plupart de ses bâtiments historiques sont ouverts au public, hormis le **Fourth Raadsaal** (1893), ancien Parlement de l'État libre d'Orange, qui accueille aujourd'hui l'Assemblée provinciale.

L'Old Government Building, à l'angle de President Brand Street et de Maitland Street, loge l'**Afrikaans Literary Museum** (tél. 051 405 4034 ; ouv. lun.-ven. 7h30-16h, sam. 9h-12h ; entrée libre). Les salles de ce musée sont consacrées aux grands noms de la littérature afrikaans, du brillant Eugene Marais *(voir p. 82)* au romancier anti-apartheid André Brink *(voir p. 83)*.

À l'angle de St George Street s'élèvent l'**Old Presidency** (tél. 051 448 0949 ; www.nasmus.co.za ; ouv. mar.-ven. 10h-12h et 13h-16h, dim. 14h-17h ; entrée libre) et le **First Raadsaal** (1849), le plus vieil édifice de la ville (tél. 051 447 9609 ; www.nasmus.co.za ; ouv. lun.-ven. 10h-13h, sam. et dim. 14h-17h ; entrée libre). Aujourd'hui converti en musée, il servit d'un temps d'école et d'église.

Située en plein pays afrikaner et bastion du National Party sous l'apar-

Le Big Hole de Kimberley a été la mine d'or la plus riche du monde.

Visages souriants à Bloemfontein.

L'imposant City Hall (1935) de Bloemfontein.

theid, Bloemfontein peut surprendre par son côté *British*. Mais certains sites comme **Naval Hill** et **Queen's Fort** (ouv. lun.-ven.) et le très édouardien club-house du terrain de cricket de Ramblers rappellent indéniablement la période coloniale britannique. La ville occupe, en outre, une place à part dans l'histoire nationale : y naquit en 1912 le South African Native Congress, rebaptisé African National Congress (ANC) en 1923. Pour mieux comprendre la guerre des Boers et ses enjeux, visitez l'excellent **Anglo-Boer War Museum** (Monument Road ; tél. 051 447 3447 ; www.anglo-boer.co.za ; ouv. lun.-ven. 8h-16h30, sam. 10h-17h, dim. 11h-17h ; entrée payante), à 3 km du centre-ville. Ne manquez pas les grandes peintures représentant des scènes de bataille, impressionnantes. Ce musée jouxte le **National Women's Monument**, inauguré en 1913 en mémoire des 26 000 femmes et enfants boers qui périrent dans les camps de concentration britanniques lors de la guerre anglo-boer de 1899-1902.

Ne quittez pas la ville sans être allé admirer les collections de l'**Oliewenhuis Art Museum** (16 Harry Smith Street, au nord du centre-ville ; tél. 051 447 0525 ; ouv. lun.-ven. 8h-17h, sam. 10h-17h, dim. et j. fér. 13h-17h ; dons bienvenus). Ce musée d'art moderne et contemporain sud-africain occupe l'ancienne résidence du gouverneur britannique de l'Union sud-africaine, un charmant manoir de style Cape Dutch (1935). Enfin, signalons que le **Bloemfontein Zoo** (tél. 051 405 8484 ; ouv. tlj. 8h-17h ; entrée payante), qui possède une population exceptionnelle de primates, a vu naître un tigron, croisement stérile (et aujourd'hui naturalisé) entre un lion et un tigre.

AU PAYS DES DIAMANTS

De Bloemfontein, la N8 file à travers d'immenses champs de tournesols en direction de **Kimberley** ❷, "l'Étincelante" (150 km à l'ouest), également accessible de Johannesburg par la N12 (470 km). Si l'on considère que, dans les années 1870, cette ville enregistrait le plus fort taux de croissance du pays, elle paraît bien endormie aujourd'hui. Mais les mines de diamants sur lesquelles reposaient entièrement son

Le bâtiment (1929) de la Cour d'appel suprême de Bloemfontein, plus haute instance judiciaire d'Afrique du Sud.

existence et sa prospérité se sont épuisées dans les années 1930, entraînant son déclin. Son économie a toutefois bénéficié d'un nouveau coup de pouce quand elle est devenue la capitale de l'immense province du Northern Cape, au détriment d'Upington.

BIG HOLE CENTRE

Si vous marquez un arrêt en ville, visitez au moins le passionnant **Big Hole Centre** (Tucker Street ; tél. 053 839 4600 ; www.thebighole.co.za ; ouv. tlj. 8h-17h ; entrée payante). Ce musée en plein air ressuscite Kimberley au temps de sa splendeur : vous y verrez la reconstitution d'un village minier de 40 bâtiments, comme Barney Barnato's Boxing Academy et la Diggers' Tavern, ainsi que le wagon de chemin de fer spécialement aménagé pour les directeurs de la toute-puissante compagnie minière De Beers *(voir p. 44)*, dont la ville fut le berceau. Également une église en tôle, une salle de lecture, un kiosque à musique, bâtiments d'époque transférés ici. Vous y découvrirez aussi une surprenante collection de diamants bruts, ainsi qu'une copie d'un des plus gros diamants du monde (8 faces, 616 carats). Toutes ces pierres proviennent de la mine voisine : **The Big Hole**, puits profond de 800 m et large de 470 m – le plus vaste jamais creusé à main d'homme. Aujourd'hui remplie d'eau et encadrée de tourelles en ruine, cette gigantesque saignée livra quelque 2,722 t de diamants de 1871 à 1914.

Dans le centre-ville, ne manquez pas la **William Humphreys Art Gallery** (Cullinan Crescent ; tél. 053 831 1724 ; www.whag.co.za ; ouv. lun.-ven. 8h-16h45, sam. 9h-16h45, dim. 9h-11h45, j. fér. 14h-16h45 ; entrée payante), l'un des meilleurs musées de beaux-arts du pays, qui renferme de remarquables peintures flamandes et hollandaises des 16e et 17e siècles ainsi que des œuvres d'art contemporain sud-africaines.

Ancien fief des magnats du diamant, le quartier résidentiel de Belgravia aligne ses belles demeures victoriennes à la lisière orientale de la ville. Le **McGregor Museum** (Atlas Street ; tél. 053 839 2700 ; www.museumsnc.co.za ; ouv. lun.-ven. 9h-16h30, sam.-dim.

Devant l'Anglo-Boer War Museum de Bloemfontein.

Reconstitution d'un village minier, Big Hole Complex.

Chalets du Karoo National Park.

Antilope dans le Karoo National Park.

sur rdv ; entrée payante), aménagé en 1907 dans un ancien sanatorium, présente de nombreux objets sur l'histoire locale, la vie sauvage et l'art pariétal. La **Duggan-Cronin Gallery** (2 Egerton Road ; tél. 053 839 2743 ; entrée payante), adjacente, expose de formidables reportages photographiques, recueillis par un ancien gardien de nuit irlandais des *compounds* miniers de la De Beers, sur la vie quotidienne des différentes communautés noires du pays dans les années 1920 et 1930.

Avant de reprendre l'autoroute, faites un détour par le **Wildebeest Kuil Rock Art Centre** (tél. 053 833 7069 ; www.wildebeestkuil.itgo.com ; ouv. lun.-ven. 9h-16h, sam.-dim. sur rdv ; entrée payante), 20 km à l'ouest de la ville, pour y admirer des pétroglyphes préhistoriques san.

AU CŒUR DU KAROO

Au sud-ouest de Kimberley et de Bloemfontein, la N12 et la N1 filent en parallèle sur 550 km, traversant la partie orientale du Northern Cape, avant de converger à Three Sisters, à la frontière du Western Cape. Jadis simple tête d'épingle sur la carte, **Three Sisters** ❸ (nom qu'elle doit à ses 3 collines coiffées de dolérite) abrite une station-service/supermarché/fast-food – un trio répandu sur les autoroutes sud-africaines, qui vous permettra de vous dégourdir les jambes et de faire le plein.

AU "PAYS DE LA SOIF"

À Three Sisters, vous voilà au cœur du Great Karoo. Pour la plupart des voyageurs, y compris des Sud-Africains, les interminables plaines rocailleuses de ce "pays de la soif" ne sont qu'une étape fastidieuse sur la route des vignobles du Sud ou du Gauteng. Pourtant, le Karoo n'est pas sans grandeur. Ses paysages semi-désertiques évoquent un décor de western, particulièrement spectaculaire au coucher du soleil lorsque leurs *koppies* (collines tabulaires), très sensibles à la lumière, passent d'un chaleureux ocre à des tons froids de violet et de bleu. Une fois la nuit tombée, le spectacle des étoiles de l'hémisphère austral, bien visibles dans la fraîcheur et la limpidité de l'air, vous tiendra longtemps éveillé.

L'origine géologique du Great Karoo demeure assez mystérieuse. On pense que ses grès et ses schistes tendres se sont formés il y a 200 à 300 millions d'années, lorsque d'énormes quantités d'argile et de sable furent charriées dans le bassin marécageux du Karoo. Alors que le climat se réchauffait graduellement, l'océan submergea la région et ses forêts tempérées, donnant naissance aux importants gisements de charbon aujourd'hui exploités dans le nord du Karoo. Puis, voilà 130 millions d'années, une gigantesque coulée de lave basaltique recouvrit la région. Par la suite, le grès tendre des couches inférieures s'éroda peu à peu, tandis que la dolérite volcanique résistait, façonnant ces collines aux sommets aplatis.

Ce qui était donc, il y a bien longtemps, un immense marais est aujourd'hui une zone semi-désertique. Les précipitations y sont assez imprévisibles, et, quand il pleut, des orages dévastateurs font déborder en quelques minutes des rivières habituellement à sec. De loin en loin se profilent des pompes éoliennes. Ce système simple, mais ingénieux, dont dépend toute l'économie locale, est constitué d'une pompe à vis ou à piston, installée sur un puits et mue par les pales de l'éolienne, qui puise continuellement l'eau des profondeurs et la déverse dans les abreuvoirs destinés au bétail.

BEAUFORT WEST

À 75 km au sud-ouest de Three Sisters, **Beaufort West ❹**, capitale autoproclamée du Karoo, est une petite ville dont le climat sec attira longtemps les asthmatiques et les riches Capetoniens désireux de fuir les brumes hivernales de la côte. De nos jours, ce sont surtout les automobilistes en route pour Cape Town ou Johannesburg qui fréquentent ses guesthouses et ses hôtels modestes.

Le **Old Town Hall**, ancien hôtel de ville à clocheton de 1867, abrite un musée (ouv. tlj.), qui consacre toute une section à l'enfant le plus illustre de la localité, Christiaan Barnard (1922-2001), le pionnier de la transplantation cardiaque *(voir p. 163)*. Le département historique conserve quelques objets rapportés de Sainte-Hélène du temps de Napoléon.

Beaufort West est installée au cœur d'un riche bassin agricole, jadis réputé pour ses élevages de moutons mérinos, une espèce importée des Provinces-Unies en 1789. Aujourd'hui, plus de 35 millions de ces ovins paissent dans les plaines semi-désertiques qui s'étendent autour de la ville, et c'est cette végétation constituée d'arbustes, d'herbes et de cactées qui donne son goût si particulier au mouton du Karoo – une spécialité à ne pas manquer si vous comptez déjeuner ou dîner dans la région.

LE KAROO NATIONAL PARK

Le **Karoo National Park ❺** (tél. 023 415 2828 ; www.sanparks.org ; ouv. tlj. 5h-22h ; entrée payante), dont l'entrée principale se trouve 5 km à l'ouest de Beaufort West par la N1, mérite amplement une visite. Fondé en 1979, il couvre

Le Fossil Trail du Karoo National Park fournit d'intéressantes informations sur la géologie régionale.

Monument de Beaufort West commémorant la fondation de la République sud-africaine.

À PROPOS

Jim Logan ne reculera devant rien pour faire de Matjiesfontein un petit bijou victorien : il fera venir les charpentiers d'Irlande et d'Écosse... et les réverbères de Londres.

76 800 ha. Les premiers aventuriers européens qui explorèrent le Karoo l'ont décrit comme un paradis terrestre où l'herbe poussait à hauteur d'épaule, où les troupeaux de springboks comptaient tant de têtes qu'il fallait dételer les chariots 2 ou 3 jours durant pour les laisser passer. Mais avec la "civilisation" sont arrivés les chasseurs armés de fusils, les fermiers et leurs charrues, leurs barbelés et leurs brûlis. Deux ongulés, le quagga (ou zèbre de Burchell) et le bluebok, une antilope, furent exterminés, tandis que les autres espèces étaient décimées et repoussées vers les régions plus inaccessibles et arides de l'intérieur.

ANTILOPES ET TORTUES

De nos jours, des réserves naturelles comme le Karoo National Park accomplissent de réels efforts pour protéger une partie de cette faune résiduelle ainsi que son habitat. Le conservatoire abrite de nombreuses antilopes, dont quelque 1 500 oryx, 1 400 bubales roux et 700 koudous, des springboks et des oréotragues, ainsi que de petits prédateurs comme le caracal, le chat sauvage d'Afrique ou le chacal à chabraque.

Une incroyable concentration de tortues fréquente les lieux, de l'énorme tortue-léopard *(Geochelone pardalis)*, qui peut peser jusqu'à 40 kg, à la minuscule tortue du Cap *(Homopus signatus)*, qui ne pèse que 150 g. Le parc constitue également un refuge essentiel pour le lapin des Bochimans *(Bunolagus monticularis)*, espèce menacée endémique du Karoo, dont la population est estimée à moins de 1 500 individus. Les 8 lions introduits avec succès en 2010 sont peu à peu rejoints par des éléphants, des buffles et des rhinocéros. Il s'agit, bien évidemment, de transformer ce parc relativement méconnu en une destination de safari photo. Au printemps, ces paysages poussiéreux se couvrent d'un éclatant tapis de fleurs. La période est tout indiquée pour arpenter le **Springbok Hiking Trail**. Cet itinéraire de randonnée de 27 km, pourvu de 2 gîtes d'étape, requiert 3 jours de marche. Il est relativement peu fréquenté et impraticable de novembre à février en

Beaufort West, la "capitale" du Karoo.

raison d'une chaleur excessive. Vous pouvez vous contenter d'une balade de quelques heures sur le **Fossil Trail**, où vous découvrirez des fossiles vieux de 50 millions d'années. Ce sentier est adapté aux non-voyants et aux personnes en fauteuil roulant.

UNE GARE EN PLEIN DÉSERT

À peine 230 km (soit un peu plus de 3 h d'autoroute) séparent Beaufort West de **Matjiesfontein** ❻. Perdu au milieu du Karoo, ce charmant village victorien doit son existence aux chemins de fer. C'est un certain James Douglas Logan qui, ayant acheté un vaste terrain sur la ligne de chemin de fer reliant Kimberley au Cap, eut l'idée d'y installer un système d'adduction d'eau pour permettre aux locomotives à vapeur de faire le plein d'eau avant de poursuivre leur longue traversée du Karoo. Les installations furent inaugurées en grande pompe en 1889, et l'entrepreneur écossais ne tarda pas à profiter de cette étape imposée aux voyageurs en rase campagne pour leur proposer de l'eau minérale et des côtelettes d'agneau. Bientôt sortirent de terre des cottages, un bureau de poste, des commerces et un élégant hôtel-restaurant de 58 chambres, transformé en hôpital militaire pendant la guerre des Boers. Ce **Lord Milner Hotel** est toujours en activité, et vous pourrez y déguster le savoureux agneau du Karoo tout en profitant de son atmosphère surannée. C'est ainsi que Logan fit de Matjiesfontein une véritable oasis en plein désert, une station climatique à la mode, où l'on allait respirer l'air tonifiant du Karoo et chasser, à l'instar du père de Winston Churchill, qui "emprunta" un chien de chasse qu'il ne rendit jamais ! Restaurée dans les années 1970 et entièrement classée, la localité reste une étape appréciée entre Johannesburg et Cape Town pour les automobilistes comme pour les passagers du luxueux *Blue Train*, équivalent sud-africain de l'*Orient-Express*.

Une centaine de kilomètres au sud-ouest de Matjiesfontein, la N1 franchit Hex River Pass, col qui sépare les mornes plaines désertiques du Karoo des vallons verdoyantes du sud-ouest de la presqu'île du Cap. Encore 30 km

*Les cosses remplies de graines de l'*Acacia erioloba *(ou acacia à girafe,* camelthorn tree *en anglais) constituent un mets apprécié de bien des hôtes du Kgalagadi Transfrontier Park.*

Bubale roux (Alcelaphus buselaphus).

Guêpier à queue d'aronde.

et vous arriverez à **Worcester** ❼, centre viticole d'où vous pourrez filer sur Cape Town (80 km) ou faire un crochet par le Boland et les vignobles de **Stellenbosch** ou de **Franschhoek** *(voir p. 180 et 182)*.

ROUTE N° 2 : EN PASSANT PAR UPINGTON

Cet itinéraire qui relie le Gauteng à Cape Town en traversant le Kalahari débute de façon plutôt décevante. La seule curiosité du morne trajet jusqu'à **Vryburg** (350 km au sud-ouest de Johannesburg) est la vaste zone humide du **Barberspan Bird Sanctuary** ❽ (tél. 078 536 0561 ; www.tourismnorthwest.co.za ; ouv. tlj. ; entrée payante), que traverse la N14 entre Sannieshof et Delarayville : elle héberge jusqu'à 20 000 flamants ainsi qu'un grand nombre d'oiseaux aquatiques. Vryburg devint en 1882 la capitale d'une république boer (d'où son nom de "Ville libre"), le Stellaland. Rien de particulièrement marquant ne semble s'y être produit depuis la dissolution de cette éphémère république, 3 ans plus tard.

À 142 km au sud-ouest de Vryburg, **Kuruman** doit son existence à une source, qui jaillit en plein centre-ville, déversant une eau cristalline dans un bassin ombragé – en quantité miraculeuse sur ces terres arides : 50 000 l/jour ! À 6 km au nord-ouest de cette charmante bourgade, sur la route de Hotazel (R31), s'élève la **Moffat Mission** (tél. 053 712 2645 ; www.visitkuruman.co.za ; ouv. lun.-sam. 8h-17h ; entrée payante), fondée en 1821 par l'Écossais Robert Moffat et son épouse. C'est dans son église en pierre (1838) que la fille du missionnaire épousa en 1844 un intrépide pasteur et docteur en médecine nommé David Livingstone.

UPINGTON

Située à 260 km au sud-ouest de Kuruman, sur la N14 – soit 785 km et 10 heures de route de Johannesburg si vous envisagez d'effectuer le trajet d'une seule traite –, **Upington** ❾ est la deuxième ville du Northern Cape derrière Kimberley. Après les immensités arides du Kalahari que la N14 vous aura fait traverser, cette cité com-

Employé du Karoo National Park.

merçante vous apparaîtra comme une oasis bienfaisante au bord de l'Orange, la principale artère fluviale du pays.

Ne manquez pas d'aller voir la magnifique allée de palmiers dattiers qui se déploie sur 1 km, à l'entrée de l'Eiland Holiday Resort. Bien qu'elle reçoive probablement moins de touristes en un an que Table Mountain en une seule journée, Upington n'en est pas moins une étape touristique, que des vols directs relient à Johannesburg et Cape Town. Si vous souhaitez explorer le Kalahari, c'est là que vous pourrez louer un 4x4 ou un mobil-home.

KGALAGADI TRANSFRONTIER PARK

L'immense **Kgalagadi Transfrontier Park** ⑩ (tél. 054 561 2000 ; www.sanparks.org ; ouv. tlj. de l'aube au crépuscule ; entrée payante) – il couvre plus de 36 000 km^2 – est né en 1999 de la fusion du Kalahari Gemsbok National Park sud-africain (9 600 km^2) et du Gemsbok National Park botswanais, plus vaste mais moins accessible.

Les dunes rouges entrecoupées d'oueds sablonneux du Kgalagadi rappellent le désert de Simpson australien. Sa faune comprend les 3 grands félins d'Afrique, ainsi qu'un nombre incroyable de petits prédateurs comme le chacal à chabraque, le renard à oreilles de chauve-souris, ou otocyon *(Otocyon megalotis)*, bien visible en hiver car plus diurne qu'en été, le renard du Cap *(Vulpes chama)*, le caracal, le suricate et la mangouste jaune.

Comme son nom l'indique, **Twee Rivieren** ⑪ (Deux-Rivières), la seule entrée du parc (et son plus grand campement), est installée près du confluent de l'Auob et de la Nossob, 2 rivières en général à sec. C'est l'eau de pluie conservée sous le sable fin de ces oueds qui permet à la végétation de s'épanouir sur leurs rives, attirant une faune étonnamment nombreuse. Ainsi, il n'est pas rare d'apercevoir le long de la Nossob un guépard coursant un springbok ou encore une vaste harde d'oryx dardant leurs cornes effilées sous un ciel orageux. À midi, les lions du Kalahari se réfugient sous les buissons d'épineux, tandis que d'élégants léopards s'installent dans les hautes branches

Écureuil de terre du Cap (Xerus inaurus), *à la fête dans le désert du Kalahari.*

Gemsboks à proximité d'un acacia à girafe, dans le Kgalagadi Transfrontier Park.

À PROPOS

Les profondes fosses des Augrabies Falls hébergent des bancs de barbeaux géants. Certains de ces poissons atteignent 2 m de longueur – ce qui a fait longtemps croire qu'un monstre aquatique hantait l'Orange River.

des acacias. Les ornithologues amateurs seront comblés : le parc abrite près de 280 espèces d'oiseaux, dont l'éclatant guêpier à queue d'aronde *(Merops hirundineus)*, le gonolek rouge et noir *(Laniarius atrococcineus)*, et de nombreux rapaces, comme le bateleur des savanes *(Therathopius ecaudatus)*, l'autour chanteur *(Melierax canorus)* et le fauconnet africain.

De nombreux oiseaux nichent dans les grands acacias à girafe dressés au bord de l'oued, dont les fruits leur fournissent de surcroît un complément nutritif. Les animaux apprécient la gomme de ces arbres, utilisée en médecine traditionnelle. Les girafes (réintroduites dans le parc à la fin des années 1990) peuvent enrouler leurs longues langues préhensiles autour des branches épineuses de cet acacia et en arracher les feuilles sans en craindre les pointes acérées.

CONDITIONS DE VISITE

La meilleure période pour visiter le parc s'étend de février à avril. S'il a suffisamment plu, vous pourrez alors admirer les troupeaux qui se rassemblent au bord des cours d'eau – n'oubliez pas de vous protéger des moustiques, ils sont aussi au rendez-vous. En hiver, de juin à septembre, les températures sont bien plus agréables mais les nuits sont glaciales. Le mois de mai semble offrir le compromis idéal. À l'intérieur du parc, l'hébergement est très demandé, aussi, prévoir sa réservation une année à l'avance n'a rien d'excessif. Le campement principal, situé à Twee Rivieren, est relativement confortable, mais vous pouvez aussi passer la nuit au **Mata Mata Camp** (118 km au nord-ouest, par une route particulièrement belle), non loin de la frontière avec la Namibie. Situé 152 km au nord, à la frontière avec le Botswana, **Nossob Camp** présente moins d'intérêt. Le parc abrite, par ailleurs, un certain nombre de campements de brousse non clôturés, tels ceux de Grootkolk et de Bitterpan, dotés chacun de 4 chalets doubles donnant sur un point d'eau. La ville la plus proche du parc est Upington, d'où une route goudronnée et peu fréquentée conduit à travers de très hautes dunes jusqu'à Askham (190 km au nord),

Lion dans le désert de Kalahari.

relayée par une piste sur les 60 km restants jusqu'à Twee Rivieren. En venant de Johannesburg, il est possible de couper par Kuruman et Van Zylsrus, mais cet itinéraire comprend 358 km de pistes. Ces 2 routes sont praticables en berline familiale si vous conduisez prudemment, mais la seconde est particulièrement éprouvante et, faute d'expérience, vous risquez fort de perdre le contrôle de votre véhicule ou de l'ensabler. Dans les 2 cas, prévoyez une marge suffisante pour arriver avant la fermeture du parc.

LE LONG DE L'ORANGE RIVER

D'Upington, la N14 poursuit son cours vers Alheit en longeant l'**Orange**, gigantesque serpent de 2 000 km de longueur qui se jette dans l'océan Atlantique. Drainant le quart du réseau fluvial de l'Afrique du Sud, ce fleuve fait vivre toute la région. Les petites cités de **Keimoes** et de **Kakamas**, respectivement installées à 42 km et 85 km au sud-ouest d'Upington, lui doivent leurs vignobles, leurs champs de coton et leurs vergers irrigués artificiellement, et ses berges verdoyantes présentent un contraste saisissant avec l'aridité des alentours.

La minuscule **Tierberg Nature Reserve** (ouv. tlj. ; entrée libre), près de Keimoes, offre de belles vues sur le fleuve et les cultures environnantes ; y prospère le *kokerboom (Aloes dichotoma)*, un aloès indigène dont les San utilisaient jadis l'écorce pour confectionner des carquois. La R64, qui s'embranche sur la N14 à Alheit, longe l'Orange vers l'ouest jusqu'à l'**Augrabies Falls National Park** ⓬ (tél. 054 452 9200 ; www.sanparks.org ; ouv. tlj. 7h-18h ; entrée payante). Le campement domine les spectaculaires chutes de l'Orange, hautes de 56 m. Entraîné 35 m plus bas par une série de cascades secondaires, le fleuve propulse une immense colonne de vapeur dans l'air, voilant les parages de brume. Au pied des chutes s'ouvrent 2 larges fosses, profondes de 130 m au moins et qui recèleraient d'inestimables diamants charriés de Kimberley. Mais nul ne s'est encore risqué à explorer ces profondeurs.

Des lézards aux couleurs éclatantes se dorent sur les rochers aux abords

Des pompes à éolienne alimentent en eau la plupart des fermes du Northern Cape.

Chacal guettant sa proie dans le Kgalagadi Transfrontier Park.

LES DIAMANTS DE LA CÔTE OUEST

C'est à Jack Carstens que l'Afrique du Sud doit la découverte du premier petit diamant de la côte ouest, près de Port Nolloth, en août 1925. Un an plus tard, le célèbre géologue Hans Merensky découvre 487 diamants sous une seule roche ; en un mois, il récolte 2 762 diamants près d'Alexander Bay. La nouvelle se répand comme une traînée de poudre et les aventuriers s'abattent sur la région telles des sauterelles, obligeant le gouvernement à interdire la prospection privée. Aujourd'hui, la De Beers Consolidated Mining Company (fondée par Cecil John Rhodes en 1880) contrôle toute la côte entre Kleinsee et Oranjemund, et il est interdit au public de quitter la route principale.

Une gigantesque armada d'engins de chantier laboure continuellement cette portion de littoral, investissement plus que justifié par la quantité de diamants extraite chaque année. Assiégés par le désert, les ports de pêche diamantifères de la côte nord-ouest demeurent d'authentiques repaires de pionniers, et vous ne retrouverez la "civilisation" que bien plus au sud, à Strandfontein, près de l'embouchure de l'Olifants, et à McDougall's Bay, prolongement de Port Nolloth. Mais n'imaginez pas Acapulco, ces stations balnéaires accueillent surtout les pêcheurs et les éleveurs de moutons du coin. Si vous cherchez le bout du monde, en revanche, inutile d'aller plus loin que Port Nolloth : vous êtes arrivé !

La mangouste jaune, ou fauve, (Cynictis penicillata), *diurne et sociable, vit en groupes de 5 à 10 individus.*

du campement, d'où l'on peut partir en promenade à pied ou en voiture dans l'espoir d'apercevoir des springboks, des oréotragues *(klipspringer)*, des damans des rochers et différents spécimens d'oiseaux des régions arides. Nous vous recommandons la route qui mène à Arrow Point : elle offre une vue splendide sur 2 canyons en même temps. Les plus entreprenants voudront sans doute faire une randonnée de 3 jours en suivant le **Klipspringer Hiking Trail** (40 km), mais qu'ils se renseignent : les gîtes d'étape affichent complet lors des vacances scolaires et le sentier est fermé au plus fort de l'été. Au campement, vous pourrez réserver votre participation à une excursion nocturne, à un circuit "Black Rhino" qui vous amènera dans des secteurs du parc habituellement inaccessibles, ou à une descente en raft de 5 rapides de niveau II à III (8 km).

ROUTE N°3 : PAR SPRINGBOK ET LA CÔTE DE DIAMANT

De Kakamas, un trajet de 250 km sur une N14 bien solitaire vous conduira, via **Pofadder** – halte bienvenue où faire le plein d'essence et de boissons fraîches –, à Springbok, ville postée au carrefour de la N7, qui relie Cape Town à la Namibie. Plutôt que de filer directement sur Cape Town, vous pouvez suivre la N7 vers le nord et, à Steinkopf (52 km), bifurquer sur la R382 qui franchit Annienous Pass, à 950 m d'altitude, pour redescendre vers la côte et **Port Nolloth** ⓭. Votre emploi du temps et la météo vous permettront peut-être d'admirer le coucher du soleil. Ancienne plaque tournante du commerce du cuivre, Port Nolloth dépend aujourd'hui de la pêche, et pas seulement au homard : des pompes géantes aspirent d'énormes quantités de diamants sur les fonds marins.

En aval de Kimberley, l'Orange charrie des sédiments diamantifères qui se déposent tout au long de la côte du Northern Cape, créant ainsi les gisements alluviaux les plus riches au monde. Une piste qui part d'Alexander Bay dessert le **Richtersveld National Park** ⓮ (tél. 027 831 1506 ; www.sanparks.org ; ouv. tlj : oct.-avr. 7h-19h, mai-sept. 7h-18h ; entrée payante). Ce parc

Dans l'Augrabies Falls National Park.

LES VINS

La vallée de l'Orange, entre Upington et Kakamas, est réputée pour sa production de sultanine (une variété de raisin blanc de table, sans pépins), qui entre pour une bonne part dans les exportations de fruits sud-africains vers l'Europe.

Et malgré une position géographique peu favorable, la viticulture régionale est en plein développement. Ses vins doux et sherries locaux ont leurs inconditionnels, et ses blancs secs et ses rouges s'améliorent sans cesse.

Leur commercialisation est assurée par Orange River Cellars (tél. 054 337 8800 ; www.orangeriverwines.com), coopérative qui regroupe 750 producteurs et qui possède des chais à Upington, Keimoes, Kakamas, Grootdrink et Groblershoop. Horaires de dégustation des 3 chais : lun.-ven. 8h-17h, sam. 8h30-12h ; dim. 9h-12h.

fondé en 1993 a été couplé avec son pendant namibien en 2003 pour former l'Ai-Ais/Richtersveld Transfrontier Park.

Inscrit au Patrimoine mondial de l'Unesco en 2007, le Richtersveld protège une région semi-désertique pratiquement vierge. Il dispose d'un campement de brousse, mais vous devrez emporter vos provisions, et ne rien laisser sur place. Il pleut légèrement en hiver – et en hiver uniquement –, alors que les températures estivales peuvent atteindre 50 °C.

On a peine à croire que la vie puisse s'épanouir dans un tel environnement, pourtant les botanistes n'ont pas encore fini de dresser l'inventaire des cactées qui prospèrent dans le parc. Certaines espèces ne sont connues que dans un seul endroit – voire par un seul spécimen éphémère.

D'autres, comme *Pachypodium namaquanum*, sont particulièrement étranges ; les San pensaient que cette plante était à demi humaine, et il suffit d'observer sa tige fuselée, surmontée d'une corolle de feuilles froissées pour comprendre pourquoi.

NAMAQUALAND

Au carrefour de la N14 et de la N7, **Springbok** ⓯ est la ville principale d'une vaste région de *sandveld* : le Namaqualand, qui s'étend du fleuve Olifants, au sud, jusqu'à Pofadder, au nord. La majeure partie de l'année, ces plaines rocailleuses ne peuvent masquer les craquelures de leur sol aride, à peine recouvert ici et là par une végétation grise et clairsemée. Mais, au printemps austral, ce maigre tapis végétal se transforme en une immense prairie aux couleurs éclatantes. Des voyageurs du monde entier viennent assister à la floraison des pâquerettes et autres fleurs sauvages du Namaqualand en août et septembre – l'un des plus beaux spectacles offerts par la nature sud-africaine.

Springbok doit son existence à une source – précieuse entre toutes dans cette région – et sa prospérité aux riches réserves de cuivre locales (certaines mines sont ouvertes au public).

À 15 km à l'est, la **Goegap Nature Reserve** (tél. 027 718 9906 ; ouv. tlj. 8h-16h ; entrée payante) sert d'écrin à une floraison miraculeuse au printemps.

Aloe dichotoma, *ou* kokerboom, *l'"arbre à carquois" des San.*

Harde d'oryx du Namaqua.

Son **Hester Malan Wild Flower Garden** comprend plus d'une centaine d'aloès et de cactées, dont un bon nombre sont endémiques. Une boucle de 17 km vous fera découvrir le conservatoire en voiture, mais vous aurez tout intérêt à réserver à votre arrivée le passionnant circuit guidé de 3 heures qui vous conduira dans ses zones les plus reculées. Vous y rencontrerez sans doute de nombreux animaux, dont le caracal – un lynx –, le gemsbok, le springbok, ainsi que des zèbres de montagne de Hartmann.

BOUQUET PRINTANIER

Les feux d'artifice floraux du Namaqualand ne durent jamais très longtemps, et ne se produisent que rarement tous ensemble ; écoutez attentivement les bulletins météo avant de planifier votre voyage (Cape Town Flower Hotline ; tél. 083 910 1028), car, s'il ne pleut pas, le spectacle floral n'aura hélas pas lieu. L'éclosion printanière est particulièrement abondante à **Kamieskroon ⓰**, 68 km au sud de Springbok : ce nom ne désigne ni un village, ni même un hameau, mais juste une station-service et une boutique, perdues au milieu des amarantes. Tout près, le Kamieskroon Hotel, qui affiche souvent complet de juillet à septembre, reste parfaitement vide le restant de l'année.

À une vingtaine de kilomètres à l'ouest de Kamieskroon s'étend le **Namaqua National Park** (tél. 027 672 1948 ; www.sanparks.org ; ouv. tlj. 8h-17h ; entrée payante). Enrichi en 2008 de la bande littorale entre Groen et Sproeg, il couvre désormais plus de 140 000 ha. Il protège un millier de plantes à fleurs, qui attirent de nombreux oiseaux. Le parc englobe également la Skilpad Wildflower Reserve, à laquelle des pluies particulièrement abondantes valent l'une des plus belles floraisons de la région.

Plus au sud, quelques hameaux aux maisons coiffées de tôle ondulée, comme Garies, Bitterfontein et Vanrhynsdorp, viennent rompre la monotonie des paysages brunis par la poussière. Enfin, vous atteignez Citrusdal et la partie sud, plus arrosée, de la West Coast *(voir p. 179)*. #

Floraison printanière au Namaqualand.

LES *DORPS* ASSOUPIS

Les immensités sud-africaines sont parsemées d'humbles villages et de hameaux – que l'on appelle ici *dorps*, "bourgades" en afrikaans.

Paisibles et traditionalistes, souvent pauvres et sans grâce, la plupart des *dorps* ne sont que des têtes d'épingles sur les cartes – et cependant, certains méritent largement le détour. On croirait que le temps s'est arrêté, à la vue des maisons aux vérandas poussiéreuses et aux murs de pierre cuits par le soleil qui s'alignent sagement le long de leur large grand-rue. Ici, on prend le temps de vivre. Et tous les commerces ferment à l'heure du déjeuner. Mais, si vous prenez la peine d'observer ce qui se cache derrière ces façades ensommeillées, vous découvrirez un monde farouchement attaché au folklore et aux figures hautes en couleur – hors-la-loi, aventuriers, missionnaires et pionniers – qui ont façonné le pays.

Bathurst, dans l'Eastern Cape, a conservé tout un ensemble de bâtiments construits par les colons britanniques dans les années 1820. L'un d'eux abrite le Pig & Whistle, le plus ancien pub du pays, à la joyeuse clientèle. Des plantes grimpantes s'accrochent aux murs des vieilles églises en pierre où les femmes et les enfants des colons se réfugièrent lorsque la ville devint l'enjeu d'une série de sanglants conflits frontaliers avec les Xhosa.

L'un des endroits les plus singuliers d'Afrique du Sud est Die Hel (L'Enfer), ou **Gamkaskloof**, un hameau niché dans une vallée reculée du Swaartberg. Des fermiers y élisent domicile en 1837, lors du Grand Trek, et parviennent à éviter tout contact avec le monde extérieur pendant plus de 50 ans. Cette situation ne prendra fin qu'en 1901, lorsque des francs-tireurs boers fuyant les Britanniques découvrent par hasard la vallée de la Gamka et la vingtaine de familles qui y vivent, parlant une forme archaïque de néerlandais et à peine au courant qu'une guerre fait rage. Il faudra attendre 1963, soit 126 ans après la fondation de cette petite colonie, pour qu'une route relie la vallée au monde extérieur : auparavant, toutes les provisions étaient acheminées à dos d'âne par un sentier de montagne.

Modimolle (l'ancienne Nylstroom, "Cours du Nil") a été fondée par une secte séparatiste de *Voortrekkers* qui ont quitté Le Cap avec la ferme intention d'atteindre la Terre sainte. Ces illuminés parcourent plus de 1 700 km avec leurs chariots bâchés, quand ils aperçoivent ce qu'ils prennent pour une pyramide (en fait, une colline isolée). Ils en concluent qu'ils sont arrivés en Égypte, et que le fleuve qui coule à leurs pieds n'est autre que le Nil *(voir p. 297)*.

Comme tant d'autres *dorps* de l'extrême nord du pays, **Leydsdorp** n'est au tout début du 20e siècle qu'un campement de mineurs, que des diligences conduites par des attelages de zèbres relient à Pietersburg. Son cimetière témoigne de l'épidémie de paludisme qui dépeuple cette petite agglomération prospère en 1924, la rabaissant au rang de *dorp*.

Arides, reculés et fort peu peuplés, le Karoo et le Northern Cape sont bien pourvus en bourgades assoupies. Certaines, comme **Matjiesfontein** ou **Prince Albert**, ont su faire de leur atmosphère désuète un atout pour mieux vendre leurs attraits aux touristes. D'autres, comme **Leeu-Gamka** ou **Pofadder** n'ont qu'un seul mérite : être là. Quoi qu'il en soit, il vous suffira de passer quelques heures dans un *dorp* pour vous retrouver à des années-lumière de métropoles cosmopolites comme Cape Town ou Johannesburg. #

Le village victorien de Matjiesfontein.

La piste de Sani Pass mène au poste-frontière du Lesotho, situé au sommet.

Les vierges témoignent de leur loyauté au roi lors de l'Umhlanga (danse des roseaux).

LE SWAZILAND ET LE LESOTHO

Enclavés par l'Afrique du Sud, dans le nord-est du pays, ces 2 petits royaumes voisins ont préservé des paysages exceptionnels.

Les royaumes enclavés du Swaziland et du Lesotho font figure d'anomalies dans le monde moderne. Ils n'ont jamais été assujettis très longtemps à une suzeraineté étrangère, même si tous deux sont d'anciens protectorats britanniques et qu'ils dépendent économiquement et donc politiquement de leur voisin sud-africain – qui cerne entièrement le Lesotho et borde le Swaziland sur 3 côtés. Ils se démarquent aussi par leur homogénéité ethnique et leurs monarchies – protocolaire au Lesotho, mais toujours très active politiquement au Swaziland.

Le Lesotho est né sous l'impulsion de l'illustre Moshoeshoe (1786-1870), roi des Basotho. Ce souverain parvint à fédérer les différents clans montagnards sotho pour faire face à l'expansionnisme zulu puis à l'avancée des colons européens dans les années 1820 et 1830. De son nid d'aigle, le Thaba Bosiu (montagne de la Nuit), il repousse d'innombrables attaques des Zulu, des Boers et des Britanniques. Finalement, en 1868, las de devoir lutter contre les Boers, il appelle la Grande-Bretagne à la rescousse. Devenu un protectorat britannique sous le nom de Basutoland, le royaume obtient son indépendance en 1966, optant pour la monarchie parlementaire.

L'histoire du Swaziland est assez similaire. La nation swazi prend forme quand les Dlamini, un clan nguni originaire du Mozambique, émigrent au 18e siècle sur le cours supérieur de la Pongola, à l'instigation de leur roi, Ngwane III. Les Swazi parviennent à repousser les armées de Shaka Zulu, mais doivent céder du terrain aux Boers à partir des années 1850. Le protectorat britannique, réclamé en 1877 et obtenu en 1881, ne devient effectif qu'en 1902, à l'issue de la guerre des Boers, quand cesse la domination exercée par le Transvaal depuis 1894. Le petit État acquiert son indépendance

NE MANQUEZ PAS

- Rafting sur la Great Usutu River *p. 326*
- Hlane Royal NP *p. 325*
- Mantenga NR *p. 323*
- Mkhaya NR *p. 325*
- Mlilwane Wildlife Sanctuary *p. 324*
- Sehlabathebe NP *p. 329*
- Sibebe Rock *p. 323*
- Randonnée équestre au Lesotho *p. 327*

Cartes p. 322, 328

Thaba Bosiu, ancien bastion du roi Moshoeshoe.

À SAVOIR

Si vous visitez le Swaziland en janvier, vous pourrez assister aux cérémonies de l'Incwala, cette "fête des Premiers Fruits", qui salue la moisson et s'accompagne de chants et de danses.

en 1968. Mswati III, né cette année-là et intronisé en 1986, gouverne l'une des dernières monarchies absolues de la planète : les partis politiques y sont interdits.

LE SWAZILAND

Le Swaziland s'explore plus facilement que le Lesotho, car il possède des infrastructures plus développées et plus fiables. Ce petit royaume de 17 363 km^2 et moins de 1,3 million d'habitants bénéficie, en outre, d'une rente de situation, son principal axe routier étant aussi la route la plus directe entre le KwaZulu-Natal et le Kruger National Park. Sur place, vous pourrez aisément planifier des circuits guidés ou louer une voiture, et voyager en toute sécurité – tandis qu'au Lesotho, même la météo se révèle imprévisible. Faites tout de même attention au bétail, il a tendance à vagabonder sur les routes.

Le pays offre 2 types d'attractions touristiques : d'une part l'Ezulwini Valley, ses marchés d'artisanat, ses casinos, ses restaurants et ses hôtels huppés ; de l'autre, un ensemble de réserves naturelles remarquablement bien gérées où abondent les animaux sauvages.

MBABANE, LA CAPITALE DU SWAZILAND

Les sites touristiques sont regroupés à proximité de la capitale administrative, **Mbabane ❶**, installée dans le nord-ouest du pays, non loin de la frontière avec la province sud-africaine du Mpumalanga. Fondée au milieu des années 1880 à proximité de mines de fer et d'étain, elle bénéficie d'un climat tempéré, si apprécié des colons britanniques qu'ils décidèrent d'en faire la capitale du protectorat en 1903. Aujourd'hui forte de près de 100 000 habitants, Mbabane manque singulièrement de caractère ; hormis ses quelques ambassades étrangères, rien ne la distingue d'une autre ville moyenne d'Afrique australe. Le grand marché de Msunduzu Street mérite toutefois une visite pour ses étals d'artisanat, et vous pourrez y faire de bonnes affaires. Mais c'est aussi un repaire de voleurs à la tire, donc surveillez votre portefeuille !

Les amateurs d'artisanat pousseront jusqu'à Ngwenya, à 23 km au

Démonstration d'artisanat swazi.

nord-ouest de la capitale et 5 km du poste-frontière d'Oshoek. Cette localité compte, en effet, plusieurs boutiques et ateliers de renom *(voir encadré p. 325)*.

EZULWINI VALLEY

Le plus imposant monolithe granitique du globe, **Sibebe Rock ❷**, se dresse au milieu de vallées verdoyantes, une dizaine de kilomètres au nord de Mbabane. Ce cousin africain d'Ayer's Rock (le célèbre *inselberg* de grès du cœur de l'Australie, que les Aborigènes nomment Uluru) n'est que la partie émergée d'un batholite qui s'enfonce sur une profondeur de 15 000 m dans les entrailles de la Terre. Swazi Trails (tél. 2416 2180 ; www.swazitrails.co.sz) propose aux intrépides qui ne craignent pas le vertige l'ascension de sa face principale (3h), vantée comme étant la "randonnée la plus abrupte au monde" – un argument publicitaire difficile à vérifier mais, selon ses promoteurs, tous ceux qui l'ont effectuée étaient trop essoufflés pour le contester.

Une quinzaine de kilomètres au sud-est de Mbabane, sur la MR3, après avoir négocié la descente en épingle à cheveux de Malagwane Hill, vous vous retrouverez dans la charmante **Ezulwini Valley ❸**, la plus touristique du Swaziland. Vous y serez accueilli par un panneau proclamant "Phuma lankga sikose" (Longue vie au roi). **Lobamba ❹**, à l'extrémité sud-est de la vallée, à 30 km de là, est le siège de la monarchie swazi. Son passionnant **National Museum** (tél. 2416 1179 ; www.sntc.org.sz ; ouv. lun.-ven. 8h-17h ; entrée payante) consacre plusieurs salles à la royauté et à l'histoire du peuple swazi. Son ensemble de photographies monochromes de la fin du 19e siècle constitue sans doute le clou de la collection. La **Mantenga Nature Reserve ❺** (tél. 2416 1151/1178 ; www.sntc.org.sz ; ouv. tlj. 8h-22h ; entrée payante) s'étend 7 km au nord-ouest de Lobamba. Ce conservatoire luxuriant abrite une spectaculaire cascade dominée par Execution Rock (un rocher du haut duquel on précipitait jadis les meurtriers), ainsi que la reconstitution d'un village swazi traditionnel avec démonstrations artisanales et spectacles de qualité. Il est possible de passer la nuit sur place.

Dans le Mlilwane Wildlife Sanctuary, n'oubliez pas que la nature a tous les droits.

Sani Pass, à la frontière avec l'Afrique du Sud.

En 2008, le 40e anniversaire du roi Mswati III a donné lieu à des fêtes mémorables.

La vallée ne manque ni d'hôtels ni de complexes sportifs : on peut y jouer au golf, au bowling, au tennis, monter à cheval et profiter de son centre de remise en forme… comme de ses casinos et boîtes de strip-tease, survivance de l'époque pas si lointaine où les Sud-Africains s'offraient régulièrement des virées au Swaziland pour jouir de tous les plaisirs interdits par le gouvernement d'apartheid. Vous aurez également tout loisir d'acheter de l'artisanat dans la rue – le marchandage est de rigueur – et en boutique : les sculptures en stéatite ou en bois, les articles en perles et les tissages tiennent la vedette, rivalisant avec les bougies swazi en forme d'animaux.

Au cœur de la vallée, le **Mlilwane Wildlife Sanctuary** ❻ (www.biggameparks.org ; ouv. tlj. 6h-18h ; entrée payante) occupe d'anciennes terres agricoles aujourd'hui régénérées – imparfaitement, puisque des essences exotiques comme l'eucalyptus y prospèrent encore – sur lesquelles ont été réintroduits des rhinocéros blancs, des hippopotames, des girafes, des crocodiles, des koudous, des nyalas et des élands… Les léopards, toujours très discrets, sont à ce jour les seuls grands prédateurs de la réserve. Des affûts aménagés au bord des plans d'eau permettent d'observer des oiseaux comme le spréo améthyste *(Cinnyricinclus leucogaster)* et la grue de paradis *(Anthropoides paradisea)*. Vous pourrez explorer le parc au volant de votre propre véhicule, voire à cheval ou à VTT, ou bien partir en excursion, à pied ou en voiture, avec les guides du parc. Situé à une dizaine de kilomètres au sud de Mbabane, la Mlilwane dispose d'un campement agréable.

Foyer industriel du Swaziland, **Manzini** ❼ se trouve 40 km au sud-est de Mbabane, dans la vallée de l'Ezulwini. Fondée en 1889 sous le nom de Bremersdorp, la localité demeura le principal poste colonial britannique, puis boer, jusqu'à sa destruction, en 1902. On ne peut pas dire que cette ville, le deuxième centre urbain du Swaziland après Mbabane, déborde de personnalité. Toutefois, le grand marché installé à l'angle de Mancishane Street et de Mhlakuvane Street mérite une visite pour son artisanat d'excellente qua-

Lors de la fête annuelle des Roseaux.

lité. Des féticheurs et marchands de remèdes traditionnels y officient tous les jeudis. Cœurs sensibles s'abstenir !

PAYSAGES DE L'INTÉRIEUR

La **Mkhaya Nature Reserve** ❽ (www.biggameparks.org ; une nuitée sur place obligatoire), une luxueuse réserve privée, s'étend 90 km au sud-est de Mbabane. Le trajet vous fera découvrir des paysages changeants, des exploitations forestières du *highveld* à une savane arbustive semée de cases, en passant par les grasses prairies des abords de Manzini. Le *bushveld* à acacias de la Mkhaya permet d'observer parfaitement la faune, que vous fassiez l'excursion guidée à pied ou en voiture. C'est l'un des meilleurs sites du pays pour apercevoir le rhinocéros blanc et son cousin noir, beaucoup plus farouche. Aux abords du lodge, installé face au fleuve, vous aurez peut-être l'occasion de photographier un couroucou à joues vertes *(Narina trogon)*, un tchitrec d'Afrique *(Terpsiphone viridis)* ou une pintade huppée *(Guttera edouardi)*.

L'autre grande réserve du Swaziland, le **Hlane Royal National Park** ❾ (www.biggameparks.org ; ouv. tlj. ; campement accessible 24h/24 ; entrée payante) se trouve à 110 km de Mbabane par la MR3. Ses 70 000 ha de *bushveld* se déploient sur les contreforts des monts Lebombo. Chasse royale depuis l'époque coloniale, Hlane (prononcez "chlanè") a obtenu l'agrément de réserve privée en 1967. Son propriétaire, le roi Mswati III, s'y rend pour chasser l'impala quand la tradition ou l'étiquette le réclament. Parmi les hôtes de ce parc figurent également des hippopotames, des éléphants, des rhinocéros blancs, des girafes et des zèbres, ainsi que des lions, introduits avec succès pour la première fois dans le pays. L'observation des oiseaux – notamment des rapaces – s'avère aussi fructueuse. Hlane a su séduire une clientèle jeune et indépendante, qui apprécie l'accès direct au campement au départ de la grand-route. C'est en outre l'une des rares réserves d'Afrique du Sud à proposer des randonnées peu onéreuses, sans réservation, et offrant de très bonnes chances de croiser des rhinocéros et autres grands mammifères.

ARTISANAT SWAZI

Le Swaziland est réputé pour la qualité de son artisanat. Les fameuses bougies swazi revêtent toutes les formes – d'animaux notamment, de l'outarde à la girafe – et toutes les couleurs, jusqu'au bariolage psychédélique. Leur meilleur producteur, une entreprise de commerce équitable labellisée, s'appelle tout simplement Swazi Candles (tél. 528 3219 ; www.swazicandles.com). Idéal pour y dénicher quelques jolis cadeaux à rapporter.

À Ngwenya (23 km au nord-ouest de la capitale), la Ngwenya Glass Factory (tél. 2442 4053 ; www.ngwenyaglass.co.sz ; ouv. tlj. 8h-16h) produit de la vaisselle et des objets décoratifs design en verre recyclé.

Phumalanga Swaziland Tapestries, un atelier des Endlotane Studios (tél. 2442 4196), confectionne des tapisseries inspirées de l'art rupestre des San.

Transport hors du commun.

D'importantes précipitations neigeuses peuvent s'abattre sur les hautes terres du Lesotho l'hiver.

Éléphante et son petit dans la Mkhaya Nature Reserve.

Le Swaziland dispose de quelques atouts pour attirer les sportifs : Swazi Trails organise des descentes en raft du **Great Usutu ⑩**, au sud-est de Manzini (tél. 2416 2180 ; www.swazitrails.co.sz). Ses rapides de niveau I à IV font de ce fleuve – qui devient le Rio Maputo au Mozambique – un parcours très sportif, mais praticable en raft pour 2 sans moniteur. Navigable toute l'année, le turbulent Usutu coule au cœur d'une vallée sauvage de toute beauté ; des pitons volcaniques émergent des forêts, offrant d'excellents sites de descente en rappel, activité que vous pourrez combiner avec le parcours de rafting en une journée d'excursion complète.

LE NORD SAUVAGE

Aux confins nord-est du royaume, les réserves contiguës de **Mbuluzi, Mlawula** et **Shewula ⑪** (tél. 2444 324 ; www.sntc.org.sz ; ouv. tlj. ; accès payant) s'accrochent au flanc des monts Lebombo, sur la frontière du Mozambique. Mbuluzi et Mlawula protègent les épaisses forêts d'acacias qui prospèrent de part et d'autre des cours d'eau qui leur ont donné leur nom. De grands mammifères fréquentent ces 2 réserves – girafes, koudous, zèbres –, que vous pourrez explorer à pied sans danger, en admirant au passage quelques-unes des 350 espèces d'oiseaux répertoriées.

Très différente de Mbuluzi et Mlawula, Shewula est la seule réserve communautaire du Swaziland ; les circuits qui y sont proposés vous permettront d'approcher une culture plus moderne que rurale et traditionnelle, mais le campement sommaire, aménagé sur une crête, offre un panorama imprenable sur le *lowveld*.

La spectaculaire **Malolotja Nature Reserve ⑫** (tél. 2444 3241 ; www.sntc.org.sz ; ouv. tlj. : 6h30-18h en hiver, 6h-18h30 en été ; entrée payante) s'étend sur 18 000 ha, 35 km au nord de Mbabane, sur la route de Pigg's Peak. Y vivent l'endémique blesbok (damalisque à front blanc) et le gnou noir, l'impala et l'ourébi, ainsi qu'une colonie d'ibis du Cap qui niche sur les falaises d'où s'élancent les Malolotja Falls. Mais la réserve doit surtout sa réputation à la beauté de son cadre accidenté. Ses ravines boisées, ses cascades et ses

hauts plateaux sont pour la plupart accessibles à pied grâce à ses 200 km de sentiers de randonnée. Signalons que l'une des plus anciennes mines au monde, la Lion Cavern, se trouve à 16 km de l'entrée de la réserve, près de la mine de fer de Ngwenya. La technique de datation au carbone 14 a révélé que de la cuprite et de l'hématite en avaient été extraites il y a 41 000 ans.

Gérée par la National Trust Commission, la Malolotja dispose d'un terrain de camping et de cabanes de rondins avec coin cuisine. On y trouve également une boutique vendant des produits de première nécessité. À 24 km de la réserve, par la MR1, l'ancien village de mineurs de **Pigg's Peak** ⓭, niché au pied de collines couvertes de pinèdes et de plantations d'eucalyptus, constitue un agréable but d'excursion à la journée.

LE LESOTHO

Ce minuscule pays (30 355 km²) aux crêtes acérées et aux vallées encaissées au fond desquelles cascadent de bouillonnantes rivières culmine au Thabana Ntlenyana (3 482 m, le plus haut sommet d'Afrique australe), et son altitude lui a valu le nom poétique de "Royaume dans le ciel". Les 2 meilleures périodes de l'année pour le visiter sont mars-avril, avant que le froid n'interdise la baignade, et octobre-novembre, avant que les pluies d'été ne transforment les torrents en rapides. Ces époques sont également idéales pour admirer les fleurs – les cosmos blancs ou mauves qui, en automne, dessinent sur le paysage de grands lés contrastés, ou les délicates espèces afro-alpines qui parsèment les prairies d'éclats colorés au printemps et au début de l'été.

Pour explorer ses vallées et franchir ses cols, le solide poney basotho sera votre meilleur compagnon – à condition toutefois que vous disposiez d'une bonne constitution physique et d'un moral d'acier. Des centres équestres organisent des randonnées à travers ces montagnes à la beauté austère, avec hébergement à l'hôtel ou dans une case de pierre au toit de chaume. Si vous êtes capable de vous passer un temps d'eau chaude, d'électricité et de toilettes modernes, n'hésitez pas. Vous

À PROPOS

Le poney basotho est le produit d'élevages réalisés à partir de pur-sang capturés par les Sotho lors des guerres frontalières de l'Eastern Cape il y a plus d'un siècle.

Chaumière basotho.

L'un des principaux produits à l'exportation du Lesotho est la laine de ses chèvres angoras.

pouvez également visiter le Lesotho en 4x4, en solo ou encore dans le cadre d'un circuit guidé.

LES CITÉS MONTAGNEUSES DE L'OUEST

Il y a de fortes chances pour que vous fassiez une halte à **Maseru ❶**, la capitale du Lesotho – 2 fois plus vaste, mais aussi 2 fois plus laide que sa jumelle sud-africaine, Ladybrand, située de l'autre côté de la frontière. Quoi qu'il en soit, ses boutiques d'art et d'artisanat vous offriront un bon avant-goût des styles que vous découvrirez lors de votre circuit.

Le **Thaba Bosiu ❷**, la montagne de la Nuit, au sommet de laquelle le roi Moshoeshoe se retrancha avec son peuple pour échapper aux Zulu de Shaka, s'élève 25 km à l'est de Maseru par la B20. Au terme d'une brève, mais abrupte ascension, vous pourrez visiter les ruines du palais et le tombeau du roi, mais vous devrez pour cela louer les services d'un guide au centre d'accueil touristique, au pied de la montagne.

La ville de **Roma ❸**, remarquable pour ses constructions de grès, se trouve 33 km au sud-est de Maseru par l'A2 et l'A5. Siège de la National University of Lesotho, la seule université du pays, elle a été fondée par des missionnaires en 1863 au cœur d'une vallée boisée, cernée de falaises de grès souvent encapuchonnées de neige l'hiver.

Géologiquement, le Lesotho est constitué d'une massive couche de basalte (aucun point du pays n'est situé au-dessous de 1 400 m d'altitude) couronnant un soubassement de grès. Ce socle tendre comme du gruyère est truffé de grottes jadis occupées par les San, ces chasseurs-cueilleurs qui en ornèrent les parois de remarquables peintures et pétroglyphes *(voir p. 77)*.

L'un des sites rupestres san les mieux conservés est celui de **Ha Baroana**, une vingtaine de kilomètres au nord de Roma, près de la mission de Nazareth. La route qui y mène remonte des basses terres jusqu'aux contreforts des Maluti Mountains, d'où la vue sur Roma est spectaculaire. De **Nazareth**, une promenade fléchée de 5 km à pied vous conduira jusqu'au site, protégé par des grilles. Le gardien vous demandera une somme modique pour vous laisser pénétrer dans les grottes.

Coiffure basotho traditionnelle.

SUR LES SOMMETS ORIENTAUX

À l'est de Maseru, une série de cols magnifiques permettent de franchir les monts Maluti pour s'enfoncer au cœur du royaume. Particulièrement belle, la route de Thaba Tseka via **Marakabei** franchit notamment **Bushman's Pass** (2268m) et **Blue Mountain Pass** (2626m). On peut louer des poneys et planifier des excursions au départ du **Malealea Lodge & Pony Trek Centre**, installé au col de Molimo Nthuse (Dieu me garde en sesotho), à mi-chemin des 2 précédents.

À 115km au sud-est de la capitale vous attendent la paisible bourgade de **Semongkong** et les Maletsunyane Falls, des chutes saisissantes hautes de 192m. S'il faut moins d'une heure pour gagner Semongkong de Maseru en avion, comptez 3jours à cheval au départ du Malealea Lodge & Pony Trek Centre.

Si vous partez de Roma en 4x4, le trajet peut varier de quelques heures à quelques jours, selon la météo. Rappelez-vous que vous êtes au Lesotho, un pays où le mot aventure a conservé tout son sens.

Isolé et difficile d'accès, le spectaculaire **Sehlabathebe National Park** ❹ – unique parc national du Lesotho – figure avec son voisin du KwaZulu-Natal, l'uKhahlamba-Drakensberg, au Patrimoine mondial de l'Unesco depuis juin 2013. Ensemble, ils forment le parc transfrontalier Maloti-Drakensberg. Le Sehlabathebe est le premier site du Lesotho à bénéficier d'une telle distinction. Assez pauvre en grands animaux, hormis quelques reduncas des montagnes, péléas *(Pelea capreolus)* et ourébis, il abrite en revanche des gypaètes barbus – un oiseau rare – et des aigles noirs.

La station de ski d'**Oxbow** ❺, à 2700m, reçoit de 30 à 50cm de neige en plein hiver. Située 170km au nord-est de Maseru via Butha Buthe, sur la route de Sani Pass, Oxbow ne propose qu'un hébergement rudimentaire, mais elle est très prisée des jeunes Sud-Africains. L'été, vous pourrez ferrer la truite dans la Malibamatso River près du New Oxbow Lodge, où l'on vous renseignera sur les permis de pêche et d'où peuvent être organisées des excursions dans les environs. #

Les majestueuses chutes de la Maletsunyane.

Sur la propriété Vergelegen Estate, parfait exemple d'architecture Cape Dutch.

AFRIQUE DU SUD

CARNET PRATIQUE

TRANSPORTS

Comment s'y rendre 332
En avion............................... 332
En bateau 332
En car.................................. 332
En voiture de location 332
Comment s'y déplacer 332
En avion............................... 332
Liaisons aéroportuaires 333
Vols privés.......................... 333
En train 333
En car.................................. 333
En voiture............................ 334
Taxis 334

HÉBERGEMENT

Choisir un hôtel........................ 335
Réservations 335
Liste des hôtels......................... 336
Cape Town et presqu'île du Cap 336
Western Cape...................... 337
Garden Route 339
Eastern Cape 340
Durban et côte du KwaZulu-Natal (KZN) 341
Zululand 342
Drakensberg 344
Gauteng............................... 345
Mpumalanga et Limpopo 346
Du Gauteng à Cape Town..... 349
Swaziland et Lesotho.......... 350

RESTAURANTS

Cuisines.................................. 351
Restaurants............................ 351
Boissons................................. 351
Liste des restaurants.............. 352
Cape Town et presqu'île du Cap 352
Western Cape...................... 354
Garden Route 355
Eastern Cape 356
Durban 357
Zululand et Drakensberg..... 357
Gauteng.............................. 357
Mpumalanga et Limpopo..... 358
Du Gauteng à Cape Town..... 358

CULTURE & LOISIRS

Fêtes & Festivals 359
Culture 359
Vie nocturne 361
Shopping 362
Centres commerciaux 362
Art et artisanat.................... 362
Faire un achat...................... 362
Western Cape....................... 362
KwaZulu-Natal..................... 363
Gauteng.............................. 363
Mpumalanga........................ 363
Limpopo 363
Free State............................ 363
Spas....................................... 363
Sports & Loisirs 363
Activités d'aventure 363
Canoë 364
Cyclotourisme...................... 364
Deltaplane........................... 364
Équitation........................... 365
Escalade.............................. 365
Golf..................................... 365
Marathons........................... 365
Ornithologie 365
Pêche 366
Plongée 366
Rafting................................ 367
Randonnée pédestre............ 367
Safaris en 4x4 367
Sports nautiques dans l'arrière-pays 368
Surf 368
Voile.................................... 368
Vol à voile 368
Windsurf.............................. 368
Sports professionnels.............. 369
Courses hippiques 369
Cricket................................. 369
Football 369
Rugby 369
Avec vos enfants 369
Cape Town et presqu'île du Cap.................. 369
Garden Route 369
Durban 370
Gauteng............................... 370
Safaris 370
Réserves épargnées par le paludisme 370
Safari en solo 370

A-Z

Ambassades............................. 371
Argent 371
Budget..................................... 371
Climat...................................... 372
Décalage horaire..................... 372
Douanes 372
Électricité................................ 372
Enfants 372
Formalités............................... 372
Handicapés 373
Homosexuels 373
Horaires d'ouverture............... 373
Internet 373
Médias.................................... 373
Offices de tourisme................. 373
Poids & Mesures..................... 374
Santé 374
Sécurité.................................. 374
Services postaux 375
Services religieux.................... 375
Tarifs d'entrée 375
Télécommunications............... 375
Tour operators 375
Urgences 375

POUR EN SAVOIR PLUS

À lire 376
À voir 376
À écouter 376

COMMENT S'Y RENDRE

En avion

La majorité des vols internationaux atterrissent à l'**OR Tambo International Airport** (ex-Johannesburg International). Situé à Sandton, faubourg à l'est de Gauteng (environ 30 min de voiture), il permet de gagner en 4 heures de route Pretoria et le Kruger National Park. De l'aéroport d'OR Tango, vous pouvez atteindre pratiquement toutes les grandes villes d'Afrique du Sud ou prendre une correspondance pour les pays d'Afrique subéquatoriaux – tels que le Botswana, le Kenya ou la Namibie – ou de l'océan Indien comme l'île Maurice, Madagascar ou La Réunion.

Si vous n'avez aucune raison de passer par Johannesburg, sachez que quelques vols internationaux atterrissent à **Cape Town International Airport**, à **King Shaka International Airport** (près de Durban) et à **Kruger Mpumalanga International Airport** (près de Mbombela-Nelspruit).

La plupart des aéroports du pays sont gérés par la société Airports Company South Africa. Leur site Internet (www.airports.co.za) vous renseignera sur les services proposés ; pour plus d'infos sur les vols, appelez le 0867-277 888. Pour Kruger Mpumalanga International Airport, consultez www.kmiairport.co.za.

Compagnies aériennes

Les vols directs entre l'Europe et l'Afrique du Sud durent en moyenne de 10 à 12 heures ; un peu plus pour un vol avec escale, ce qui est toujours le cas si vous utilisez une compagnie aérienne africaine autre que SAA (South African Airways).

South African Airways (SAA)
Tél. 011-978 1111
www.flysaa.com

La compagnie nationale dessert la majorité des villes européennes, américaines, sud-américaines, australiennes et asiatiques. Consultez le site Internet pour connaître les destinations et les horaires.

Air France
www.airfrance.fr

British Airways
www.britishairways.com

Delta Air
www.delta.com

Emirates
www.emirates.com

KLM Royal Airlines
www.klm.com

Lufthansa
www.lufthansa.com

Virgin Atlantic
www.virgin-atlantic.com

Singapore Airlines
www.singaporeair.com

Swiss
www.swiss.com

En recherchant sur Internet ou en vous renseignant auprès de votre agence de voyages, vous trouverez des vols moins chers, notamment sur **Kenya Airways** (www.kenya-airways.com), **Ethiopian Airlines** (www.ethiopianairlines.com) et **Egypt Air** (www.egyptair.com).

En bateau

L'époque où vous pouviez embarquer à bord du courrier hebdomadaire qui reliait Southampton à Cape Town est depuis longtemps révolue.

Plusieurs croisiéristes font escale à Cape Town comme **Crystal Cruises** (www.crystalcruises.com), **Princess Cruises** (www.princesscruises.fr) et **Silversea Cruises** (www.silverseacruises.fr).

En car

Beaucoup plus rapide et moins cher que le train, le transport en car reste néanmoins long, fastidieux et parfois sportif, en fonction du chauffeur, et en raison des grandes distances qui séparent les villes principales.

Intercape Mainliner (*tél. 021-380 4400* ; www.intercape.co.za) dessert, au départ de Cape Town et/ou Johannesburg, Mbombela-Nelspruit, Maputo (Mozambique), Windhoek (Namibie), Livingstone (Zambie), et Harare (Zimbabwe) Gaborone (Botswana), Lilongwe et Mzuzu (Malawi). **Greyhound** (*tél. 087-352 0352* ; www.greyhound.co.za) propose également une liaison entre Johannesburg, Mbombela-Nelspruit et Maputo (Mozambique).

En voiture de location

Pour des raisons de sécurité et d'assurance, il est impossible d'entrer ou de sortir d'Afrique du Sud en provenance ou à destination du Zimbawe ou du Mozambique avec une voiture de location.

Au Botswana, si vous n'avez pas loué de 4x4, vous ne devrez pas vous écarter des routes goudronnées.

Pour vous rendre en Namibie, au Botswana, au Lesotho ou au Swaziland en voiture de location, il vous faudra vous procurer une autorisation écrite pour aller en Afrique du Sud.

COMMENT S'Y DÉPLACER

En avion

De nombreuses compagnies aériennes se disputent les destinations les plus fréquentées, telles que Johannesburg-Cape Town, aussi n'hésitez pas à surfer sur Internet pour dénicher les meilleures offres.

Réservez votre vol auprès des compagnies ci-dessous et profitez de leurs offres qui incluent l'hébergement et la location de voiture.

Bateau-taxi de Kalk Bay.

Kulula
Tél. 0861-585 852
www.kulula.com
Mango
Tél. 0861-001 234
www.flymango.com
SA Express
Tél. 0861-729 227
www.flyexpress.aero
Compagnie low-cost de SAA.

Liaisons aéroportuaires

OR Tambo International Airport

L'aéroport de Johannesburg se situe à environ 25 km du centre ville, à 35 km des faubourgs du nord et à 60 km de Pretoria.

Taxi Vous les trouverez à la sortie du hall d'arrivée. Comptez entre 200 et 500 R selon votre destination finale.

Car Beaucoup moins onéreuses, les navettes Magic Bus (*tél. 011-548 0800*; www.magicbus.co.za) vous déposeront devant votre hôtel.

Métro Le train rapide Gautrain (*tél. 0800-4288 7246*; www.gautrain.co.za, tlj. 5h15-22h) relie l'aéroport à Sandton, Rosebank, Midrand et Pretoria.

Location de voiture Les agences internationales (Avis, Europcar, Hertz et Thrifty) disposent toutes d'un guichet dans le terminal d'arrivée.

Hôtels Si vous ne faites qu'un stopover à Johannesburg, vous trouverez de nombreux hôtels aux abords de l'aéroport. Ils proposent tous des navettes gratuites à la sortie du terminal d'arrivée. Pour de plus amples informations, renseignez-vous auprès du bureau aéroportuaire de la Gauteng Tourism Authority (*ouv. tlj. 6h-22h*; www.gauteng.net).

Cape Town International Airport

L'aéroport se situe à 25 km à l'est du centre-ville et à 30 km de Stellenbosch, capitale viticole du pays. Si vous ne souhaitez pas prendre de taxi, sachez que de nombreux hôtels haut de gamme mettent à la disposition de leurs clients des navettes gratuites au départ de l'aéroport.

Car Les navettes My CITI (www.myciti.org.za) partent de l'aéroport toutes les 20 minutes vers la gare routière du Civic Centre situé sur Hertzog Boulevard. Plusieurs autres sociétés proposent une liaison pour le centre-ville: Randy's Tours (tél. 021-706 0166 ou 082-655 0529; www.randystours.com) et Backpacker Bus (*tél. 082-809 9185*; www.backpackerbus.co.za).

Location de voiture Les principales compagnies de location disposent d'un comptoir à l'aéroport. Renseignez-vous également auprès du bureau de Cape Town Tourism.

King Shaka International Airport

L'aéroport est situé à 35 km au nord de Durban. Vous y trouverez des taxis, des agences de location de voiture et des navettes (*tél. 031-465 1660 ou 465 5573*; shuttle.airportbus-transport.co.za).

Pour plus de renseignements concernant les transports aéroportuaires, contactez www.airports.co.za.

Vols privés

Si vous souhaitez découvrir les sites les plus reculés du pays, optez pour des vols privés en avion ou en hélicoptère. Bien entendu, cette aventure a un coût, mais il sera moindre si vous arrivez à trouver du monde pour remplir l'avion. Contactez les agences spécialisées:

Air Charter Service
Tél. 010-590 1098
www.aircharter.co.za
Civair
Tél. 021-934 4488
www.civair.co.za
Société basée à Cape Town.

En train

La société nationale **PRASA** (Passenger Rail Agency of South Africa, www.prasa.com) gère les services de trains urbains et nationaux. La ligne Cape Town-Johannesburg-Pretoria via Kimberley et Beaufort West fonctionne. Des trains relient également Johannesburg à Durban via Ladysmith et Pietermaritzburg, ainsi qu'à Port Elizabeth, Mbombela (Nelspruit), Komatipoort (à la frontière avec le Mozambique) et Musina, Bloemfontein à Kimberley et Cape Town à Queenstown. Les touristes empruntent rarement ces lignes. Si vous souhaitez toutefois tenter l'expérience, consultez les horaires sur le site www.shosholozameyl.co.za ou www.southafricanrailways.co.za (possibilité de réserver en ligne) ou appelez le 011-7744 555 (renseignements et réservations).

Quant à la société privée Rovos Rail, elle fait rouler un train de très grand luxe, le *Pride of Africa*. Dans l'une de ses 32 suites Royal, Deluxe ou Pullman, ce vieux train, magnifiquement restauré, vous conduira de Cape Town à Pretoria en 2 jours, ou à George en 24 heures. D'autres circuits de 1 à 12 jours sont aussi proposés, certains à destination des chutes Victoria.

Rovos Rail
Tél. 012-315 8242
www.rovos.com
Le célèbre *Blue Train*, quant à lui, vous transportera dans ses élégants compartiments de Cape Town à Pretoria, ou vice-versa, en 1 jour et 1 nuit, ou sur la Garden Route, de Cape Town à Port Elizabeth, en 1 jour et 2 nuits. Renseignements:
Tél. 012-334 8459 ou 8460 (Pretoria) 021-449 2672 (Cape Town)
www.bluetrain.co.za

En car

Les réseaux de transports publics sud-africains les plus fiables demeurent les cars haut de gamme reliant les grandes villes les unes aux autres, tels que le N 1, entre Johannesburg et Cape Town, le N 2, entre Cape Town et Durban, et le

Taxi, Cape Town.

N3, entre Durban et Johannesburg. Autres trajets aller-retour proposés : Uptington-Johannesburg, Uptington-Cape Town, Johannesburg-Musina, Johannesburg-Mbombela(Nelspruit), Johannesburg-Port Elizabeth, Johannesburg-East London. Sachez qu'un trajet de 1 400 km entre Cape Town et Johannnesburg dure environ 18 heures et coûte 750 R. Pour connaître tous les trajets et les horaires, consultez les sites :

Greyhound
Tél. 087-352 0352 ou 011-611 8000
www.greyhound.co.za

Translux
Tél. 0861-589 282
www.translux.co.za

Intercape Mainliner
Tél. 021-380 4400
www.intercape.co.za

Les petits budgets préféreront les **Baz Bus** (*tél. 021-422 5202 ou 0861-229 287* ; www.bazbus.com), car ils peuvent descendre et reprendre le bus plus tard. Ils desservent 2 fois par semaine Johannesburg, via l'uKhahlamba-Drakensberg, Durban, la Wild Coast, East London, Port Elizabeth et la Garden Route.

En voiture

Le réseau routier, excellent, compte quelque 750 000 km de voies goudronnées ainsi que des pistes en très bon état dans certaines régions du Northern Cape et dans les réserves. En dehors des villes, la circulation reste peu dense.

Règles de conduite

La conduite se fait à gauche et le pays ne plaisante pas avec le code de la route, notamment pour le port de la ceinture de sécurité à l'avant comme à l'arrière et les limitations de vitesse, bien signalées : autoroute 120 km/h, route de campagne 100 km/h, agglomération 60 km/h.

Les accidents dus aux excès de vitesse et aux conduites dangereuses sont toutefois nombreux. Soyez prudent et méfiez-vous des comportements des autres conducteurs, notamment des chauffeurs de *combis* (minibus-taxis) qui ont mauvaise réputation. Restez vigilant sur les routes de campagne, surtout au Swaziland : les troupeaux de bétail y vagabondent souvent. L'éclairage de nuit étant fréquemment défaillant, faites attention aux cyclistes et aux piétons.

Parcs nationaux et réserves

Dans les parcs et réserves, les limitations de vitesse, qui varient entre 25 km/h et 50 km/h, doivent être strictement respectées. Afin de calculer votre moyenne, sachez qu'en prenant en compte les arrêts photos, vous roulerez à 30-35 km/h sur les routes asphaltées et à 25-30 km/h sur les pistes. Des cartes, indiquant la distance entre chaque point, sont en vente à l'entrée des parcs. Rappelez-vous que dans la plupart des réserves il est strictement interdit de descendre de son véhicule en dehors des zones signalées.

Location de voiture

N'oubliez pas de prendre avec vous votre permis de conduire – un permis international n'est pas requis pour un court séjour si vous disposez d'une traduction officielle de votre permis. Selon les agences, il vous faudra être âgé au minimum de 21 ans ou 25 ans et être muni d'une carte bancaire.

Les agences de location offrent un large choix de gammes de voiture, mais rares sont celles qui incluent le kilométrage illimité. Prenez le temps de vous renseigner préalablement. S'il est aisé de réserver de chez vous auprès des grandes société de location, les prix seront un peu plus élevés que ceux pratiqués par les agences locales. La majorité des compagnies aériennes low-cost *(voir p. 332)* proposent également des offres promotionnelles sur les locations de voitures.

Comptez environ 300 R par/jour pour une berline, assurance et 200 km/jour inclus.

Agences de location

Les agences disposent d'un comptoir dans le terminal d'arrivée de chacun des principaux aéroports.

Avis
Tél. 086-1021 111, www.avis.co.za

Budget
Tél. 086-102 6622, www.budget.co.za

Hertz
Tél. 021-935 4800, www.hertz.co.za

Europcar
Tél. 086-113 1000, www.europcar.co.za

Taxis

En règle générale, les taxis disposent tous d'un compteur, bien que certains préfèrent pratiquer des tarifs forfaitaires. Quoi qu'il en soit, sachez que vous aurez à débourser 10 R/km environ, en fonction de la circulation. Les seules têtes de taxis existant en ville se trouvent à proximité des grands hôtels, aussi, le plus simple est de demander à la réception de votre hôtel de vous en appeler un. Sinon, vous pouvez contacter les compagnies suivantes :

U-Cabs (Durban)
Tél. 031-561 1846
www.ucabs.co.za

Intercab (Cape Town)
Tél. 021-447 7799
www.intercab.co.za

Rose Taxis (Johannesburg)
Tél. 083-255 0933

Rikki's
Tél. 0861-745 547
www.rikkis.co.za

Véritable institution de Cape Town, cette compagnie de taxis collectifs se révèle tout aussi fiable que ses concurrentes, mais nettement moins onéreuse.

Attention ! Le terme "taxi" en Afrique du Sud est aussi employé pour les *combis* (minibus en commun), beaucoup moins sûrs et souvent conduits par des chauffeurs quelque peu frénétiques.

AUTOMOBILE CLUB

Si vous êtes membre de l'Automobile Association internationale, sachez que vous bénéficierez gracieusement, sur présentation de votre carte, des services de l' **Automobile Association of South Africa** *(urgence : 0861-000 234 ;* www.aa.co.za*)*. Les non-membres peuvent profiter de ces services moyennant paiement.

HÉBERGEMENT

Choisir un hôtel

Quel que soit votre budget, vous aurez l'embarras du choix parmi les divers types d'infrastructures – de l'hôtel 5 étoiles à la rondavelle (hutte au toit de chaume) des réserves naturelles en passant par les Bed & Breakfasts, les motels et les fermes offrant vivre et couvert, les terrains de camping et de caravaning, ainsi qu'un excellent réseau d'auberges de jeunesse. Attention : le camping dans les parcs nationaux et dans les villes n'est pas forcément une formule économique.

Pour séjourner dans les parcs nationaux et participer à des circuits guidés, réservez longtemps d'avance et évitez les périodes de vacances scolaires. Les places de camping se retiennent directement auprès des parcs et des réserves.

Le prix de la chambre d'hôtel double varie d'environ 300 euros dans un 4 ou 5-étoiles à moins de 120 euros dans un hôtel plus modeste. Hors saison, de nombreux établissements 3 étoiles proposent des offres promotionnelles. Gîtes et fermes sont classés dans la catégorie des hôtels à petit budget.

Si vous souhaitez séjourner dans une auberge de jeunesse, comptez environ 12 euros par personne en dortoir et 40 euros pour une chambre double.

Il existe de multiples agences de réservation en ligne, à consulter sur les sites Internet suivants :
www.southafrica.net
www.bedandbreakfast.co.za

Chaînes hôtelières

City Lodges
Cette chaîne d'hôtels sans caractère, situés pour la plupart en ville, vise une clientèle d'affaires. Les chambres sont confortables et les prix avantageux. Le groupe gère les *Courtyard Hotels* (haut de gamme), ainsi que les *City Lodges*, les *Town Lodges* et les *Road Lodges* (par ordre décroissant de confort et de prix). Si vous réservez en ligne, vous pourrez bénéficier d'offres intéressantes.
Tél. 0861-563 437
(en Afrique du Sud uniquement)
Tél. 011-557 2600
www.citylodge.co.za

Portfolio Collection
Ce regroupement d'auberges, de Bed & Breakfasts et de lodges (dans les réserves) offre un hébergement de grande qualité et un service personnalisé. Il gère plus de 800 établissements dans le pays.
Tél. 021-701 9632
www.portfoliocollection.com
res@portfoliocollection.com

Protea Hotels
Ce groupe gère ou franchise plus de 100 hôtels dans les grandes villes comme dans des sites moins fréquentés tels Bathurst et Lambert's Bay. Les établissements sont très divers, mais le niveau des prestations est souvent élevé, et un bon nombre se révèlent charmants. Hors saison et le week-end, certains pratiquent des offres promotionnelles.
Tél. 0861-119 000
(en Afrique du Sud uniquement)
Tél. 021 430 5300
http://protea.marriott.com
info@proteahotels.com

Tsogo Sun
L'un des plus grands groupes hôteliers d'Afrique du Sud, Tsogo Sun gère plusieurs chaînes, des Sun Hotels (plusieurs établissements 5 étoiles) aux Garden Court et StayEasy en passant par Sun 1, aux tarifs économiques. Ces chaînes sont présentes dans les grandes villes du pays.
Tél. 0861-447 744
(en Afrique du Sud uniquement)
Tél. 011 461 9744
www.tsogosun.com
tsogosunhotels.contactus@tsogosun.com

Hébergement parcs & réserves

SANParks
Cet organisme, l'ancien National Parks Board, gère les 20 parcs nationaux du pays, Kruger et Kgalagadi inclus. Pour réserver votre hébergement, consultez le site Internet (www.sanparks.org) ou adressez-vous au siège de Pretoria.
Tél. 012 428 9111
reservations@sanparks.org

KNZ Wildlife
KZN Wildlife, principal organisme de protection de la nature du KwaZulu-Natal, gère 66 réserves et parcs de cette province, notamment au Zululand et Drakensberg. Vous pouvez réserver votre hébergement – camping compris, sauf quelques franchisés de luxe – sur le site Internet ou par téléphone.
Tél. 033-845 1000
www.kznwildlife.com

Crise de l'eau

L'Afrique du Sud, et plus particulièrement la région du Cap, traverse une grave crise de l'eau depuis 2018.

Des restrictions d'eau ont été imposées par les autorités locales. Certains hôtels sont donc contraints de réduire leur consommation d'eau (piscine, jardin), et des instructions sont laissées aux voyageurs afin de les inciter à réduire leur consommation également.

RÉSERVATIONS

Coast to Coast, excellente centrale de réservation et d'information, s'adresse surtout aux voyageurs à petit budget et aux backpackers. Sa brochure, *Coast to Coast*, régulièrement mise à jour, répertorie presque toutes les auberges de jeunesse du pays. Son site Internet permet de réserver facilement (www.coasttocoast.co.za).

LISTE DES HOTELS

GAMME DE PRIX
Les prix s'entendent pour une chambre double sans le petit déjeuner en haute saison :

R	**moins de 1 000 rands**
RR	**de 1 000 à 2 000 rands**
RRR	**de 2 000 à 3 500 rands**
RRRR	**plus de 3 500 rands**

CAPE TOWN ET PRESQU'ÎLE DU CAP

Centre-ville

Ashanti Lodge

11 Hof Street
Gardens
Tél. 021-423 8721
www.ashanti.co.za
Cette auberge de jeunesse implantée à Gardens et Green Point est une institution appréciée depuis longtemps des voyageurs à petit budget ; multiples prestations, bonne agence de voyages. Vous trouverez également une petite guesthouse à Garden. **R**

Avatara Guesthouse

25 Leinster Road
Green Point
Tél. 021-433 0341
www.avatara.co.za
Dans un quartier de caractère, cette *guest-house* privée, confortable et abordable, occupe un manoir victorien restauré. Vous y trouverez 5 chambres au décor personnalisé, certaines avec plancher et balcon. Le petit déjeuner vous sera servi dans une cour paisible. **RR**

Cape Grace Hotel

West Quay Road
V&A Waterfront
Tél. 021-410 7100
www.capegrace.com
En sa qualité de membre des Leading Small Hotels of the World, le Cape Grace associe un service haut de gamme à un chic et un charme de bon aloi. Il abrite 120 chambres et suites luxueusement meublées et équipées, avec vue sur la baie et Table Mountain. Le spa propose des soins qui vous feront découvrir la médecine traditionnelle africaine. Envie de passer une bonne soirée ? Offrez-vous un verre au Bascule Whisky Bar (bar à vins et à whiskys), puis un repas gastronomique au Signal Restaurant. **RRRR**

Cape Town Hollow Boutique Hotel

88 Queen Victoria Street
(centre-ville)
Tél. 021-423 1260
www.seasonsinafrica.com
Face au Company's Garden, ce petit hôtel 4 étoiles bien tenu conviendra particulièrement aux amateurs de musées ou à ceux qui recherchent la proximité de Long Street et de sa vie nocturne. Chambres très confortables pour le prix, dont certaines jouissent d'une belle vue sur les jardins et les montagnes. Un havre de paix. **RRR**

Daddy Long Legs Art Hotel

134 Long Street
(centre-ville)
Tél. 021-422 3074
www.daddylonglegs.co.za
Apprécié des backpackers, cet hôtel *arty* est unique en son genre. Les 13 chambres, toutes différentes, ont été décorées par un artiste connu de Cape Town. Une adresse centrale offrant un bon rapport qualité-prix. **R**

Derwent House

14 Derwent Road
Tamboerskloof
Tél. 021-422 2763
www.derwenthouse.co.za
Mêlant une décoration élégante à des motifs contemporains africains, ce boutique-hôtel séduit sa clientèle grâce à des atouts de choix, dont un excellent service et des prestations haut de gamme. Situation idéale, à proximité d'une dizaine de restaurants. Une aubaine pour le prix. **RR**

Kensington Place

38 Kensington Crescent
Higgovale
Tél. 021-424 4744
www.kensingtonplace.co.za
Un élégant petit hôtel de 8 chambres au cœur de Cape Town, sans doute l'un des meilleurs de la ville dans sa catégorie. **RRR**

Mount Nelson Hotel

76 Orange Street
Gardens
Tél. 021-483 1000
www.mountnelson.co.za
Une institution depuis un siècle où ont séjourné, entre autres, Winston Churchill et lady Colefax. Cet hôtel rose pâle, affectueusement baptisé "Nellie", est l'adresse préférée des célébrités, des chefs d'État et des têtes couronnées. Un temple du luxe et de l'opulence. **RRRR**

Peninsula All-Suite Hotel

313 Beach Road
Sea Point
Tél. 021-430 7777
www.peninsula.co.za
Sur le Platinum Mile, un vaste hôtel moderne comprenant 110 chambres et suites spacieuses et luxueuses, face à la mer. Également des deux-pièces avec cuisine qui séduiront particulièrement les familles. Au restaurant, généreux éventail de spécialités internationales et malaisiennes. **RR-RRR**

Protea Hotel Breakwater Lodge

Portswood Road
V&A Waterfront
Tél. 021-406 1911
www.breakwaterlodge.co.za
Cette ancienne prison du 19e siècle vous reçoit juste en face du V&A Waterfront, réputé pour ses restaurants et ses boutiques. Ses chambres possèdent tout le confort moderne, et les tarifs restent très abordables. **RR**

The Grey

49 Napier Street
De Waterkant
Tél. 021-421 1106
www.thegreyhotel.co.za
Dans un quartier central et branché vous attendent un petit boutique-hôtel abritant 13 chambres, une villa privée et des maisons indépendantes toutes équipées. Le must : piquer une tête dans la piscine située sur le toit-terrasse du lodge principal. **RR**

The Westin Cape Town

1 Lower Long Street
Tél. 021-412 9999
www.westincapetown.com
Tout de verre et de granit, l'ex-Sheraton se veut résolument moderne. Le 5-étoiles, situé en face de l'International Convention Centre, s'entoure d'une belle brochette de restaurants et de bars, où décompresser entre 2 conférences. **RRRR**

L'élégant Cape Grace Hotel

Presqu'île du Cap

Andros Boutique Hotel

Angle Phyllis et Newlands Road
Claremont
Tél. 021-797 9777
www.andros.co.za
Dans un élégant manoir centenaire, dont l'architecture Cape Dutch est signée sir Herbert Baker, cette retraite 5-étoiles idéale dispose de 12 chambres et de 3 suites dominant un jardin ombragé émaillé d'une piscine. Situation quelque peu isolée – à déconseiller si vous n'êtes pas motorisé. **RRR**

The Bay Hotel

69 Victoria Road
Camps Bay
Tél. 021-430 4444
www.thebayhotel.co.za
Cet établissement moderne offre un substitut aux autres hôtels de luxe de la ville, pour la plupart installés dans des monuments historiques. Chaque chambre jouit d'une vue magnifique sur la mer ou la montagne. **RRRR**

Cape Point Vila & Cottage

59 Cape Point Road
Castle Rock, Simon's Town
Tél. 021-786 3891
ou 084-443 5545
www.capepointcottage.co.za
Nichés à 5 min du Table Mountain National Park, côté cap de Bonne-Espérance, ces 2 cottages indépendants ne manqueront pas de séduire les passionnés de nature. Vous pourrez même vous faire livrer vos provisions à domicile (service payant). Bon rapport qualité-prix. **R**

The Cellars-Hohenort

93 Brommersvlei Road
Constantia
Tél. 021-794 2137
www.thecellars-hohenorthotel.com
Les chais de l'ancien domaine viticole de Klaasenbosch (17e siècle) ont été convertis en hôtel de charme, inscrit dans les vastes jardins paysagers qui bordent le Kirstenbosch Botanical Garden. Restaurant réputé, bonne cave, piscine, courts de tennis et sentiers de randonnée à proximité. **RRRR**

Green Elephant

57 Milton Road
Observatory
Tél. 021-448 6359
www.greenelephant.co.za
Situé dans le quartier branché d'Observatory, cet hôtel apprécié des *backpackers* est idéal pour rencontrer d'autres voyageurs. Chaque chambre arbore une fresque aux couleurs vives. Large choix d'excursions et d'activités à la journée. **R**

The Last Word Constantia

Spaanschemat River Road
Constantia
Tél. 021-794 7657
www.thelastword.co.za
Vous y séjournerez au cœur des vignobles de Constantia, non loin des plages et des commerces (en voiture). Dans cet hôtel adepte du luxe, tout est fait pour votre confort. Chambres spacieuses et bien équipées, avec climatisation. Petit déjeuner complet à l'anglaise. **RRR**

Lord Nelson Inn

58 St George's Street
Simon's Town
Tél. 021-786 1386
www.lordnelsoninn.co.za
Non loin du British Hotel, une auberge ravissante et confortable, près de la colonie de pingouins de Boulders Beach et de la Cape of Good Hope Nature Reserve. Prix des chambres et des repas très abordables. **RR**

Simon's Town Boutique Backpackers

66 St George's Street
Simon's Town
Tél. 021-786 1964
www.capepax.co.za
À égale distance d'une gare et d'édifices anciens, de bons restaurants et de Boulders Beach, cette auberge de jeunesse est l'une des mieux situées parmi les 40 établissements de même catégorie de la région du Cap. Paysage fantastique. **R**

Twelve Apostles Hotel

À 2 km au sud de Camps Bay
Victoria Road
Tél. 021-437 9000
www.12apostleshotel.com
Régulièrement élu parmi les "Best Hotels and Resorts in South Africa", cet hôtel chic mais décontracté offre un bel éventail de chambres donnant sur la mer. Le spa, gigantesque, est ponctué de bassins et de cabines vapeur. Au restaurant Azure, cuisine sud-africaine et vue sur l'océan. **RRRR**

WESTERN CAPE

Langebaan

Langebaan & West Coast National Park Windtown Lagoon Resort

9 Bree Street
Tél. 022-772 1064
www.windtown-sa.com
Installé depuis peu dans le centre de Langebaan, cet hôtel où modernité rime avec simplicité offre un point de chute parfait pour explorer le West Coast National Park, voisin. Bonne cuisine et tarifs raisonnables. **R**

Lambert's Bay

Lambert's Bay Hotel
72 Voortrekker Street
Tél. 027-432 1126
www.lambertsbayhotel.co.za
Dans ce joli village réputé pour ses oiseaux et ses bons restaurants de fruits de mer, un hôtel tout confort en face du port offrant 47 chambres. **RR**

Clanwilliam

Vrede-Oord Guest Farm
Old Klawer Road
à 5 km de la ville
Tél. 027-482 1333
ou 082-496 3827
www.vredeoord.co.za
La guest-house vous reçoit en toute décontraction au beau milieu d'une plantation d'agrumes qui longe le cours de l'Olifants. Tarifs et piscine sympathiques. **R**

Cederberg

Alpha Excelsior Guest Farm
26 km à l'est de Clanwilliam
Pakhuis Pass
Tél. 027-482 2700
www.alphaexcelsior.co.za
Randonneurs, alpinistes et passionnés d'art rupestre raffolent de cette ferme ancienne, coiffée de chaume, qui a du cachet à revendre. Producteur de vin et d'olives, le propriétaire a un vrai sens de l'hospitalité. Pas de restauration, mais café ouvert en haute saison. Prix légers. **R**

Bushmans Kloof
43 km de Clanwilliam
(dir. Wupperthal via Parkhuis Pass)
Tél. 021-437 9278
www.bushmanskloof.co.za
Une oasis ultraluxueuse, au milieu de nulle part, croulant sous les récompenses. Vous aimerez sa tranquillité, sa cuisine gastronomique, ses safaris et randonnées qui serpentent à travers une nature vierge recelant quelque 130 sites d'art rupestre préhistorique. Un spa somptueux vous remettra de vos émotions. **RRRR**

Jamaka Farm Cottages
Algeria Road, environ 25 km au sud de Clanwilliam
Tél. 027-482 2801
www.jamaka.co.za
Dans cette plantation d'agrumes et de rooibos nichée au creux d'une vallée du Cederberg cernée par les montagnes, la culture bio est de mise. La simplicité aussi ; 12 cottages équipés d'une cuisine et camping au bord de l'eau. Idéal pour les randonneurs désireux de se mesurer à Wolkberg Arch et Maltese Cross. **R**

Stellenbosch

Devon Valley Hotel
Devon Valley Road
(6 km de Stellenbosch)
Tél. 021-865 2012
www.devonvalleyhotel.com
Installé dans le Sylvanvale Estate – un vignoble reconnu pour son cabernet sauvignon –, cet hôtel de taille moyenne dispose d'aménagements pour personnes handicapées, d'une piscine et de 2 bons restaurants. **RR**

D'Ouwe Werf
30 Church Street
Tél. 021-887 4608
www.ouwewerf.com
Fondé il y a plus de 200 ans, cet établissement chic du vieux Stellenbosch doit sa réputation à son architecture Cape Dutch, à sa décoration d'époque et à son service personnalisé. Excellente cuisine traditionnelle du Cap et très belle carte des vins. **RR**

Lanzerac Hotel and Spa
Lanzerac Street
Tél. 021-887 1132
www.lanzerac.co.za
Ce manoir vieux de 300 ans est entouré de vignobles réputés, de superbes jardins paysagers et de chênes centenaires. Suites dignes d'un 5-étoiles, cuisine malaisienne, centre de remise en forme et spa. **RRRR**

Stumble Inn
12 Market Street
Tél. 021-887 4049
www.stumbleinnbackpackers.co.za
Une auberge de jeunesse dynamique, qui bénéficie d'un emplacement central. Piscine, TV/satellite et excursions œnologiques à prix intéressants. **R**

Franschhoek

Franschhoek Manor
Dassenberg Road
(à 1 km du centre de Franschhoek)
Tél. 021-876 4455
www.franschhoekmanor.co.za
Dissimulé par de vastes jardins au bord du fleuve, ce paisible lodge privé occupe un charmant manoir Cape Dutch au décor d'époque. Vous y attendent 8 chambres décorées et personnalisées avec goût, un petit déjeuner gourmand et une petite troupe de chats affectueux... À la campagne, mais à moins de 5 min en voiture de quelques-uns des meilleurs restaurants du pays. Excellent rapport qualité-prix. **RRR**

Le Quartier français
Tél. 021-876 2151
https://leeucollection.com/lqf
Au cœur de ce ravissant village, un hôtel plein de cachet, dans un patio fleuri émaillé d'une piscine. Halte idéale sur la Route des vins. Restaurant très réputé. **RRRR**

Storms River Mouth Rest Camp, Tsitsikamma.

Paarl

Grande Roche Hotel

Plantasie Street
Tél. 021-863 5100
www.granderoche.com
Au milieu des vignobles, ce manoir Cape Dutch du 18e siècle est l'un des meilleurs établissements d'Afrique du Sud. L'hébergement y est luxueux et le service excellent. Cuisine gastronomique accompagnée d'une très belle carte des vins. Piscine, courts de tennis et salle de gym. **RRR**

Picardie Guest Farm

11 Laborie Street
Tél. 021-863 3357
www.picardie.co.za
Au pied du massif de Paarl, une petite ferme proposant plusieurs types d'hébergement : B&B, appartements indépendants ou unités pour *backpackers*. **R**

Hermanus

Harbour Vue Guesthouse

84 Westcliff Road
Tél. 028-312 4860
Dominant le nouveau port – à 50 m du sentier des douaniers fréquenté par les observateurs de baleines –, cette petite et chaleureuse guesthouse offre une belle vue sur la mer du 1er étage, des chambres propres et spacieuses (lits *kingsize*) et de bonnes prestations incluant wifi, piscine et 2 *lounges*. **RR**

The Marine Hermanus

Marine Drive
Tél. 028-313 1000
www.themarinehotel.co.za
Pionnier du boom touristique de Hermanus en 1902, ce superbe hôtel perché sur une falaise compte depuis sa rénovation 42 chambres et suites personnalisées. Vue sur Walker Bay ou le massif des Kleinriviersmond. **RRRR**

Agulhas

Arniston Spa Hotel

Beach Road
Tél. 028-445 9000
www.arnistonhotel.com
Cet hôtel chaleureux et sans prétention, proche de Kassiesbaai, petit port de pêche bien tranquille, est le lieux de rendez-vous des voyageurs. Chambres spacieuses et lumineuses, presque toutes avec vue sur la mer. Offrez-vous un gin tonic en terrasse, face à l'océan. **RR**

De Hoop Collection

Tél. 021-422 4522
www.dehoopcollection.co.za
Divers types d'hébergement (camping, cottages, *rest camp*) pour tous les budgets, dans la De Hoop Nature Reserve, à l'est d'Agulhas. Un site sous-estimé. **RR**

Swellendam

Schoone Oord Country House

1 Swellengrebel Street
Tél. 028-514 1248
www.schooneoordt.co.za
Aménagée dans une résidence privée, inaugurée dans les années 1740 et reconstruite en 1843 à la suite d'un incendie, cette guesthouse, dont la façade s'orne d'une double galerie, cultive son charme suranné. Pour autant, la cuisine du restaurant dans la véranda ne saurait être plus contemporaine. **RR**

GARDEN ROUTE

Mossel Bay

The Point Hotel

Point Road
Tél. 044-691 3512
www.pointhotel.co.za
Cet hôtel 4 étoiles domine le front de mer rocheux de Mossel Bay – toutes les chambres possèdent une belle vue. Situation idéale pour explorer les musées de la ville ou les sentiers de randonnée. **RR**

Protea Hotel Mossel Bay

Angle Church et Market Streets
Tél. 044-691 3738
www.marriott.fr
Au centre-ville, cet ancien entrepôt (1846) dispose de 30 chambres tout confort décorées avec goût. Le Café Gannet y sert d'excellents fruits de mer. **RR**

George

Acorn Guest House

4 Kerk Street
Tél. 044-874 0474
www.acornguesthouse.co.za
Une demeure victorienne rénovée, idéalement située près des meilleurs restaurants et sites touristiques de George. Chambres confortables, piscine et accès wi-fi. Bon rapport qualité-prix. **RR**

Oudtshoorn

Eight Bells Mountain Inn

Sur la R328
(entre Mossel Bay et Oudtshoorn)
Tél. 044-631 0000
www.eightbells.co.za
Cette auberge familiale haut de gamme, nichée parmi les somptueux paysages du sud d'Oudtshoorn, associe caractère et confort. Très bel éventail d'activités. **RR**

Rosenhof Country House

264 Baron Van Rheede Street
Tél. 044-272 2232
www.rosenhof.co.za
Aménagée dans une résidence victorienne datant de l'époque du boom de l'autruche, cette guesthouse 5 étoiles propose de vastes chambres tout confort – centre de remise en forme, piscine, bar et restaurant rustique adjacents. **RRR**

Wilderness/Knysna

Eden's Touch

Sur la N2, à l'est de Knysna
Tél. 083-253 6366
www.edenstouch.co.za
Sur la route de Plettenberg Bay vous attendent 5 grands chalets avec cuisine et TV/sat., dressés en plein *fynbos*, à la lisière d'une forêt privée. Un refuge idyllique. **RR**

Knysna Backpackers

42 Queen Street
Knysna
Tél. 044-382 2554
knysnabackpackers.co.za
Installée dans un manoir victorien, cette auberge de jeunesse est la plus calme de son genre, dans le centre de Knysna. Dortoirs et chambres. **R**

Knysna River Club

Sun Valley Drive
Knysna
Tél. 044-382 6483
www.knysnariverclub.co.za
Sur la rive du Brenton Lagoon, un petit domaine très prisé qui comprend 35 chalets en rondins équipés d'une cuisine. Restaurant, piscine et location de canoës. **RR**

Lake Pleasant Living

Sun Valley Drive
(entre Wilderness et Knysna)
Tél. 044-349 2400

www.lakepleasantliving.com
Idéalement campé au bord du lac Groenvlei, cet établissement dispose d'un centre de remise en forme et d'un bistrot. Activités incluant golf, promenades ornithologiques, pêche au *largemouth bass* (perche truitée) et balades en barque. **RR**

Moontide

Touws River Road
Tél. 044-877 0361
www.moontide.co.za
Cadre somptueux pour cette guest-house familiale de 8 chambres : sa terrasse ombragée par un vénérable sideroxylon donne sur le cours de la Touws. Bon rapport qualité-prix. **RR**

Views Boutique Hotel

South Street
Wilderness
Tél. 044-877 8000
www.viewshotel.co.za
La plupart de ses chambres bénéficient d'une vue fabuleuse. Spa santé, 2 restaurants et vaste piscine auprès de laquelle vous pourrez siroter un cocktail quand la mer se fait houleuse. **RRRR**

Wilderness Rest Camp

Tél. 044-302 5600
www.sanparks.org
Dans un décor de rêve au bord de la Touws, emplacements de camping et bungalows à prix abordables. *Rest camp* également appelé Ebb & Flow. **R**

Plettenberg Bay

Albergo for Backpackers

6-8 Church Street
Tél. 044-533 4434
www.albergo.co.za
Perchée sur une colline, entre les boutiques du centre et la plage, une auberge de jeunesse tranquille. Dortoirs, camping et chambres. Activités et excursions. **R**

Bitou River Lodge

Tél. 044-535 9577
www.bitou.co.za
Cet établissement de luxe de seulement 5 chambres est posé sur la rive boisées de la Bitou (sur laquelle on peut pratiquer le canoë), à 10 km de Plettenberg Bay. **RRR**

The Plettenberg

40 Church Street
Tél. 044-533 2030
www.theplettenberghotel.com
L'hôtel le plus prestigieux de la Garden Route a des allures de manoir anglais. Table de premier ordre, vue époustouflante sur l'océan et prestations irréprochables. **RRRR**

Tsitsikamma

Storms River Mouth Rest Camp

Tél. 044-302 5600
www.sanparks.org
Installé sur la côte sauvage à l'embouchure du Storms, ce superbe camp de parc national propose des emplacements de camping devant la plage et des bungalows confortables mais très raisonnables. **R**

EASTERN CAPE

Addo Elephant National Park

Addo Rest Camp

Tél. 042-233 8600
www.sanparks.org
Rest camp situé à l'entrée principale de l'Addo Elephant National Park. Chalets et rondavelles à prix abordables, camping et caravaning. Également restaurant, magasin et pompe à essence. **R**

Kwandwe Game Reserve

160 km de Port Elizabeth
sur la R67
Tél. 046-603 3400
www.kwandwe.com
En lisière de l'Addo Elephant National Park, cette réserve privée haut de gamme organise des sorties permettant d'observer les *Big Five*. Elle dispose de 4 lodges, dont River Lodge, aménagée sur les berges émaillées d'aloès et d'euphorbes du Great Fish, grand classique de l'hébergement safari de luxe, et Ecca Lodge, à flanc de colline, agrémentée de larges terrasses en bois et de hautes baies vitrées. **RRRR**

Port Elizabeth

Brighton Lodge

21 Brighton Drive
Summerstrand
Tél. 041-583 4576
www.brightonlodge.co.za
Dans un quartier paisible à seulement une rue de la plage, cette guesthouse pratique aux tarifs raisonnables propose des chambres confortables avec kitchenette. Boutiques et restaurants à proximité. **RR**

City Lodge Port Elizabeth

Angle Beach et Lodge Roads
Summerstrand
Tél. 041-509 2000
www.citylodge.co.za
Dominant Humewood Beach, un hôtel de chaîne dont les chambres sont climatisées et aménagées pour les handicapés. Restaurant et piscine. Bon rapport qualité-prix. **RR**

Hippo Backpackers

14 Glen Road
Richmond Hill
Tél. 041-585 6350 ou 082-593 1751
www.thehippo.co.za
Les *backpackers* apprécient sa situation centrale et son choix d'hébergement – dortoirs, chambres single ou doubles. Bel éventail d'excursions, dont des safaris à l'Addo Elephant National Park. **R**

Shamwari Game Reserve

Tél. 042-203 1111
www.shamwari.com
Cette réserve privée – très onéreuse – a gagné de nombreuses récompenses internationales pour l'excellence de son hébergement et de ses sorties guidées, qui permettent d'observer les *Big Five*. Sept lodges luxueux climatisés. **RRRR**

Cradock

Mountain Zebra National Park

Tél. 048-881 2427
www.sanparks.org
Logements abordables et agréables (avec cuisine) et terrain de camping. **R**

Rhinocéros blanc, Shamwari Game Reserve.

Die Tuishuise

Market Street, Cradock
Tél. 048-881 1322
www.tuishuise.co.za
Distillant un charme très "vieille Europe", cet établissement original englobe plusieurs maisons d'artisans restaurées et décorées dans le style victorien. Une aubaine. **R**

Graaff-Reinet

Buiten Verwagten Guesthouse

58 Bourke Street
Tél. 049-892 4504
www.buitenverwagten.co.za
Occupant un manoir datant de 1840, cette guesthouse familiale de caractère ne craint guère la concurrence locale. Piscines chauffée et non chauffée, spa santé ; proche de restaurants et boutiques. **RR**

Nieu-Bethesda

Owl House Backpackers

Martin Street
Tél. 049-841 1642
www.theowlhouse.co.za
Un Bed & Breakfast peu onéreux, aménagé dans la fameuse Owl House. Le personnel vous indiquera les randonnées et les sites d'art rupestre des environs. **R**

Grahamstown

The Cock House

10 Market Street
Tél. 046-636 1287
www.cockhouse.co.za
Logeant dans un bâtiment des années 1820, cette auberge très prisée est proche des édifices anciens et des musées de la Ville des saints. **RRR**

Makana Resort

Grey Street
Tél. 046-622 2159
www.makanaresort.co.za
Ancien terrain de caravaning municipal, ce complexe privatisé propose un terrain de camping et des logements indépendants (avec cuisine) abordables dans des jardins en lisière sud-ouest du centre-ville. **R**

Hogsback

Away with the Fairies

Ambleside Close
Tél. 045-962 1031
www.awaywiththefairies.co.za
Dans un vaste domaine peuplé de singes et d'oiseaux colorés, cette excellente auberge de jeunesse comprend des chambres, des dortoirs, des emplacements de camping et un restaurant. Une base idéale pour les voyageurs à petit budget souhaitant explorer la chaîne des Amatola. **R**

Hogsback Inn

Main Road
Tél. 045-962 1006
www.hogsbackinn.co.za
Ambiance chaleureuse, décoration un peu vieillotte et prix raisonnables. Cette auberge de campagne dispose de chambres correctes et de cabanes en bois (avec cuisine). Équitation, pêche, VTT et observation des oiseaux. **R**

Port Alfred

Halyards Hotel

Albany Road
Tél. 046-624 8525
www.riverhotels.co.za
Fleuron de la Royal Alfred Marina, cet hôtel réputé est un bel exemple de l'architecture de Cape Cod. Ses chambres, douillettes et élégantes, donnent pour la plupart sur la mer. **RR**

East London

Hemingways Hotel

Angle Western Bypass
et Two Rivers Drive
Tél. 043-707 7777
www.hemingways.co.za
Membre de la chaîne de luxe Tsogo Sun, cet hôtel associe une architecture Key West à un décor moderne et coloré. Casino, salle de gym et restaurant attenants. **RR**

Premier Hotel King David

Angle Currie Street
et Inverleith Terrace
Tél. 043-722 3174
www.premierhotels.co.za
Entre le centre-ville et les plages, 80 chambres climatisées avec téléphone. Une adresse particulièrement prisée des hommes d'affaires. **RR**

Premier Hotel Regent

22 Esplanade
Beachfront
Tél. 043- 709 5000
www.premierhotels.co.za
Ce grand établissement moderne compense son manque d'originalité par son souci du confort, la qualité de ses prestations et son emplacement central, en front de mer. **RR**

Wild Coast

Cremorne Riverside Holiday Resort

Port St John's
Tél. 047-564 1110 ou 076-430 2194
www.cremorne.co.za
Bungalows rutiques aménagés sur les berges luxuriantes de l'Umzimvubu River, en face de Port St John's. Le plus : bonnes prestations et cadre de rêve. **RR**

Kob Inn Beach Resort

Qora Mouth
Tél. 047-499 0011 ou 083-452 0876
www.kobinn.co.za
Cet hôtel confortable est posé sur la plage, à l'embouchure du Qora. Emplacement idéal pour les activités de plage, la pêche et la randonnée. Une adresse idéale pour les familles. **R**

DURBAN & CÔTE DU KWAZULU-NATAL (KZN)

Durban

Essenwood House

630 Stephen Dlamini (Essenwood)
Berea
Tél. 031-207 4547ou 083-653 1910
www.essenwoodhouse.co.za
Ce domaine des années 1920, dont les vastes jardins surplombent le centre-ville et l'océan, abrite 6 suites. Service personnalisé. **RR**

Goble Palms

120 Smiso Nkwanyana (Goble) Road,
Morningside
Tél. 031-312 2598 ou 082-660 8840
www.goblepalms.co.za
Dans une propriété victorienne, une auberge luxueuse. Vue magnifique sur la mer. **RR**

Royal Hotel

267 Anton Lembede (Smith) Street
Tél. 031-333 6000
www.theroyal.co.za
Cet établissement à la façade blanche et neutre cache un intérieur spacieux et luxueux qui se targue d'être "le dernier bastion de l'Empire britannique". Il compte 4 restaurants, dont l'Ulundi, réputé pour ses délicieux currys. Air conditionné, centre de remise en forme et piscine. **RR**

Southern Sun Elangeni & Maharani

63 Snell Parade

Tél. 031-362 1300
www.tsogosun.com
Membre de la chaîne Tsogo Sun, il en impose avec ses 734 chambres élégantes offrant une vue imprenable sur le Golden Mile de Durban, ses 2 salles de fitness, ses 3 piscines dont une chauffée, et ses 6 restaurants et bars. **RR**

Tekweni Backpackers Hostel

169 Ninth Avenue
Morningside
Tél. 031-303 1433
www.tekwenibackpackers.co.za
L'une des meilleures auberges de jeunesse de Durban ; chambres et des dortoirs répartis dans 3 maisons près de Florida Road. Tekweni Ecotours propose des excursions culturelles et des expéditions de qualité. **R**

Côte du KwaZulu-Natal

Margate Beach Lodge

24 Panorama Parade, Margate
Tél. 039-312 0455
www.margatebeachlodge.co.za
À quelques minutes à pied de la plage, cet hôtel offre des chambres confortables et des appartements équipés de cuisine. Au restaurant, spécialités allemandes. Piscine. **R**

Oribi Gorge Camp

Tél. 072-042 9390
www.kznwildlife.com
Ce petit *rest camp* jouissant d'une magnifique vue sur les gorges de l'Oribi comprend 6 cottages et un chalet (7 lits) destiné aux petits budgets. **R**

Oribi Gorge Hotel

Fairacres
Tél. 039-687 0253
www.oribigorgehotel.co.za
Chambres douillettes à prix doux dans un jardin bénéficiant d'une vue superbe sur Oribi Gorge. Belle gamme d'activités de plein air. **RR**

Protea Hotel Karridene Beach

Old South Coast Road,
Illovo Beach
Tél. 031-916 7228
www.karridene.co.za
Hôtel moderne doté de nombreuses installations sportives. Chambres climatisées avec téléphone. Restaurant, aménagements pour personnes handicapées, piscine et restaurant. **RR**

Selborne Hotel Spa & Golf Estate

Pennington
Tél. 039-688 1800
www.selbornehotel.com
À 40 min au sud de Durban, un joli manoir décoré d'antiquités et de peintures. Jardins tropicaux peuplés d'oiseaux. Bon terrain de golf. **RRR**

ZULULAND

Umhlanga Rocks

Beverly Hills Hotel

1 Lighthouse Road
Tél. 031-561 2211
www.tsogosun.com
Sur la côte, à seulement 10 min de Durban. Établissement luxueux, ouvert aux familles ; chambres spacieuses avec vue sur la mer et quelques suites (service personnalisé). *Fitness centre*, restaurant, piscine et prêt de DVD. **RRR**

The Oyster Box

2 Lighthouse Road
Tél. 031-514 5000
www.oysterboxhotel.com
Rouvert en 2009 après travaux, ce palace emblématique, ancien phare construit en 1869, a accueilli ses premiers clients dans les années 1930. Calme, confortable et ultraluxueux, cet établissement dispose de 3 restaurants renommés pour leur cuisine de la mer et d'une immense piscine à débordement donnant sur la plage. **RRRR**

Tugela Mouth

Harold Johnson Nature Reserve

Tél. 033-845 1000
www.kznwildlife.com
Terrain de camping et caravaning à l'embouchure du Tugela. **R**

Richard's Bay

Protea Hotel Richard's Bay

Angle Davidson et Launder Lane
Tél. 035-753 1350
www.proteahotels.com
Sur le front de mer, un hôtel confortable mais sans caractère comprenant 66 chambres douillettes. Clientèle d'affaires. **RR**

Mtunzini

Umlalazi Nature Reserve

Tél. 033-340 1836
www.kznwildlife.com
Douze cabanes en rondins (2 chambres) et un terrain de camping dans une forêt du littoral. **RR**

Eshowe

Eshowe Caravan Park

Saunders Road
Tél. 035-474 1141
Camping municipal à proximité de la Dhlinza Forest Reserve. Vous aimerez son cadre de rêve. **R**

George Hotel

36 Main Street
Tél. 035-474 4919
www.thegeorge.co.za
Un hôtel rural associé à plusieurs projets communautaires. Chambres confortables (prix moyens) dans le bâtiment principal, dortoirs et chambres pour petits budgets dans l'annexe. Piscine et restaurant. Eco Adventures y propose un large choix d'excursions à la journée (ou plus). **R**

Cultural lodges (parcs à thème)

Shakaland

R66 (près d'Eshowe)
Tél. 035-460 0912
www.ahashakalandhotelzuluculturalvillage.info
De vastes cases climatisées et dotées de salle de bains. Excellent programme culturel démarrant à 16h pour les touristes résidant sur place. **RRR**

St Lucia

Cape Vidal Resort

Sur la côte, à 30 km
au nord de St Lucia
Tél. 035-590 9012
www.kznwildlife.com
Sur un cap auréolé de hautes dunes boisées, 33 maisonnettes en rondins bien équipées (2 à 20 pers.) et un terrain de camping (50 emplacements). **R**

Elephant Lake Hotel

Mackenzie Street
Tél. 035-590 1001
www.elephantlakehotel.co.za
Dominant le lac d'estuaire, ce vénérable établissement – le plus chic du village – propose 28 chambres avec salle de bains et vue sur l'eau. Il dispose également d'une terrasse sur pilotis sur laquelle vous pourrez dîner, lors des chaudes soirées d'été, en écoutant le chœur des grenouilles et les grognements des hippopotames. **RR**

St Lucia Wetlands Guesthouse

Kingfisher Street
Tél. 035-590 1098
www.stluciawetlands.com
Au milieu d'un jardin qui attire des nuées d'oiseaux de la forêt voisine, un B&B paisible aux tarifs alléchants. Les patrons, qui vous réserveront un accueil chaleureux, sont une mine inépuisable d'informations sur la région. **R**

Hluhluwe-iMfolozi

Bonamanzi Game Park

À 10 km au sud du village de Hluhluwe
Tél. 083-634 0895
www.bonamanzi.co.za
Dans une réserve privée, des cabanes dans les arbres et plusieurs lodges. Sorties guidées en 4x4. **RRR**

Hilltop Camp

Hluhluwe Game Reserve
Tél. 035-562 0848
www.kznwildlife.com
Dans la Hluhluwe Game Reserve, 65 cases modernes et chalets perchés sur une hauteur qui offrent une vue superbe sur de vertes collines à l'abondante faune. Bon restaurant et boutique. **R-RRR**

Isinkwe Backpackers Bushcamp

Bushlands
(à 20 km de la Hluhluwe Game Reserve)
Tél. 083-338 3494
www.isinkwe.co.za
Campement tranquille proposant des chalets équipés, des chambres, des lits en dortoir, des emplacements de camping et des randonnées à la journée. Excellents circuits en 4x4, 2 fois par jour dans la Hluhluwe-iMfolozi Game Reserve. **R**

Mpila Camp

iMfolozi Game Reserve
Tél. 035-550 8476
www.kznwildlife.com
Ce campement rustique loue des tentes de taille et de confort variables. Ses tentes de safari sur pilotis reçoivent des visites nocturnes de hyènes tachetées, de porcs-épics et autres petits mammifères. Le magasin étant peu fourni, mieux vaut apporter tout le nécessaire, notamment de quoi manger. **R**

Mkhuze Game Reserve & alentours

Mantuma Resort

Mkhuze Game Reserve
Tél. 035-573 9001
www.kznwildlife.com
Au cœur de la réserve, des cases, chalets et bungalows (de 2 à 7 pers.) à l'ombre d'acacias. Terrain de camping à l'entrée de la réserve. **R**

Phinda Private Game Reserve

En lisière de la Mkhuze Game Reserve
Tél. 011-809 4300
www.andbeyond.com
Quatre lodges luxueux vous attendent dans une magnifique réserve privée proche de Mkhuze. Safaris photo en 4x4 sous la conduite de guides expérimentés, avec toutes les chances de croiser des fauves, des éléphants ou des rhinocéros. Excellente cuisine. **RRRR**

Zulu Nyala Safari Lodge

Tél. 035-562 0169
www.zulunyalagroup.com
Cette réserve privée abrite nombre d'espèces animalières que l'on peut rencontrer dans celle de Phinda, sa voisine. Ses 2 campements proposent un hébergement de luxe et des sorties guidées en 4x4. Bonne restauration. **RR**

Maputaland

Kosi Forest Lodge

Tél. 035-474 1473
www.kosiforestlodge.co.za
Niché dans une forêt riveraine du lac Shengeza, dans la zone humide de Kosi Bay, ce campement de brousse décontracté séduit les ornithologues amateurs. Excursions pour observer les nombreux hippos qui fréquentent le lac Amanzamnyama et Kosi Bay. **RRRR**

Rocktail Beach Camp

Tél. 011-807 1811
www.wilderness-safaris.com
Situé sur la côte quasi déserte qui s'étend au sud de Kosi Bay, ce somptueux complexe touristique a des airs de bout du monde. **RRRR**

Sodwana Bay

Tél. 035-571 0051
www.kznwildlife.com
Sur la plage, une trentaine de rondavelles de 5 à 8 couchages, et plus de 350 emplacements de camping. **RR**

Tembe Elephant Park

Tél. 031-267 0144
www.tembe.co.za
Un luxueux petit camp privé du Tembe Elephant Park. Les repas et des sorties guidées en 4x4 sont inclus dans le prix de l'hébergement (sous tente). **RRR**

Thonga Beach Lodge

Tél. 035-474 1473
www.thongabeachlodge.co.za
Ce ravissant lodge se distingue par son architecture "écolo-chic" et son emplacement de rêve, sur une plage isolée de tout. Les tarifs incluent les activités suivantes : snorkeling, pêche, plongée sous-marine et excursions en kayak sur le lac Sibaya. **RRRR**

Ithala et Phongolo Game Reserves

Ntshondwe Resort

Ithala Game Reserve
Tél. 034-983 2540
www.kznwildlife.com
Ce vaste camp moderne de l'Ithala Game Reserve possède un large choix de cases et de chalets. Restaurant jouissant d'une très belle vue. **RR**

Pongola Country Lodge

14 Jan Mielie
StreetPongola
Tél. 034-413 1352
www.pongolacountrylodge.co.za
Dans le village de Pongola, cet hôtel accueillant bénéficie d'un emplacement stratégique pour explorer la Phongolo Nature Reserve et les sites touristiques environnants. **R**

Battlefield Route

Royal Country Inn

61 Victoria Street
Dundee Road
Tél. 034-212 2147
www.royalcountryinn.com
Fondée en 1886, cette auberge chaleureuse installée au cœur de Dundee constitue une bonne base pour explorer la Battlefield Route. Bar façon pub britannique et décor à thème militaire bourré de caractère. Prix doux. **R**

Three Trees at Spioenkop

Par la R616
(entre Ladysmith et Bergville)
Tél. 036-448 1171
www.threetreehill.co.za
Le lodge est perché sur une colline, en lisière de la Spionkop Battlesite and Nature Reserve, et ses suites luxueuses jouissent d'une vue imprenable sur le barrage. Bonne cuisine campagnarde, patron chaleureux et incollable sur l'histoire militaire de la région. **RRRR**

DRAKENSBERG

Pietermaritzburg

Imperial Hotel

224 JabuNdlovu Street
Pietermaritzburg
Tél. 033-342 6551
www.imperialhotel.co.za
Un hôtel victorien plein de cachet dans le centre ancien de la ville. Chambres confortables. Bonne table. **R-RR**

Howick

Hartford House

Summerhill Stud Farm
Mooi River
Tél. 033-263 2713
www.hartford.co.za
Une magnifique demeure sur un grand domaine des contreforts du Drakensberg, près de la Mooi River. Équitation, randonnée pédestre, observation des oiseaux, pêche à la truite, et succulente cuisine locale. **RRR**

Howick Falls Hotel

2 Main Street
Tél. 033-330 2809
www.howickfallshotel.co.za
Dans son jeune temps, ce vénérable établissement fondé en 1872 a hébergé Mark Twain, Cecil Rhodes et Paul Kruger. Parfait pour rejoindre Howick Falls et explorer le centre-ville. Chambres modernes, spacieuses et abordables. **R**

Midmar Public Resort & Nature Reserve

Tél. 033-330 2067
www.kznwildlife.com
Près du Midmar Dam, une réserve offrant 63 bungalows et des huttes. Terrains de camping et de caravaning, restaurant, bar, pêche, voile, ski nautique, courts de tennis, *bowls* (croquet) et équitation. **R**

uKhahlamba-Drakensberg Park

Amphitheatre Backpackers

R74, près de l'embranchement
pour le Royal Natal Park
Tél. 082-855 9767
www.amphibackpackers.co.za
Sous ses dehors rustiques, il cache un penchant pour le confort. Piscine, sauna, restaurant, bourse aux livres, TV satellite, cuisine à la disposition de ses hôtes, festivals de rock alternatif : il ne laisse rien au hasard. Chambres, dortoirs et camping au cœur des montagnes. **R**

Ardmore Guest Farm

Champagne Valley
Tél. 036-468 1164 ou 083-789 1314
www.ardmore.co.za
Une petite auberge accueillante dans un cadre champêtre, au pied des crêtes de Champagne Castle. L'Ardmore Ceramic Art Studio, dont elle dépend, mérite vraiment une visite. Et une excellente table (menu de 4 plats) à prix d'amis. **R**

Champagne Castle Hotel

Tél. 036-468 1063
www.champagnecastle.co.za
Au pied de l'Ukhahlamba, cet hôtel spacieux est une base idéale de randonnée pédestre ou équestre, et de découverte des sites rupestres, près de Didima. **RRR**

Drakensberg Sun Resort

R600, Central Drakensberg
Winterton
Tél. 036-468 1000
www.tsogosun.com
Ce complexe hôtelier haut de gamme occupe de grands espaces verdoyants. Spa, activités sportives et une particularité : vous pouvez souvent commander les plats du jour sur Internet. **RR**

Giant's Resort

Giant's Castle Game Reserve
Tél. 036-353 3718
www.kznwildlife.com
Le camp principal abrite 45 cases et différents types de cottages. Un emplacement stratégique pour la pêche à la truite, la randonnée et la découverte des sites rupestres des environs. **R**

Inkosana Lodge

Champagne Valley
Tél. 036-468 1202
www.inkosana.co.za
Chambres doubles, dortoirs ou camping : vous y séjournerez sans vous ruiner, et serez accueilli par une équipe très professionnelle. Un camp de base parfait pour sillonner le centre du Drakensberg à pied. **R**

Mont-aux-Sources Hotel

À l'entrée du Royal Natal Park
Tél. 036-438 8000
www.montauxsources.co.za
Cet hôtel de luxe vous attend dans le plus beau site du Drakensberg. Équipements sportifs de qualité, piscine. Pour les amateurs de calme et de randonnée. **RR**

Sani Lodge Backpackers

Sani Pass Road
Tél. 033-702 0330
www.sanilodge.co.za
Au pied de Sani Pass, cette auberge de jeunesse très appréciée a été fondée en 1992. Le propriétaire vous fournira quantité d'informations sur le Lesotho voisin. Plusieurs circuits possibles, notamment une randonnée de 2 jours avec guide à destination du plus haut sommet d'Afrique du Sud. Navette régulière vers Durban et Pietermarizburg. **R**

Sani Pass Hotel

Sani Pass Road
Tél. 033-702 1320
www.premierhotels.co.za
Au pied de Sani Pass, dans le sud du Drakensberg, un domaine de 800 ha. Nombreuses installations sportives : sauna, piscine, terrain de golf, centre équestre, tennis et squash. **RR**

Free State Highlands

278 on Main

278 Main Street
Clarens
Tél. 082-556 5208
www.278onmain.co.za
Dans un quartier paisible de Clarens, face à la vieille église en grès, cette guesthouse familiale propose 4 grandes suites lumineuses personnalisées et un 2-pièces. Le petit déjeuner, aux saveurs inventives, est inclus. **R**

Ficksburg Kersiehuis

7 Visser Street
Ficksburg
Tél. 082-553 2262
www.kersiehuis.co.za
Elle fait partie du fleuron des petites guesthouses disséminées autour de la capitale de la cerise sud-africaine, Ficksburg, d'où son nom de "maison de la Cerise". **R**

Fort Amity

18 Van Riebeeck Street
Ladybrand
Tél. 051 924 3131
www.fort-amity.co.za
Cet étonnant B&B tout en grès trône au milieu de grands espaces verts, non loin de l'artère principale de la ville. Huit chambres modernes et décorées avec attention, piscine, tennis et terrasses ombragées. **R**

Glen Reenen Rest Camp

Golden Gate Highlands National Park
Tél. 058-255 1000
www.sanparks.org
Lodge, chalets, cases ; caravaning et camping ; restaurant et boutique ; piscine, golf, *bowls* (croquet), équitation ; sentiers de randonnée (2 jours maximum). **R-RR**

GAUTENG

Johannesburg

Backpackers Ritz

1a North Road
Dunkeld West
Tél. 011-325 7125 ou 325 2520
www.backpackers-ritz.com
Cette institution pour *backpackers* demeure une adresse très fiable. Dortoirs, chambres doubles. On vient vous chercher n'importe où en ville. **R**

Crowne Plaza Johannesburg – The Rosebank

Angle Tyrwhitt et Sturdee Avenues
Rosebank
Tél. 011-448 3600
www.tsogosun.com
Tout le charme du vieux quartier de Rosebank, à proximité d'une poignée de boutiques et de restaurants, à seulement 10 min en voiture du centre-ville ou de Sandton. Le Crowne Plaza propose 318 chambres haut de gamme, 3 restaurants et d'excellentes prestations *business* ou loisirs. **RRR**

Emerald Backpackers

19 Halifax Road
Kempton Park
Tél. 011-394 1148
www.airportinn.biz
Inaugurée dans les années 1990, l'auberge se situe à proximité d'O.R. Tambo International Airport et à 500 m de la gare Rhodesfield Station de Gautrain (tous deux desservis par des navettes gratuites). Elle doit son succès à la qualité de ses prestations – 2 piscines, wifi gratuit et agence de voyages. Bar-restaurant à deux pas. **R**

Garden Court/Tambo Airport Hotel

2 Hulley RoadIsando
Tél. 011-392 1062
www.tsogosun.com
À seulement 1 km de l'aéroport (navette régulière), un établissement très pratique pour une courte étape à Johannesburg. A/C, téléphone, équipements handicapés, piscine. **R-RR**

Cradle Moon Lakeside Game Lodge

Muldersdrift, 35 km au nord-ouest de Johannesburg
Plot 59 Beyers Naude Drive
Tél. 011-919 5000
www.cradlemoon.co.za
Hôtel confortable niché dans une réserve. Chambres avec téléphone, restaurant, pêche, piscine et court de tennis. **RRR**

Michelangelo Towers

Nelson Mandela Square
8 Maude Street
Sandton
Tél. 011-245 4000
www.legacyhotels.co.za
Dominant Nelson Mandela Square, place centrale du quartier des affaires de Johannesburg, un prestigieux hôtel 5 étoiles disposant de 194 suites spacieuses. Spa et piscine intérieure chauffée – prix à l'avenant. **RRRR**

Protea Hotel Balalaika

20 Maude Street, Sandton
Tél. 011-322 5000
www.marriott.com
Difficile d'imaginer plus tranquille et campagnard que cet hôtel fondé en 1949 dans la banlieue chic qu'est Sandton – les hommes d'affaires et les accros au shopping apprécient. **RR**

Saxon Boutique Hotel

36 Saxon Road, Sandhurst
Tél. 011-292 6000
www.saxon.co.za
Nelson Mandela avait adopté cette retraite prestigieuse inscrite dans un vaste parc, près de Sandton. Décor et cuisine raffinés, chambres palatiales et prestations à tomber. **RRRR**

Ten Bompas Hotel

10 Bompas Road
Dunkeld West
Tél. 011-325 2442
www.tenbompas.com
Dans une banlieue verdoyante, une vaste maison familiale convertie en hôtel très "tendance", abritant 10 suites personnalisées à la déco africaine. Piscine et jardin. **RRR**

Westcliff Four Seasons

67 Jan Smuts Avenue, Westcliff
Tél. 011-481 6000
www.fourseasons.com
Il a repris du service après un lifting complet. Perché sur une crête, ce temple du luxe offre une vue fabuleuse de sa terrasse et sa piscine sur les banlieues verdoyantes du nord de la ville. **RRRR**

Pretoria

Farm Inn Country Hotel

Lynnwood Road
(à côté de Silverlakes Golf Estate)
Tél. 012-809 0266
www.farminn.co.za
Dans une réserve privée, un palais africain en pierre et au toit de chaume. Chambres avec téléphone, restaurant. Randonnée, pêche, équitation et piscine. **RRR**

Lesedi African Lodge

R512
(au sud-ouest de Pretoria)
Tél. 087-940 9933
www.aha.co.za/lesedi
Dans le village culturel de Lesedi à Broederstroom, sur la route de Hartebeespoort Dam, vous attend un hôtel de style traditionnel mais confortable. **RR**

La Maison Guesthouse

235 Hilda Street, Hatfield
Tél. 012-430 4341
www.lamaison.co.za
Une accueillante guesthouse de 5 chambres, très bien équipée et réputée pour sa cuisine gastronomique portugaise concoctée par le patron, chef dûment toqué. **R**

Pretoria Backpackers

433 Farenden Street
Tél. 012-343 9754
www.pretoriabackpackers.net
L'auberge – une institution pour les *backpackers* – a élu domicile dans une maison du 19e siècle aux beaux parquets de chêne. Chambres privatives, dortoirs, piscine, proximité du centre-ville et des restaurants de Hatfield, navette gratuite pour Hatfield Station à Gautrain, gare qui dessert O.R. Tambo Airport et Johannesburg : que demander de plus ? **R**

Protea Hotel Hatfield

1141 Burnett Street
Hatfield
Tél. 012-364 0300
www.marriott.com
Un tantinet à l'est du centre-ville, dans la banlieue tranquille de Hatfield, face à un grand centre commercial et à proximité de plusieurs

restaurants. Chambres confortables à des prix attractifs. **RR**

Sheraton Pretoria Hotel

Angle Stanza Bopape (Church) et Wessels Streets
Arcadia
Tél. 012-429 9999
www.sheratonpretoria.com
Cet hôtel de luxe appartenant à la célèbre chaîne est sans doute le plus grand du centre (175 chambres), et il reste le seul à friser les 5 étoiles. **RRRR**

Southern Sun Pretoria

Angle Stanza Bopape (Church) et Steve Biko (Beatrix) Streets
Arcadia
Tél. 012-444 5500
www.tsogosun.com
En plein centre de Pretoria, cet établissement moderne offre toutes les prestations attendues d'un hôtel d'affaires haut de gamme, mais à des prix *online* imbattables. Une bonne adresse. **RR**

Sun City & Pilanesberg Game Reserve

Kwa Maritane

Entrée sud-est du Pilanesberg
Tél. 014-552 5100
www.legacyhotels.co.za
À seulement 10 min de voiture de Sun City, mais à l'intérieur du Pilanesberg, ce lodge haut de gamme, qui loue 90 chambres à des prix raisonnables, donne sur un point d'eau attirant une myriade d'éléphants. Excellente cuisine – mention spéciale pour les dîners "de brousse" – et bel éventail d'excursions en solo ou guidées, de jour ou de nuit. **RRRR**

The Palace of the Lost City

Sun City
Tél. 014-557 4307
www.suninternational.com/palace
Palace niché dans un décor de jungle, sur une plage tout aussi artificielle. Piscine à vagues. On adore ou on déteste. **RRRR**

Madikwe Reserve

Buffalo Ridge Safari Lodge

De Zeerust, accès via la R49
Tél. 011-234 6500
www.buffaloridgesafari.com
Sans doute le cadre le plus idyllique de la réserve de Madikwe : une éminence boisée dominant un point d'eau et les environs – jusqu'au Botswana voisin. Ce lodge géré par la communauté villageoise propose les forfaits les plus intéressants (safaris compris et offres spéciales pour les séjours prolongés) de cette réserve où l'hébergement se monnaye à prix d'or. Vous apprécierez sans doute la piscine perchée. **RRRR**

Sanctuary Makanyane Safari Lodge

Makanyane Gate
(sur la piste entre Sun City et Derdepoort)
www.sanctuaryretreats.com
Dans un domaine privé, un ravissant lodge de brousse, dont les 8 suites spacieuses sont disséminées dans la forêt rivulaire du Marico. Safaris guidés (bonne observation de la faune), excellente cuisine et carte des vins abordable. Une piscine, un spa et une salle de fitness complètent l'offre. **RRRR**

Tuningi Safari Lodge

De Zeerust, accès via la R49
Tél. 011-781 5384
www.seasonsinafrica.com
Dans les collines occidentales de la réserve vous attendent 8 villas spacieuses et climatisées, aux salles de bains bourrées de charme. Personnel chaleureux, prestations haut de gamme incluant une passerelle d'observation sur un point d'eau, 2 piscines et un grand espace bar-restaurant. Cave réputée. **RRRR**

MPUMALANGA & LIMPOPO

Middelburg

Forever Resort Loskop Dam

Loskop Dam Game Reserve
Tél. 012-423 5600
www.foreverloskopdam.co.za
Bel éventail d'hébergements avec cuisine et emplacements caravaning et camping. **RR**

Sabie

Jock-Sabie Lodge

Main Road
Tél. 013-764 2178
www.jock.co.za
Baptisé en hommage à Jock, le chien mascotte des Sud-Africains, ce complexe à la situation centrale réunit un terrain de camping, des dortoirs et des bungalows destinés aux petits budgets. **RR**

Villa Ticino Guesthouse

Louis Trichardt Street
Tél. 013-764 2598
www.villaticino.co.za
À 100 m du centre-ville, un petit B&B tout confort entouré de jardins luxuriants. Bonne table. **R**

Blyde River Canyon

Blyde Canyon Forever Resort

Non loin de la R532
(entre Graskop et Tzaneen)
Tél. 012-423 5600
www.foreverblydecanyon.co.za
Terrains de camping et caravaning, 75 chalets, 2 restaurants et 1 boutique. Installations sportives et sentiers de randonnée. Excellente base pour la Panorama Route. **RR**

Swadini Forever Resort

Côté Lowveld de la R531
(entre Acornhoek et Hoedspruit)
Tél. 012-423 5600
www.foreverswadini.co.za
Chalets avec cuisine, camping, restaurant et boutique ; belle vue sur le canyon. **RR**

Pilgrim's Rest

Mount Sheba Forever Resort

Lydenburg Road
(près de Pilgrim's Rest)
Tél. 013-768 1241
www.mount-sheba.co.za
Niché dans les montagnes qui dominent Pilgrim's Rest, ce lodge au toit de chaume jouit de vues magnifiques. Sentiers de randonnée sillonnant les versants arborés peuplés d'animaux. Dîners aux chandelles qui séduiront les gourmets. **RR**

Royal Hotel

Main Street
Tél. 013-768 1100
www.royalhotelpilgrims.co.za
Cet hôtel de caractère permet de séjourner dans d'anciennes maisons de mineurs au décor d'époque. Un emplacement stratégique pour découvrir la Panorama Route. **RR**

Tzaneen

The Coach House Hotel & Spa

Old Coach Road
(à l'extérieur de Tzaneen)
Tél. 086-147 7758
www.coachhousehotel.co.za
Dans une campagne luxuriante, un établissement campagnard luxueux

L'élégant Cape Grace Hotel.

qui reçoit de nombreux éloges. Table très réputée. **RR**

Magoebaskloof Hotel

Sur la R71 (à l'ouest de Tzaneen)
Tél. 015-276 5400
www.magoebaskloof.co.za
Depuis les années 1950, les amoureux de la nature vantent cet hôtel chaleureux de 68 chambres, où ils peuvent observer le singe bleu, une espèce rare, ainsi qu'une myriade d'oiseaux de la forêt en compagnie de guides compétents. Bon restaurant et piscine. **RRR**

Mbombela (Nelspruit)

Francolin Lodge

4 Du Preez Street
Tél. 013-744 1251 ou 083-283 6190
www.francolinlodge.co.za
Installé à flanc de colline, ce petit 5-étoiles de Mbombela vous reçoit dans des suites spacieuses et modernes, dont la plupart profitent d'une jolie vue. Piscine entourée de jardins paysagers peuplés d'oiseaux, wifi et restaurant contemporain. **RR**

Hazyview & White River

Böhm's Zeederberg Country House

Sur la R536
(17 km à l'ouest de Sabie)
Tél. 013-737 8101
www.bohms.co.za
Dans la Sabie Valley, à 20 min de voiture du Kruger Park, vous attendent 10 chambres au cœur d'un parc verdoyant agrémenté d'une piscine. Ambiance familiale, cuisine mêlant les saveurs allemandes, françaises et africaines assaisonnée des herbes du jardin. **RR**

Hazyview Protea Hotel

Sur la R40 (à 7 km de Hazyview)
Tél. 013-737 9700
www.marriott.com
À 15 km du Kruger, hôtel confortable avec piscine, sauna et courts de tennis. **RR**

Pine Lake Inn

Main Hazyview Road
White River
Tél. 013-751 5036
Dans un cadre superbe, complexe de premier ordre offrant toutes sortes d'activités : pêche, golf, piscine, pistes de randonnée, équitation, *bowling green*, courts de squash et de tennis. **RR**

Sabie River Sun Resort

Main Sabie Road
Hazyview
Tél. 013-737 4600
www.tsogosun.com
Aménagé sur la rive de la Sabie River, à 15 min du Kruger Park, ce luxueux complexe est le lieu de rendez-vous des hippos, des crocodiles et de nombreux oiseaux. Pêche, golf de 18 trous, piscine, tennis et squash. **RR**

Kruger Park

Les nombreux campements du parc sont décrits dans la section "Itinéraires" *(voir p. 291)*. Toutes les réservations se font auprès de SANParks (www.sanparks.org), qui délivre des infos à jour sur les tarifs et les prestations. Le parc compte aussi plusieurs concessions privées, notamment :

Hamiltons 1880 Tented Camp

À 50 km d'Orpen Gate
Tél. 011-516 4367
www.hamiltonstentedcamp.co.za
Dans la concession huppée d'Imbali, 6 logements sous tente très chic associant décor victorien et confort moderne. Déployé sur la berge boisée de la saisonnière Nwatsitsonto River, ce campement donne accès à la riche faune des savanes d'acacias, entre Skukuza et Satara. **RRRR**

Lukimbi Safari Lodge

À 25 km de Malelane Gate
Tél. 011-792 6165
www.lukimbi.com
Situé à l'extrémité sud du parc, dominant la saisonnière Lwakhale River, ce campement propose un droit d'accès exclusif à une

concession peuplée de lions, d'éléphants, de rhinocéros noirs ou blancs, et parfois de chiens sauvages. Une passerelle en bois relie la salle à manger, aménagée sur 2 niveaux et décorée dans un style africain, aux vastes suites. **RRRR**

The Outpost

Makuleke Contractual Park (près de Pafuri Gate)
Tél. 011-568-0384
www.rareearth.co.za/the-outpost-summary
Au fin fond du Kruger septentrional, ce lodge d'architecte se compose de 12 suites originales en acier, en toile et en aluminium entièrement ouvertes aux éléments – sauf du côté de la roche, dont elles semblent issues. L'adresse idéale pour voir le soleil se lever sur la plaine inondable du Luvuvhu – un spectacle inoubliable. Si l'observation de la faune est moins aisée que dans le Sud, il vous sera toutefois difficile de quitter ce paradis situé hors des sentiers battus. **RRRR**

Rhino Walking Safaris

À 15 km au nord du Skukuza Rest Camp
Tél. 011-467-1886
www.rhinopost.co.za
En lisière de la remarquable Mala Mala Game Reserve, cette concession de 12 000 ha est spécialisée dans les safaris à pied – option bienvenue face à l'approche motorisée des autres lodges, si vous vous sentez capable de marcher 4 ou 5 heures par jour. Les randonnées partent de 2 petits lodges, Rhino Post et Plains Camp. Si le 4x4 facilite l'observation des grands animaux, rien ne saurait égaler le plaisir d'explorer la brousse à pied. **RRRR**

Shishangani Private Lodge

À 25 km de Crocodile Bridge Gate
Tél. 013-735-3300
www.shishangeni.com
Bordant la Crocodile River à l'extrême sud-est du parc, le Shishangani est le plus grand des 3 lodges d'une concession réputée pour l'observation des rhinocéros – les 4 autres Big Five seront également au rendez-vous. Géré par les mêmes propriétaires, le Camp Shawu, plus intime, bénéficie d'un cadre tout simplement idyllique ; il donne directement sur un point d'eau attirant une kyrielle d'animaux. **RRRR**

Singita Lebombo & Sweni

À l'extrême est du parc
50 km de Satara Rest Camp
Tél. 021-683 3424
www.singita.co.za
Deux lodges d'architecte primés pour leur conception – les vastes suites sont totalement ouvertes sur l'extérieur. Oubliez la clientèle de stars de cinéma et autres people, vous aurez la chance unique d'observer quantité d'animaux dans ces collines sauvages du Lebombo, qui éclipsent sans doute les autres concessions du Kruger – sans parler des guides, ultracompétents. Entre les 2 lodges, The Village propose un spa, une salle de gym et une boutique de cadeaux et d'artisanat. Vous pourrez même y faire une dégustation de vins. **RRRR**

Réserves privées

Camp Jabulani

Kapama Game Reserve (près de Hoedspruit)
Tél. 015-793 1265
www.campjabulani.com
Kapama, réserve clôturée, est réputée pour ses safaris à dos d'éléphant, occasion unique pour communier avec la brousse africaine et ses habitants. Ce lodge haut de gamme comprend 6 cottages de belles dimensions en bois, pierre et chaume, qui possèdent tous une terrasse. Le plus : cuisine Relais et Châteaux et visites du Hoedspruit Endangered Species Centre. Plus mémorables encore, les excursions nocturnes à dos d'éléphant sous le ciel étoilé. Un must absolu ! **RRRR**

Honeyguide Tented Safari Camps

Manyeleti Game Reserve
Tél. 021-424 3122
www.honeyguidecamp.com
Entre la Timbavati et la Sabi Sand, en lisière ouest du Kruger, cette réserve de 230 km² gère Khoka Moya Camp et Mantobeni Safari Camp, tous deux se trouvant à 20 km du Kruger Park (Orpen Gate). Elle organise des safaris en 4x4 découverts, de jour comme de nuit, et des randonnées pédestres, idéales pour observer la riche faune qui peuple les lieux. **RRRR**

Inyati Private Game Reserve

Sabi Sand Game Reserve
Tél. 013-735 5125
www.inyati.co.za
Sur la Sand River (Sabi Sand occidental), l'Inyati Game est l'un des lodges les plus simples et les plus abordables de la réserve. En revanche, elle partage ses droits de passage avec d'autres établissements. En soirée, le dîner vous sera servi sous la *boma* ; danseurs et tambours traditionnels. **RRRR**

Kings Camp

Timbavati Game Reserve
Tél. 013-751 1621 ou 082-675 6539
www.kingscamp.com
Cette réserve privée de 750 km² se déployant à la lisière ouest du Kruger, entre Phalaborwa et Orpen Gate, est célèbre pour ses magnifiques lions blancs, très rares. Faune comparable à celle de la Sabi Sands, et *Big Five* observables sur 3 ou 4 jours. **RRRR**

Londolozi Lodges

Sabi Sand Game Reserve
Tél. 011-280 6655
www.londolozi.com
En bordure de la Sand River, 5 superbes lodges se partagent cette vaste section privée de la Sabi Sand (droits de passage exclusifs), où vous aurez de fortes chances de croiser des léopards – et d'autres fauves, si vous y passez 2 ou 3 jours. Des prestations, un confort et un service de haute volée. **RRR**

Mala Mala Game Reserve

Tél. 011-442 2267
www.malamala.com
Entre la Sabi Sand et le Kruger, une destination de renommée internationale – et la plus grande réserve privée du pays. Ses 2 lodges vous font bénéficier de droits de passage exclusifs, dont 20 km de berges fluviales, avec observation quotidienne record des *Big Five*, hormis pendant 10 à 20 jours par an. Au campement principal (Main Camp), quoique très confortable, on préfère mettre l'accent sur la compétence des guides et la qualité de l'observation plutôt que sur l'aspect un peu toc d'un safari chic et choc. **RRRR**

Sabi Sabi Luxury Safari Lodges

Sabi Sand Game Reserve
Tél. 011-447 7172
www.sabisabi.com
Cette vaste réserve privée aménagée dans la partie sud de la Sabi Sand dispose de droits de passage plus ou moins exclusifs pour les

hôtes de ses 4 lodges, mais sur un domaine beaucoup plus petit que celui de Mala Mala et pour un nombre plus important de participants. Earth Lodge pourra séduire ou rebuter certains par l'audace de son architecture futuriste. Vous avez le droit de lui préférer le vaste Bush Lodge ou l'un de ses petits frères, Little Bush Camp et Selati Lodge, bien plus abordables. **RRRR**

Mapungubwe & Mashatu

Leokwe Camp

Mapungubwe National Park
(à 15 min de l'entrée)
Tél. 015-534 7923 ou 7924
www.sanparks.org
Au creux des spectaculaires vallées gréseuses de la section est du parc, près de Mapungubwe Hill, vous attendent des cases avec cuisine et climatisation. Piscine commune. **R**

Mashatu Main Camp

Mashatu Game Reserve
Tél. 011-442 2267
www.mashatu.com
Les 14 suites de ce campement installé près d'un point d'eau très fréquenté par les animaux valent surtout pour la proximité de la magnifique Mashatu Game Reserve, dont vous aimerez sans doute le calme absolu. Vous pourrez aussi y observer des *Big Five* et autres animaux sauvages. Le seul autre campement de la réserve, Mashatu Tent Camp, est plus petit et plus exclusif.

Modimolle

Shangri-La Country Hotel

Eersbewoond Road
Tél. 014-718 1600
www.southofafrica.co.za
Vous n'aurez sans doute guère de choix dans le secteur, en dehors de cet agréable hôtel de 42 chambres, toutes dotées d'une salle de bains. Le plus : jardin verdoyant et piscine. **RR**

DU GAUTENG À CAPE TOWN

Bloemfontein

Liedjiesbos Guesthouse

13 Frans Kleynhans Road
Groenvlei
Tél. 083-282 5701
www.bloemfonteinaccommodation.biz
À 3 km de la ville, une guesthouse originale dont l'architecture contemporaine lumineuse s'harmonise agréablement avec un décor aux motifs africains et orientaux. Un jardin planté d'essences indigènes et une cuisine délicieuse complètent le tableau. Une aubaine pour le prix. **R**

Southern Sun Bloemfontein

Angle Nelson Mandela Road
et Melville Drive
Tél. 051-444 1253
www.tsogosun.com
Un hôtel de chaîne installé en plein centre-ville. Dans les 147 chambres, a/c et équipements pour les personnes handicapées. Restaurant et piscine. **RR**

Kimberley

Gum Tree Lodge

Angle Old Bloemfontein Road (R64)
et Hull Street
Tél. 053-832 8577
www.gumtreelodge.com
À 5 km du centre, une auberge de jeunesse pouvant accueillir jusqu'à 200 personnes. Dortoirs et chambres (certaines avec salle de bains). Également un bon restaurant et une piscine. **R**

Jungnickel Guesthouse

12 Park Road, Belgravia
Tél. 053-832 5630
ou 073 588 7600
www.jungnickel.co.za
Elle vous donne rendez-vous dans la vénérable banlieue de Belgravia, à deux pas de plusieurs musées et restaurants. Les tarifs sont raisonnables, les chambres spacieuses et meublées avec goût, les petits déjeuners succulents, et vos hôtes se plient en quatre pour vous être agréables. **R**

Milner House

31 Milner Street, Belgravia
Tél. 053-831 6405
ou 086-615 2494
www.milnerhouse.co.za
Près des sites touristiques, 6 chambres confortables dans un jardin luxuriant. Très bon accueil. **RR**

Karoo

Haus Holzapfel

6 Langenhoven Street
Beaufort West
Tél. 023-414 4434
www.hausholzapfel.com
Un petit établissement aux vastes chambres pimpantes et bien équipées ; les patrons allemands auront à cœur de vous décrire les attraits d'une région quelque peu négligée. Une bonne affaire. **R**

Lemoenfontein Game Lodge

Par la N1
(2 km au Nord de Beaufort West)
Tél. 023-415 2847
www.lemoenfontein.co.za
Dans un domaine construit en 1850, 13 chalets nichés au cœur des collines du Karoo. Vous pourrez y observer une vingtaine d'espèces de grands mammifères (girafes, koudous, zèbres et élands). **R**

Lord Milner Hotel

1 Logan Street,
Matjiesfontein
Tél. 023-561 3011
www.matjiesfontein.com
Une architecture victorienne de caractère, qui contraste avec l'aridité des plaines environnantes. Le havre idéal après un long trajet en voiture. **R**

Main Rest Camp

Karoo National Park
Tél. 023-415 2828
www.sanparks.org
À quelques kilomètres de la N1 et à 5 min au sud de Beaufort West, un excellent *rest camp* de style néo-Cape Dutch comprenant des chalets avec salle de bains et a/c. Vous y trouverez également un camping, un restaurant et une boutique. Plusieurs sentiers de randonnée vous attendent à proximité. **R**

Upington

Kgalagadi Transfrontier Park

Tél. 054-561 2000
www.sanparks.org
Trois camps principaux : Twee Rivieren (la porte du parc côté sud-africain), Mata-Mata et Nossob. Cases, camping, possibilité de cuisiner et magasins assez bien fournis. Restaurant (réservez) et piscine au camp de Twee Rivieren. Trois petits camps non clôturés et plus chic ont ouvert récemment. **RR**

Protea Hotel Upington

24 Schroder Street
Tél. 054-337 8400
www.marriott.com
Central et confortable, cet hôtel 4 étoiles dispose de 90 chambres. Bon restaurant, bar et piscine. **RR**

Le Must River Residence

14 Budler street
Tél. 054-332 3971
www.lemustupington.com
Un joyau du style Cape Dutch, restauré et meublé avec goût. Jardins fleuris donnant sur l'Orange River. **RR**

Augrabies Falls National Park

Augrabies Rest Camp

Main Entrance Gate
Tél. 054-452 9200
www.sanparks.org
Ce très beau camp, qui domine les cascades, propose divers types de chalets et de huttes, ainsi qu'un camping. Restaurant et boutique. Sorties nocturnes et rafting sur le fleuve Orange. **R**

Kalahari Outventures

Tél. 082-476 8213
www.kalahari-adventures.co.za
À 10 km de l'entrée du parc, ce tour operator spécialisé dans le rafting dispose d'un campement où vous trouverez des chambres propres et confortables. Également descentes de rivière, expéditions dans le Karoo et safaris au Kgalagadi Transfrontier Park. **R**

Namaqualand

Kamieskroon Hotel

Old National Road
Kamieskroon
Tél. 027-672 1614
www.kamieskroonhotel.com
Au cœur du Namaqualand, cet hôtel familial s'est spécialisé dans l'écotourisme et propose des ateliers de photo aux amateurs et aux professionnels durant la saison des fleurs (août et sept.) ; 24 chambres avec salle de bains. Piscine. **R**

SWAZILAND & LESOTHO

Indicatifs téléphoniques :
268 (Swaziland)
ou 266 (Lesotho)

Mbabane

Mountain Inn

Princesse Drive
Mbabane
Tél. 2404 2781
www.mountaininn.sz
À l'extérieur de la ville, cet hôtel abrite 60 chambres (avec sdb) dans un cadre verdoyant dominant l'Ezulwini Valley. Bon restaurant. **RR**

Ezulwini Valley

Mantenga Tented Camp

Tél. 2416 1049
www.mantengalodge.com
Installé sur la rive boisée de la Mantenga River, cet élégant campement de brousse comprend 38 cases en dur avec sdb et toit de chaume. Au café, en-cas et plats délicieux. Excellent rapport qualité-prix. **R**

Mlilwane Rest Camp

Mlilwane Wildlife Sanctuary
Tél. 2528 3943 ou 3944
www.biggameparks.org
Dominant un point d'eau fréquenté par les hippopotames, au cœur d'une petite réserve, ce campement dispose de bungalows bon marché et d'un terrain de camping. Bonne table. **R**

Royal Swazi

Ezulweni & Lugogo Suns
Tél. 268-2416 5000
www.suninternational.com
Trois hôtels chic qui doivent leur popularité à leurs casinos. Réservations et renseignements au siège de la chaîne Southern Sun, basée en Afrique du Sud. **RRR**

Sondzela Backpackers

Mlilwane Wildlife Sanctuary
Tél. 2528 3943 ou 3944
www.biggameparks.org
Aux portes du Mlilwane Wildlife Sanctuary, cette auberge de jeunesse rustique est une halte très appréciée sur la Baz Bus Route. Chambres, lits en dortoir et terrain de camping. **R**

À l'intérieur des terres

Ndlovu Camp

Hlane Royal National Park
Tél. 2528 3943 ou 3944
www.biggameparks.org
Emplacements de camping, cases aussi confortables qu'abordables et restaurant correct dans un campement spacieux et verdoyant, à proximité d'un point d'eau fréquenté par les hippopotames. **R**

Stone Camp

Mkhaya Game Reserve
Tél. 2528 3943 ou 3944
www.biggameparks.org
Une demi-douzaine de "chambres" (de luxueuses cases en dur, avec sanitaires) éparpillées dans la verdure, en bord de rivière. Repas et sorties safari inclus dans le prix. **RRRR**

Le Nord

Malolotja Nature Reserve

Tél. 2442 4241
www.sntc.org.sz
Emplacements de camping et chalets bon marché, dans un cadre qui se prête à la randonnée, le long de la frontière sud-africaine. **R**

Phophonyane Ecolodge

Tél. 2431 3429
www.phophonyane.co.sz
Dans une réserve privée adjacente à la Malolotja Nature Reserve, un lodge confortable et indépendant donnant sur une cascade, dans une forêt riche en oiseaux. **RR**

Piggs Peak Hotel & Casino

King Mswati II Highway,
Piggs Peak
Tél. 2437 8800
www.piggspeakhotelandcasino.co.sz
Un hôtel élégant à la frontière avec le Swaziland, dans une région densément boisée, au nord de la Malolotja Nature Reserve. **RR**

Shewula Mountain Camp

Tél. 7605 1160
www.shewulacamp.org
Le confort est sommaire, mais ce campement villageois jouit de vues magnifiques sur plusieurs vallées et propose une initiation à la culture swazi. **R**

Lesotho

Lesotho Hotel & Casino

Hilton Road Maseru
Tél. 26-2224 3000
S'il manque un peu de caractère, ce 4-étoiles – le meilleur hôtel de la capitale du Lesotho – propose en contrepartie un emplacement central, 158 chambres modernes et confortables, une piscine, 5 bars et restaurants ainsi que d'autres prestations à l'avenant. **RRR**

Malealea Lodge

Tél. 266-5840 7816
www.malealea.com
Au cœur du massif du Thaba Putsoa, un lodge pour les *backpackers* et les campeurs. Pas de restaurant, mais une cuisine où préparer vos repas. Sorties à dos de poney et nombreux circuits dans tout le pays. **R**

Cuisines

En matière d'expériences culinaires, l'Afrique du Sud – notamment les grandes villes comme Cape Town, Johannesburg et Durban – a de quoi satisfaire tous les goûts et tous les budgets. Les importantes communautés portugaise et italienne y ont ouvert une myriade de cafés rappelant le sud de l'Europe, et qui se sont acclimatés au soleil austral. Dans les banlieues chic de Pretoria (Hatfield) et de Johannesburg (Norwood, Melville), ou les quartiers branchés de Cape Town (V&A Waterfront, Tamboerskloof) vous attend un kaléidoscope planétaire de saveurs et de parfums.

Cuisine malaise

Dans le Western Cape, notamment, la tendance actuelle est à la gastronomie malaise ou à des plats fusion. Nombre de spécialités sud-africaines sont inspirées de cette cuisine. Cet héritage remonte au 17e siècle, époque où des esclaves originaires des Indes hollandaises furent employés comme cuisiniers. Vous découvrirez une cuisine sucrée-salée qui doit sa saveur inimitable au mélange d'épices malaises (douces) et de fruits comme l'abricot ou le raisin blanc. La plupart des restaurants de Cape Town proposent des plats légèrement épicés tel le *bobotie*, un succulent plat de viande hachée aromatisé au curry doux.

Cuisine indienne

À Durban et dans ses environs, la gastronomie révèle l'influence des ouvriers indiens embauchés sous contrat dans les plantations de canne à sucre au cours des années 1860.

La région a hérité de succulents currys : des ragoûts de légumes secs ou frais (parfois d'agneau), servis avec du riz safrané et accompagnés de rondelles de banane et de tomate, de chutneys (des condiments aigres-doux à base de fruits) et de noix de coco râpée.

N'hésitez pas à goûter d'autres cuisines africaines, comme le ragoût éthiopien servi sur une *injera* (galette qui sert d'assiette), le poulet au piri-piri, sauce relevée en provenance du Mozambique, les ragoûts au lait de coco swahili ou encore les plats d'inspiration arabo-égyptienne.

Restaurants

Une première caractéristique locale à noter : les meilleurs restaurants tendent à privilégier les ingrédients bio. La viande, en particulier, provient de vastes exploitations sur lequel le bétail se déplace librement.

Vous pourrez déguster des grillades dans tous les villages du pays. Les grandes villes offrent un large éventail d'établissements de restauration, des fast-foods comme Nando's – une chaîne locale spécialisée dans le poulet au *pili-pili* – aux restaurants de grillades ou de poisson, en passant par les tables italiennes ou portugaises. Tous ces établissements reflètent la diversité et la richesse de la palette culinaire sud-africaine.

Dans la plupart des destinations safari (Kruger Park, Zululand, uKhahlamba-Drakensberg, Pilanesberg, Madikwe, Mapungubwe ou Addo), les possibilités de sorties ne sont évidemment pas légion : vous séjournerez dans un lodge en formule "pension complète" ou dans un *rest camp* doté d'un restaurant ou mettant une cuisine à la disposition de ses hôtes. Dans tous les cas, vous ne pourrez pas quitter le campement à la nuit tombée, et vous ne trouverez aucun restaurant indépendant à proximité. Si vous prévoyez de faire étape dans un *rest camp* situé dans l'enceinte d'une réserve ou d'un parc national, assurez-vous qu'il dispose d'un restaurant. Sinon, vous devrez faire une réservation avec l'option *"self-catering"*. Si vous partez pour une excursion, emportez des boissons fraîches, de la nourriture et des fruits secs.

GAMME DE PRIX

Les prix s'entendent pour un repas (entrée, plat, dessert) avec un pichet de vin ou, dans les restaurants bon marché, pour un plat et une boisson :

R	**moins de 120 rands**
RR	**de 120 à 250 rands**
RRR	**de 250 à 400 rands**
RRRR	**plus de 400 rands**

BOISSONS

Ne vous montrez pas trop chauvin… les **vins sud-africains** tiennent parfaitement la route, et sont proposés à des prix abordables, surtout dans la région de Cape Town et des Winelands, leur terre d'élection.

La **bière**, essentiellement de type blonde légère *(light lager)*, est servie glacée *(chilled)*. Vous aurez l'embarras du choix entre la SABMiller's Castle, la Carling Black Label, l'Amstel et les namibiennes Namibian Windhoek et Windhoek Light.

Outre les boissons alcoolisées habituelles, certains se laisseront peut-être tenter par la **liqueur Amarula**, à base du fruit du marula (alcool interdit aux moins de 18 ans).

L'**eau du robinet** est potable, sauf mention contraire (dans certains lodges reculés, par exemple). Les eaux minérales, gazeuses ou non, sont disponibles partout.

LISTE DES RESTAURANTS

GAMME DE PRIX
Les prix s'entendent pour un repas (entrée, plat, dessert) avec un pichet de vin ou, dans les restaurants bon marché, pour un plat et une boisson :

R	**moins de 120 rands**
RR	**de 120 à 250 rands**
RRR	**de 250 à 400 rands**
RRRR	**plus de 400 rands**

CAPE TOWN & PRESQU'ÎLE DU CAP

Cape Town

Addis In Cape

41 Church Street
Tél. 021-424 5722
www.addisincape.co.za
À proximité de Long Street, Addis In Cape offre une occasion unique de découvrir la cuisine éthiopienne. Très bel éventail de mets végétariens et *vegans*, et choix correct de plats de viande – à des prix vraiment bas pour Cape Town. **RR**

Africa Cafe

108 Shortmarket Street
Tél. 021-422 0221
www.africacafe.co.za
Ses recettes vous font faire le tour de l'Afrique, du Congo au Caire, en passant bien sûr par l'Afrique du Sud, dont les spécialités se dégustent dans une ambiance sympathique et décontractée. **RR**

Anatoli Turkish Restaurant

24 Napier Street
Tél. 021-419 2501
www.anatoli.co.za
Sur de vastes plateaux, tout une kyrielle de mezze savoureux accompagnés de tranches de pain chaud à tremper dans des sauces orientales. Petit patio ; dîner uniquement. **RR**

The Atlantic Grill

The Table Bay Hotel
V&A Waterfront
Tél. 021-406 5988
Si le décor et l'ambiance de cette table d'hôtel chic restent un peu réfrigérants, la cuisine qui y est servie mérite un détour, surtout si vous avez une occasion à fêter. Dans les assiettes, variations originales autour des grands classiques locaux. **RRRR**

Aubergine Restaurant

39 Barnet Street, Gardens
Tél. 021-465 0000
www.aubergine.co.za
Il joue les élégants dans une belle demeure de 1830 ayant appartenu au premier président de la Cour suprême du Cap. Sa cuisine imaginative qui marie avec brio les saveurs sud-africaines, françaises et asiatiques lui vaut les éloges des critiques locaux et internationaux. À chaque mets, son vin. **RRRR**

Baía

Shop 6262
Upper Level, Victoria Wharf
V&A Waterfront
Tél. 021-421 0935
www.baiarestaurant.co.za
Un verre ou un plat y coûtent une petite fortune – ce qui ne décourage nullement les touristes. En revanche, les fruits de mer sont réputés, et la carte des vins séduira les connaisseurs. **RRRR**

Balducci's

Shop 6162, Victoria Wharf
V&A Waterfront
Tél. 021-421 6002
www.balduccis.co.za
Un café-restaurant qui ne boude ni les végétariens, ni les carnivores, entre gibier sud-africain et curry vert thaï ou sushis, également un bon choix de pâtes et de burgers. Excellent café, belle carte des vins et terrasse idéale pour observer les passants. **RRR**

Belthazar Restaurant & Wine Bar

Shop 153, Victoria Wharf
V&A Waterfront
Tél. 021-421 3753
www.belthazar.co.za
Fort apprécié par les amateurs de bon vin – la plus grande sélection au monde de vins au verre, paraît-il – et primé à plusieurs reprises. Spécialité de steaks et bon poisson. **RRRR**

Beluga

The Foundry
Prestwich Street
Tél. 021-418 2948
www.beluga.co.za
Un établissement branché *made in USA* attirant les jeunes bobos. La carte, qui fait la part belle aux spécialités sud-africaines et aux crustacés, propose également steaks, autruche et gibier, poisson frais et salades de saison ultracopieuses. Menu Pacific Rim. **RRR**

Biesmiellah

Angle Wale et Pentz Streets
Bo-Kaap
Tél. 021-423 0850
www.biesmiellah.co.za
Mieux qu'un restaurant – vous dînerez chez l'habitant. Cuisine *Cape Malay* typique ; pas d'alcool. **R**

Bukhara

33 Church Street
Tél. 021-424 0000
www.bukhara.com
Cet établissement bruyant et bondé (pensez à réserver) sert sans doute le meilleur curry de Cape Town. Cuisine délicieuse et authentique – essayez le *butter chicken*.Une excellente option pour les végétariens. **RRR**

Chef Pon's Asian Kitchen

12 Mill Street, Gardens
Tél. 021-465 5846
www.chefponsasiankitchen.co.za
Tout le monde ici connaît Chef Pon's et son éclectique éventail de plats épicés – recettes vietnamiennes, mongoles, japonaises, thaïes, chinoises et autres – à commencer par son canard laqué et sa soupe *tom yum*. Excellentes bières asiatiques. **RR**

City Grill Steakhouse

Shop 155, Victoria Wharf
V&A Waterfront
Tél. 021-421 9820
www.citygrill.co.za
Ce grill relax face au port n'a pas son pareil pour préparer steaks, produits de la mer et venaisons en tout genre – autruche, springbok, phacochère ou encore crocodile. **RRR**

Col'Cacchio

42 Hans Strijdom Avenue
Tél. 021-419 4848
www.colcacchio.co.za
À la sortie du CBD, au carrefour de Hans Strijdom Avenue et de Loop Street, un gros hangar où le service

ne traîne pas. Pizzas dignes de ce nom aux garnitures généreuses et variées, pâtes et salades. **R**

Den Anker

Pierhead
V&A Waterfront
Tél. 021-419 0249
www.denanker.co.za
Sur le Pierhead, cette vaste ruche permet de contempler le ballet des yachts et des bateaux de pêche. Moelle sur toasts, moules frites et bières– cuisine belge oblige. **RRR**

Gold Restaurant

15 Bennett Street
Green point
Tél. 021-421 4653
www.goldrestaurant.co.za
L'endroit idéal pour tester des cuisines de tout le continent. Tambours enfiévrés et danseurs masqués dogon y animent les soirées. Belle carte des vins. **RRRR**

Haiku

58 Burg Street
Tél. 021-424 7000
www.bukhara.com/haiku-food
Le nec plus ultra des *dim sum* et autres amuse-gueule d'Asie du Sud, à savourer dans un décor glamour. Calmars aux 5 épices, raviolis vapeur aux épinards ou au fromage et canard à la pékinoise d'anthologie. Les végétariens trouveront aussi leur bonheur. Addition salée mais largement justifiée. **RRRR**

Mama Africa Restaurant & Bar

178 Long Street
Tél. 021-424 8634
www.mamaafricarestaurant.co.za
Une adresse décalée proposant un large choix de plats sud-africains – *currys Cape Malay* et grillades de gibier. Concert de percussions marimba le soir. **RR**

Mesopotamia

36 Burg Street
Tél. 021-424 4664
www.mesopotamia.co.za
Le seul restaurant kurde du pays. Installez-vous par terre sur des coussins, découvrez sa cuisine authentique et tirez sur une houka en admirant les danseuses du ventre. Toujours du monde, clientèle plutôt jeune – dîner uniquement. **RR**

Planet Restaurant

Mount Nelson Hotel
76 Orange Street
Gardens
Tél. 021-483 1948
www.mountnelson.co.za
Relooké, le restaurant de ce vénérable hôtel, colonial en diable, affiche un style à la fois classique et contemporain. Ici, le chic est de mise. Revêtez vos plus beaux atours pour savourer ses recettes africaines d'une rare élégance. **RRRR**

Savoy Cabbage restaurant, Cape Town.

Savoy Cabbage

101 Hout Street
Tél. 021-424 2626
www.savoycabbage.co.za
L'une des plus vénérables tables de Cape Town loge dans un bâtiment historique au décor contemporain évoquant un entrepôt. La carte fait la part belle aux ingrédients du terroir. **RRRR**

Toni's Portuguese Restaurant

88 Kloof Street
Tamboerskloof
Tél. 021-423 7617
www.tonis.co.za
Un rapport qualité-prix tout simplement exceptionnel – essayez le poulet *piri-piri* ou les gambas à la mozambicaine. **RR**

Constantia & banlieues sud

Barristers Grill and Café on Main

Angle Kildare et Main Streets
Newlands
Tél. 021-671 7907
www.barristersgrill.co.za
Les aficionados se prosternent devant ses steaks, gigantesques et fondants. Les amateurs de poisson ne sont pas oubliés. De 12h à 18h, des plats très bon marché sont proposés sur la carte du pub. **R (pub) RRR (repas complet)**

Buitenverwachting

Klein Constantia Road
Constantia
Tél. 021-794 3522
www.buitenverwachting.co.za
Le nom de ce superbe établissement, qui signifie "au-delà de toute attente", lui va comme un gant. Pour tester une carte des vins exceptionnelle dans un domaine viticole. Depuis la terrasse, vue splendide

sur la montagne et cour arborée. Fermé lun. **RRRR**

Catherina's Restaurant

Steenberg Hotel
Tokai Road, Constantia
Tél. 021-713 7178
www.steenberghotel.com
Steenberg, c'est la doyenne des fermes de Constantia Valley. Au programme, architecture Cape Dutch, décoration africaine et carte mettant à l'honneur le gibier. **RRRR**

La Colombe

Constantia Uitsig Estate
Spaanschemat River Road
Tél. 021-794 2390
www.lacolombe.co.za
Dans un décor sans prétention, cuisine française bourgeoise et expériences culinaires plus audacieuses à l'attention des gourmets les plus fortunés. **RR**

Jonkerhuis

Groot Constantia Estate
Groot Constantia Road
Constantia
Tél. 021-794 6255
www.jonkershuisconstantia.co.za
Cette ferme Cape Dutch de Groot Constantia Estate est un lieu idéal pour déjeuner en famille. Cuisine campagnarde mais aussi large choix de salades et de plats *Cape Malay*. **RR**

Melissa's

Cardiff Castle
Angle Kildare et Main Streets
Newlands
Tél. 021-683 6949
www.melissas.co.za
Les végétariens apprécieront ce *deli* aux excellentissimes sandwichs, salades et *chicken pies* – facturés... au poids. **R**

Open Door

Constantia Uitsig Farm
Spaanschemat River Road
Tél. 021-794 3010
www.opendoorrestaurant.co.za
Une ambiance informelle règne dans ces salles ouvertes sur une cour et un jardin. Au petit déjeuner, testez les œufs Benedict, et au déjeuner, sirotez un verre de Constantia Uitsig. **RR**

Wijnhuis Newlands

Kildare Road
Newlands
Tél. 021-671 9705
www.wijnhuis.co.za
Chez Wijnhuis (Maison de vin), une belle carte des vins accompagne une délicieuse cuisine italienne contemporaine. Atmosphère décontractée et canapés moelleux favorisant la digestion. **RR**

Presqu'île du Cap

Bertha's

1 Wharf Road
Simon's Town
Tél. 021-786 2138
www.berthas.co.za
Sur cette vaste terrasse ouverte sur les quais sont servies des spécialités de la mer, des hamburgers, des pâtes et des salades. Forte affluence le week-end. **RR**

Brass Bell

Kalk Bay Station
Tél. 021-788 5455
www.brassbell.co.za
Pour observer les baleines (juil.-nov.), rien de tel que le Brass Bell. Pour vous y rendre, passez sous la ligne de chemin de fer et empruntez l'escalier qui mène aux bâtiments de l'ancienne gare. Commandez du poisson grillé, arrosé d'huile et de citron. **RR-RRR**

Codfather Seafood & Sushi

37 The DriveCamps Bay
Tél. 021-438 0782
www.codfather.co.za
Au comptoir, faites votre choix parmi les produits de la mer et les sushis, facturés au poids et cuits à la minute. **RR**

Fish on the Rocks

Hout Bay Harbour
Tél. 021-790 0001
www.fishontherocks.co.za
Une adresse très basique servant des *fish & chips* d'anthologie et très bon marché, notamment les calmars et le *kingklip* (abadèche). Installez-vous dans la salle ou dehors, sur l'herbe. **R**

Harbour House

Kalk Bay Harbour
Tél. 021-788 4136
www.harbourhouse.co.za
Pour déguster une cuisine de la mer toute simple, au-dessus des rochers et des rouleaux. Idéal pour lézarder. **RRR**

Olympia Café & Deli

134 Main Road
Kalk Bay
Tél. 021-788 6396
www.olympiacafe.co.za
Excellente cuisine à savourer dans une ambiance *arty*. À l'heure du brunch, prenez le journal, commandez une cafetière et attablez-vous devant des œufs pochés au saumon fumé. **R**

The Roundhouse

The GlenCamps Bay
Tél. 021-438 4347
www.theroundhouserestaurant.com
Dans un bâtiment ancien situé sur la pente de Camps Bay, carte inventive et cave réputée. Au dîner, somptueux menu servi en salle – le déjeuner, plus abordable et décontracté, se prend en terrasse. **RRRR (dîner) RR (déjeuner)**

WESTERN CAPE

Stellenbosch & alentours

Camphors at Vergelegen

Vergelegen Estate
R44 près de Somerset West
Tél. 021-847 2131
www.vergelegen.co.za
Sans conteste la plus belle propriété viticole du Cap, Vergelegen vous reçoit (uniquement à midi) en grande pompe dans son restaurant gastronomique dont le menu Continental surprend les papilles et, plus simplement, dans son bistrot Stable at Vergelegen. **RRRR (restaurant) R (bistrot)**

De Volkskombuis

Aan-de-Wagen Road
Tél. 021-741 0980
Idéalement situé sur la rive frangée de saules de l'Eersterivier. Cuisine méditerranéenne légère servie en terrasse, accompagnée de bons vins locaux. **RRR**

D'Ouwe Werf

30 Church Street, Stellenbosch
Tél. 021-887 4608
www.ouwewerf.co.za
La plus vieille auberge du pays (1802) ne manque pas de caractère ! Cuisine du Cap et d'Europe, belle carte des vins et excellent petit déjeuner. **RRR**

Terroir

Kleine Zalze Wine Farm (R44)
Tél. 021-880 8167
www.kleinezalze.co.za

Le chef, Michael Broughton, orchestre une symphonie d'ingrédients de saison et du terroir, beaux dans l'assiette et doux au palais. À déguster dans une salle rustique – sol en terre cuite et nappes blanches. **RRRR**

Tokara Restaurant

Hellshoogte Pass
Tél. 021-885 2550
www.tokara.co.za
Superbe lieu donnant sur les vignobles et les montagnes. À la carte, produits de qualité – poisson et gibier notamment. **RRRR**

Wijnhuis Stellenbosch

Angle Church et Andringa Streets, Stellenbosch
Tél. 021-887 5844
www.wijnhuis.co.za
Excellente cuisine européenne complétée par une carte des vins d'exception – les connaisseurs peuvent tester 6 vins différents pour un prix forfaitaire raisonnable. Nombreux crus originaires de la région de Stellenbosch. **RRR**

Franschhoek & alentours

Boschendal Restaurant

R310, en direction de Stellenbosch
Tél. 021-870 4274
www.boschendal.com
Niché dans le charmant domaine viticole éponyme, ce restaurant propose une cuisine africaine haut de gamme dans un cadre raffiné. Mais vous pouvez également opter, à moindre coût, pour leurs célèbres paniers pique-nique – à picorer sur la pelouse ombragée. **RR (pique-nique) RRR (restaurant)**

Bread & Wine Vineyard Restaurant

Moreson Winery
Happy Valley Road
La Motte
Tél. 021-876 3692
www.moreson.co.za.
Une étape déjeuner de choix dans un site idyllique au milieu des vignobles et des vergers. Plats ultrafrais préparés à partir d'ingrédients de qualité. **RRR**

La Petite Ferme

Franschhoek Pass Road
Tél. 021-876 3016
www.lapetiteferme.co.za
Ce restaurant primé dispose d'une sympathique terrasse donnant sur la Franschhoek Valley. Carte des vins à prix raisonnables et menu faisant la part belle aux saveurs méditerranéennes. **RRR**

Paarl & alentours

The Goatshed

Fairview Wine Farm
Suid Agter Paarl Road
Suider-Paarl
Tél. 021-863 3609
www.fairview.co.za
Dans une salle immense mais chaleureuse évoquant une grange, faites votre choix parmi les assiettes de fromages, de viandes et les spécialités du jour, le tout accompagné de pichets de vins du domaine. Boulangerie sur place. L'une des meilleures haltes-déjeuner du pays. **RR**

Noop Restaurant & Bar

127 Main Road, Paarl
Tél. 021-863 3925
www.noop.co.za
En centre-ville, ambiance moderne et carte variée de sushis et autres produits de la mer, steaks et pizzas. **RR**

Readers Restaurant

12 Church Street
Tulbagh
Tél. 023-230 0087
www.readersrestaurant.co.za
Dans un bâtiment de style Cape Dutch, le Readers propose une cuisine sud-africaine saine et une carte des vins réputée. **RR**

Hermanus et Overberg

Agulhas Country Lodge

Main Road, L'Agulhas
Tél. 028-435 7650
www.agulhascountrylodge.com
Éclipsant la concurrence locale, ce restaurant sert une cuisine sans prétention en salle ou en terrasse avec vue sur l'océan. *Tea room*. **RR**

Origins

Main Drive, Hermanus
Tél. 028-313 1000
www.originsrestaurant.co.za
Dans un hôtel haut de gamme, le summum du luxe contemporain. Petite carte centrée sur le poisson et les fruits de mer. **RRR**

West Coast

Breeze Restaurant & Lounge Bar

9 Bree Street, Langebaan
Tél. 022-772 1064
www.breeze-restaurant.com
Dans un cadre qui affiche la couleur, il vous sert, en salle ou en terrasse, des recettes résolument modernes, avec en vedette les produits de la mer et l'autruche. Excusez du peu, ses chefs ont été formés dans des étoilés Michelin ! **RRR**

Evita se Perron

Darling Station, Darling
Tél. 022-492 3930
www.evita.co.za
Snacks de tradition captonienne. Le samedi soir, vous assisterez au *one-man-show* de Pieter Dirk Uys, satiriste, activiste et drag-queen légendaire. **RRR**

Die Strandloper

Saldanha Road, Langebaan
Tél. 022-772 2490
www.strandloper.com
Les pieds dans l'eau, laissez-vous tenter par son buffet de produits de la mer, copieux et savoureux. Les horaires d'ouverture varient selon la demande – appelez ou consultez le site Internet. **RR**

GARDEN ROUTE

Mossel Bay

Bahia dos Vaqueiros

Diaz Strand Hotel,
Beach Boulevard
Tél. 044-692 8400
www.diazbeach.co.za
Carte inventive déclinant des recettes inédites. Testez les rouleaux de printemps de *bobotie* d'autruche, nappés d'une sauce à la menthe et de chutney aux fruits. Idéal pour contempler l'océan. **RRR**

Café Gannet

Church Street
Tél. 044-691 1885
www.oldposttree.co.za/cafe-gannet
Dans le Bartolomeu Dias Museum Complex, un café très apprécié pour son excellente cuisine de la mer à prix alléchants. Terrasse donnant sur la plage. **R**

Oudtshoorn

Jemima's

94 Baron Van Rheede Street
Tél. 044-272 0808
www.jemimas.com
Cuisine du Karoo en solides et ravigotantes portions – autruche à

toutes les sauces. Ingrédients de saison revisités avec humour. **RR**

Knysna

East Head Café

Knysna Heads
Tél. 044-384 0933
www.eastheadcafe.co.za
Un emplacement mémorable en front de mer – pour prendre son petit déjeuner (pas ruineux) ou grignoter un sandwich au déjeuner. **RR**

Ile de Pain Bread & Café

10 The Boatshed
Thesen Harbour Town
Tél. 044-302 5705
www.iledepain.co.za
Les meilleurs pains et viennoiseries de la Garden Route. Vous aimerez les croissants, les quiches et les tartes maison. Sandwichs au fromage et viande du terroir. **R**

JJ's Restaurant

Knysna Waterfront
Tél. 044-382 3359
www.jjsrestaurant.co.za
JJ's Restaurant jouit d'une situation imprenable sur le front de mer. Sa cuisine de la mer et son gibier sont au niveau, tout comme la carte des vins. Ouv. uniquement pour le dîner. **RRR**

Plettenberg Bay

Mugg & Bean

Market Square
Tél. 044-533 1486
www.themugg.com
Cette *coffee-house* propose un bel éventail de sandwichs et de snacks. Une bonne adresse pour les petits budgets. **R**

Sandbar

The Plettenberg Hotel
Tél. 044-533 2030
www.theplettenberghotel.com
Nouvelle cuisine sud-africaine et spécialités marines dignes de cet hôtel prestigieux. **RRRR**

EASTERN CAPE

Port Elizabeth

Natti's Thai Kitchen

Park Lane
Tél. 041-373 2763
Cette table thaïe sert de mini-assiettes à ceux qui veulent tout essayer. Large choix de plats végétariens. Pas d'alcool – vous pouvez apporter votre bouteille. **RR**

Old Austria

24 Westbourne Road
Tél. 041 373 0299
www.oldaustria.com
Installée dans une maison centenaire, à la lisière du centre-ville, cette sympathique entreprise familiale régale ses clients avec ses recettes autrichiennes, allemandes et européennes depuis 1971. **RR**

Grahamstown

Norden's at the Cockhouse

10 Market Street
Tél. 046-636 1287
www.cockhouse.co.za
Occupant un manoir des années 1820, ce restaurant aime revisiter sa carte de viandes et de poisson. Propose également un petit déjeuner. **RR**

Rat & Parrot

59 New Street
Tél. 046-622 5002
www.facebook.com/ratandparrotgtown

Belles creuses de la lagune de Knysna.

Fréquenté par la population estudiantine de Grahamstown, The Rat & Parrot est l'endroit parfait pour tailler une bavette tout en cassant la graine – gigantesques pizzas et cuisine de pub correcte. **R**

East London

Grazia Fine Food

Upper Esplanade
Beach Front
Tél. 043-722 2009
www.graziafinefood.co.za
En front de mer, cuisine italienne – pizzas, viandes et poisson – préparée avec une touche contemporaine. Belle carte des vins. **RR-RRR**

Sanook Cafe

11 Chamberlain Road
Claremont
Tél. 043-721 3215
www.sanook.co.za
Ici, l'ambiance bat son plein du matin au soir, à grand renfort de burgers, paninis et salades, accompagnés de la cuvée du patron ou de café. Assiettes savoureuses et additions légères. **R**

DURBAN

9th Avenue Bistr

2 Avonmore Centre
9th Avenue Morningside
Tél. 031-312 9134
www.9thavenuebistro.co.za
Il tient plus du restaurant gastronomique que du bistrot. Sa cuisine classique et métissée, de même que sa carte des vins, lui valent une ribambelle de prix. **RRR**

Joe Cool's

137 Lower
North Beach Road
Marine Parade
Tél. 031-368 2858
www.joecools.co.za
Il a rouvert ses portes après avoir changé de patron, pour le plus grand bonheur des surfeurs qui vont s'y requinquer entre 2 sessions. **R**

Moyo

uShaka Marine World
Tél. 031-332 0606
www.moyo.co.za
Recettes inventives élaborées dans tout le continent. Belle sélection de plats végétariens. Le plus : situation pratique. **RRRR**

ZULULAND & DRAKENSBERG

St Lucia Village

Alfredo's Restaurant

54 Mackenzie Street
Tél. 035-590 1150
Situé côté pont, Alfredo's jongle avec les pâtes, les pizzas et autres spécialités italiennes. **RR**

Pietermaritzburg & les Midlands

Moorcroft Manor

Sani Road, Himeville
Tél.033-702 1967
www.moorcroft.co.za
Ce restaurant et sa terrasse ombragée occupent un manoir, avec les montagnes pour écrin. Truite fraîche ou canard croustillant au dîner. **RR**

Rosehurst Cafe

239 Boom Street
Pietermaritzburg
Tél. 033-394 3833
Cette résidence victorienne en brique rouge abrite un café paisible dont la carte (à l'ardoise) fait la part belle aux saveurs méditerranéennes – salades, œufs, sandwichs et gâteaux. **R**

Yellowwood Café

1 Shafton Road
Howick
Tél. 033-330 2461
www.yellowwood.co.za
Ce restaurant niché dans les collines loge dans une belle ferme des années 1870 – chèvres, ânes et chevaux miniatures entourent la ferme pour le plus grand bonheur des enfants. Cuisine campagnarde au menu. **RR**

Northern Berg

Bingelela Restaurant

R74 (5 km au nord de Bergville)
Tél. 036-448 1336
www.bingelela.co.za
Réputé pour ses viandes grillées, Bingelela propose aussi des salades, des pâtes et de la truite locale. Également petite sélection de pizzas sophistiquées. Essayez le *cheese cake* à l'amarante et au citron. **RR**

Tower of Pizza

Par la R74, route d'accès au Royal Natal Park
Tél. 036-438 6480
www.towerofpizza.co.za
En pleine campagne, ce restaurant familial et informel sert d'excellentes pizzas. **R**

Central Berg

Thokozisa Restaurant

R600 à l'ouest de Winterton
Tél. 036-488 1273
Dans un petit centre commercial en plein air, sa clientèle assidue apprécie son bel éventail de snacks, pâtes et gateaux, à déguster en salle ou à l'ombre de la véranda. **RR**

Valley Bakery

R600 à l'ouest de Winterton
Tél. 036-468 1257
Une ferme en bois disposant d'une boulangerie et d'un sympathique *coffee-shop*. Idéal pour les petits budgets.

Waffle Hut

R600 à l'ouest de Winterton
Tél. 036-488 1500
Dans le complexe des KwaZulu Weavers, le Waffle Hut ouvre tous les jours à l'heure du petit déjeuner et du déjeuner. Petits plats légers et alléchante sélection de galettes. **R**

GAUTENG

Johannesburg

The Butcher Shop & Grill

Shop 30
Nelson Mandela Square
Sandton
Tél. 011-784 8676
www.thebutchershop.co.za
Il tient incontestablement la tête d'affiche dans cette ville pourtant réputée pour ses penchants carnivores. Vous y trouverez aussi du gibier (local), du poulet, des produits de la mer... et des plats végétariens. **RRR**

Da Vincenzo

29 Montrose Road, Kyalami
Tél. 011-466 2642
www.davincenzo.co.za
Dans un environnement bucolique un peu au nord de Sandton, vous dégusterez une cuisine italienne maison sous un toit de chaume. **RR**

Moyo

Melrose Arch
Tél. 011-684 1477
www.moyo.co.za

Roosterkoeks *tout chauds, des petits pains cuits à la braise, idéals pour accompagner un* braai *(barbecue).*

L'un des restaurants les plus créatifs de Johannesburg est réputé pour sa cuisine panafricaine des 2 côtés du Sahara et sa carte des vins faisant la part belle aux crus locaux. **RRRR**

Namak Indian Restaurant

9 Grafton Avenue
Craighall Park
Tél. 011-327 0095
www.namakindian.com
Il propose une cuisine du nord de l'Inde – *biryani*, *tikka masala* et nombreux plats végétariens, mais aussi des pizzas *tandoori* ! **R-RR**

Wandie's Place

618 Makhalamele Street
Soweto
Tél. 011-982 2796
www.wandies.co.za
Étape déjeuner incontournable des circuits de Soweto, Wandie's est réputé pour son ambiance animée et propose un buffet composé de plats africains. **RR**

Pretoria

Café Riche

Church Square (centre-ville)
Tél. 012-323 1332
Ouvert de 6h du matin jusqu'à minuit, ce café convivial propose une carte longue comme le bras : viennoiseries, pâtisseries, snacks et plats aux saveurs sud-africaines. **R**

La Madeleine

122 Priory Road
Lynwood Ridge
Tél. 012-361 3667
www.lamadeleine.co.za
Cette emblématique madeleine mitonne une délicieuse cuisine provençale depuis plus de 30 ans. Si la carte est renouvelée régulièrement, la simplicité reste le maître mot du chef, Daniel Leusch. Menu du dimanche à tarif irrésistible. **RR**

Prue Leith's Chef's Academy

262 Rhino Street
Hennops Park
Centurion
Tél. 012-751 3451
www.prueleith.co.za
Sous la présidence d'une toque renommée, ce restaurant primé jongle avec les saveurs panafricaines et offre une belle sélection de mets végétariens. **RRR**

MPUMALANGA & LIMPOPO

Panorama Route

Canimambo

Angle Louis Trichardt et Hoof Streets
Graskop
Tél. 013-767 1868
www.canimambo.za.net
Cette table portugaise sert un délicieux poulet au *pili-pili*, des gambas au beurre citronné et un ragoût mozambicain aux haricots (végétarien). **RR**

Harrie's Pancakes

Angle Louis Trichardt
et Church Streets,
Graskop
Tél. 013-767 1273
www.harriespancakes.com
Depuis 1992, Harrie n'est autre que le spécialiste des *pancakes*, salées ou sucrée – les meilleures d'Afrique du Sud... paraît-il. **R**

Mbombela (Nelspruit)

Kuzuri Restaurant

Lowveld National Botanical Garden
Tél. 013-757 0907
www.kuzuri.co.za
Dans le cadre verdoyant du Lowveld National Botanical Garden, dégustez une cuisine savoureuse dont les parfums reflètent bien la nation arc-en-ciel. **RR**

DU GAUTENG À CAPE TOWN

Bloemfontein

Seven on Kellner

7 Kellner Street
Tél. 051-447 7928
www.sevenonkellner.co.za
Logeant dans un manoir ancien, la table la plus réputée de Bloemfontein se veut consensuelle, des recettes marocaines aux pizzas cuites au feu de bois. **RR**

CULTURE & LOISIRS

FÊTES & FESTIVALS

Janvier

Cape Town Minstrel Carnival
Tél. 021-761 5239
www.capetown-minstrels.co.za
Le plus grand carnaval de Cape Town célèbre le Nouvel An en organisant des fêtes, des compétitions et des parades exubérantes.

Jazzathon
V&A Waterfront, Cape Town
Tél. 083-340 8904
Durant 4 jours, ce festival de musique gratuit anime le V&A Waterfront.

Février

Cape Town Pride Festival
www.capetownpride.org
Date phare du calendrier gay, le Pride Parade Day voit se succéder 2 semaines de défilés, de bals, de dégustations de vin, de tea parties et un mini festival de films gays.

Mars

Cape Town Festival
Tél. 021-465 9042
www.capetownfestival.co.za
Dans toute la région, une vingtaine de salles accueillent une kyrielle de manifestations.

Cape Town International Jazz Festival
Tél. 021-671 8716
www.capetownjazzfest.com
Pendant 2 jours, plus de 40 artistes sud-africains et internationaux se partagent les 5 scènes.

Avril

Splashy Fen Music Festival
Tél. 031-564 9074
ou 082-447 7258
www.splashyfen.co.za
Pendant le week-end de Pâques, une belle brochette de talents locaux fait une halte à Underberg, petite ville des contreforts de l'uKhahlamba-Drakensberg, le temps de 4 ou 5 soirées.

Mai

Pink Loerie Mardi Gras
www.pinkloeriefoundation.com
À Knysna, un carnaval gay presque aussi animé que celui de Cape Town.

Juin

Encounters South African Independent Documentary Festival
Cinema Nouveau
V&A Waterfront, Cape Town
Tél. 021-465 4686
www.encounters.co.za
Réalisateurs et documentaires de haut niveau.

Juillet

National Arts Festival
Tél. 046-603 1103
www.nationalartsfestival.co.za
Dans la vieille ville pionnière de Grahamstown se tient le plus ancien festival artistique du pays.

Août

Oppikoppi Bushveld Festival
www.oppikoppi.co.za
Durant 3 jours, excellent festival de musiques alternatives ayant pour cadre le *bushveld* du North West.

Septembre

Arts Alive
Johannesburg
www.artsalive.co.za
Pendant 3 semaines, un festival d'art tous azimuts – comédie, théâtre, danse et musique animent plusieurs salles de la ville.

Standard Bank Joy of Jazz Festival
www.joyofjazz.co.za
Fin septembre, le meilleur festival musical de Johannesburg reçoit des pointures du jazz nationales et étrangères.

Décembre

Mother City Queer Parade
www.mcqp.co.za
L'autre grande manifestation du calendrier gay de Cape Town.

CULTURE

Théâtre

Quoique limitée aux grandes villes du pays, notamment Cape Town et Johannesburg, la scène théâtrale sud-africaine fait preuve d'un réel dynamisme. À vous de choisir entre une comédie légère ou une pièce classique. De plus, aller au théâtre en Afrique du Sud vous coûtera bien moins cher qu'à Paris, Londres ou New York.

Barnyard Theatre Chain
Tél. 021-914 8898
www.barnyardtheatres.co.za
Chaîne de cabarets spécialisée dans les revues musicales à l'ancienne. Plusieurs salles à Johannesburg et dans ses environs, mais aussi à Durban, à Pretoria, à Cape Town, à Franschhoek, à Mossel Bay et à Plettenberg Bay.

Cape Town et presqu'île du Cap

Artscape Theatre Centre
DF Malan Street
Foreshore
Tél. 021-410 9800
Guichet de location : ouv. lun.-ven. 9h-17h, sam. 9h-12h30
www.artscape.co.za
Programmation éclectique, des super-productions d'Andrew Lloyd-Weber

aux danses africaines, en passant par le ballet ou l'opéra. Résidence du **Cape Philharmonic Orchestra** (*tél. 021-410 9809*; www.cpo.org.za), du **Cape Town City Ballet** (*tél. 021-492 5950*; www.capetowncityballet.org.za), du **Cape Town Opera** (*tél. 021-410 9807*; www.capetownopera.co.za) et de la compagnie de danse contemporaine **Jazzart Dance Theatre** (*tél. 021-410 9848*; www.jazzart.co.za).

Baxter Theatre Complex
University of Cape Town
Main Road
Rondebosch
Tél. 021-680 3989
www.baxter.co.za
Un complexe dynamique réunissant 2 salles : le Main Theatre et le Concert Hall. Comédies musicales, pièces de théâtre et sketchs.

Little Theatre
37 Orange Street
Tél. 021-650 7129
www.drama.uct.ac.za
Théâtre associé à l'University of Cape Town's Drama Department. Productions estudiantines classiques, contemporaines et plus expérimentales.

The Fugard Theatre
Caledon Street
Tél. 021-461 4554
www.thefugard.com
Occupant le Sacks Futeran Building (District Six), superbement restauré, la salle la plus récente de Cape Town rend hommage à l'éminent dramaturge Athol Fugard. Spectacles avant-gardistes ; agréable terrasse sur le toit.

Theatre on the Bay
Link Street
Camps Bay
Tél. 021-438 3301
www.theatreonthebay.co.za
Théâtre aménagé sur la promenade de Camps Bay – idéale pour boire un verre ou grignoter un morceau avant le spectacle.

Durban

Elizabeth Sneddon Theatre
Mazisi Kunene (South Ridge) Road
Tél. 031-260 2296
www.sneddontheatre.co.za
Théâtre de l'University of KwaZulu-Natal ; spectacles étudiants de qualité et productions extérieures.

Playhouse Theatre
231 Anton Lembede (Smith) Street
Tél. 031-369 9596 ou 9540
www.playhousecompany.com
Centre artistique de la ville – théâtre et danse.

Gauteng

Joburg Theatre
Loveday Street
Tél. 011-877 6855
www.joburgtheatre.com
L'ancien Civic Theatre dispose de 4 salles : The Mandela, The Fringe, The Peoples et space.com – espace totalement flexible.

The Market Theatre
Market Theatre Complex
Bree Street Newtown
Tél. 011-832 1641 ou 1643
www.markettheatre.co.za
Le berceau des mouvements contestataires sud-africains compte 3 scènes : le Main Auditorium, le Barney Simon Theatre et le Laager Theatre.

State Theatre
320 Pretorius Street
Pretoria
Tél. 012-392 4000
www.statetheatre.co.za
Au cœur de Pretoria vous attendent 7 auditoriums. Orchestres symphoniques, opéra, théâtre, etc.

Victory Theatre
105 Louis Botha Avenue
Orange Grove
Tél. 011-728 9603
www.victorytheatre.co.za
Cabaret spécialisé dans les revues musicales et les sketchs.

Concert animant le Cape Town Festival.

SE FAIRE UNE TOILE

La plupart des grands centres commerciaux possèdent des multiplexes, dont les chaînes Ster-Kinekor (www.sterkinekor.com) ou Nu-Metro (www.numetro.co.za). Leur programmation est détaillée sur les sites Internet et dans les journaux locaux. Si les productions hollywoodiennes dominent largement le marché, des films européens et alternatifs sont diffusés dans les grandes villes par une poignée de complexes (www.sterkinekor.com) et par le **Labia Theatre** (www.labia.co.za), salle indépendante de Cape Town.

Musique classique

Le **Cape Philharmonic Orchestra** (*tél. 021-410 9809*; www.cpo.org.za) donne plus de 100 concerts par an, invitant régulièrement des chefs et des solistes étrangers. Des concerts ont lieu presque tous les jeudis soir au Cape Town City Hall, sur Darling Street, face à la Grand Parade. Consultez sur Internet la programmation du **KwaZulu-Natal Philharmonic** (*tél. 031 369 9438*; kznphil.org.za) de Durban, et du **Johannesburg Philharmonic** (*tél. 011-484 0446*; www.jpo.co.za).

Danse

Vous pourrez assister à des danses traditionnelles africaines dans des lodges safari ou dans certains des théâtres mentionnés ci-dessus. En résidence à l'Artscape Theatre Complex (*voir p. 359*), **le Cape Town**

City Ballet (*tél. 021-492 5950* ; www.capetowncityballet.org.za) se produit également dans d'autres salles de Cape Town et de ses environs. Au programme, répertoire classique mais aussi productions plus contemporaines mêlant danse, opéra et rock.

Son équivalent de Johannesburg, le **Joburg Ballet** (*tél. 011-877 6898* ; www.joburgballet.com), est basé au Joburg Theatre. Le **Jazzart Dance Theatre** (Artscape Theatre Complex ; *tél. 021-410 9848* ; www.jazzart.co.za) et la **Cape Dance Company** (*tél. 021-701 0599* ; www.capedancecompany.co.za) accueillent surtout des spectacles de danse africaine traditionnelle et moderne.

One-man-shows

Le one-man-show connaît un franc succès auprès des Sud-Africains, qui se découvrent capables de rire d'eux-mêmes et de leurs hommes politiques. Cette tendance, un seul homme l'a longtemps incarnée, le travesti Pieter Dirk Uys, dont le personnage d'Evita Bezuidenhout, d'abord créé pour ridiculiser la politique du gouvernement d'apartheid, est la star du théâtre qu'il a fondé – **Evita se Perron** (*tél. 022-492 3930* ; www.evita.co.za) – dans la petite ville de Darling, un peu au nord de Cape Town. D'autres artistes se partagent aujourd'hui le devant de la scène, notamment Marc Lottering, David Kau ou Loyiso Gola.

Le **Cape Town Comedy Club** (*The Pumphouse, V&A Waterfront ; tél. 021-418 8880* ; capetowncomedy.com)accueille les meilleurs one-man-shows de Cape Town.

À Johannesburg, le **Parkers Comedy** (*Montecasino Boulevard, angle William Nicol et* Witkoppen Roads ; *tél. 011-511 0081* ; www.parkerscomedy.com) est le temple du stand-up.

Jazz

Américain, sud-africain ou fusion, le jazz est ici très populaire, ne serait-ce que pour son identification aux premières années de la lutte anti-apartheid, avant que des artistes légendaires comme Hugh Masakela, Abdullah Ibrahim (Dollar Brand) ou Miriam Makeba n'aient pris (de gré ou de force) la route de l'exil.

À Johannesburg, des concerts de jazz sont régulièrement à l'affiche de **Katzy's** (*The Firs Shopping Centre, Oxford Road, Rosebank ; tél. 011-880 3945* ; www.katzys.co.za) et de **The Orbit** (*81 de Korte Street* ; www.theorbit.co.za). À Cape Town, mettez le cap sur le **Piano Bar** (*47 Napier Street ; tél. 021 418 1096 ;* www.thepianobar.co.za).

VIE NOCTURNE

Si l'Afrique du Sud n'est évidemment pas aussi animée que New York, Paris ou Berlin, les oiseaux de nuit devraient largement trouver de quoi s'occuper à Cape Town et (dans une moindre mesure) à Johannesburg.

Johannesburg

Johannesburg ne se laisse pas facilement appréhender de nuit – la mauvaise réputation du centre-ville, et l'absence d'un pôle nocturne comme Long Street à Cape Town, par exemple, y sont pour beaucoup.

Vous pouvez pourtant passer une excellente soirée au **Newton Precinct** (www.newtown.co.za), ensemble de bâtiments réhabilité autour de Market Theatre et du Gramadoelas Restaurant attenant. **Bassline** (new.bassline.co.za) offre une programmation éclectique de jazz, reggae, afro-beat, kaito, etc.

Clubs et bars

Les meilleurs établissements se concentrent dans les quartiers nord de Rosebank, surtout de Melville, sur Fourth Avenue et Seventh Street.

Prenez un verre de vin chez **Xai-Xai** (*tél. 011-482 6990 ;* www.facebook.com/XaiXaiLounge), à l'extrémité nord de Fourth Road, et testez ses fruits de mer et son pili-pili à la mozambicaine. Parmi les bonnes adresses de 7th Street figurent le **Ratz Bar** (*n°9 ; tél. 011-482 2414* ; www.ratzbar.co.za) et l'**Unplugged on 7th** (*Shop 4, Stand 245 ; tél. 011-482 5133*) où vous pourrez écouter les tubes du moment, parfois en live. Autre institution de Melville, le **Tokyo Star** (*Comtec House, 26 Gleneagles Road ; tél. 072-478 2592*) a pris ses quartiers à Greenside. Et si l'envie de danser vous démange, allez à l'**E.S.P** (*84 Oxford Road, Ferndale ; tél. 076-644 4943* ; www.esp.co.za), dans la banlieue nord. Au **Great Dane** (*5 De Beer Street ; tél. 011-403 1136*) vous danserez jusqu'à 2h du matin.

Cape Town

Contrairement à celui de Johannesburg, le centre de Cape Town est animé de jour comme de nuit. Long Street et Kloof Neck (plutôt orientés *backpackers*) fourmillent de bars, de salles de concert et de petits restaurants. La communauté gay se retrouve à Green Point et à De Waterkant, et les noctambules aisés sur le V&A Waterfront.

Clubs et bars

Au centre-ville, le **Planet Bar** (*Mount Nelson Hotel, 76 Orange Street, Gardens ; tél. 021-483 1737 ;* www.mountnelson.co.za ; ouv. tlj. de 17h à tard dans la nuit) et sa musique funky attire une clientèle de jeunes et moins jeunes, locaux et touristes. **Fireman's Arms** (*angle Buitengracht et Mechau Streets ; tél. 021-419 1513 ;* www.firemansarms.co.za), le plus ancien pub de la ville (1864), offre un décor sans chichis mais chaleureux. Le plus : TV grand écran (retransmissions sportives) et bonne sono.

Nettement plus chic que Long Street, le V&A Waterfront accueille notamment le très sélect **Bascule Whisky, Wine & Cocktail Bar** (*Cape Grace Hotel ; tél. 021-410 7100*), qui propose un éventail de plus de 400 whiskys, une très belle carte des vins (même si un simple verre de sauvignon vous sera facturé au prix de l'or liquide), de savoureux en-cas et une vue imprenable sur Table Mountain. Plus abordable, la **Ferryman's Tavern** (*tél. 021-419 7748* ; www.ferrymans.co.za) anime le V&A Waterfront depuis 1989 – en salle ou dans le *beer garden*, large choix de bières locales et cuisine de pub à prix d'amis. Son voisin, **Mitchell's** (*tél. 021-419 5074* ; www.mitchellsalehouse.com), propose *ales* et bières produites dans sa propre brasserie de Knysna.

Une kyrielle de bars à cocktails frange le Western Seabord et Camps Bay, à quelques minutes en voiture du centre-ville. Face à la plage, **Café Caprice** (*tél. 021-438 8315* ; www.cafecaprice.co.za) rappelle Ibiza avec ses palmiers – arrivez tôt si vous voulez profiter du coucher du soleil. Même chose à **The Bungalow** (*3 Victoria Road, à l'emplacement de l'ancien La Med ; tél. 021-438 2018* ; www.thebungalow.co.za) pour dénicher une table sur le *deck* face à l'océan – avant d'aller vous trémousser sur la piste de danse un peu plus tard.

Dancefloor *nocturne de Cape Town.*

À Kalk Bay, vous trouverez 2 pubs : le **Brass Bell** (*tél. 021 788 5455* ; www.brassbell.co.za), pratiquement balayé par les vagues les soirs de tempête, et **la Polana** (*tél. 021-788 4133* ; www.harbourhouse.co.za ; ouv. jusqu'à 3h du matin), où vous pourrez grignoter un morceau, confortablement installé dans un vieux fauteuil en cuir. **Cape to Cuba** (*165 Main Road, Kalk Bay ; tél. 021-788 1566* ; www.capetocuba.com) vous donne rendez-vous non loin de là, en salle ou en terrasse, dans une ambiance relax et un cadre inspiré de Cuba.

Et pour finir la soirée, voici quelques night-clubs et bars dansants à ne pas manquer : **Cocoon** (*31e étage, ABSA Building, 2 Riebeek Street ; tél. 021-421 0581* ; www.cocooncapetown.com), **Mercury Live and Lounge** (*43 De Villiers Road, tél. 021-465 2106* ; www.mercuryeastpresents.com/mercurylounge), **The Concept** (*6 Pepper Street ; tél. 083-700 6079*, **Fiction** (*226 Long Street, tél. 021-424 5709*) et le **Coco** (*70 Loop Street ; tél. 072-239 5508* ; www.cococpt.co.za).

Les amateurs de musique live testeront **Harringtons Cocktail Lounge** (*61 Harrington Street, District Six ; tél. 021-461 2276* ; www.thefirmct.co.za), situé au centre-ville.

Les plus aventureux sortiront de Cape Town pour gagner Muizenberg et son **Acoustic Café** (*angle Main et Camp Roads ; tél. 021-788 1900* ; acousticcafe.tripod.com).

SHOPPING

Centres commerciaux

Dans les grandes villes, les centres commerciaux hébergent des dizaines, voire des centaines de magasins de chaînes comparables à ceux d'Europe ou d'Amérique du Nord. Parmi les plus intéressants pour le voyageur : le **V&A Waterfront** (www.waterfront.co.za) de Cape Town, **Sandton City** (www.sandtoncity.com) et **Rosebank Mall** (www.rosebankmall.co.za), à Johannesburg, et le **Gateway** (www.gatewayworld.co.za) de Durban. Vous pouvez aussi demander à la réception les coordonnées des galeries commerciales les plus proches de votre hôtel.

Art et artisanat

Si vous souhaitez rapporter des objets d'art ou d'artisanat réalisés localement ou importés d'autres pays du continent africain, flânez dans les grands marchés. Les voyageurs en quête de la perle rare pousseront plutôt la porte des boutiques spécialisées. À Cape Town, le choix ne manque pas, sur Long Street en particulier, avec son bric-à-brac débordant de CD ou de tissus, d'Afrique de l'Est ou de l'Ouest.

Dans les zones rurales, les **Ndebele** peignent leurs maisons de motifs traditionnels et produisent des bracelets en cuivre ou en bronze ; leurs superbes bijoux en perles sont très différents des **tissages de perles zoulous**. Les **Venda** se sont spécialisés dans une poterie en terre cuite aux couleurs vives, tandis que le *leiklip* du **Mpumalanga** (sur la Panorama Route), sorte d'armoise aux feuilles claires et sombres, sert à fabriquer des cendriers et des figurines animalières.

Faire un achat

Avant de payer, renseignez-vous systématiquement sur la provenance de l'objet. L'exportation d'articles en perles anciennes et d'authentiques objets san, extrêmement rares, peut être soumise à autorisation. Il est par ailleurs interdit (et moralement inacceptable) d'acheter des produits en ivoire ou liés à des animaux ou des plantes figurant sur la liste de la CITES (Convention on International Trade in Endangered Species of Wild Fauna and Flora ; www.cites.org).

Le marchandage n'est pas vraiment de rigueur en Afrique du Sud, sauf au marché ou dans la rue. Auquel cas, il n'existe pas de formule magique – le tarif annoncé peut être parfois légèrement gonflé, ou manifestement disproportionné. Au terme d'une négociation bon enfant, vous devriez pouvoir réduire le prix d'au moins 30 %, parfois plus. Et gardez le sourire !

Western Cape

African Music Store
62 Lower Main Road
Observatory
Tél. 084-308 3820
Le meilleur disquaire de musique africaine du continent. Personnel compétent et fonds très éclectique, du kwaito local aux derniers rythmes maliens, congolais ou éthiopiens.

Clarke's Bookshop
199 Long Street
Cape Town
Tél. 021-423 5739
www.clarkesbooks.co.za
Fondée en 1956, cette librairie d'occasion est très appréciée par les collectionneurs pour son fonds africain – ouvrages sur l'art sud-africain en particulier.

Greenmarket Square Flea Market
Angle Shortmarket et Burg Streets
Cape Town
Ouv. lun.-sam. 9h-16h
Ce marché d'artisanat africain est le plus intéressant de la ville. Vendeurs

d'origines tout aussi variées que leurs articles.

Pan-African Market
76 Long Street
Cape Town
Tél. 021-426 4478
Ouv. lun.-sam. 8h30-17h30
Sur 3 niveaux, caverne d'Ali Baba envahie de textiles, sculptures, perles, céramiques, articles de table, vêtements, chaussures, paniers, bijoux et CD provenant de tout le continent.

Tribal Trends
72-74 Long Street
Cape Town
Tél. 021-423 8007
tribal-trends.business.site
Ce magasin indépendant propose une superbe collection d'objets anciens africains et d'articles artisanaux.

Vaughan Johnson's Wine Shop
V&A Waterfront
Cape Town
Tél. 021-419 2121
www.vaughanjohnson.co.za
Le patron de cette vénérable institution, Vaughan Johnson, est l'un des plus grands experts en vins du pays ; faites-vous livrer une ou plusieurs caisses de crus du Cap.

KwaZulu-Natal

Amphimarket
O.R Tambo (Lower Marine) Parade-Durban
Tél. 083-539 8202
Ouv. dim. 9h-16h
Marché aux puces et spectacles de danses zulu.

Essenwood Craft Market
Essenwood Park
Stephen Dlamini (Essenwood) Road
Berea
Tél. 031-208 1264
Ouv. sam. 9h-14h
www.essenwoodmarket.com
Artisanat, *tea garden* et concerts.

Victoria Street Market
Angle Denis Hurley (Queen) et Bertha Mkhize (Victoria) Streets
Durban
Ouv. lun.-sam. 6h-17h, dim. 10h-15h
Le marchandage est de rigueur : vous pourrez obtenir jusqu'à 30 % de réduction sur les bijoux, les bois sculptés, les vêtements brodés et les épices indiennes.

Gauteng

Rosebank Art& Craft Market
Rosebank Mall
50 Bath Avenue
Johannesburg
Tél. 011-568 0850
Ouv. tlj. 9h-17h
www.rosebankartandcraftmarket.co.za
L'un des meilleurs marchés régionaux d'art et d'artisanat. Vous y touverez certains articles en provenance de Côte d'Ivoire ou du Ghana.

Bryanston Organic Village Market
40 Culross Road, Bryanston
Johannesburg
Tél. 011-706 3671
Ouv. jeu.-sam. 9h-15h ; le mar. le plus proche de la pleine lune 18h-21h
www.bryanstonorganicmarket.co.za
Une centaine de stands. Vêtements cousus main, bijoux, batiks, perles, minéraux et cristaux, objets en verre et en bois, et même légumes bio.

Market Theatre Flea Market
Market Theatre
Johannesburg
Tél. 085-586 8687
Ouv. sam. 9h-16h
www.markettheatre.co.za
Le plus célèbre marché aux puces de Johannesburg.

Mpumalanga

Casterbridge Lifestyle Centre
White River
Tél. 013-751 1540
www.casterbridge.co.za
En lisière nord de White River, ce centre en plein air réunit une intéressante brochette de boutiques d'artisanat et de souvenirs.

Limpopo

Library Gardens Flea Market
Polokwane
Premier et dernier sam. du mois (9h-17h), dans les Library Gardens.

Free State

Westdene Flea Market
Brill Street
Bloemfontein
Ouv. 2e sam. du mois 8h-13h.

SPORTS & LOISIRS

Activités d'aventure

L'Afrique du Sud se positionne en leader dans ce domaine, et dans presque tous les grands centres touristiques, vous trouverez au minimum un tour operator qui propose un éventail de sorties plus ou moins chargées en adrénaline vers plusieurs attractions locales. Parmi quelques contacts particulièrement utiles :

Cape Town et Western Cape

Ashanti Travel Centre
11 Hof Street
Gardens

SPAS

Nombre d'hôtels et de lodges haut de gamme disposent de spas et de centres de bien-être offrant des massages, des soins de beauté et autres – et ceux qui n'en possèdent pas proposent généralement une adresse à leur clientèle. Il existe également plusieurs spas utilisant les sources thermales, et parmi les plus réputés :

Bela Bela (Bela Bela Tourist Information ; *tél. 079-537 1555* ; www.belabelatourism.co.za) À 100 km de Pretoria sur la N1 (province de Limpopo), cette station d'eaux minérales réputée abrite un complexe thermal comprenant divers bassins et des installations d'hydrothérapie. Promenades dans une réserve naturelle d'animaux. Hébergement en chalets, appartements, camping et caravaning.

Fish Eagle Spa (*tél. 051 634 2450* ; www.fisheaglespa.co.za) À Aliwal North, sur la N6 entre Bloemfontein et East London. Ce spa dispose de sources minérales et de bassins thermaux, mais aussi des piscines en plein air et intérieures, un centre de biocinétique et un parc de jeux aquatiques pour les enfants.

Montagu Springs (*tél. 021-614 1050* ; www.montagusprings.co.za) Les eaux des Montagu Springs auraient des vertus curatives. La source est située 3 km au nord de Montagu, dans la Cogmans Kloof Nature Reserve (Western Cape). Nombreux sentiers de randonnée aux alentours.

Tél. 021-423 8721
www.ashanti.co.za
Day Trippers
414 Voortrekker Road
Maitland
Tél. 021-511 4766
www.daytrippers.co.za
Pro Divers Shop
88B Main Road
Sea Point
Tél. 021-433 0472
www.prodiverssa.co.za
Venture Forth
Unit 3 Peter Park
Montague Drive & Marconi Road
Cape Town
Tél. 021-555 3864
www.ventureforth.co.za

Garden Route

Garden Route Adventure Centre
1 Marsh Street
Mossel Bay
Tél. 044-691 3184
www.gardenrouteadventures.co.za
Backpacker's Paradise & Joyrides
148 Baron Van Rheede Street
Oudtshoorn 6625
Tél. 044-272 3436
www.backpackersparadise.net
Storms River Adventures
Darnell Street
Storms River
Tél. 042-281 1836
www.stormsriver.com

Eastern Cape

Red Cherry Adventures
61 Heugh Road
Walmer
Port Elizabeth
Tél. 041-581 5335
www.redcherryadventures.co.za

Durban, Zululand et Drakensberg

Inkosana Lodge & Trekking
Champagne Valley
Central Berg
Tél. 036-468 1202
www.inkosana.co.za
Skydive Durban
La Mercy Airfield
Tél. 072-214 6040
www.skydivedurban.co.za
Tekweni Ecotours
Durban
Tél. 082-303 9112
www.tekweniecotours.co.za
Zululand Eco-Adventures
36 Main Street
Eshowe
Tél. 035-474 4919
www.eshowe.com

Gauteng et Mpumalanga

Calypso Dive & Adventure Centre
53 Beyers Naude Drive
NorthcliffJohannesburg
Tél. 011-476 5172
www.calypsodiving.co.za
Kruger Flexi-tours
12 Impala Street
Mbombela
Tél. 013-744 0993
www.krugerandmore.co.za

Swaziland

Swazi Trails
Ezulwini Valley
Tél. 268-416 2180
www.swazitrails.co.sz

Canoë

Le canoë est très pratiqué en Afrique du Sud : rapides, slaloms sur courte ou longue distance, vous n'aurez que l'embarras du choix. Les sportifs concourant pour les Jeux olympiques considèrent le *highveld* comme un excellent lieu d'entraînement rimant avec climat ensoleillé et altitude élevée – Johannesburg est située à 1 700 m d'altitude. Certaines rivières sud-africaines mettent au défi les plus expérimentés. Plusieurs clubs louent l'équipement nécessaire. Pour plus d'informations, consultez le site de **Canoeing South Africa** (www.canoesa.org.za).

L'Afrique du Sud offre de superbes randonnées pour les cyclistes.

Cyclotourisme

L'absence de pistes cyclables rend ce sport moins praticable qu'en Europe, mais le pays a l'avantage de disposer de petites routes peu fréquentées. Malgré les distances, énormes, les mordus de la petite reine effectuent le trajet Johannesburg-Cape Town ou Durban-Johannesburg. De nombreux cyclotouristes explorent également la Garden Route et le sud-ouest du pays, dont les paysages offrent une magnifique toile de fond à une expédition à vélo. Pour éviter de rouler sous la pluie, organisez votre circuit durant l'été austral (oct.-avr.).

Joignez les associations suivantes : **Cycling South Africa** (www.cyclingsa.com), l'organisme sud-africain officiel dont le site Internet fournit des liens vers des clubs de VTT locaux, ou le tour operator **Mountain Biking Africa** (www.mountainbikingafrica.co.za).

Location de vélos

Downhill Adventures
Overbeek Building
Angle Orange et Long Streets
Cape Town
Tél. 021-422 0388
www.downhilladventures.com

Deltaplane

Pour pratiquer le deltaplane en Afrique du Sud, vous devez être membre de **South African Aero Club** (www.aeroclub.org.za), qui vous délivrera une licence temporaire, assurance comprise. Appelez toutefois votre club pour savoir si votre licence est valable en Afrique du Sud. Vous rencontrerez sans doute quelques difficultés à louer votre équipement. Pour plus d'informations, prenez contact avec

South African Hang Gliding & Paragliding Association
Tél. 012-668 3186
www.sahpa.co.za

Équitation

L'immensité du territoire, la diversité des paysages et la douceur du climat invitent tout naturellement à la randonnée équestre. De la promenade sur la plage au safari dans une réserve, en passant par les randonnées alpestres et les équipées dans de luxuriantes vallées, vous n'aurez aucun mal à trouver la formule correspondant à vos attentes et, surtout, à votre niveau, auprès de l'un des très nombreux prestataires locaux. Pour de plus amples informations, contactez :

African Horse Safaris Association
africanhorse.com

Drifters
25 Alida Street
NorthcliffJohannesburg
Tél. 011-888 1160
www.drifters.co.za

Hollybrooke Farm
Tél. 082-552 1285
www.hollybrooke.co.za
À une heure à peine de Johannesburg ou de Pretoria, cette ferme se niche au cœur de la jolie vallée de Skeerpoort, au pied des montagnes de Magaliesberg. Quel que soit votre niveau – débutants acceptés – vous pourrez faire des excursions le long de la rivière Magalies. Hébergement possible.

Horizon Horseback
Tél. 083-419 1929
www.ridinginafrica.com
À 2 heures au nord de Pretoria, dans la région des Waterberg Mountains, l'une des moins fréquentées du pays, se trouve la Waterberg Biosphere Reserve, peuplée d'une faune importante, dont plus de 280 espèces d'oiseaux. Safaris accompagnés en petits groupes. Hébergement possible.

Sleepy Hollow Horse Riding
Sleepy Hollow Lane
Noordhoek, Cape Town
Tél. 021-789 2341
www.sleepyhollowhorseriding.co.za
Basée à Cape Town, cette école vous donnera l'occasion de découvrir les environs de la ravissante vallée de Noordhoek. Balades sur la plage, au coucher du soleil, avec ou sans champagne, ou au clair de lune avec dîner aux chandelles… À vous de choisir.

Escalade

Les montagnes et les falaises d'Afrique du Sud offrent un magnifique terrain de jeu aux grimpeurs, qui trouveront tous les détails sur les meilleurs secteurs et les coordonnées du Mountain Club of South Africa via son site Internet www.mcsa.org.za.

Particulièrement appréciée, **la chaîne des Magaliesberg** se dresse à moins de 2 heures de route de Johannesburg. Sur le versant nord, les falaises se sont érodées en gorges spectaculaires, bordées de torrents limpides et d'arbres géants (difficulté jusqu'à 8b). Le Limpopo est sillonné de plusieurs voies difficiles, avec des murs pouvant atteindre 400 m. Pour plus d'infos, contactez **le Magaliesberg du Mountain Club of South Africa** *(tél. 083 845 1573 ;* www.mcsamagalies.co.za*)*.

Au KwaZulu-Natal, **le Drakensberg** affiche un caractère nettement plus alpin, avec plusieurs sommets de plus de 3 000 m à gravir – dont le plus haut, le Thabana Ntlenyana (3 482 m), se dresse juste de l'autre côté de la frontière du Lesotho. La plupart des montagnes du KwaZulu-Natal sont couvertes par l'uKhahlamba-Drakensberg Park *(tél. 033-845 1999* ; www.kznwildlife.com) ; avant de prendre le départ, vous devrez vous inscrire à l'entrée du parc concernée.

Les grimpeurs amateurs, quant à eux, trouveront un terrain plus accessible dans la **Shongweni Reserve**, entre Durban et Pietermaritzburg.

La Cape Province regroupe quelques sommets particulièrement réputés, à commencer par **Table Mountain** (1 084 m), où l'on recense 500 voies. Au nord-ouest de Cape Town, la **Cederberg Range** vous envoûtera par la magie de ses formations. Le long de la Garden Route, les **Du Toits Kloof Mountains** (Bain's Kloof et Sir Lowry's Pass) ont également leurs inconditionnels.

D'une manière générale, les fondus d'escalade opteront pour la province du Limpopo, le Cedarberg ou les Du Toits Kloof Mountains. Mais sachez aussi que l'accès aux meilleurs sommets passe souvent par un terrain privé – informations sur le site Internet de Climb ZA (www.climbing.co.za) ou par téléphone *(tél. 082-696 4067)*.

Golf

Le pays possède 300 clubs de golf, la plupart s'inscrivant dans un décor magnifique. Les principaux parcours sont détaillés sur le site suivant : www.golfadvisor.com.

Les terrains de **Milnerton** et de **Mowbray** bénéficient d'une vue splendide sur Table Mountain. Le **Wild Coast Course** déploie ses greens dans un écrin de verdure, tandis que les **Royal Cape** et **Royal Johannesburg**, qui datent du 19e siècle, sont plantés d'arbres séculaires. Les **Royal George** et **Durban Country** passent pour les plus beaux du pays.

Un conseil, appelez le club de votre choix pour vous en faire confirmer les horaires d'ouverture ; renseignez-vous également sur le code vestimentaire pour ne pas commettre d'impair.
Informations :

Golf in South Africa
Tél. 021-559 0324
www.golfinsouthafrica.com

Marathons

La course de grand fond (de 10 à 90 km) est très pratiquée en Afrique du Sud. L'événement de l'année est le **Comrades Marathon** (www.comrades.com), fin mai-début juin, où plus de 10 000 participants parcourent 90 km. Départ soit à Durban, soit à Pietermaritzburg. Les coureurs doivent affronter une dénivellation de 700 m. Également : le **Two Oceans Marathon** (www.twooceansmarathon.org.za), dans la presqu'île du Cap, le Samedi saint (50 km), et le **City to City Marathon** entre Johannesburg et Pretoria.
Informations :

Athletics South Africa
Tél. 011-880 5800
www.athletics.org.za

Ornithologie

L'Afrique du Sud est l'une des destinations phares des passionnés d'ornithologie. Sur les 800 espèces d'oiseaux répertoriées dans le pays, 60 sont endémiques ou pratiquement endémiques. Cette richesse de l'avifaune tient pour beaucoup à la diversité des écosystèmes sud-africains. Ci-dessous, la liste des principales zones :

Les **régions boisées de l'Est** (ou *Bushveld*) possèdent l'avifaune la plus riche. Le Kruger Park et les réserves de Ndumu, Mkhuze et Hluhluwe-iMfolozi, au KwaZulu-Natal, sont incontournables, tout comme celles du Swaziland.

Les oiseaux des **forêts de l'Eastern Mistbelt** peuplent la Karkloof Nature Reserve, près de Pietermaritzburg. Celle de Magoebaskloof, entre Polokwane et Tzaneen, abrite un grand nombre d'espèces forestières.

Les oiseaux forestiers du Sud s'observent dans le Garden Route National Park et plusieurs réserves des environs de Knysna.

Près de Delareyville (North West Province), la Barberspan Nature Reserve est le plus grand refuge de gibier d'eau de la région. Informations sur www.tourismnorthwest.co.za.

Les espèces de montagne sont visibles au **Golden Gate Highlands National Park**, près de Bethlehem (Free State), et dans l'**uKhahlamba-Drakensberg Park**. Au sommet de Sani Pass, vous pourrez observer des espèces endémiques vivant à très haute altitude.

L'avifaune des **régions arides** est à découvrir dans le Karoo National Park, près de Beaufort West, et le Kgalagadi Transfrontier Park.

En septembre, les plaines arides du **Namaqualand**, sur la côte ouest, attirent des milliers d'oiseaux. Près de Springbok, la Goegap Nature Reserve mérite le détour.

Dans le sud-ouest du pays, le ***fynbos*** abrite des espèces endémiques que l'on peut admirer dans la Cape of Good Hope (zone du Table Mountain National Park) et dans la Helderberg Nature Reserve, près de Somerset West (visites de jour uniquement).

Informations :

Birdlife South Africa
Tél. 011-789 1122
www.birdlife.org.za
Depuis novembre 2012, il publie aussi *African Birdlife*, un superbe bimensuel que vous pouvez vous procurer chez certains marchands de journaux ou sur Internet.

Rockjumper Birding Adventures
Tél. 033-394 0225
www.rockjumperbirding.com
Basé au KwaZulu-Natal, ce tour operator propose une trentaine de circuits guidés à destination des meilleurs spots ornithologiques d'Afrique du Sud.

Birding Africa
Tél. 021-531 4592
www.birdingafrica.com
Un autre très bon tour operator, basé à Cape Town.

Pêche

Pour pêcher la truite, il vous faudra un permis (émis par la province ou par la réserve dans laquelle coule le cours d'eau visé). Vous devrez être équipé du matériel réglementaire. On pêche toute l'année, mais la haute saison se situe en automne et au printemps. Au Mpumalanga, Dullstroom, Pilgrim's Rest, Graskop, Sabie et Lyndenbery jouissent d'une excellente réputation.

Autres sites : le Drakensberg, les rivières des districts d'Umgeni et de Himeville ; près de Cape Town, les environs de Stellenbosh, de La Motte, de Bain's Kloof et de Maden Dam, près de King William's Town.

Informations :

Federation of South African Fly Fishermen
Tél. 011-467 5992
www.fosaf.org.za

Surfcasting et pêche à pied

Dans certaines zones, le permis (par exemple à Table Bay) est obligatoire et vous sera délivré par les autorités portuaires. Ce n'est pas le cas au KwaZulu-Natal, où, en revanche, une autorisation est nécessaire pour pêcher entre les rochers.

Les zones les plus prisées sont les ports de Durban (North Pier et South Pier), de St Lucia, de Mapelane, de Cape Vidal, de Mission Rocks, d'Umfolozi et de Sodwana Bay. La pêche est la plus fructueuse entre juin et nov.

Les côtes de la Garden Route, de la presqu'île du Cap, de False Bay et la portion du littoral comprise entre Gordon's Bay et Cape Hangklip sont très fréquentées toute l'année.

Pêche au gros

L'un de ses temps forts est le mois de juin, où a lieu le "Sardine Run" : des millions de sardines migrent vers le nord, suivies par des centaines de poissons prédateurs. À Cape Town, les thons migrent en oct. et les snoeks migrent en automne et en hiver.

Au KwaZulu-Natal, les endroits les plus propices pour pêcher le marlin et l'espadon voilier (nov.-avr.) se trouvent sur la côte sud, au large de Durban, et, sur la côte nord, à Sodwana, Richards Bay et St Lucia (saison déc.-juin). Près de Cape Town, départs de Hout Bay, Simonstown et Hermanus (saison mi-oct.-nov. puis mars-mi-mai). À Cape Town, la haute saison de la banane gisu et du thon albacore s'étend de sept. à avr.

Plongée

De la glaciale côte ouest (courant atlantique du Benguela) à la subtropicale côte est (courant des Agulhas, océan Indien), les eaux littorales sud-africaines fourmillent d'une vie marine féerique.

Sur la côte atlantique, les plongeurs peuvent récolter des homards, des *perlemoen* (ormeaux), des moules et d'autres mollusques. Et lorsque le courant chaud des Agulhas (Aiguilles) se fait sentir le long de l'Eastern Cape, la vie marine change de visage : coraux de feu, étoiles de mer, comatules et autres créatures marines colorées émaillent les fonds. Si vous n'avez jamais plongé, c'est l'occasion ou jamais de vous inscrire à un stage.

Le meilleur spot de plongée vous attend dans la partie nord de l'iSimangaliso Wetland Park, qui se déploie au nord de Cape Vidal (à la hauteur du lac St Lucia) via Sodwana Bay jusqu'à la frontière mozambicaine ; une réserve s'y prolonge jusqu'à 5 km au large pour protéger les récifs coralliens les plus australs de la planète – et leur magnifique vie marine. N'hésitez pas à contacter ce tour operator (cours et sorties plongée individuelles) :

Sodwana Bay Lodge Scuba Centre
Tél. 035-571 0117
www.sodwanadiving.co.za

Les récifs de hauts-fonds répartis entre Umhlanga Rocks et Salt Rock, tout près de la côte, se prêtent particulièrement à la pêche au harpon. La jetée de Vetch conviendra mieux aux débutants.

Basé à Umkomaas, un peu au sud de Durban, **Aliwal Dive Centre** (*tél. 039-973 2233* ; www.aliwalshoal.co.za) organise des plongées sur l'Aliwal Shoal, à 4 km au large.

À l'est de Plettenberg Bay, la section de Tsitsikamma du Garden Route National Park dispose d'une "piste" snorkelling et d'une autre avec bouteilles pour explorer ce monde du silence. Pour plus d'informations, consultez le site www.sanparks.org.

Le sud-ouest de la presqu'île du Cap et ses côtes déchiquetées offrent un fascinant cadre de plongée à tout moment ou presque – et vous pourriez bien découvrir de vieilles épaves entre Danger Point et Waenhuiskrans. Plus près de Cape Town, les plongeurs du dimanche affectionnent tout particulièrement Cape Hangklip.

Rafting

Idéal pour découvrir les nombreux cours d'eau sud-africains, notamment le fleuve Orange, qui traverse un spectaculaire désert de montagne connu sous le nom de Richtersveld. Le fleuve, plutôt tranquille, est ponctué de quelques rapides assez amusants à franchir. Ce type d'expédition ne requiert aucune expérience particulière, et même les enfants peuvent y participer.

Expéditions en raft et en canoë

Felix Unite
(Tugela River, Orange River et Breede River – canoë)
Tél. 087-354 0578
www.felixunite.com
Excellente agence spécialisée dans le rafting et les expéditions en canoë.

Randonnée pédestre

Pour explorer les reliefs majestueux, les longues plages de sable, les forêts et les plantations sud-africaines, rien ne vaut la randonnée pédestre – des courtes balades familiales aux expéditions d'une semaine, en passant par les safaris guidés dans les grandes réserves du pays. Un réseau de pistes jalonné de refuges traverse tout le pays, de l'**Augrabies Falls National Park** (Northern Cape) aux montagnes du **Western Cape** et au **Soutpansberg**, dans la province du Limpopo. Certaines pistes longent la côte, d'autres empruntent des sommets souvent couverts de neige en hiver ; d'autres encore serpentent à travers l'aromatique végétation de *fynbos* du Western Cape, ou sinuent dans les prairies du Free State. Leur longueur varie de 2 à 8 jours, les plus longues offrant généralement des options plus courtes.

Le plus populaire de ces sentiers, l'**Otter Hiking Trail**, suit la côte sud. Le **Blyderivierspoort** et les **Fanie Botha Hiking Trails**, au Mpumalanga, sont également très réputés. Mais si vous cherchez le calme et la solitude, dirigez-vous vers les montagnes de l'**uKhahlamba-Drakensberg Park**. Des sentiers y ont été tracés, mais ne comptez pas sur des structures d'accueil.

Autres régions où communier avec la nature : **Cedarberg**, **Groot-Winterhoek** et **Boesmanbos** (Western Cape), **Baviaanskloof** et **Groendal** (Eastern Cape), **Ntekenda**, au KwaZulu-Natal, et **Wolkberg**, dans le Nord. Mais pour bien des randonneurs, rien ne saurait remplacer un safari guidé tels que ceux qui sont organisés dans le Kruger National Park et plusieurs réserves fauniques du KwaZulu-Natal.

Observation de la faune ou simple randonnée, il vous faudra absolument réserver longtemps d'avance – renseignez-vous sur www.sanparks.org (randonnées dans les parcs nationaux) ou sur www.kznwildlife.com (KwaZulu-Natal). Consultez également les sites www.sahikes.co.za et www.hikingsouthafrica.co.za, qui délivrent les coordonnées de 300 itinéraires à travers tout le pays, et prodiguent d'excellents conseils sur les préparatifs.

Depuis les années 1980, **Drifters** (*Johannesburg, tél. 011-888 1160* ; www.drifters.co.za) organise des circuits de plusieurs jours dans diverses régions du pays.

Safaris en 4x4

Si vous souhaitez vous rendre au Botswana ou sur les plages isolées du KwaZulu-Natal, louez un 4x4. Il vous sera fourni avec un grand réservoir, un cric et du matériel de camping (tentes, lits, sacs de couchage, réchaud et lampes à gaz).

L'assurance et le kilométrage illimité sont le plus souvent compris dans le prix. En général, il est conseillé de s'adresser à des sociétés internationales. Sinon, suivez les recommandations de vos amis.

Kayak près de Hermanus.

Vous aurez du mal à louer sur place du matériel de camping, il vaut donc mieux apporter votre propre tente. Sinon, achetez l'équipement nécessaire dans une chaîne comme **Makro** (*tél. 0860-300 999* ; www.makro.co.za) ou **Cape Union Mart** (*tél. 021-464 5800* ; www.capeunionmart.co.za). Une bonne agence de location : **Campers Corner Rentals** (*tél. 082-928 2612* ; www.campers.co.za).

Sports nautiques dans l'arrière-pays

Les amateurs de voile, windsurf, hors-bord et ski nautique mettront le cap sur le Midmar Dam, au nord-ouest de Pietermaritzburg, sur la N3, ou le Hartbeespoort Dam, au nord de Johannesburg, sur la R511.

Surf

Le pays possède de nombreux spots de surf et de belles plages de sable. Durban, capitale sud-africaine du surf, accueille la plupart des compétitions. Plus au sud, Jeffrey's Bay est réputée pour ses rouleaux. Francis' Bay offre des "Bruce's" moins réguliers et parfois praticables seulement quelques jours en hiver.

À l'ouest de Port Elizabeth et jusqu'à Cape Town, les surfeurs peuvent glisser sur de longs rouleaux. Mais ces paysages spectaculaires sont baignés par une mer glaciale. Pour plus d'infos, adressez-vous aux boutiques de surf.

Surfing South Africa
Tél. 061-683 8756
www.surfingsouthafrica.co.za

Voile

La voile se pratique tout au long des 3 000 km de côtes découpées du pays. Les vents soufflent à une moyenne de 15 à 25 nœuds.

Les yacht clubs, qui réunissent entre 50 et 3 000 membres, offrent d'excellents équipements. La plupart des bateaux de plaisance sud-africains appartiennent à la catégorie croisière (entre 10 et 15 m) et sont construits localement en respectant des normes strictes. Pour pouvoir naviguer en mer, vous devez être membre d'un club et être en règle avec les autorités portuaires (licence, permis, enregistrement, etc.).

Royal Cape Yacht Club
Duncan Road,
Table Bay Harbour
Cape Town 8001
Tél. 021-421 1354
www.rcyc.co.za

Point Yacht Club
3 Maritime Place
Durban 4000
Tél. 031-301 4787
www.pyc.co.za

L'organisme suivant propose des cours de voile, des excursions ou des sorties de pêche en mer :

Good Hope Sailing Academy
Duncan Road,
Table Bay Harbour
Cape Town 8000
Tél. 021-426 1153
www.goodhopesailingacademy.co.za

La durée des sorties varie de quelques heures à 5 jours sur des bateaux mesurant de 13 à 16 m, naviguant au large de la côte de Cape Town et dans les plus belles réserves marines du pays.

Dériveurs

La voile sur dériveur se pratique toute l'année sur les lacs de barrage. Les clubs sont ouverts à tous et louent des dériveurs. Le plus beau site est le Vaal Dam, un lac de 420 km de longueur.

South African Sailing
Tél. 021-531 1860
www.sailing.org.za

Vol à voile

Les conditions sont idéales dans le nord du pays : ciel bleu, climat stable toute l'année, vents thermiques qui facilitent les longs vols. Les clubs proposent des excursions et peuvent vous aider à louer de l'équipement. Il n'existe pas de société spécialisée.

Pour plus d'informations, joignez :

Aero Club of South Africa
Tél. 011-082 1100
www.aeroclub.org.za

Magaliesberg Gliding Club
Tél. 011-615 2461
www.mgc.org.za.

Windsurf

L'Afrique du Sud a tout pour séduire les planchistes avec son climat ensoleillé, ses nombreux plans d'eau, lacs et plages de sable. L'accès à l'eau est facile et les services de surveillance bien organisés. Une licence est parfois exigée pour les sorties en mer. Pour plus d'informations, contactez Windsurfing Africa (www.windsurfingafrica.org). Voici quelques-uns des spots favoris des planchistes :

Nord
Bona Manzi Dam (près de Bronkhorstspruit) ; Vaal Dam ; Ebenezer Dam (près de Tzaneen).

KwaZulu-Natal
Midmar Dam. Sur le littoral, seules quelques plages sont praticables, dont Warner Beach (Scottburgh), Amanzimtoti (pour les planchistes expérimentés), la lagune de Zinkwazi, le nord de Richards Bay et la lagune de Mtunzini.

Cape Town
Plettenberg Bay ; Struisbaai ; Swartvlei (près de George).

TRAIN À VAPEUR

Plusieurs trains à vapeur ont été conservés en état de marche à des fins touristiques, pour le plus grand bonheur des passionnés – même si, hélas, leur nombre semble décliner d'une année sur l'autre.

Basés dans le Gauteng, les **Friends of the Rail** (*tél. 073-789 5429* ; www.friendsoftherail.com) organisent plusieurs safaris rail chaque année, tout comme **Reefsteamers** (*tél. 062-743 9200* ; www.reefsteamers.co.za). Leurs sites Internet contiennent toutes sortes de liens.

Dans le KwaZulu-Natal, **Umgeni Steam Railway** Excursions (*tél. 082-353-6003* ; www.umgenisteamrailway.co.za) propose des excursions aller-retour entre Kloof et Inchanga au moins une fois par mois.

Rovos Rail (*tél. 012-315-8242* ; www.rovos.co.za) gère un train à vapeur considéré comme l'un des plus luxueux de la planète. La ligne principale relie Pretoria à Cape Town en 2 jours, mais ses lignes secondaires rejoignent également Victoria Falls au nord, et Dar-es-Salaam (Tanzanie) au terme d'un épique voyage de 12 jours.

Le **South African National Railway & Steam Museum** (*Randfontein Estates Gold Mine, près de Krugersdrop ; tél. 011-888-1154*) assure tous les mois une liaison à destination de Magaliesburg.

SPORTS PROFESSIONNELS

Courses hippiques

Les courses de chevaux attirent un public parfois très nombreux et souvent très chic, notamment lors du célèbre July Handicap, à Durban (www.vodacomdurbanjuly.co.za et durbanjuly.info).

Cricket

Ce sport, cadeau des colons britanniques, fait l'objet d'un fort engouement national, et le niveau des joueurs est très élevé. Depuis l'abandon du système des quotas dans les années 1990, tous les Sud-Africains peuvent jouer au cricket, et certains joueurs noirs ont atteint un niveau international. Pour plus d'informations, consultez le site de Cricket South Africa (www.cricket.co.za).

Football

C'est le sport le plus populaire en Afrique du Sud – comme partout ailleurs sur le continent. L'équipe nationale, les Bafana Bafana (les Garçons), a connu son âge d'or dans les années 1990, et compté dans ses rangs plusieurs joueurs d'envergure internationale comme l'ancien n°10, le turbulent Steven Pienaar "Schillo" (Everton), l'ancien capitaine Lucas Radebe (Leeds United, à la retraite), le défenseur Benni McCarthy (Porto, Blackburn Rovers, West Ham et actuellement Orlando Pirates) ou Quinton Fortune (ancien ailier de Manchester United). Entre 1996 et 2000, les Bafana Bafana ont remporté et perdu une finale de la Coupe d'Afrique des nations, avant de quitter la cour des grands.

Parallèlement, l'équipe nationale n'a pas dépassé le premier tour des Coupes du monde 1998 et 2002, n'est pas parvenue à se qualifier en 2006, 2014 et 2018 et n'a obtenu son ticket d'entrée en 2010 qu'en qualité de pays organisateur. Pour plus de détails, consultez le site de la **South African Football Association** (www.safa.net).

Rugby

Les années d'isolement imposées par l'apartheid n'ont pas empêché les équipes provinciales de conserver un bon niveau et d'être soutenues avec passion. Dès la levée des sanctions internationales, le pays est revenu sur le devant de la scène. Ainsi, en 1995, l'Afrique du Sud a accueilli et gagné la Coupe du monde ; exploit renouvelé en 2007. Durant 3 mois, les matchs de la compétition internationale Super Rugby (l'ancien Super 14) opposent 15 franchises sud-africaines, australiennes et néo-zélandaises. Pour plus d'informations, consultez le site www.sarugby.co.za.

AVEC VOS ENFANTS

L'Afrique du Sud est une destination idéale pour voyager en famille. La plupart des enfants adoreront les safaris et leur ambiance "roi-lion" grandeur nature ; mais beaucoup s'ennuient également très vite, et peuvent souffrir de la chaleur estivale qui règne dans le *lowveld* – à éviter si possible. Ailleurs, Cape Town et ses environs offrent un éventail d'activités qui distrairont vos chères têtes blondes, tandis que la Garden Route, le Gauteng et Durban (et ses environs) proposent aussi quelques excellentes opportunités.

Cape Town et presqu'île du Cap

Cape Ostrich Farm
À l'entrée de la Cape of Good Hope Nature Reserve
Tél. 021-780 9294
www.capepointostrichfarm.com
À défaut de chevaucher les autruches, vous pourrez visiter l'élevage et observer les autruchons dans leurs incubateurs.

World of Birds
Valley Road
Hout Bay
Tél. 021-790 2730
www.worldofbirds.org.za
Promenez-vous dans ses volières paradisiaques, parmi 4 000 oiseaux et quelques singes.

Action Paint Ball
Imhoffs Gift. Ou Kaapse Weg
Tél. 021-790 7603
www.actionpursuit.co.za
Croyez-le ou non, les enfants peuvent jouer au *paintball* à partir de 11 ans. Instructeurs et *field marshals* font respecter des consignes de sécurité très strictes.

Iziko Planetarium
South African Museum
25 Queen Victoria Street
Tél. 021-481 3900
www.iziko.org.za
Après avoir pris place (sièges inclinables, ultraconfortables) dans une chambre noire, la nuit étoilée se déploiera devant vos yeux. Divers spectacles adaptés à chaque tranche d'âge.

Two Oceans Aquarium
Dock Road
V&A Waterfront
Tél. 021-418 3823
www.aquarium.co.za
Tout l'univers marin, du plancton à l'hippocampe. Le nourrissage des requins dans le bassin des "prédateurs" connaît toujours autant de succès.

V&A Waterfront
Tél. 021-408 7600
www.waterfront.co.za
Concerts et manifestations diverses pendant les vacances, attractions pour les enfants tous les mois et, toute l'année, spectacles de rue animés par des jongleurs, mimes, clowns, musiciens et autres. Également plusieurs cinémas et excursions en bateau autour de Table Bay.

Cape Town Science Centre
370B Main Road
Observatory
Tél. 021-300 3200
www.ctsc.org.za
La science expliquée aux enfants – et à toute la famille. Ateliers interactifs, entretiens et films lors des vacances scolaires.

Garden Route

Safari Ostrich Farm
Mossel Bay Road
(à la sortie d'Oudtshoorn)
Tél. 044-272 7312
www.safariostrich.co.za
Chevauchez le plus gros oiseau de la planète, ou encouragez les jockeys engagés dans un Ostrich Derby de folie.

Cango Wildlife Ranch
À 2 km d'Oudtshoorn sur la R328
Tél. 044-272 5593
www.cango.co.za
Ce centre d'élevage consacré aux espèces menacées vous offre l'occasion unique de prendre dans vos bras des bébés guépards et d'observer des animaux indigènes ou exotiques – tigres blancs du Bengale ou *meerkats* (suricates).

Knysna Elephant Park
10 km à l'ouest de Plettenberg Bay
Knysna Road
Tél. 044-532 7732
www.knysnaelephantpark.co.za

Les enfants vont adorer caresser et nourrir les pachydermes semi-domestiques réacclimatés dans ce parc.

Monkeyland & Birds of Eden
16 km à l'est de Plettenberg Bay
Tél. 044-534 8906
www.monkeyland.co.za
Ce conservatoire privé héberge environ 200 primates, de l'atèle sud-américain aux lémuriens de Madagascar. Une passerelle et un pont suspendu long d'un kilomètre traversent une immense volière.

Durban

uShaka Marine World & Wet 'n' Wild Waterworld
1 King Shaka Avenue Point
Tél. 031-328 8000
www.ushakamarineworld.co.za
Le plus vaste aquarium de l'hémisphère Sud – requins, spectacles de dauphins et d'otaries – et les attractions éclaboussantes du Wet 'n' Wild Waterworld.

Umgeni River Bird Park
490 Riverside Road
Tél. 031-579 4600
www.umgeniriverbirdpark.co.za
Une féerique volière habitée par plus de 1 000 oiseaux dont l'énorme et spectaculaire calao rhinocéros.

Gauteng

Gold Reef City
Northern Parkway
(à 6 km au sud du centre-ville)
Tél. 011-248 6800
www.tsogosun.com/gold-reef-city-casino
Une reconstitution du Johannesburg de la ruée vers l'or. Le ticket d'entrée comprend un accès illimité à une douzaine d'attractions foraines – et à quantité d'activités moins impressionnantes.

Lion & Safari Park
Sur la R112
Pelindaba Road,
Hartbeespoort, Broederstroom
Tél. 087-150 0100
www.lionandsafaripark.com
À l'entrée, les enfants peuvent caresser les lionceaux avant de traverser en voiture plusieurs enclos abritant des lions et d'autres animaux.

Top of Africa
Carlton Centre
Fox Street
Tél. 011-308 1331
Un ascenseur ultrarapide file au 50e étage du Carlton Centre (223 m, le plus haut building d'Afrique du Sud), dont les baies vitrées offrent un panorama à 360° tout simplement spectaculaire.

Northgate Ice Rink
Northgate Shopping Centre
Northumberland Road
Tél. 011-794 8706
www.theicerink.co.za
La seule patinoire de Johannesburg vous sauvera par temps de pluie (ou d'extrême chaleur). Patins en location.

Johannesburg Planetarium
Yale Road Entrance
University of the Witwatersrand
Tél. 011-717 1390
www.planetarium.co.za
Très réputé pour ses spectacles destinés aux enfants, particulièrement durant les vacances scolaires.

SAFARIS

Le **Mpumalanga** éclipse toutes les autres destinations, couvrant la moitié sud du **Kruger National Park** et longeant des réserves privées comme Sabi Sands, MalaMala et Timbavati.

Autres destinations de choix, le nord du **Kruger** (qui abrite une faune moins dense que le sud, mais qui est aussi moins fréquenté), et les réserves du **Zululand**, au nord du KwaZulu-Natal – notamment, en termes de *Big Five*, la **Phinda Private Game Reserve**, particulièrement riche en guépards.

Les réserves gérées par l'administration provinciale Ezemvelo KZN Wildlife ne déméritent pas non plus, en particulier Hluhluwe-iMfolozi, Mkhuze et Ithala. Un inconvénient cependant pour ces réserves du Nord-Est qui, situées dans une zone peu touchée par le paludisme (maladie transmise par les moustiques et donc plus répandue en été), sont soumises à de fortes chaleurs lors de la saison touristique, de nov. à fév.

Réserves épargnées par le paludisme

Plusieurs régions revendiquent leur qualité de destinations *"Big Five"* hors paludisme, à commencer par l'Eastern Cape, en retrait de Port Elizabeth, où sont regroupés l'Addo Elephant National Park et plusieurs réserves privées, dont celles de **Shamwari** et de **Kwandwe**. Vous trouverez 2 autres grandes réserves épargnées par le paludisme dans la province du Nord-Ouest : la **Pilanesberg Game Reserve** (publique), qui jouxte Sun City, et la **Madikwe Game Reserve**, plus reculée, qui abrite une vingtaine de lodges privés offrant des prestations similaires à celles des réserves privées attenantes au Kruger. Autre belle destination safari, certes très éloignée – mais la tranquillité vaut bien quelques efforts –, le **Kgalagadi Transfrontier Park** (Northern Cape) que se partagent l'Afrique du Sud, le Botswana et la Namibie.

Le choix d'une destination safari repose sur plusieurs facteurs : votre degré d'enthousiasme, votre budget, le temps qui vous est imparti, votre itinéraire, votre préférence pour le voyage en solo ou en groupe. Par exemple, si vous avez choisi de suivre la Garden Route, sans trop souhaiter perdre de temps, une excursion d'une journée ou d'une nuit dans l'Addo Elephant National Park pourra suffire. De même, plusieurs tour-operators de Johannesburg proposent des circuits de 1 ou 2 jours à destination de la Pilanesberg Game Reserve, et les agences de Durban offrent des excursions similaires dans celle de Hluhluwe-iMfolozi. À l'inverse, les amateurs de safari pur et dur, nantis d'un budget substantiel, ne sauraient s'offrir moins de 3 jours d'observation intensive des animaux à Sabi Sand ou MalaMala, tandis que des amoureux de la nature moins fortunés mais libres de leur temps pourront envisager un safari en solo de 3 jours à 2 semaines dans le Kruger – cette dernière option leur permettant de découvrir la moitié nord du parc.

Safari en solo

Rien de plus facile, à vrai dire : réservez un véhicule sur Internet via n'importe quel gros tour operator, et votre hébergement dans le parc ou les *rest camps* et terrains de camping des réserves concernées *(voir p. 335)* – principe également applicable pour un circuit sur mesure ou de groupe via un tour operator international. Et si vous préférez la flexibilité, rien de plus facile que d'organiser un safari – surtout pour un ou 2 jours – au dernier moment, via un hôtel, une auberge de jeunesse et une agence de voyages locale *(voir p. 375)*.

A

Ambassades

Belgique
Leyds Street 625
Muckleneuk, 0002 Pretoria
Tél. 27 (0)12-440 3201
pretoria@diplobel.fed.be
southafrica.diplomatie.belgium.be

Canada
1103 Arcadia Street
Hatfield, 0028 Pretoria
Tél. 27 (0)12-422 3000
pret@international.gc.ca
www.canadainternational.gc.ca/southa-frica-afriquedusud

France
250 Melk Street
New Muckleneuk, 0181 Pretoria
Tél. 27 (0)12-425 1600
za.ambafrance.org

Suisse
225 Veale Street, Parc Nouveau
New Muckleneuk, 0181 Pretoria
Tél. 27 (0)12-452 0660
pre.vertretung@eda.admin.ch
www.eda.admin.ch/pretoria

Argent

Le rand sud-africain (R), qui est divisé en 100 cents, est accepté au Lesotho et au Swaziland, au même titre que la monnaie locale. Il existe des billets de 200, 100, 50, 20 et 10 R et des pièces de 5, 2 et 1 R et de 50, 20, 10 et 5 cents. Depuis 2012, une nouvelle série de billets de banque à l'effigie de Nelson Mandela circule en plus des anciens, ornés des *Big Five* et appelés tôt ou tard à disparaître. La plupart des hôtels, des boutiques, des restaurants et des agences de voyages acceptent les cartes bancaires internationales comme Visa et, dans une moindre mesure, MasterCard, Diners Club et American Express. Jusqu'à une date récente, les cartes bancaires ne pouvaient pas être utilisées dans les stations-service. Si ce n'est plus vraiment le cas aujourd'hui, les espèces restent le moyen le plus sûr pour régler son plein.

Les distributeurs sont présents dans toutes les villes, les centres commerciaux et dans beaucoup de stations-service, supermarchés et épiceries de quartier. En dehors des heures d'ouverture des agences, certains sont surveillés par des vigiles. Dans les grandes villes, méfiez-vous des étrangers "serviables" qui essaient, en réalité, de vous soutirer de l'argent. Les distributeurs acceptent la plupart des cartes bancaires et peuvent changer des devises en liquide. En revanche, votre banque risque de vous facturer des frais ainsi que des intérêts sur la somme retirée.

TVA

La TVA est la seule taxe qui concerne les voyageurs ; fixée à 14 %, elle est incluse dans les prix affichés dans les magasins et par les autres prestataires de services. Les visiteurs étrangers peuvent la récupérer sur des articles de plus de 250 R, s'ils en font la demande dans les 90 jours suivant l'achat. Pour cela, réclamez au vendeur une facture. Celle-ci doit mentionner le numéro d'enregistrement TVA, la date d'achat, le nom et l'adresse du vendeur, les coordonnées de l'acheteur, la description des articles, le coût de ceux-ci et le montant de TVA facturé.

Lors de votre départ, présentez cette facture, ainsi que les articles en question, au bureau d'inspection chargé de la détaxe à l'aéroport avant votre enregistrement – une démarche qui vous prendra certainement un peu de temps. L'employé vous facturera des frais de gestion de l'ordre de 1,5 %. Pour plus d'informations, consultez le site www.taxrefunds.co.za.

B

Budget

Hébergement Comptez de 250-400 R en chambre double dans une auberge de jeunesse à 750-1 500 R dans une chaîne hôtelière, un campement d'un parc national ou un B&B de qualité et jusqu'à 2 500 R dans un hôtel de luxe. Les prix varient beaucoup selon les régions et la saison ; d'une manière générale, séjourner à Cape Town ou dans les réserves privées vous reviendra plus cher que de loger dans les villages de l'intérieur du pays. Dans les villes, les hôtels proposent des tarifs intéressants le week-end, à Noël et au Nouvel An ; les chambres des complexes hôteliers sont plus chères pendant les vacances et le week-end.

Repas 50-80 R pour un plat dans un restaurant bon marché ; 80-120 R dans un établissement moyen de gamme ; plus de 120 R dans un restaurant chic.

Boissons 12-15 R pour une bière, 25-50 R pour un verre de vin de la cuvée maison.

Location de voiture (compagnie internationale) Pour une berline ordinaire, comptez environ 300 R/jour pour 14 jours, avec en général un forfait de 200 km inclus par jour. Pour un minibus, vous aurez à débourser plus de 1 100 R/jour. Les prix comprennent la garantie "dommages matériels" en cas d'accident, l'assurance et la TVA.

Carburant (gazole) Environ 13-14 R/l.

Taxis Tarifs variables. Pour des raisons de sécurité, préférez les taxis équipés d'un compteur et évitez les véhicules de type minibus. Tarifs : environ 12-15 R/km.

Trains Tarifs (aller) : Johannesburg-Cape Town : 600 R ; Cape

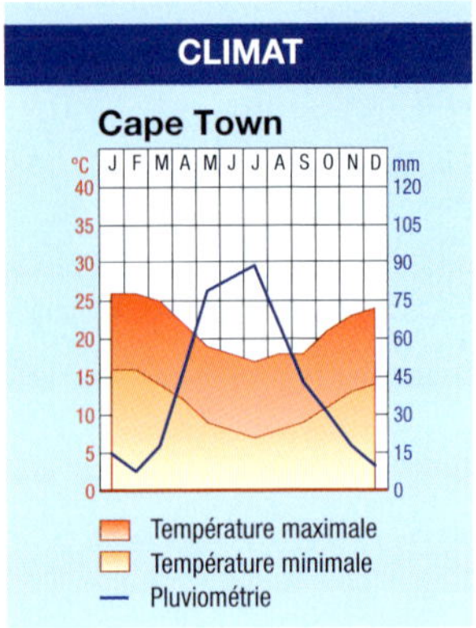

Town-Pretoria en *Blue Train* : 14 000 R/pers. (repas inclus) ; Johannesburg-Durban : 350 R.

Excursions Au départ de Cape Town, la journée d'excursion à destination de la presqu'île du Cap vous coûtera environ 850 R/pers. Circuit en car de 3 jours Johannesburg-Kruger Park (incluant repas, droits d'entrée et hébergement) : à partir de 8 000 R/pers. Au départ de Johannesburg, excursion d'une demi-journée pour Soweto à partir de 700 R/pers.

C

Climat

Le pays jouit d'un agréable climat subtropical où les températures atteignent rarement les extrêmes. Dans l'hémisphère Sud, les saisons sont inversées par rapport à l'hémisphère Nord ; Noël et le Nouvel An sont donc célébrés au plus fort de l'été. Cape Town et la province du Western Cape connaissent un climat méditerranéen où les précipitations surviennent surtout en hiver, de juin à août, avec des températures variant de 7 à 18 °C ; aux belles journées ensoleillées succèdent d'autres, plus fraîches et humides.

De sept. à nov., le temps reste instable, comptant aussi bien des journées étouffantes que des épisodes venteux. La saison estivale s'étend de déc. à mars. À l'intérieur des terres, les mois d'été sont caniculaires et, en hiver, la neige recouvre les sommets montagneux.

Le reste du pays est soumis à un régime pluviométrique estival : la majeure partie des précipitations se produit entre nov. et avr., les autres mois de l'année restant souvent secs. L'été est donc chaud et humide, ponctué d'averses et d'orages, alors que l'hiver est ensoleillé et chaud en journée avec des températures nocturnes souvent négatives. Mais même les régions soumises aux pluies estivales ne jouissent pas d'un climat uniforme : le Nord-Ouest est très chaud et sec, le Nord-Est chaud et humide, tandis que l'intérieur des terres est plus froid, beaucoup plus pluvieux que l'Est et l'Ouest, dont une bonne partie reçoit moins de 500 mm de précipitations par an. Vérifiez les prévisions sur le site www.weathersa.co.za ou consultez la presse quotidienne.

Quand partir

L'été austral (oct.-avr.) est idéal pour visiter Cape Town. Il correspond à la saison sèche de la province du Western Cape, où chaleur et longues journées se conjuguent à des ciels limpides. La météo est clémente en mars et en avr. – le vent se réduit alors à une brise et les pluies à quelques ondées, avec des températures agréables. Le printemps (sept.-oct.) est la meilleure saison pour visiter le Kruger Park et les autres réserves.

D

Décalage horaire

GMT +2h.

Douanes

Argent

Chaque voyageur peut importer et exporter 5 000 R au maximum en espèces. Il n'y a pas de limite pour les autres devises. À votre arrivée, vous devez déclarer les sommes importantes de devises étrangères. Conservez les bordereaux de change.

Marchandises

Alcool 2 l de vin, 1 l de spiritueux.
Tabac 200 cigarettes, 20 cigares, 250 g de tabac.
Parfum 50 ml de parfum, 250 ml d'eau de toilette.

Au-delà, une taxe de 20 % sera prélevée sur tous les produits.

Les articles suivants sont prohibés : médicaments, stupéfiants, revues et objets pornographiques, plantes, graines, bulbes, coton brut, viande crue, diamants non taillés, or sous forme brute, armes.

E

Électricité

220-230 V. Seules les prises à 3 broches sont utilisées ; munissez-vous d'un adaptateur.

Enfants

En Afrique du Sud, vos enfants seront accueillis à bras ouverts. Vous leur trouverez un large choix d'activités, quel que soit leur âge. Dans de nombreux sites, ils bénéficient de tarifs réduits et les plus jeunes ne paient pas. Les hôtels offrent des tarifs préférentiels ou logent gratuitement les enfants partageant une chambre avec un adulte.

De nombreux restaurants, surtout ceux appartenant à des chaînes, proposent des menus "enfants", moins onéreux. La plupart des lodges privés appliquent une limite d'âge minimale ou interdisent aux plus jeunes de prendre part à des safaris dans des véhicules découverts.

F

Formalités

Vous devez présenter un passeport comprenant 2 pages vierges et valide encore au moins 6 mois à compter de la date de retour. Les ressortissants de l'Union européenne, de la Suisse et du Canada sont exemptés de visa pour les séjours n'excédant pas 90 jours.

Si vous souhaitez rester plus de 3 mois, il faudra faire renouveler votre permis de séjour temporaire auprès de l'un des bureaux du Department of Home Affairs ou dans un commissariat de police. Effectuez cette démarche entre 10 et 14 jours avant la date d'expiration de votre permis.

Si vous projetez de visiter le Lesotho, le Swaziland ou d'autres pays africains avant de revenir en Afrique du Sud (pour reprendre l'avion par exemple), demandez un visa à entrées multiples.

JOURS FÉRIÉS

1er jan. .... Nouvel An
21 mars ...... Human Rights Day
27 avr. .... Freedom Day
1er mai .... Workers' Day
16 juin .... Youth Day
9 août .... National Women's Day
24 sept. .... Heritage Day
16 déc. .... Day of Reconciliation
25/26 déc. .... Noël/Goodwill Day
Dates variables Vendredi saint et lundi de Pâques

La plupart des visiteurs n'ont pas besoin de visa pour entrer au Swaziland mais, si c'est le cas, on vous le délivrera à la frontière. Les ressortissants de l'Union européenne et de la plupart des pays du Commonwealth peuvent séjourner au Lesotho pendant 2 semaines sans visa ; tous les autres visiteurs doivent être munis d'un visa pour entrer dans ce pays.

Ambassades

Belgique
Rue Montoyerstraat 17-19
Bruxelles 1000
Tél. 32 (0)2 285 44 00
publicdiplomacy@southafrica.be

Canada
15 Sussex Drive
Ottawa, ON, K1M 1M8
Tél. (1) 613 744 0330
rsafrica@southafrica-canada.ca
www.southafrica-canada.ca

France
59, quai d'Orsay, 75343 Paris Cedex 7
Tél. 33 (0)1 53 59 23 23
info.paris@dirco.gov.za
www.afriquesud.net

Suisse
Alpenstrasse 29, Berne 3006
Tél. 41 (0)31 350 13 13
www.southafrica.ch

H

Handicapés

À Cape Town, les visiteurs handicapés sont pris en charge par le personnel des hôtels et des sites touristiques. Dans les principaux aéroports, la compagnie SAA propose un service d'aide aux passagers (Passenger Aid Units, PAU) ; les grandes agences de location de voitures fournissent des véhicules adaptés. Pour plus d'informations, prenez contact à Johannesburg avec l'**Association for the Physically Disabled** (*tél. 011-646 8331* ; www.apd-jhb.co.za) les malvoyants s'adresseront au **SA National Council for the Blind** (*tél. 082-452 3811* ; www.sancb.org.za). Vous pouvez aussi joindre un tour operator spécialisé, notamment **Flamingo Tours** (*082-450 2031* ; www.flamingotours.co.za) et **Epic Enabled** (*tél. 021-785 7440 ou 073-228 2825* ; www.epic-enabled.com).

Homosexuels

Cape Town est la ville la plus *gay-friendly* d'Afrique. Sa communauté homosexuelle participe activement à la vie culturelle, politique et économique locale. Elle se concentre principalement dans le quartier de Der Waterkant et, autour de Somerset Road, dans celui de Green Point.

Ailleurs dans le pays, les mentalités sont plus conservatrices. La province du Gauteng abrite une importante communauté gay, notamment à Melville (banlieue de Johannesburg) et à Hatfield (Pretoria) ; Knysna, sur la Garden Route, est réputée pour son Pink Loerie Carnival (www.pinkloerie.co.za). Très utile, le site www.gaycapetown4u.com répertorie les clubs, hôtels et autres établissements *gay-friendly*.

Horaires d'ouverture

La plupart des boutiques vous accueilleront en semaine de 9h à 17h, le sam. de 9h à 13h. Dans les villes, les grandes galeries marchandes fonctionnent du lun. au sam. de 9h à 21h ; elles ouvrent aussi le dim., mais moins longtemps.

De nombreux supermarchés sont ouverts le dim., mais ils ne sont pas autorisés à vendre des boissons alcoolisées. Les bureaux du gouvernement sont ouverts du lun. au ven. de 9h à 17h. Les commerces gérés par des musulmans ferment le ven. entre 12h et 13h.

I

Internet

La plupart des hôtels et des auberges de jeunesse proposent le wifi ou un accès Internet à haut débit dans les chambres ; d'autres établissements possèdent un *business centre* ou mettent des ordinateurs à la disposition de leurs clients.

Si vous séjournez longtemps en Afrique du Sud, un fournisseur d'accès local pourra vous fournir un nom d'utilisateur et un mot de passe. Adressez-vous à l'opérateur téléphonique national Telkom (www.telkomsa.net) ou à l'un des nombreux opérateurs privés.

M

Médias

Télévision

La South African Broadcasting Corporation (SABC) gère 3 chaînes, SABC 1, 2 et 3, dont les programmes sont surtout diffusés en anglais, mais aussi dans toutes les langues officielles du pays. Vous y verrez les grandes émissions des chaînes britanniques et américaines. Le câble et le satellite ont élargi le choix des programmes. DSTV est un service satellite multichaînes, dont la chaîne payante M-Net est le fleuron. Elle diffuse des films de qualité, des émissions sportives et des *talk shows*. Parmi les autres chaînes figurent CNN, MTV, la BBC, Discovery et National Geographic, ainsi que des chaînes locales comme Super Sport 1-6 et Movie Magic 1-2.

Radio

Le pays compte plusieurs stations de radio qui émettent dans les 11 langues officielles du pays. En dehors des stations publiques de SABC, il existe une dizaine de radios privées.

Presse

Business Day est le quotidien le plus sérieux. Les journaux les plus lus sont le *Sunday Times*, le *Sunday Independent* et le *Mail & Guardian*. Ce dernier comprend une section "art et spectacles" de qualité (le ven.) et possède un excellent site Internet (www.mg.co.za). Autre source fiable, l'*Independent Online* (www.iol.co.za).

O

Offices de tourisme

L'office de tourisme dispose de bureaux dans toutes les grandes villes, signalés par un grand "L" blanc sur fond vert. Vous y trouverez des cartes et des plans ainsi que le calendrier des manifestations locales. Consultez le site officiel du tourisme www.southafrica.net.

Voici les sites Internet des autorités provinciales :

Eastern Cape
www.visiteasterncape.co.za
Free State
www.freestatetourism.org
Gauteng
www.gauteng.net
KwaZulu-Natal
www.zulu.org.za
Mpumalanga
www.mpumalanga.com
Northern Cape
www.experiencenortherncape.com
Limpopo
www.golimpopo.com
North West
www.tourismnorthwest.co.za
Western Cape
www.goto.capetown/home

À l'étranger

France
Tél. 33 (0)8 10 20 34 03
info.fr@southafrica.net
country.southafrica.net/country/fr/fr

P

Poids et mesures

Système métrique.

S

Santé

Vaccins

Les vaccins contre le choléra et la variole ne sont plus obligatoires. Celui contre la fièvre jaune n'est indispensable que si vous séjournez dans une zone infestée (zone englobant la plupart des pays d'Afrique tropicale).

Paludisme

Les traitements antipaludéens sont fortement conseillés si vous vous rendez dans le nord du pays, notamment dans le *lowveld*, au Kruger National Park et dans le nord du KwaZulu-Natal, surtout lors des mois d'été humides. Le traitement commence quelques semaines avant le départ. Les personnes qui présentent des symptômes de grippe ou de la fièvre dans les 15 jours suivant leur retour d'Afrique du Sud doivent immédiatement consulter un médecin.

Bilharziose

Vous ne craignez rien dans les torrents et les lacs d'altitude, mais la plupart des points d'eau stagnante ou à très lent débit du Nord, du KwaZulu-Natal et de l'Eastern Cape sont infestés.

Ne nagez pas dans les étangs et ne vous trempez pas dans les ruisseaux sans avoir pris connaissance de leur état sanitaire.

Insectes et petites bêtes

Aspergez-vous généreusement de répulsif antimoustique, surtout en début de soirée, et ayez toujours les bras et les jambes couverts le soir. Pour dormir, choisissez une chambre dont les ouvertures et le lit sont pourvus de moustiquaires, surtout dans le nord du pays. Achetez des spirales antimoustiques au supermarché. Les moustiques sont actifs de nov. à mai ou juin, suivant la longueur de la saison des pluies cette année-là.

Les tiques qui se cachent dans les herbes hautes peuvent transmettre la maladie de Lyme. Avant de traverser des étendues herbeuses, veillez à rentrer vos bas de pantalon dans vos chaussures ou dans vos chaussettes.

Les morsures de serpent sont assez rares, la plupart des reptiles évitant les humains. Avant de sortir votre sérum et votre seringue, consultez un médecin ou rendez-vous dans une clinique. Où que vous soyez en Afrique du Sud, vous ne serez jamais à plus de 2h d'une antenne médicale. Le meilleur antidote reste la vigilance : ne vous asseyez jamais sur un tronc d'arbre ou sur un rocher sans avoir vérifié qu'il n'y a pas de serpent dessous. Marchez en terrain découvert et regardez où vous mettez les pieds. En cas de morsure, tâchez d'identifier le coupable : on reconnaît les morsures de serpent à leurs marques parallèles. Allongez la victime et rassurez-la : une morsure de serpent est rarement mortelle.

En cas de piqûre de scorpion, essayez de calmer la douleur avec du gros sel ou en apposant un pack réfrigérant.

Sida

Le fléau du sida touche durement l'Afrique du Sud. Il est vivement conseillé de bannir les rapports sexuels sans protection.

Prestations médicales

L'Afrique du Sud est bien pourvue en équipements médicaux. La plupart des hôpitaux disposent de blocs opératoires et d'un service d'urgences ouvert 24h/24, où exercent des médecins bien formés. Néanmoins, les meilleurs hôpitaux font payer les soins. Il est donc conseillé de prévoir une assurance médicale couvrant tout votre séjour. En cas d'urgence, contactez Netcare, qui gère de nombreux hôpitaux et cliniques privés (*tél. 0860-638 2273* ; www.netcare.co.za).

Vous trouverez des pharmacies, souvent bien fournies, dans toutes les rues commerçantes et les centres commerciaux. Certaines restent ouvertes la nuit, comme M-Kem Medicine City (*angle de Durban Road et Raglan Road, Cape Town ; tél. 021-948 5706* ; www.mkem.co.za). Sinon, renseignez-vous auprès du réceptionniste de votre hôtel.

Sécurité

Au cours des dernières années, la criminalité a fortement augmenté dans les grandes villes. Bien que les agressions violentes contre les touristes soient rares, la prudence est de mise. Gardez vos appareils photo, montres et bijoux à l'abri des regards quand vous vous promenez en ville. Si vous devez vous arrêter pour consulter une carte ou un guide, n'attirez pas l'attention en ayant l'air perdu, entrez dans une boutique ou dans une banque le temps d'effectuer votre recherche.

Ne vous promenez pas la nuit. En ville, gardez toujours les vitres de votre voiture fermées et verrouillez les portières. Si vous avez des doutes sur la sécurité d'une zone, consultez l'office de tourisme local.

Lorsque vous utilisez un distributeur, n'acceptez aucune aide sous peine de voir votre compte vidé.

Signalez la perte ou le vol de votre carte bancaire aux services suivants ouverts 24h/24 :

American Express *Tél. 0800-110 929*
Diners Club *Tél. 0860-346 377*
MasterCard *Tél. 0800-990 418*
Visa International *Tél. 0800-990 475*

Toute perte d'objet de valeur doit être immédiatement déclarée à la police. Dans les grandes villes, composez le 10111.

Services postaux

L'acheminement du courrier est relativement bon marché mais assez lent : les lettres ou les cartes postales à destination de l'Europe mettent 15 jours pour arriver à bon port. Tarif : environ 8 R. Vous trouverez des timbres dans les bureaux de poste, les kiosques à journaux et certains magasins de détail. Le South African Post Office (*tél. 0860-111 502* ; www.postoffice.co.za) offre un service porte à porte 24h/24 (rapide), assurance comprise, entre les grandes villes. Ses bureaux sont ouverts du lun. au ven. de 8h30 à 16h30, le sam. de 8h à 12h.

Pour expédier un colis, faites appel à un transporteur privé comme PostNet (adresses des bureaux dans l'annuaire ; www.postnet.co.za).

Services religieux

La plupart des Sud-Africains sont de confession chrétienne et fréquentent les églises anglicanes, catholiques romaines et réformées néerlandaises. Les églises pentecôtistes accueillent surtout des fidèles de couleur, tandis que d'autres lieux de culte combinent christianisme et croyances animistes. L'Afrique du Sud compte aussi 2 importantes communautés juive et musulmane ; la première est implantée dans les grandes villes, la seconde concentrée au KwaZulu-Natal – où vivent aussi beaucoup d'hindous – et au Western Cape.

Tarifs d'entrée

La plupart des musées et des galeries pratiquent des tarifs modérés. Vous aurez à débourser entre 10 et 50 R.

Les seniors et les étudiants bénéficient de tarifs réduits dans la plupart des musées et galeries s'ils présentent une carte d'étudiant ou un passeport attestant leur âge. Les enfants paient moitié prix.

Les parcs nationaux appliquent des droits d'entrée journaliers – appelés droits de conservation – substantiels : 264 R/adulte et 132 R/enfant dans les grands parcs, de 50 à 100 R environ dans les parcs plus modestes. Quant aux réserves provinciales, leurs tarifs se situent entre 20 et 50 R. Si vous comptez passer la majeure partie de votre séjour dans les parcs et les réserves, procurez-vous la **Wild Card** (www.sanparks.org). De même, vous amortirez très vite l'International All Parks Cluster Card, qui donne accès à l'ensemble des parcs nationaux d'Afrique du Sud et du Swaziland, ainsi qu'à la plupart des réserves du KwaZulu-Natal et du Western Cape. Tarifs : 2 450/3 830 R pour 1 à 2 pers. ou 4 585 R pour une famille de 7 pers.

Télécommunications

L'indicatif téléphonique de l'Afrique du Sud est le 27. Pour Cape Town, composez le 21 ; pour Durban, le 31 ; pour Pretoria, le 12 ; pour Johannesburg, le 11.

Pour appeler à l'étranger de l'Afrique du Sud, composez le 00 suivi de l'indicatif du pays désiré : 32 pour la Belgique, 1 pour le Canada, 33 pour la France, et 41 pour la Suisse. Pour passer un appel local, composez l'indicatif régional et le numéro de votre correspondant.

Les communications sont assez bon marché. Si vous souhaitez utiliser les cabines publiques, les cartes de téléphone s'achètent dans un bureau de poste ou au supermarché (cartes de 10, 20, 50, 100 et 200 R). Vous pourrez y passer vos appels locaux, nationaux et internationaux. Les hôtels font payer le double ou le triple du prix officiel de la communication.

Téléphones portables

Les 5 opérateurs qui se partagent ce secteur – MTN (www.mtn.co.za), Vodacom (www.vodacom.co.za), Cell C (www.cellc.co.za), Telkom Mobile (www.telkom.co.za) et Virgin Mobile (www.virginmobile.co.za) – exploitent le standard GSM et proposent la 3G. Si votre téléphone est compatible, demandez à votre opérateur d'activer l'option internationale. Sinon, louez un mobile à l'aéroport ou dans un office de tourisme. Autre solution économique, acheter une carte SIM locale (si votre téléphone mobile est débloqué pour tous les opérateurs).

Tour operators

En Afrique du Sud

Rennies Travel (www.renniestravel.com) est un agent de voyages généraliste très fiable qui possède des succursales dans tout le pays. Il réserve des vols intérieurs et internationaux, organise des circuits hors d'Afrique du Sud et change les devises.

Vous trouverez des agences de voyages locales dans les régions les plus touristiques – Cape Town ou Johannesburg – et les plus modestes – Knysna ou Oudtshoorn. Voici notre sélection :

The Backpack
Tél. 021-423 4530
www.backpackers.co.za
Agence prisée des *backpackers*. Propose des emplois bénévoles et des excursions autour de Cape Town.

Cape Town Private Tours
Tél. 021-790 5477
www.capetownprivatetours.co.za
Petite agence proposant des circuits à la carte à Cape Town et dans les Winelands.

Embassy Travel
Tél. 021-424 1111
www.embassytravel.co.za
L'un des grands tour operators de Cape Town.

Southern Destinations
Tél. 021-671 3090
www.southerndestinations.com
Circuits, safaris et lunes de miel dans les lodges et les hôtels les plus luxueux du pays.

En France

Comptoir des voyages
16-18, rue Saint-Victor, 75005 Paris
Tél : 01 53 10 97 61
www.comptoir.fr

La Maison de l'Afrique
90, rue Bonaparte, 75006 Paris
Tél. 01 84 25 43 40
www.maisondelafrique.fr

En Suisse

Jerrycan Voyages SA
11, Rue Sautter
1205 Genève
Tel. 022 346 92 82
www.jerrycan-voyages.ch

URGENCES

Police/pompiers *Tél. 10111*
Ambulance *Tél. 10177*
Urgences générales *Tél. 107 (112 depuis un téléphone portable)*
Brigade volante *Tél. 10111*
Secours en montagne *(Cape Town) Tél. 021-948 9900*
Secours en mer *(Cape Town) Tél. 021-449 3500*

POUR EN SAVOIR PLUS

À LIRE

Beaux livres

Agnassia, Eddy *Afrique du Sud : les plus belles photos*, Music & Entertainment Books Editions, 2010.
Berry, Ian *Living Apart*, Phaidon Press, 1999.
Cessou, Sabine *Afrique du Sud*, Chêne, 2010.
Lanois, Gisèle *Afrique du Sud*, Gründ, 2010.
Léki Dago, Ananias et Wally Serote, Mongane *Shebeen blues*, Éditions Gang, 2010.
Moutout, Corinne *L'Afrique du Sud*, Coll. Grands Voyageurs, Chêne, 2017.

Histoire et société

Cambefort, Jean-Pierre *Le Pays séparé : Afrique du Sud, 1978*, L'Harmattan, 2010.
Comaroff, Jean *Zombies et Frontières à l'ère néolibérale : le cas de l'Afrique du Sud post-apartheid*, Les Prairies ordinaires, 2010.
Coquerel, Paul *L'Afrique du Sud : une histoire séparée, une nation à réinventer*, Gallimard, 2010.
Fandio, Patrick *Après le miracle : chroniques d'Afrique du Sud*, Éditions du Moment, 2010.
Guiloineau, Jean *Nelson Mandela*, Payot & Rivages, 1994.
Lugan, Bernard *Histoire de l'Afrique du Sud*, Ellipses Marketing, 2010.
Perrot, Cécile *L'Afrique du Sud à l'heure de Jacob Zuma : la fin de la nation arc-en-ciel ?* L'Harmattan, 2009.

Littérature

Botha, Dominique *Rivière fantôme*, Actes Sud, 2006.
Breytenbach, Breyten *Le Monde du milieu*, Actes Sud, 2009.
Brink, André *Une saison blanche et sèche*, Le Livre de Poche, 1982.
Coetzee, John Maxwell *En attendant les barbares*, Points, 2000 ; *Michael K, sa vie, son temps*, Points, 2000 ; *Scènes de la vie d'un jeune garçon*, Points, 2002 ; *Disgrâce*, Points, 2011.
Dovey, Ceridwen *Les Liens du sang*, Éditions Héloïse d'Ormesson, 2008.
Gordimer, Nadine *Fille de Burger*, Albin Michel, 1996 ; *L'Arme domestique*, 10/18, 2000.
Haden, Rosamund *L'Église des pas perdus*, Le Livre de Poche, 2008.
Havemann, Ernst *La Voix du sang et autres récits d'Afrique du Sud*, Gallimard, 1990.
Hirson, Denis *Poèmes d'Afrique du Sud*, Actes Sud, 2001.
Hope, Christopher *À travers l'Angleterre mystérieuse*, Actes Sud, 1999 ; *Le Roi des horloges*, Actes Sud, 2001.
Kornmehl, Ariëlla *Le Mois des papillons*, Actes Sud, 2010.
Krog, Antjie *La Douleur des mots*, Actes Sud, 2018.
Matlwa, Kopano *Coconut*, Actes Sud, 2015.
Mda, Zakes *Au pays de l'ocre rouge*, Seuil, 2006.
Plaatje, Sol T. *Mhudi*, Actes Sud, 1999.
Vladislavic, Ivan *Le Banc réservé aux Blancs*, Éditions Zoé, 2004.

Nature

Alden, Peter *Photoguide des animaux d'Afrique*, Delachaux & Niestle, 2001.
Bachet, Magali *Afrique australe : Afrique du Sud, Namibie, Botswana, Zimbabwe, Safaris : les parcs et la faune*, Éditions Marcus, 2009.
Fouquet, Franck *Paradis sauvages d'Afrique du Sud*, Kubik Éditions, 2005.

Art

Joubert, Hélène *Ubuntu, arts et cultures d'Afrique du Sud*, RMN, 2002.
Lewis-Williams, David *L'Art rupestre en Afrique du Sud : mystérieuses images du Drakensberg*, Seuil, 2003.

Polars

Férey, Caryl *Zulu*, Gallimard, 2010.
Mankell, Henning *La Lionne blanche*, Seuil, 2005.
Meyer, Deon *Jusqu'au dernier*, Seuil, 2003 ; *Les Soldats de l'aube*, Seuil, 2004 ; *Treize heures*, Seuil, 2011 ; *À la trace*, Seuil, 2012.
Sylvain, Dominique *Guerre sale*, Éditions Viviane Hamy, 2011.

Carnets de voyages

Chavanat, Damien *Afrique du Sud*, Jalan, 2004.

Jeunesse

Radiguet, Jean-François *Le Requin bleu : un enfant noir en Afrique du Sud pendant l'apartheid*, Éditions L'Harmattan, 2005.
Veillères, Claire et Duffet, Sophie *Anna, Kevin et Nomzipo vivent en Afrique du Sud*, La Martinière, 2006.

À VOIR

August, Bille *Goodbye Bafana*, 2007.
Blomkamp, Neill *District 9*, 2009.
Eastwood, Clint *Invictus*, 2009.
Hermanus, Oliver *Shirley Adams*, 2009 ; *Beauty*, 2011.
Hood, Gavin *Mon nom est Tsotsi*, 2005.
Palcy, Euzhan *Une saison blanche et sèche*, 1989.
Raeburn, Michael *Triomf*, 2008.

À ÉCOUTER

Fassie, Brenda *African Classics*, Ryko, 2009.

CRÉDITS

CRÉDIT PHOTOGRAPHIQUES

COUVERTURE

© René Mattes/Hemis.fr
Boucliers zulu, musée de plein air de Shakaland, Kwazulu-Natal.

INTÉRIEUR

Alamy 37, 38, 42, 44, 46, 50, 51, 67, 79(bg), 82, 96, 223, 284, 305(b), 317, 321
Alex Havret/Apa Publications 17(h), 18(h), 22(d), 25(g), 62-63, 71, 76, 77, 79(bd), 79(hd), 88-89, 95(bd), 95(hd), 127, 128, 138, 153, 157(b), 164(b), 187, 202(h), 206(bg), 310(b), 362, 371
Ariadne Van Zandbergen/Apa Publications 6(c), 6(bg), 6(cd), 7(bg), 7(cd), 7(hd), 7(hg), 8(bd), 8(bg), 9(bg), 9(bd), 9(hd), 10-11, 12-13, 14-15, 16, 17(b), 18(b), 19, 20, 21, 22(g), 23, 24, 25(d), 29, 30, 45(d), 61, 68, 69, 70, 74, 75, 78-79(h), 78(bd), 78(bg), 79(cg), 84, 85, 86, 90, 91, 92, 93, 94-95(h), 94(bd), 94(bg), 95(cg), 95(bg), 97, 100-101, 103(hg), 105(hg), 106(cg), 106(hg), 107(cg), 107(hg), 107(bd), 108(cg), 108(hg), 109(hg), 109(bd), 111(hg), 112(hg), 112(cd), 113(hg), 114(cg), 114(bd), 114(cd), 115(bd), 117, 122, 123, 130, 137, 140-141, 142-143, 144-145, 146, 147(h), 147(b), 150, 151, 152, 154(b), 154(h), 155(b), 155(h), 156(b), 156(h), 157(h), 158, 159(h), 159(b), 160(h), 160-161(b), 161, 162(b), 163(b), 163(h), 164(h), 165, 166, 167(h), 167(b), 168(h), 168(b), 169(b), 169(h), 170, 171, 172-173, 174, 175, 180(h), 180(b), 181(b), 181(h), 182(b), 183(b), 183(h), 186(b), 188, 189, 190-191(h), 190(bd), 191(cg), 191(bd), 191(hd), 192, 193, 195(h), 195(b), 196(b), 196(h), 197(b), 197(h), 198, 199(h), 199(b), 200, 201, 202(b), 203(h), 203(b), 204(b), 204(h), 205(h), 205(b), 206(bd), 206-207(h), 207(cg), 207(bd), 207(hd), 207(bg), 208, 209, 211(b), 211(h), 212, 213(h), 213(b), 214(h), 214(b), 215(h), 215(b), 216(h), 216(b), 217(h), 217(b), 218(b), 224-225, 226, 227, 229, 230(h), 230(b), 231(h), 231(b), 232, 233(h), 233(b), 235(b), 238, 241(b), 244(b), 247, 252, 256(b), 258(b), 260, 261, 263(h), 263(b), 264, 265(h), 265(b), 266, 267(h), 267(b), 270(h), 270(b), 271(h), 271(b), 273(b), 273(h), 274(h), 274(b), 275, 276, 277, 298-299, 300, 303(b), 304(h), 304(b), 305(h), 306(h), 306(b), 307(h), 307(b), 308, 309(b), 330, 332, 333, 334, 338, 340, 353, 360, 364, 367
AWL Images 132, 162(h), 185(b), 186(h), 234(b), 236-237, 245, 248(b), 249(b), 253, 293(h), 318-319, 322, 323(b)
Clare Louise Thomas/Apa Publications 315(h)
Corbis 26, 28, 31, 49, 52, 55, 59, 320, 324(h)
Dreamstime 98, 110(cg), 257(b), 281(b), 292(h), 301
Eye Ubiquitous/Rex Features 58
FLPA 112(cg), 116(hg)
Fotolia 7(cg), 106(cd), 109(cd), 254(b), 282, 287(h), 324(b), 325, 326(h), 327, 328(h)
Getty Images 1, 4, 27, 32-33, 34, 35, 53, 54, 56, 57, 60, 64, 65, 72-73(h), 72(bd), 72(bg), 73(cg), 73(bd), 73(bg), 73(hd), 80, 81, 83, 87, 103(bd), 115(cd), 115(cg), 133, 176, 194, 254(h), 289(h), 291(h), 309(h)
iStock 7(cg), 7(bd), 8(c), 45(g), 103(cg), 110(hg), 113(cg), 124, 126, 134, 177(h), 177(b), 178(h), 178(b), 179(b), 179(h), 185(h), 191(bg), 221(h), 221(b), 222, 235(h), 242(h), 243(h), 244(h), 248(h), 249(h), 251(h), 257(h), 269, 281(h), 286(h), 287(b), 290(b), 291(b), 292(b), 294(h), 294(b), 297(h), 303(h), 310(h), 311(h), 311(b), 312, 313(h), 313(b), 314(h), 314(b), 315(b), 316, 323(h), 326(b), 328(b), 329, 344, 358
Jerry Dennis/Apa Publications 258(h), 268
Kobal 66
Mala Mala Game Reserve 293(b), 295(b), 347
Mary Evans Picture Library 41, 47, 48, 190(bg)
SA Museum 36
SA Pictures 103(cd)
SA Tourism 102(h), 102(b), 104(cg), 104(bd), 104(hg), 104(cd), 105(cd), 105(cg), 105(bd), 106(bd), 107(cd), 108(bd), 108(cd), 109(cg), 110(bd), 110(cd), 111(cd), 111(cg), 111(bd), 112(bd), 113(cd), 113(bd), 114(hg), 115(hg), 116(cg), 116(cd), 118, 119, 120, 121, 125, 129, 131, 136, 139, 182(h), 184, 218(h), 219(h), 219(b), 220(h), 220(b), 239, 241(h), 242(b), 243(b), 246, 250, 251(b), 255(b), 255(h), 256(h), 259(b), 259(h), 278, 279, 283, 285, 286(b), 289(b), 290(h), 295(h), 296, 297(b)
Sun International 99
SuperStock 116(bd)
The Art Archive 39, 43
Transvaal Archives 40
Wilderness Safaris 135

CRÉDITS ARTISTIQUES

Cartographie
Cartographie originale : Polyglott Kartographie, mise à jour par Carte

Direction artistique
Tom Smyth

Fabrication
Rebeka Davies

INDEX GÉNÉRAL

INDEX THÉMATIQUE P. 391

A

Abakwetha **(initié)** 219, 220
Abalimi Bezekhaya Peace Park & Community Garden 171
Acacia à girafe 309, 312
Acacias 132, 137, 211, 259, 326
Activités d'aventure 363
Addo Elephant National Park 130, 210, 340
African Conservation Experience 139
African Independent Churches (AIC) 27
African Mine Workers' Union 50, 52
African National Congress (ANC) 26, 27, 28, 29, 52, 53, 58, 59, 61, 304
Afrikaans, langue 21, 22, 23, 24, 50, 54
Afrikaderdom 50
Afrikaner, peuple 24, 46, 47, 49, 52, 57
Agame à gorge bleue 297
Agame des colons 235
Agapanthe 127
Agrobate de Karoo 123
Agrumes, production d' 180
Agulhas National Park 188
  Hébergement 339
Ai-Ais/Richtersveld Transfrontier Park 315
Aigle fascié 121
Aigle noir 122, 213, 235, 256, 329
Aigle ravisseur 121
Aigles 124, 132
Aigrette ardoisée 246
Albasini Ruins 285
Albert Falls Dam Nature Reserve 254
Alexander Bay 313, 314
Alhagi des Maures 133
Alice 217
  De Beers Art Gallery 218
  University of Fort Hare 217
Aliwal Shoal 233
Allemanskraal Dam 302
Aloès 127, 207
Alouette de Sclater 123
Alouette ferrugineuse 123
Alstonia 129
Amanzimtoti 233
Amarantacées 128
Amarantes 316
Amatola Hiking Trail 217
Amatola Mounts 217
Amatola Range 217
Ambassades 371
Anglicans 25
Animisme 31
Annienous Pass 314
Anophèle 287
Anserelle naine 247
Antilope rouanne 110, 290
Antilopes 131, 200, 245, 276, 286, 297, 308
Apartheid 23, 24, 28, 30, 52, 57, 78, 156, 170, 171
***Apple Express*, train à vapeur** 210
Arachnides 125
Araignées 125
Arbre à carquois 315
Arbre à fièvre 128, 135, 292
Archéologie 37
Architecture 22, 85, 86
  Art déco 157
  Bantoue 87
  Britannique 86
  Cape Dutch 87, 180, 183, 184, 185, 188, 213, 304
  Cape Regency 185
  Case zulu 242
  Coloniale 159, 178
  Moderniste 86
  Nguni 22
  Sotho 22
  Victorienne 155, 157, 167, 305
Ardmore Ceramic Art Studio 258
Argent 371
Arrow Point 314
Arthropodes 125
Artisanat 78, 200, 231, 234, 248, 266, 322, 324, 325
Art pariétal 75, 77
Artscape Theatre Centre (Cape Town) 65
Arum 127, 204
Arum d'Éthiopie 207
Askham 312
Astrild à queue noire 247
Ataide, Pedro d' 194
Atèle (singe-araignée) 203
Augrabies Falls 312
Augrabies Falls National Park 137, 313
  Restaurants 350
Australopithecus africanus 37
Autour chanteur 312
Autour noir 217
Autruches 123, 132, 196
  Élevage d' 123
Avondale, domaine de 184

B

Babouin chacma 161, 162, 168, 295
Babouins 114, 179, 186, 187
Bafana Bafana (équipe nationale de football) 97
Baia Formosa 201
Bain's Kloof 184, 187
Baleine à bosse 201
Baleine franche australe 137, 170, 190, 201, 203
Baleines 168, 187, 190, 221
Baleines, observation des
  Baleine franche australe 190
Ballito 240
Balobedu, peuple 294, 296
Banana Beach 233
Banks Mountain 213
Bantou, peuple 38
Bantoustans 54
Bantry Bay 169
Bantu Education Act 52
Bantu Homelands Citizenship Act 54
Baobabs 128, 284, 296
Baobabs géants 294
Bapedi, langue 22
Barberspan Bird Sanctuary 310
Barberton 284
Barbus 121, 296
Barge à queue noire 269
Barnard, Christiaan 307
Barnato, Barney 22, 263
Barrydale 199
Basotho, peuple 328
Basothos (poneys) 259, 327
Bateleur des savanes 120, 312
Bathurst 40, 215, 317
Batraciens 118
Battle Cave 257
Battlefield Route 26, 241, 248
  Hébergement 343
Bayworld 210
Beachwood Mangroves Nature Reserve 232
Beacon Island Rocks 201
Beaufort West 307
  Old Town Hall 307
Bécasseaux 124
Bechuanaland 45
Becs-ouverts africains 291
Beit, Alfred 22, 263
Beitbridge 294
Bele Bela 297
Ben Macdhui 218
Bergendal 281
Bergeronnette flavéole 269
Bethlehem 259
&Beyond Phinda Private Game Reserve 245
Big Five 102, 211, 276, 293
Biko, Steve 54
Bird Island 124
Bird Island Nature Reserve 178

Bitterfontein 316
Bitterpan 312
Black Economic Empowerment 28
Black Laws Amendment Act 52
Bleek, Wilhelm 80
Blesbok 109, 326
Bloemfontein 46, 53, 302
Hébergement 349
Restaurants 358
Afrikaans Literary Museum 303
Anglo-Boer War Museum 304
Bloemfontein National Museum 303
Bloemfontein Zoo 304
First Raadsaal 303
Fourth Raadsaal 303
National Women's Monument 304
Naval Hill 304
Old Presidency 303
Oliewenhuis Art Museum 304
Queen's Fort 304
Blongios 123
Blood River, bataille de 42, 250
Bloubergstrand 176
Bloubos Trail 269
Bloukrans 204
Bloukrans Bridge 204
Bloukrans River 203
Blue Mountain Pass 329
Blue Train 309
Bluff Nature Reserve 232
Blyde River Canyon 281, 283
Hébergement 346
Blyde River Canyon Nature Reserve 283
Blyderivierspoort Hiking Trail 284
Blythedale 240
Bo Boyi, récifs de 234
Bochimans, peuple 38
Bodysurf 229
***Boek* (registre)** 42
***Boerewors* (saucisse paysanne)** 93
Boers, peuple 23, 40, 41, 46, 47
Boesak, Allan 55
Bokmakierie 123
Boland 180
Bonnet Pass 283
Bontebok 109, 168, 177, 179, 188, 212
Bontebok National Park 188
Boraine, Alex 58
Boschendal Estate, domaine de 183
Botha, Louis 49, 57
Botha, Pieter Willem 56, 195
Botshabelo Mission Station 280
Botswana Gemsbok National Park 132
Boulders Beach 136, 163, 167
Bourke's Luck Potholes 283
Bouscarle de Victorin 124
Bousier 286
Bousier chatoyant 125
***Braaivleis* (barbecue)** 93
Braconnage 134
Bredasdorp 187
Shipwreck Museum 187
Breede River Valley 185
Breytenbach, Breyten 82
Bridal Veil Falls 283
Brighton Beach 229
Brink, André 83
British South Africa Chartered Company 46
Broederbond 49
Broom, Robert 272
Bruyères 127
Bubale de Lichtenstein 109
Bubale roux 109, 309
Bubales 109, 132, 308
Bucorve d'Abyssinie 286
Bucorve du Sud 121
Budd, Zola 24
Budget 371
Buffalo River 218
Buffle africain 108
Buffles 210, 211, 212, 242, 245, 247, 276, 281, 286, 290, 302, 308
Buitenverwachting 94, 164
Bulbuls nicators 121, 123
Bungu, Vuyani 98
Busard des roseaux 269
Buse couronnée 122, 217, 253
Buse rounoir 210
Buses 132
***Bushbuck* (guib harnaché)** 200, 232
Bushman's Kloof Wilderness Reserve 179
Bushman's Pass 329
Bushveld 120, 128, 297
Bushveld restcamps 288
Butha Buthe 329
Buthelezi, Mangosuthu 26

C

Cachalots 190
Cactées 185, 214, 315
Cafrerie britannique 216
Calandrites 122
Calao à bec jaune 120
Calao leucomèle 294
Calao rhinocéros 232
Calaos 120, 121, 296
Calitzdorp 199
Camaroptère cannelle 124
Camdeboo National Park 136, 214
Caméléons 119
Camélias 128
Camps Bay 169
Camps Bay Beach 162
Cango Caves 198
Cango Wildlife Ranch 197
Canyoning 99, 364
Cap, colonie du 43
Cape Agulhas 187
Cape Columbine 177
Cape Dutch, style 85, 183, 184, 185, 188, 213, 304
Cape Flats 119, 137, 164
Cape of Good Hope (cap de Bonne-Espérance) 167
Cape Point 165
Cape Regency 185
Cape St Francis Nature Reserve 209
Cape Town 151, 170
Hébergement 336
Restaurants 352
African Music Store 157
Architecture Art déco 157
Architecture coloniale 159
Architecture victorienne 155, 157
Bo-Kaap Museum 158
Bo-Kaap, quartier de 158
Cape Town Holocaust Centre 154
Castle of Good Hope 155
City Bowl 151
Clock Tower Centre 160
Company's Garden 153
District Six Museum 156
Gold of Africa Museum 159
Greenmarket Square 157
Groote Kerk 155
Houses of Parliament 155
Iziko Slave Lodge Museum 153
Iziko South African Museum and Planetarium 153
Iziko South African National Gallery 154
Jardin botanique national de Kirstenbosch 129
Long Street 156
Long Street Baths 157
Martin Melck House 159
Mosquée Auwal 158
Mount Nelson 155
Musée de l'Armée et de la Marine 155
Nelson Mandela Gateway 160
Noon Gun 158
Old Town House 157
Palm Tree Mosque 157
Pan-African Market 157
South African Jewish Museum 154
St George's Cathedral 153
Table Mountain 151, 161
Tourism Cape Town Information Centre 160
Townships 152, 156
Two Oceans Aquarium 160
Victoria and Alfred (V&A) Waterfront 159, 160
Zeitg Museum of Contemporary Art (MoCAA) 159

Cape Town, colonie de 39
Cape Vidal 243
Caracal 103, 212, 308, 311, 316
Cathkin Peak 258
Catholicisme 25
Cato Ridge 255
Cave Rock 229
Cederberg, monts 179
Cederberg Wilderness Area 179
Hébergement 338
Cèdre de Clanwilliam 179
Cefane 221
Céphalophe bleu 113, 200, 202, 235, 240, 255
Céphalophe de Grimm 113, 235
Céphalophe du Natal 235, 244
Céphalophe rouge 113, 240
Cercopithèques 255
Chacal à chabraque 104, 308, 311
Chacal rayé 104
Chacals 210, 212, 313
Chain Ladder 258
Chambre des mines 45
Champagne Castle 256
Chapman's Pass 168
Chapman's Peak Drive 168
Charbon, gisements de 280
Chard, lieutenant John 249
Charte hottentote 41
Charter's Creek 243
Chat à pattes noires 103
Chat sauvage d'Afrique 103, 308
Chauve-souris 116
Cheikh Yusuf 156
Cherry Festival 259
Chétopse doré 122, 213
Chevaux sauvages 187
Choucadors 121
Chouette-pêcheuse 123, 247, 292
Chouettes 132
Church Haven 177
Cigogne épiscopale 232, 291
Cigognes 123, 246
Cinéma 66, 360
Cinsault 95
Cintsa 220, 221
Cirse 128
Cisticoles 122
Citrusdal 179, 316
Civette d'Afrique 105
Clanwilliam 178, 206
Hébergement 338
Clarens 259
Clarke, Robert 272
Clegg, Johnny 73
Clifton 169
Clifton Beach 162
Climat 372
Cob à croissant 110
Cob des montagnes 112, 235
Cob des roseaux 112, 234, 235
Coetzee, J. M. 83
Coffee Bay 221
Coliou à dos blanc 123
Colombar à front nu 121
***Coloured* (métis)** 23
Columbine Nature Reserve 177
Community Arts Project (Cape Town) 78
Compagnies aériennes 332
Compagnie hollandaise des Indes orientales 39, 40, 91, 152
Compass Mountain 213
Congress of South African Trade Unions (Cosatu) 55
Conservation Corporation Africa (CCA) 245
Constantia Valley 164
Restaurants 353
Convention du patrimoine mondial 138
Convention sur la diversité biologique des Nations unies 138
Cordonbleu grenadin 276
Cordyles 119
Cormoran à longue queue 199
Cormoran du Cap 177
Cormorans 124, 168
Coucou foliotocol 122, 217
Coucou solitaire 121
Couleuvres 119
Couroucou à joues vertes 325
Couroucou narina 202
Courvite à triple collier 292
Craddle of Humandkind (Berceau de l'humanité) 37, 271
Cradock 212
Hébergement 340
Moederkerk 212
Olive Schreiner House 212
Cratérope bicolore 276
Cricket 98
Crocodile Bridge 287, 289
Crocodile du Nil 118, 134
Crocodile River 281
Crocodiles 243, 297, 324
Croisière d'observation des baleines 190
Crooks Corner 292
Cycas 207, 233, 253, 254, 284, 296
Cyclotourisme 364

D

Dactylère du Cap 118
Dairy Beach 229
Damalisque à front blanc *(blesbok)* 212, 280
Damalisques 254
Daman des rochers 162, 235, 314
Daman du Cap 115, 160, 179
Daman des arbres 115
Danse 66, 360
Darling 176
Dauphin commun à long bec 201
Dauphin du Cap 201
Dauphins 137, 168, 190, 201, 203
De Beers Company 44, 47, 305, 306, 313
Debegeni Falls 296
Decker, Mary 24
Deep Salmon, récifs de 234
Defiance Campaign Against Injust Laws 55, 61
De Hoop Nature Reserve and Marine Protected Area 188
De Klerk, Frederik Willem 30, 57, 59
De Lille, Patricia 60
Delta Park 268
Deltaplane 364
De Oude Drostdy 184
De Rust 198
Déserts 129
Grand Karoo 128
Kalahari 104
Namib 129
Despatch 209
Devil's Peak 163
De Wetshof, domaine de 186
De Wildt Cheetah Centre 275
Diamants, mines de 44, 304, 313
Dias, Bartolomeu 193
Diepwalle Forestry Station 199
Dingane, roi zulu 251
Dlamini, peuple 321
Dlinza Forest Reserve 241
Dolphin Coast 239
Dolphin Trail 205
***Dorps* (bourgades)** 317
Douanes 372
Double Mouth 221
Drake, Francis 151
Drakensberg 256
Driekopseiland 77
Drostdy-Hof, domaine de 184
***Duiker* (céphalophe)** 200, 204, 232
Duiker Island 169
Dullstroom Emnotweni 282
Dumile, Mslaba 76
Dundee 249
Blood River Monument 250
Ncome Zulu Cultural Museum 250
Durban 227, 255
Hébergement 341
Restaurants 357
African Art Centre 232
Amphitheatre Gardens 229
BAT Centre 229
Bay of Plenty 228
Bergtheil Local History Museum 230
Botanic Gardens 233
Campbell Collections 231
City Hall 230
Da Gama Clock 229
Durban Art Gallery 230
Essenwood Market 231
eThekwini 228
Francis Farewell Gardens 230
Golden Mile 228

Hare Krishna Temple of Understanding 233
Heritage Market 232
Juma Masjid 231
KwaMuhle Museum 231
Margaret Mcadi Avenue 229
MiniTown 229
Muckleneuk Mansion 231
Natural Science Museum 230
North Beach 228
Old House Museum 230
Old Railway Station 230
O. R. Tambo (Marine) Parade 228
Playhouse Theatre 230
South Beach 228
South Plaza Market 231
Umgeni River Bird Park 232
uShaka Marine World 228
Victoria Street Market 231
Wet 'n' Wild Waterworld 229
Workshop Mall 230
Dwarskersbos 177
Dwesa Nature Reserve 221
Dyani, Johnny 70

E

Eastern Cape 209
East London 218
Hébergement 341
Restaurants 357
Ann Bryant Art Gallery 219
City Hall 219
East London Aquarium 219
East London Museum 219
Gately House 219
German Settlers Memorial 219
Queens Park Botanic Garden and Zoo 219
Eaton, Norman 86
Ébénier 129
Échassiers 178
Échenilleur gris 241
Économie 28
Écureuils 210
Écureuil terrestre 116
Éducation 28
Église réformée néerlandaise (Dutch Reformed Church, DRC) 25
Éland du Cap 256
Élands 111, 162, 168, 221, 234, 324
Elands Bay 178, 190
Elands River 258, 281
ELC Art and Craft Centre (Rorke's Drift) 78
Éléphant de savane d'Afrique 107, 117
Éléphants 199, 210, 211, 244, 245, 247, 276, 286, 290, 295, 308
eMakhazeni 281
eMakhosini Ophathe Heritage Park 242
eMalahleni 280
eMgwenya 281
Enfants 369, 372
eNtokozweni 281
Environnement, protection de l' 131
Épices 91
Équitation 365
Escalade 170, 281, 365
Escarpment 281
Esclavage 39, 41, 154
Eshowe 241
Hébergement 342
Zululand Historical Museum 241
EsiKhaleni (Hole in the Wall) 221
Estcourt 256
État libre d'Orange 42
Étoiles, observation des 223
Eucalyptus 234, 282, 296, 324, 327
Euphorbe 214
Euplecte à longue queue *(sakabula)* 122
Eurylaime du Cap 234, 247
Excelsior, domaine de 186
Excursions en bateau 169, 170
Execution Rock 323
Expédition Jameson 46
Ezemvelo KZN Wildlife 135, 139, 244
Ezulwini Valley 323
Hébergement 350

F

False Bay 165
False Bay Beach 162
Fanie Botha Trail 284
Fanie's Island 243
Fassie, Brenda 71
Faucon lannier 256
Fauconnet d'Afrique 123, 132, 312
Faucons 132
Ferreira, Wayne 98
Fêtes & festivals 359
Feza, Mongezi 70
Ficksburg 259
Cherry Festival 259
Ficus, forêts de 135, 284
Figuier étrangleur 249
Fish Hoek Beach 166
Fish Hoek Gap 168
Flamants roses 123, 178, 199, 243, 310
Flore 127
Florence Bloom Bird Sanctuary 268
Fonteinkloof, gorges de 213
Football 24, 97, 98
Forêts 129, 216
Forêts tropicales 249
Formalités 372
Fort Merensky 280
Fossil Trail 309
Fougères 207, 217, 249
Fourie, Étienne 66
Fourmis légionnaires 125
Fous du Cap 124, 177, 178
Francis Farewell Gardens 230
Francolins à ailes grises 122
Franschhoek 94, 182
Hébergement 338
Restaurants 355
Franschhoek Motor Museum 183
Huguenot Memorial Museum 182
Franschhoek Valley 182
Franschhoek Vineyards Co-op Cellar 183
Freedom Charter (charte de la Liberté) 55, 270
Freesia 127
Free State Highlands
Hébergement 344
Free State NBG (Bloemfontein) 207
Fugard, Athol 65, 66, 67
Fugard Theatre (Cape Town) 67
Fynbos 124, 127, 137, 163, 168, 177, 204, 206
Fynn, Henry Francis 227

G

Galago du Sénégal 114
Galeries d'art 79
Game Pass Shelter 257
Gamkaskloof 317
Gamka, vallée de la 317
Gandhi, Mahatma 51, 254
Gangas 123
Garden Route 193
Garden Route National Park 137
Garies 316
Gastronomie hollandaise 91
Gauchos 120, 122
Gauteng 56, 86, 261
Gazanie 127
Geckos 119
Geddes Bain, Andrew 81, 187
Gemsbok 132, 177, 311, 316
Genette commune 105
Genette tigrine 105
George 129, 194
Hébergement 339
George Museum 195
Moederkerk 195
Public Library 195
Slave Tree 195
George Rex Drive 200
Gerrhosaures 119
Giant's Castle 256
Giant's Castle Game Reserve 122, 256
Girafes 108, 211, 244, 247, 248, 281, 297, 302, 312, 324, 326
Giriyondo 287
Gladiateur bacbakiri 210
Gladstone, gouvernement 46

Glaïeuls 127, 218
Glen Carlou, domaine de 184
Gnou bleu 109, 221, 234, 242
Gnou noir 109, 212, 281, 302, 326
Gnous 245, 248
Gnous à queue blanche 254
Gobe-mouches traquet 122, 123
God's Window 283
Goegap Nature Reserve 315
Goéland dominicain 124
Golden Gate Highlands National Park 259
Golf 98, 99, 165, 234, 365
Gonarezhou National Park (Zimbabwe) 132
Gonolek noir 276, 312
Gonolek rouge 276, 312
Gonubie 219
Gordimer, Nadine 83
Gordon's Bay 186
Gorge Trail 258
Graaff-Reinet 40, 44, 213
Hébergement 341
Drostdy 213
Obesa Nursery 214
Old Library 213
Reinet House 213
Graham Beck, domaine de 186
Graham, John 40
Grahamstown 40, 86, 215
Hébergement 341
Restaurants 356
Albany Museum 215
History Museum 215
Merriman House 215
National Art Festival 215
Observatory Museum 215
Grand dauphin de l'océan Indien 201
Grande-Bretagne 40, 42-47, 49, 59
Grand galago 114
Grand Karoo 123, 128, 306
Grand koudou 111
Grand Limpopo Transfrontier Park 139
Grands dauphins 239
Grands requins blancs 194
Grand Trek 41, 42, 47, 274
Graskop 283
Greater Addo Elephant National Park 211
Great Fish River 40, 212
Great Kei River 219
Great Limpopo Transfrontier Park 132, 287
Great Marico River 276
Great Usutu 135, 326
Grèbe huppé 166
Grébifoulque d'Afrique 123
Green Point 170
Grenouille 118
Grey, sir George 43
Greytown 240
Griqualand West, colonie britannique de 44
Griqua, peuple 22, 41, 44
Grivet 114, 232
Grive tachetée 241
Groblershoop 314
Groen 316
Grootboom, Mpumelelo Paul 67
Groot Constantia 85, 94, 164, 165
Groot Manor House 164
Grootdraai, barrage de 251
Grootdrink 314
Groote Schuur Estate 163
Rhodes Memorial 163
Grootkloof, gorges de 213
Grootkolk 312
Groot Letaba River 296
Groot River 198, 203
***Grosvenor*, épave du** 220
Grottes ornées 179
Grotto Beach 191
Grue caronculée 235
Grue couronnée 169, 235
Grue de paradis 122, 235, 324
Grysbok du Cap 162
Grysboks 168
Guépards 103, 133, 197, 244, 245, 286, 311
Guépard royal 276
Guêpier 121
Guêpier à queue d'aronde 312
Guerre des Boers 283, 321
première 46
seconde 46, 302
Guerres cafres 43
Guga S'thebe Arts & Cultural Centre 79, 171
Gugulethu 171
Guib harnaché 111, 204, 217, 235, 290
Guillaume V d'Orange 40
Gypaète barbu 122, 136, 256, 329

H

Ha Baroana 328
Haga-Haga 221
Half-collared Kingfisher Trail 200
Hamilton Russell, domaine de 191
Handicapés 373
Hanneton 125
Hanover Park 171
Hans Merensky Nature Reserve 296
Hantam NBG (plateau de Bokkeveld) 207
Harold Johnson Nature Reserve 240
Harold Porter NBG (Betty's Bay) 186, 207
Harrysmith 258, 259
Hartbeespoort 276
Haute Cabrière, domaine de 183
Hazyview 285
Hébergement 347
Hébergement 335
Réserves privées 348
Helderberg Nature Reserve 182
Hermanus 170, 187, 190
Hébergement 339
Restaurants 355
Old Harbour Museum 187
Hermanus Whale Festival 191
Hérons 123, 124, 246
Hertzog, général James B. 50
Hester Malan Wild Flower Garden 316
Hex River, Mounts 185
Hex River Pass 309
Heyns, Penny 97
Hibiscus Coast 234
Highgate 197
Highveld 121, 279, 325
Hillcrest 255
Hippocampe de Knysna 200
Hippopotame 107, 134, 166, 242, 243, 286, 290, 297, 324
Hippopotame nain 197
Hippotrague bleu 132
Hippotrague noir 110
Hlane Royal National Park 325
Hluhluwe 246
Hébergement 343
Hluhluwe-iMfolozi Game Reserve 133, 244
Hluhluwe River 243
Hlungwani, Jackson 76
Hogsback 217
Hébergement 341
Hogsback Mount 217
Hole in the Wall (esiKhaleni) 221
Homards 177
Homosexuels 25, 373
Hood, Gavin 66
Horseshoe Falls 283
Hottentot, peuple 38
Hottentots-Holland Mountains 164, 165, 180, 187
Hout Bay 169
Mariner's Wharf 169
Houtboschloop River 281
Howick 254
Hébergement 344
Huberta (hippopotame femelle) 216
Huguenots 40, 182
Huîtres 201
Huîtrier de Moquin 202, 204
Huîtrier noir du Cap 205
Huîtriers 168
Hyène brune 105, 133
Hyènes 244
Hyène tachetée 105, 286, 289

I

Ibis chauve 169
Ibis du Cap 283, 326

Ibrahim, Abdullah 69, 72, 73
Idutywa 221
iMfolozi Reserve 133
iMfolozi River 243
Imizamu Yethu 170
Immigration 22
Impala 112, 232, 234, 240, 244, 326
Inanda Dam 253
Indien, peuple 23
Injisuthi Game Reserve 257
Inkatha 56
Inkatha Freedom Party (IFP) 26, 56, 58
Inner Horn 258
Insectes 125
***Inyanga* (guérisseurs)** 26, 31
Irishtown 158
Isandlwana, bataille d' 250
Isango Portobello, compagnie théâtrale 67
iSimangaliso Wetland Park 134, 135, 242, 243
Islam 27
Ithala 109
Hébergement 343
Ithala Game Reserve 248

J

Jabiru du Sénégal 286
Jacana à poitrine dorée 246
Jacana nain 247
Jacarandas 273
Jaguars 197
Jazz Epistles (groupe musical) 70
Jeffrey's Bay 209
Shell Museum 209
Jock of the Bushveld Road 289
Jock's View 283
Johannesburg 262
Hébergement 345
Restaurants 357
African Craft Market 267
Bensusan Museum of Photography 264
Botanical Garden 268
Carlton Centre 262
City Hall 265
Delta Park 268
Everard Read Gallery 267
Geological Museum 264
Johannesburg Art Gallery 267
Kapitan's Oriental 264
Mai Mai Market 266
Market Theatre 65, 265
Market Theatre Flea Market 266
Museum Africa 264
Museum of Man and Science 264
Newtown Precinct 264
Oriental Plaza 265
Origins Centre 267
Planetarium 268
Santarama Miniland 269
Sci-Bono Discovery Centre 265
South African Breweries' World of Beer 265
South African National Museum of Military History 269
Wits Art Museum 267
Workers Museum 265
Zoo 269
Jojosi River 250
Jordan River 259

K

Kadishi Trail 283
***Kaffer wet*, loi du** 43
Kakamas 313
Kalahari Gemsbok National Park 110, 116, 123, 132
Kalk Bay 166, 168
Kamberg Nature Reserve 257
Kamieskroon 137, 316
Kani, John 67
Kanniedood Dam 291
Kanonkop, domaine de 181
Kapama Reserve 293
Karkloof Canopy Tour 255
Karkloof Conservation Centre 255
Karkloof Falls 255
Karoo National Botanical Garden 127, 185, 207
Karoo National Park 123, 136, 307
Hébergement 349
Katberg, escarpement du 217
Kayak 170
Keimoes 313, 314
Keiskamma River 216
Kenneth Stainbank Nature Reserve 232
Kente, Gibson 65
Keurbooms River 202
Keurbooms River Nature Reserve 202
Keurboomstrand 201
Kgalagadi Transfrontier Park 132, 139, 311
Khayelitsha 170, 171
Khoikhoi, peuple 22, 37, 38, 39, 152
Khoi, peuple 38
Khoisan, peuple 37, 38, 40, 41, 216
Khumalo, Fred 26
Khumalo, Sydney 76
Kimberley 304
Hébergement 349
Architecture victorienne 305
Big Hole Centre 305
Duggan-Cronin Gallery 306
McGregor Museum 305
Wildebeest Kuil Rock Art Centre 306
William Humphreys Art Gallery 305
Kimberley, champs diamantifères de 44, 45, 47
King William's Town 215, 216
Amathole Museum 216
Kirstenbosch 207
Kirstenbosch National Botanical Gardens 163
Kitchener, lord 46
Klein Constantia 164
Klein Karoo Nasionale Kunstefees (Oudtshoorn) 67
Klein (Petit) Karoo 195
Klipfontein 55
Klipspringer Hiking Trail 188, 314
Kliptown 270
Kloof 253
Kloof Falls 253
***Kloofing* (canyoning)** 170
Knysna 199, 200
Hébergement 339
Restaurants 356
Holy Trinity Church 200
Pink Loerie Mardi Gras 200
Randonnées 201
Thesen House 200
Knysna Elephant Park 199, 202
Knysna, lagune de 137
Knysna River 200
Koeëlbaai 186
Kogelberg Biosphere Reserve 186
Kokerboom 313
Kokstad 235
Komatipoort 285
Komati River 285
Komga 218
Kosi Bay, Lake 135
Kosi Bay Nature Reserve 246
Koudous 210, 212, 214, 248, 281, 292, 308, 324, 326
Kowie River 215
***Kramat* (tombeaux)** 156
Krantzkloof Nature Reserve 253
Kruger National Park 104-113, 121, 128, 132, 133, 286
Hébergement 347
Balule 290
Berg-en-Dal 290
Letaba 290
Lower Sabie 290
Makuleke Contractual Park 292
Mopani 291
Olifants 290
Pretoriuskop 289
Punda Maria 291
Satara 290
Shingwedzi 291
Singita Kruger National Park 292
Skukuza 290
Thulamela Heritage Site 291

Kruger, Paul 45, 46, 47, 248, 281, 286
Kuruman 310, 313
KwaDukuza (Stanger) 240
KwaGingindlovu (Umgungundlovu) 240
Kwakunje Cultural Village 250
Talana Museum 250
Kwandwe Private Game Reserve 211
KwaZulu-Natal 56, 86, 114, 122, 227, 239, 342
KwaZulu-Natal NBG (Pietermaritzburg) 207
Kwela (style musical) 70
KWV, coopérative 184
KZN Sharks Board 239
KZN Wildlife 133

L

***Labour tenancy*, système du** 43
Ladybrand 328
Ladysmith 198, 199, 251
Siege Museum 251
Laingsburg 198
Lake Fundudzi 296
Lambert's Bay 124, 175, 178
Hébergement 338
La Motte, domaine de 183
Landskroon, domaine de 184
Land Van Waveren Valley 184
Langa 170, 171
Guga S'thebe Arts & Cultural Centre 171
Langebaan 177
Hébergement 337
Langebaan Lagoon 177
Langouste du Cap 177
Langoustiers 169
Langues 21
à clics 38
afrikaans 21, 22, 23, 24, 50, 54
anglais 21, 22, 24
bapedi 22
ndebele 21
nguni 22, 38
pedi 21
shangaan 21
sotho 21, 22
sotho-tswana 38
tsonga 21, 38
tsotsi-taal 24
tswana 21, 22
venda 21, 24, 38
xhosa 21, 24
zulu 21, 24
Lanner Gorge 292
Lapalala Wilderness Area 297
Lapin des Bochimans 308
Lebombo Mounts 248, 326
Le Clos, Chad 97
Leeu-Gamka 317
Legae, Ezrom 76
Leipoldt, C. Louis 82
Lemba, peuple 22
Lembede, Anton 53
Lémuriens de Madagascar 203
Léopards 102, 132, 179, 211, 244, 245, 276, 281, 286, 290, 295, 311, 324
Lesotho 327
Hébergement 350
Letaba 111, 287
Letaba River 291
Leydsdorp 317
Lézard d'Armadille 118
Lézards 119, 313
Lièvre sauteur 116
Limpopo National Park (Mozambique) 132
Limpopo River 292
Lion Cavern, mine de 327
Lions 102, 210, 211, 212, 244, 245, 276, 286, 290, 295, 308, 311, 325
Lion & Safari Park 272
Lion's Head 163
Lioptile à calotte noire 122
Lis à bulbilles 218
Lis Dichelostemma volubile 234
Littérature 80
Little Foot 272
Livingstone, David 81, 310
Llandudno 169
Llandudno Beach 162
Lobamba 323
National Museum 323
Lodges 294
Logan, James Douglas 309
Logan, Jim 308
Londres, accord de 49
Lone Creek Falls 283
Long Tom Pass 282
Lookout Hill 171
Lookout Rocks 201
L'Ormarins, domaine de 183
Loskop Dam Game Reserve 281
Louis Napoléon, prince impérial 250
Louis Trichardt 295
Louris 204
Loutre à joues blanches du Cap 202, 205, 221
Lower Sabie 287
Lowveld 120, 283, 284
Lowveld NBG (Mbombela) 207
Lubombo Transfrontier Conservation Area 135
Luthuli, Albert 55
Luthuli, Bhekumuzi 71
Luvuvhu River 286, 291
Lwandle Migrant Labour Museum 171
Lycaons 104, 197, 244, 276, 286, 295

M

Mabudashango Hiking Trail 296
Machel, Graça 61
Maclear 218
MacMac Falls 283, 284
Madikizela, Winnie 61
Madikwe Game Reserve 276
Hébergement 346
Magoebaskloof Pass 296
Main Cave 257
Majuba 251
Makeba, Miriam 69, 72, 73, 267
Makuleke Contractual Park 292
Makuleke, peuple 292
Malais du Cap 23
MalaMala Reserve 293
Malan, Daniel François 50, 52
Malekgonyane Nature Reserve 218
Malelane 289
Malema, Julius 60
Maletsunyane Falls 329
Malgas 124
Malibamatso River 329
Malmesbury 176, 180
Malolotja Falls 326
Malolotja Nature Reserve 326
Malope, Rebecca 71
Maloti-Drakensberg Transfrontalier Park 329
Maluti Mountains 328
Manchot du Cap 158, 166, 167, 178
Mandela, Nelson 30, 53-61, 160, 209, 255, 264, 270, 271
Mangaung 302
Mangouste à queue blanche 106
Mangouste grise 162
Mangouste jaune 106, 311, 314
Mangouste naine 106
Mangouste rayée 106
Mangouste rouge 106
Mangoustes 232
Mangrove 129
Mankwe Dam 276
Mantenga Nature Reserve 323
Mante religieuse 125
Manyaleti Reserve 293
Manzini 324
Mapelaan Nature Reserve 135
Mapelane 243
Mapungubwe Hill 295
Mapungubwe National Park 295
Hébergement 349
Maputaland
Hébergement 343
Maputo Special Reserve 135
***Marabi* (style musical)** 70
Marais, Eugene N. 82
Marakabei 329
Marakele National Park 297
Marathon 99, 365
Margate 234
Marguerite du Cap 127
Mariepskop 283
Marievale Bird Sanctuary 269
Marikana 60

Martin-chasseur à collier blanc 232, 241
Martin-pêcheur huppé 232
Martins, Helen 214, 217
Martins-pêcheurs 121
Marula 128
Masekela, Hugh 69, 72
Maseru 328
Mashatu Game Reserve 295
Hébergement 349
Mashishing 282
Lydenburg Museum 282
Pilgrim's Rest Diggings Museum 282
Mashiyane, Spokes 70, 73
Masilo, Dada 66
***Maskanda* (musique populaire)** 71
Matabele, peuple 47
Mata Mata Camp 312
Mathambo, Spoek 71
Matjiesfontein 309, 317
Lord Milner Hotel 309
Matjulu Lake 290
Matlala, Baby Jake 98
Matshikiza, Todd 69
Matsoso, Leonard 76
Mauchberg 282
Mazwai, Thandiswa 71
Mbabane 322
Hébergement 350
***Mbaqanga* (style musical)** 70
Mbeki, Thabo 59, 60, 167, 209
Mbombela 284
Hébergement 347
Restaurants 358
Lowveld National Botanical Garden 284
Mbuluzi Reserve 326
McDougall's Bay 313
McGregor, Chris 70, 71
Mda, Zakes 82
Médecine 31
Médias 373
***Meerkats* (suricates)** 197
Meerlust, domaine de 182
Meiringspoort 198
Melkbosstrand 176
Melrose Bird Sanctuary 272
Melville Koppies Nature Reserve 268
Merensky, Hans 313
Mésembryanthèmes 127
Messager sagittaire 122
***Mfecane*, "temps des troubles"** 41
Mhlatuze River 242
Mhlongo, Busi 71
Middleburg 214
Hébergement 346
Midlands Meander 255
Restaurants 357
Midmar Dam Nature Reserve 254
Mille Collines, vallée aux 255
Miller's Point 167
Milnerton 176
Miros 122
Misty Cliffs 168
Mkambati Nature Reserve 222
Mkhaya Nature Reserve 325
Mkhuze Game Reserve 134, 245
Hébergement 343
Mkhuze River 243
Mkuze 246
Mlawula Reserve 326
Mlilwane Wildlife Sanctuary 324
Modimolle 297, 317
Hébergement 349
Modjadji Nature Reserve 296
Modjadji, reine 294
Modjadjiskloof 296
Moeketsi, Kippie 69
Moffat Mission 310
Mogalakwena River 297
Moholo, Louis 70
Mokae, Zakes 65
Mokopane 297
Monk's Cowl 258
Monks Cowl Nature Reserve 257
Montagu Pass 187, 199
Mont-aux-Sources 258
Montrose Falls 281
Mooi River 255
Mopanes 291
Morgan's Bay 221
Morgenhof Estate, domaine de 182
Moroka, James 53
Moshoeshoe, roi des Basotho 321, 328
Mossel Bay 190, 193
Hébergement 339
Restaurants 355
Bartolomeu Dias Museum Complex 193
Motlanthe, Kgalema 60
Mouettes 124
Mouettes de Hartlaub 177
Mountain Zebra National Park 108, 136, 212
Mountain Zebra Trail 213
Mount Currie Nature Reserve 235
Mouvement de la conscience noire 54
Moving into Dance Mophatong (compagnie de danse) 66
Moyake, Nikele 70
Mpumalanga 284
Mswati III, roi 322, 325
Mthatha (Umtata) 218, 222
Mtunzini 241
Hébergement 342
Mtwa, Percy 65
Muizenberg 47, 165
Muizenberg Beach 162
Muller's Pass 251
Murènes 233
Musina 294
Musique 69
***Muti* (remèdes)** 25, 31
Muti Trail 240
Mygale africaine 125
Mzimkulwana River 235
Mzimvubu River 222

N

Nagle Dam 255
Naidoo, Riason 76
Nama, peuple 22
Namaqualand 127, 207, 315
Hébergement 350
Namaqualand National Park 137, 316
Nandinie 105
Natal 56
Natal, colonie britannique du 43
Natal Indian Congress 51
National Arts Festival (Grahamstown) 67, 215
National Heritage Day 26
National Party 50, 52, 57, 58, 303
Natural Science Museum 230
Nature's Valley 203
Naudesnek Pass 218
Nazareth 328
Ncandu River 251
Ncome River 250
Ndebele, langue 21
Ndebele, peuple 23, 47, 87, 280
Ndodana-Breen, Bongani 64, 67
Ndumo Game Reserve 135, 246
***Nebo*, épave du** 233
Nederburg Estate, domaine de 184
Neethlingshof 181
Nelson Mandela Bay 209
Nelson Mandela Capture Site 255
Néphile dorée 125
Newcastle 251
Ngatane, Ephraim 76
Ngema, Mbongeni 65
Nguni, langue 22, 38
Nguni, peuple 38, 39, 280, 321
Ngwane III, roi 321
Ngwenya 322
Ngwenya, mines de 327
Nhlengethwa, Sam 79
Nieu Bethesda 214
Hébergement 341
Owl House 214
Nieuwoudtville 207
Nigel 269
Nkosi, Zakes 70
N° 1 Beachy Head Drive 201
Nongqawuse, prophétesse 43
Noordhoek Beach 168
North West Cultural Calabash (Taung) 67
Nossob Camp 312
Nossob River 132, 311
Nqutu 250
Nqweba Dam (Van Ryneveld) 214
Nsuma Pan 245
Ntendeka Wilderness Area 249
Ntini, Makhaya 98
N'wanetsi 290

Nyalas 111, 134, 234, 244, 245, 247, 287, 324
***Nyanga* (guérisseur)** 171, 255
Nylsvley Nature Reserve 297

O

Offices de tourisme 373
Oiseaux aquatiques 122, 135, 199, 219, 297, 310
Oiseaux de proie 120
Oiseaux frugivores 121
Oiseaux marins 124
Oiseaux migrateurs 124, 135, 177
Olifants 287
Olifants River 289, 290
Olifants, vallée de l' 178
Oliviershoek Pass 258
Ombrettes 122
Opéra 67
Orange Free State 302
Orange, république d' 44
Orange River 40, 44, 127, 137, 311, 312, 313
Orange River Cellars 314
Orchidée rouge de Disa 182
Orchidées 127
Orchidées épiphytes 249
Oréotragues 113, 179, 295, 308, 314
Or, gisements d' 44, 261, 277
Oribi Gorge Nature Reserve 235
Ornithologie 120, 135, 166, 169, 178, 247, 269, 276, 292, 312, 365
Barberspan Bird Sanctuary 310
Bird Island Nature Reserve 178
Birds of Eden 203
Orpen 289
Orques 190, 201
Oryctérope 115
Oryx 308, 311, 315
Oryx gazelle *(gemsbok)* 110
Oshoek 323
Otarie à fourrure du Cap 137, 169, 178, 194, 202
Otocyon 104
Otter Hiking Trail 137
Otter Trail 204
Oudtshoorn 195, 196, 198
Hébergement 339
Restaurants 355
C. P. Nel Museum 196
Le Roux Townhouse 196
Safari Ostrich Show Farm 197
Ou Kaapse Weg 169
Ourébi 112, 235, 326, 329
Outarde de Ludwig 123
Outarde de Vigors 123
Outarde kori 120, 121, 133, 286
Outarde plombée 121
Outeniekwa Mountains 195
***Outeniqua Choo-Tjoe* (train à vapeur)** 199
Outer Horn 258
Outside Edge 233
Overberg 174, 175, 186
Restaurants 355
Oxbow 329

P

Paarl 94, 183
Hébergement 339
Restaurants 355
Afrikaans Taal (Language) Monument 183
Route des vins 183
Paléontologie 272
Paludisme 125
Pan-Africanist Congress (PAC) 53
Panorama Route 282
Restaurants 358
Paon bleu 169
Papillons 125
Paranthropus robustus 37
Parapente 170
Parisome de Layard 123, 213
Paruline à gorge jaune 200
Pass Laws 50, 53, 55
Paternoster 177
Paton, Alan 81
Paul Kruger Gates 285
Pays-Bas 47
Pêche 191, 243, 248, 329, 366
à la ligne 221
à la mouche 282
au gros 170
Pedi, langue 21
Pedi, peuple 23
Peinture paysagiste 75
Peintures pariétales 179, 198, 218, 257
Pélargonium 128
Péléa *(reebok)* 112, 168, 235, 329
Pélican blanc 134
Pélican gris 243
Pélicans 123, 232
Pemba, George 76
Périophtalme (gobie des mangroves) 232, 241
Péripates 125
Perroquet robuste 217
Pétroglyphes 306
Pétrole, industrie du 194
Phabeni Gate 285
Phacochères 115, 244, 286, 297
Phare de Cape Point 168
Phongolo Nature Reserve 133, 248
Hébergement 343
Phongolo (Pongola) 246
Phongolo River 248
Phoques 168, 211
Phuzekhemisi 71
Pic laboureur 213
Pic olive 241
Pic tigré 217
Pies-grièches 123, 124
Pietermaritzburg 242, 253
Hébergement 344
Restaurants 357
City Hall 253
KwaZulu-Natal Museum 254
Tatham Art Gallery 254
Voortrekker Msunduzi Museum 254
Piet Retief 251
Pigeon de Délégorgue 241
Pigg's Peak 327
Pilanesberg 109
Pilanesberg Game Reserve 276
Hébergement 346
Pilgrim's Rest 283
Hébergement 346
Pink Loerie Mardi Gras (Knysna) 200
Pinnacle Rock 283
Pinotage 95
Pintade de Numidie 258
Pintade huppée 292, 325
Pintades 122
Pioneer Park 269
Pipit jaunâtre 136
Plaatjie, Sol T. 81
Plantes-cailloux 127
Platine, gisements de 277
Player, Gary 98
Plettenberg Bay 201, 202
Hébergement 340
Restaurants 356
Birds of Eden 203
Monkeyland 202
Plettenberg Park 201
Plongée 170, 229, 233, 234, 246, 366
Plume d'autruche, commerce de la 196
Pluvier grand gravelot 124
Poacées 128
Podocarpe à feuilles de laurier-rose 203, 206
Podocarpes 163, 199, 200, 202, 217, 255
Podocarpes géants 204
Podocarpus latifolius 137
Pofadder 314, 315, 317
Poisson-tigre goliath 248
Politique économique 28, 29
Polokwane 297
Porc-épic 116, 249
Port Alfred 215
Hébergement 341
Port Edward 221, 235
Port Elizabeth 206, 209
Hébergement 340
Restaurants 356
Donkin Heritage Trail 210
Kings Beach 210
Port Nolloth 313, 314
Port Shepstone 234
Port St John's 222
Potamochère 115
***Potjiekos* (ragoût)** 93

Poule sultane 232
Prairie 128
Presqu'île du Cap 162
Hébergement 337
Restaurants 354
Pretoria 46, 273
Hébergement 345
Restaurants 358
Church Square 273
Kruger Museum 273
Melrose House 274
National Cultural History Museum 275
National Museum of Natural History 275
National Zoological Gardens 275
Pretoria Art Museum 274
Pretoria National Botanical Gardens 128, 207, 275
State Theatre 275
Union Buildings 274
Voortrekker Monument 274
Pretorius, Andries 42
Pretoriuskop 287
Pretorius, major P. J. 211
Prince Albert 198, 317
Prince Alfred's Pass 187
Prinia à joues rousses 123
Pririt des Woodward 246
***Produce*, épave du** 233
Projects Abroad 139
Promerops de Gurney 122
Promérops du Cap 124, 162, 283
Prospector's Hiking Trail 284
Protea cryophila 206
Protea cynaroides 206
Protées 125, 127, 162, 168, 204
Protèle 105
Protèle à crête 197
Pukwana, Dudu 70
Pumas 197
Punda Maria 287, 291
Pygargues 243, 246
Pygargue vocifer 123

Q

Qora Mouth 221
Quagga 108, 132, 213
Quassia 128
Queen Elizabeth Park Nature Reserve 254
Qunu 61

R

Radebe, Lucas 270
Rafting 170, 326, 367
Raie manta 233
Railway Station 254
Ramaphosa, Cyril 60
Ramsgate 234
Raphicère champêtre 113
Raphicère de Sharpe 113
Ratel (zorille du Cap) 106
Rat palmiste 311
Récifs coralliens 170, 233, 243, 246
Reduncas des montagnes 329
***Reebok* (péléa)** 235
Réforme agraire 28
Religion 25, 31
Renard à oreilles de chauve-souris 311
Renard du Cap 104, 311
Renards 212
***Renosterbos* (astéracée)** 180
République du Transvaal 42
Républiques boers 42
Requin-marteau 234
Requins 170, 239
Requin-taureau 233
Restaurants 351
Restcamps 287
Retief, Piet 42
Rhebokskloof, domaine de 184
Rhino and Lion Reserve 272
Rhinocéros 210, 211, 245, 254, 273, 289, 308
Rhinocéros blanc 107, 133, 244, 247, 248, 276, 281, 286, 297, 302, 324, 325
Rhinocéros noir 107, 134, 212, 244, 247, 286, 297, 325
Rhino Walking Safaris 292
Rhodes 218
Rhodes, Cecil 44, 46, 47, 163, 166, 263
Rhodes Memorial 163
Richard's Bay 239, 242
Hébergement 342
Richtersveld National Park 137, 314
Rider Haggard, Henry 81
Riversdale 193
Robben Island 158, 160
colonie pénitentiaire 53, 158
Robberg Nature Reserve 201
Robberg Peninsula 201
Roberts, lord 302
Robertson 180, 185
Robinson Pass 199
Rocherpan Nature Reserve 178
Rock Art Centre 257
Rolles violets 291
Rollier à raquettes 292
Rolliers 121
Roma 328
Rondevlei Bird Sanctuary 166
Rondevlei Nature Reserve 107
Roodt, Darrell 66
Rooibos, thé rouge 178
Rorke's drift, bataille de 249
Rorqual de Bryde 201
Rorquals 190
Rosettenville 269
Rotary Mountain Way 191
Royal Natal National Park 258
Ruée vers l'or 263, 269, 277
Rugby 24, 97
Rugged Glen Nature Reserve 258
Rustenberg Estate, domaine de 182
Rustenburg 276

S

Sabie 282
Hébergement 346
Sabie Falls 283
Sabie River 286
Sabi Sand Game Reserve 293
Safaris 279, 293, 367, 370
Saldanha 176, 177
Saldanha Bay 177
Salle, Jérôme 66
Sandboard 170
Sandrift River 205
Sandspruit Trail 269
Sandveld 315
Sandy Bay Beach 162
***Sangoma* (guérisseurs)** 26, 31
Sani Pass 257
San Lameer 234
San, peuple 22, 37, 38, 75, 77, 125, 198, 256, 328
Santé 374
Santos Beach 194
Sassabi 109
Satara 287, 289
Satara Rest Camp 109
Sauriens 118
Saut à l'élastique 204
Savane 128, 132
Scarabée du rince-bouteille 125
Scarabées 125
Scarborough 168
Schoemanskloof 281
Schreiner, Olive 80, 81, 212
Sci-Bono Discovery Centre 265
Scorpions 125
Scottburgh 234
Sculpture 75
Seal Island 194
Sea Park 233
Sea Point 170
Sécurité 374
Sehlabathebe National Park 329
Sekoto, Gerard 76
Selbourne Park 234
Semenya, Caster 97
Semongkong 329
Sénégali de Verreaux 247
Sentinelle à gorge orange 122
Sentinelle à gorge rose 246
Sentinelles 122
Serin bifascié 124, 162
Serin du Drakensberg 122, 136
Serpents 119
Serval 103, 197
Setlhakone 296
Sevilla Rock Art Trail 179
Shabalala 251

Shadi, Lerato 76
Shaka, Boom 71
Shakaland 241
Shaka's Rock 240
Shaka Zulu 26, 41, 42, 240, 250, 321
Shamwari Game Reserve 211
Shangaan, langue 21
Shangaan, peuple 23
Shangaan-Tsonga, peuple 22
Sharpeville, massacre de 54
Sharpeville, township 54
Shashi River 295
Shelley Beach 234
Shewula Reserve 326
Shingwedzi 287
Shona, peuple 47
Shopping 231, 266, 362
Sibande, Mary 76
Sibaya Lake 135, 246
Sibebe Rock 323
Sida 60, 66
Sideroxylon 194
Silvermine Nature Reserve 136
Simon, Barney 65
Simonsig, domaine de 182
Simon's Town 166
SA Naval Museum 167
Simon's Town Museum 167
Singe bleu 114, 217, 235, 249
Singe grivet 244
Singes 202, 221
Singe vervet 202
Sir Lowry's Pass 187
Sishen, mines de fer 177
Sisulu, Walter 53, 54, 61
Ski 329
Skilpad Wildflower Reserve 316
Ski nautique 170
Skukuza 287
Skyline Nature Reserve 235
Slanghoek Mountains 184
Smitswinkel Bay 167
Smuts, général Jan 49, 50
Sneeuberg 213
Sneeuberg, Mount 179
Snorkelling 205
Sobukwe, Robert 53
Sodwana Bay 246
Sodwana Bay National Park 246
Solifuges 125
Somerset West 162
Somerset West, domaine de 182
Sotho, langue 21, 22
Sotho, peuple 23
Sotho-Tswana, langue 38
Sotho-Tswana, peuple 38, 39
Souimanga bifascié 123, 232
Souimanga de Neergaard 245, 247
Souimanga malachite 258
Souimanga orangé 124, 162
Souimangas 122
South African Ballet Theatre 65
South African Indian Congress 55
South African National Gallery (Cape Town) 76, 79
South African National Museum of Military History 269
South African National Parks Board 139
South African Native Congress 304
Southbroom 234
South-West African People's Organisation (Swapo) 57
Soutpansberg Mounts 295
Sout River 188
Soweto *(voir aussi Townships)* 54, 269, 270
Apartheid Museum 271
FNB Stadium 271
Gold Reef City 270
Hector Pieterson Memorial and Museum 270
Mandela House 270
Spare broyeuse 221
Spatule d'Afrique 199, 245
Spatules 243
Spekboomveld 211
Spéléologie 170
Spier Estate, domaine de 182
Spioenkop Dam Nature Reserve 258
Spréo améthyste 324
Springbok 112, 132, 177, 212, 254, 255, 308, 311, 315, 316
Springbok Hiking Trail 308
Springboks (équipe nationale de rugby) 97
Sproeg 316
Spruitdrift Estates, vin de 179
Stadsaal Caves 179
Standerton 251
Stanford 187
State Theatre, Pretoria 65
Steenbras River Gorge 170
Stellaland, république du 310
Stellenbosch 40, 94, 180
Hébergement 338
Restaurants 354
Musée Burgerhuis 181
Oom Samie se Winkel 181
Stellenbosch Village Museum 181
VOC Kruithuis 180
Stellenbosch Wine Routes 170
Sterkfontein 272
Sterkfontein Lake 258
Sterne arctique 124
Sterne caspienne 135, 243
Stern, Irma 75
Stipes 128
St James 166
St Lucia 243
Hébergement 342
Restaurants 357
St Lucia Lake 112, 134, 243
St Lucia Marine Reserve 243
Storms 204
Storms River 203
Storms River Mouth 204
Stormsvlei 188
Strand Beach 162
Strandfontein 313
Strélizia (oiseau de paradis) 127
Struisbaii 188
Stutterheim 218
Succulentes 127, 185, 211, 214
Sudwala Caves 281
Suikerbossie Hill 169
Sun City 274, 276
Hébergement 346
Sundays River 213
Suni de Zanzibar 248
Sunshine Coast 233
Surf 209, 229, 368
Surfcasting 366
Suricate 106, 311
Sutherland, observatoire astronomique de 223
Swartberg Pass 187, 198
Swartland (Terre noire) 180
Swartland Winery 180
Swaziland 321
Swazi, peuple 321
Swellendam 40, 187, 188, 193
Hébergement 339
Auld House 188
Drostdy 188
Église réformée néerlandaise 188
Mayville House 188

T

Table Mountain 161
Contour Path 161
Kirstenbosch National Botanical Garden 161
Pipe Track 161
Platteklip Gorge 161
Skeleton Gorge 162
Table Mountain Cableway 161, 163
Table Mountain National Park 136, 163, 165
Tahrs de l'Himalaya 162
Talana Hill 249
Tambo, Oliver 53, 55, 61
Tantales ibis 291
Tarantule 125
Tati 45
Tchitrec d'Afrique 325
Télécommunications 375
Tembe Elephant Reserve 135, 247
Tembe, peuple 247
Temmingh, Roelof 67
Thaba Bosiu (montagne de la Nuit) 321, 328
Thabana Ntlenyana 256, 327
Thaba Tseka 329
Thathe Vondo, forêt de 296
Théâtre 65, 359
The Big Hole 305

The Bluff 229
The Fernery 205
The Haven 221
The Heads 200
The Mouth 246
The Outpost 292
Thornybush reserve 293
Three Rondavels 283
Three Sisters 306
Thugwane, Josiah 97
Thulamela Heritage Site 291, 292
Thupelo Art Project (Johannesburg) 78
Tierberg Nature Reserve 313
Tigres de Bengale 197
Timbavati Reserve 293
Tiques 125
Tisserin bicolore 122
Tisserins sociaux 123, 132
Tlhaping, peuple 44
Tongaat Beach 240
Tortue à carapace géométrique 119
Tortue caret 135, 243
Tortue de Floride 119
Tortue du Cap 308
Tortue-léopard 308
Tortue luth 135, 243
Tortues 118, 308
Tortues marines 118, 134
Tortues terrestres 119
Touraco de Hartlaub 201
Touraco de Knysna 202, 205
Touraco louri 122, 200
Touracos 121
Tourisme, économie du 28
Tour operators 375
Touws River 199
Townships, théâtre des 65
Tradouw Pass 199
Trains à vapeur 368
  Apple Express 210
  Outeniqua Choo-Tjoe 199
  Union Express 48
Transkei 220
Transports 332
Transvaal, République du 44-47, 57
Traquets 122
Treasure Beach 229
Trengour, John 66
Treur River 283
Tritoma (tison de Satan) 127
Tritome à longues grappes 206
Trogon narina 247
Trogons 122
***Tsessebe* (sassabis)** 248
Tsitsikamma National Park 204
  Hébergement 340
Tsitsikamma Section of Garden Route National Park 203
Tsonga Kraal Open Air Museum 297
Tsonga, langue 21, 38
Tsonga, peuple 297
Tsotsi-taal, langue 24
Tswaing Meteorite Crater 275
Tswana, langue 21, 22
Tswana, peuple 23
Tugela Falls 258
Tugela Mouth 240
  Hébergement 342
Tugela River 41, 42, 239, 258
Tulbagh 184
Tulipes sauvages du Cap 184
Tutu, Desmond 25, 55, 58, 270
Twee Rivieren 311, 312
Twelve Apostles 169
Tzaneen 296
  Hébergement 346

U

Uitenhage 209
***Uitlanders* (mineurs étrangers)** 45, 47
uKhahlamba-Drakensberg Park 129, 136, 256
  Hébergement 344
Ulundi 242
  KwaZulu Cultural Museum 242
Umgeni River 229
Umhlanga Rocks 229, 239
  Hébergement 342
Umkhonto we Sziwe 61
Umkomaas 234
Umlalazi Nature Reserve 241
***Umngqusho* (ragoût de légumes)** 92
Umtamvuna Nature Reserve 235
Umtamvuna River 235
Umtentweni 233
***Umthandazi* (guérisseurs de la foi)** 27
Umzumbe 233
***Union Express*, train à vapeur** 48
Union internationale de Conservation de la nature (UICN) 132, 133
Union sud-africaine 49
United Democratic Front (UDF) 55, 56
Upington 310
  Hébergement 349
Usutu River 326
Uvongo River Nature Reserve 235
Uys, Pieter-Dirk 176

V

Vaal Dam 259
Vaal River 42, 259
Vallée des Rois 242
Valley of Desolation 214, 217
Van der Merwe, Tonie 66
Van der Post, Laurens 81
Van der Stel, Simon 164
Van Loveren Estate, domaine de 186
Van Niekerk, Wayde 97
Vanrhynsdorp 316
Van Riebeeck, Jan 94, 152, 164
Van Wouw, Anton 75
Van Zylsrus 313
Varan du Nil 119
Vasco de Gama 227
Vautour barbu 122
Vautour chassefiente 122, 235, 256, 294, 297
Vautour palmiste 241, 246
Vautours 120, 132
Venda, langue 21, 22, 24, 38
Venda, peuple 22, 23, 295
Vereeniging, traité de 49
Vergelegen, domaine de 182
Vérité et Réconciliation, commission (TRC) 58, 67
Vernon Crookes Nature Reserve 234
Verwoerd, Hendrik Frensch 52, 54
Veuve de paradis 276
Viedgesville 221
Vie nocturne 361
Villiers 259
Vipère de Berg 119
Vipère de Schneider 119
Vipère heurtante 119
Voile 368
Volksrust 251
Voortrekkers 26, 41, 42, 251, 280, 317
Vorster, Balthazar Johannes 54, 55
Vredendal 178
***Vrijburghers* (citoyens libres)** 39
Vryburg 310
Vryheid 241, 249
  Lucas Meijer House Museum 249
Vryheid Hill Nature Reserve 249

W

Waenhuiskrans 188
Walker Bay 191
Walter Sisulu NBG (Gauteng) 207
Waterberg 297
***Waterblommetjie* (ragoût de mouton)** 92
Waters Meeting Nature Reserve 215
Waterval-Onder 281
Watsonias 204
Wellington 180, 184
  Moederkerk 184
Welwitschia 129
Westcliff 191
West Coast 175
  Restaurants 355
West Coast National Park 176
Western Cape, province du 175
Western Khubedu River 258
Whale Trail 188

White River 285
Hébergement 347
Wild Coast 220
Hébergement 341
Wild Coast Hiking Trail 221
Wilderness 199
Hébergement 339
Wilderness Lakes 137
Wilderness Section of Garden Route National Park 199
Wilderness Trail 244
Wildlife and Conservation Society 229
Wildlife and Environment Society of South Africa 138
Willem Pretorius Game Reserve 302
Williams, Michael 67
Winburg 259
Windsurf 368
Winelands 180
Witbank 243
Witsieshoek 258
Witteberg Mount 218
Witwatersrand 259, 263, 284
Wolfsberg, arche de 179
Wolkberg Range 296
Woodstock Lake 258
Woody Cape Forest Reserve 211, 216
Worcester 180, 185, 310
Moederkerk 185
Working for Water, programme 139
World of Birds 169
WWF 139

X-Y-Z

Xénope 118
Xhosa, langue 21, 24
Xhosa, peuple 23, 26, 40, 41, 43, 56, 209, 216, 219
Yzerfontein 176
Zandvliet, domaine de 186
Zèbre de Burchell 108
Zèbre de montagne de Hartmann 316
Zèbre de montagne du Cap 168, 179, 188, 212
Zèbre des plaines (zèbre de Burchell) 108
Zèbres 108, 211, 232, 234, 240, 245, 276, 286, 290, 296, 326
Zeitz, Jochen 159
Zinkwazi 240
Zion Christian Church 27
Zondi, Michael 76
Zululand 239
Zulu, langue 21, 24
Zulu, peuple 23, 26, 41, 42, 78, 87, 241
Zulu Trails 240
Zuma, Jacob 28, 30, 60
Zuurberg National Park 211
Zwelithini, Goodwill 26

INDEX THÉMATIQUE

INDEX GÉNÉRAL P. 378

Ethnies & Peuples
Afrikaner 24, 46, 47, 49, 52, 57
Balobedu 294, 296
Bantou 38
Basotho 328
Bochiman 38
Boer 23, 40, 41, 46, 47
Coloureds 40
Dlamini 321
Griqua 22, 41, 44
Hottentots 38
Indien 23
Khoi 38
Khoikhoi 22, 37, 38, 39, 152
Khoisan 37, 38, 40, 41, 216
Lemba 22
Makuleke 292
Matabele 47
Nama 22
Ndebele 23, 47, 87, 280
Nguni 38, 39, 280, 321
Pedi 23
San 22, 37, 38, 75, 77, 125, 198, 256, 328
Shangaan 23
Shangaan-Tsonga 22
Shona 47
Sotho 23
Sotho-Tswana 38, 39
Swazi 321
Tembe 247
Tlhaping 44
Tsonga 297
Tswana 23
Venda 22, 23, 295
Xhosa 23, 26, 40, 41, 43, 56, 209, 216, 219
Zulu 23, 26, 41, 42, 78, 87, 241
Jardins botaniques 207
Botanic Gardens (Durban) 233
Free State NBG (Bloemfontein) 207
Hantam NBG (plateau de Bokkeveld) 207
Harold Porter NBG (Betty's Bay) 186, 207
Hester Malan Wild Flower Garden 316
Johannesburg Botanical Garden 268
Karoo Desert NBG (Worcester) 127, 185, 207
Kirstenbosch National Botanical Gardens 129, 161, 163, 207
KwaZulu-Natal NBG (Pietermaritzburg) 207
Lowveld NBG (Mbombela) 207, 284
Pretoria National Botanical Gardens 128, 207, 275
Queens Park Botanic Garden and Zoo 219
Umgeni River Bird Park 232
Walter Sisulu NBG (Gauteng) 207
Parcs & Réserves
Addo Elephant National Park 210
Addo National Park 130
Agulhas National Park 188
Ai-Ais/Richtersveld Transfrontier Park 315
Albert Falls Dam Nature Reserve 254
Augrabies Falls National Park 137, 313
Beachwood Mangroves Nature Reserve 232
&Beyond Phinda Private Game Reserve 245
Bird Island Nature Reserve 178
Bluff Nature Reserve 232
Blyde River Canyon Nature Reserve 283
Bontebok National Park 188
Botswana Gemsbok National Park 132
Bushman's Kloof Wilderness Reserve 179
Camdeboo National Park 136, 214
Cape St Francis Nature Reserve 209
Cederberg Wilderness Area 179
Columbine Nature Reserve 177
De Hoop Nature Reserve and Marine Protected Area 188
Dlinza Forest Reserve 241
Dwesa Nature Reserve 221
eMakhosini Ophathe Heritage Park 242
Garden Route National Park 137
Giant's Castle Game Reserve 122, 256
Goegap Nature Reserve 315
Golden Gate Highlands National Park 259
Gonarezhou National Park (Zimbabwe) 132
Greater Addo Elephant National Park 211
Great Limpopo Transfrontier Park 132, 139, 287
Harold Johnson Nature Reserve 240
Helderberg Nature Reserve 182
Hlane Royal National Park 325
Hluhluwe-iMfolozi Game Reserve 133, 244
Injisuthi Game Reserve 257
iSimangaliso Wetland Park 134, 135, 243
Ithala Game Reserve 109, 248
Kalahari Gemsbok National Park 110, 116, 123, 132
Kamberg Nature Reserve 257
Kapama Reserve 293
Karoo National Park 123, 136, 307
Kenneth Stainbank Nature Reserve 232
Keurbooms River Nature Reserve 202
Kgalagadi Transfrontier Park 132, 139, 311
Knysna Elephant Park 199, 202
Kogelberg Biosphere Reserve 186
Kosi Bay Nature Reserve 246
Krantzkloof Nature Reserve 253
Kruger National Park 104, 105, 106, 108, 109, 110, 111, 113, 121, 128, 132, 133, 286
Kwandwe Private Game Reserve 211
KwaZulu-Natal 114, 122
Lapalala Wilderness Area 297
Letaba 111
Limpopo National Park (Mozambique) 132
Lion & Safari Park 272
Loskop Dam Game Reserve 281
Lubombo Transfrontier Conservation Area 135
Madikwe Game Reserve 276
MalaMala Reserve 293
Malekgonyane Nature Reserve 218
Malolotja Nature Reserve 326
Maloti-Drakensberg Transfrontalier Park 329
Mantenga Nature Reserve 323
Manyaleti Reserve 293
Mapelaan Nature Reserve 135
Mapungubwe National Park 295
Maputo Special Reserve 135
Marakele National Park 297
Mashatu Game Reserve 295
Mbuluzi Reserve 326
Melville Koppies Nature Reserve 268
Midmar Dam Nature Reserve 254
Mkambati Nature Reserve 222
Mkhaya Nature Reserve 325
Mkhuze Game Reserve 134, 245

Mlawula Reserve 326
Mlilwane Wildlife Sanctuary 324
Modjadji Nature Reserve 296
Monks Cowl Nature Reserve 257
Mountain Zebra National Park 108, 136, 212
Mount Currie Nature Reserve 235
Namaqualand National Park 137
Namaqua National Park 316
Ndumo Game Reserve 135, 246
Nylsvley Nature Reserve 297
Oribi Gorge Nature Reserve 235
Phongolo Nature Reserve 133, 248
Pilanesberg Game Reserve 109, 276
Queen Elizabeth Park Nature Reserve 254
Rhino & Lion Reserve 272
Richtersveld National Park 137, 314
Robberg Nature Reserve 201
Rocherpan Nature Reserve 178
Rondevlei Nature Reserve 107
Royal Natal National Park 258
Rugged Glen Nature Reserve 258
Sabi Sand Game Reserve 293
Satara Rest Camp 109
Sehlabathebe National Park 329
Shewula Reserve 326
Silvermine Nature Reserve 136
Skilpad Wildflower Reserve 316
Skyline Nature Reserve 235
Sodwana Bay National Park 246
Spioenkop Dam Nature Reserve 258
St Lucia Lake 112
St Lucia Marine Reserve 243
Table Mountain National Park 136, 163, 165
Tembe Elephant Park 135, 247
Thornybush Reserve 293
Tierberg Nature Reserve 313
Timbavati Reserve 293
Tsitsikamma National Park 204
Tsitsikamma Section of Garden Route National Park 203
uKhahlamba-Drakensberg National Park 129, 136, 256
Umlalazi Nature Reserve 241
Umtamvuna Nature Reserve 235
Uvongo River Nature Reserve 235
Vernon Crookes Nature Reserve 234
Vryheid Hill Nature Reserve 249
Waters Meeting Nature Reserve 215
West Coast National Park 176
Wilderness Section of Garden Route National Park 199
Willem Pretorius Game Reserve 302
Woody Cape Forest Reserve 211, 216
Zuurberg National Park 211

Randonnées 179, 367
Amatola Hiking Trail 217
Bloubos Trail 269
Blyderivierspoort Hiking Trail 284
Cederberg Mount 179
Dolphin Trail 205
Donkin Heritage Trail 210
Équestre (Lesotho) 327
Fanie Botha Trail 284
Fossil Trail 309
Giant's Castle 256
Gorge Trail 258
Half-collared Kingfisher Trail 200
iSimangaliso Wetland Park 243
Kadishi Trail 283
Klipspringer Hiking Trail 188, 314
Knysna 201
Kogelberg Biosphere Reserve 187
Mabudashango Hiking Trail 296
Monk's Cowl 258
Mountain Zebra Trail 213
Muti Trail 240
Oribi Gorge Nature Reserve 235
Otter Hiking Trail 137, 204
Prospector's Hiking Trail 284
Sandspruit Trail 269
Sevilla Rock Art Trail 179
Springbok Hiking Trail 308
Tsitsikamma National Park 204
Umtamvuna Nature Reserve 235
Whale Trail 188
Wild Coast Hiking Trail 221
Wilderness Trail 244
Zulu Trails 240

Sites rupestres 257
Arche de Wolfsberg 179
Art pariétal (gravures San) 77
Battle Cave 257
Cederberg 179
Driekopseiland 77
Game Pass Shelter 257
Ha Baroana 328
Injisuthi Game Reserve 257
Main Cave 257
Rhodes 218
Stadsaal Caves 179

Townships 26, 67, 69, 70, 76, 167, 170, 171
Abalimi Bezekhaya Peace Park & Community Garden 171
Art des 76
Cape Town 152, 156
Gauteng 24
Gugulethu 171
Hanover Park 171
Imizamu Yethu 170
Khayelitsha 170, 171
Langa 79, 170, 171
Lwandle Migrant Labour Museum 171
Nyanga 171
Sharpeville (Vereeniging) 54
Soweto (Johannesburg) 54, 269

Vins & Vignobles 94
Avondale 184
Boschendal Estate 183
Buitenverwachting 94, 164
Cinsault 95
Citrusdal 180
De Wetshof 186
Drostdy-Hof 184
Excelsior 186
Franschhoek Vineyards Co-op Cellar 183
Glen Carlou 184
Graham Beck 186
Groot Constantia 94, 164
Hamilton Russell 191
Haute Cabrière 183
Kanonkop 181
Klein Constantia 164
KWV 184
La Motte 183
Landskroon 184
L'Ormarins 183
Meerlust 182
Morgenhof Estate 182
Nederburg Estate 184
Neethlingshof 181
Pinotage 95
Rhebokskloof 184
Robertson 185
Rustenberg Estate 182
Simonsig 182
Somerset West 182
Spier Estate 182
Spruitdrift Estates 179
Steenberg Estate 164
Stellenbosch Wine Routes 170
Swartland Winery 180
Vallée de l'Orange 314
Van Loveren Estate 186
Vergelegen 182
Vredendal 178, 179
Winelands 180
Zandvliet 186